아동발달심리

이현섭 · 김상윤 · 추정선 · 조선희 공저

학지사

머리말

지금부터 1세기 전 미국의 철학자 스텐리 홀은 20세기를 '아동의 세기' 로 예언한 바 있다. 21세기를 맞이하는 지금 우리는 지난 1세기를 평가하며 또한 다음 새 시대를 나름대로 내다볼 수 있어야 한다. 기호학자이며 소설가로 유명한 움베르트 에코는 프랑스의 주간지와의 대담에서 지난 20세기를 '위선적이었지만 동시에 그만큼 도덕적이었다' 고 회고하고 있다. 그는 무엇보다 20세기는 인간의 선과 악의 문제에 대해 서로 함께 고민한 점에서 인류가 서로의 연대감을 가질 수 있었던 점을 가장 큰 성과로 보았다.

20세기 말에 들어서면서 아동심리학에 큰 영향을 미치게 되는 역사적 전환점이 있게 되었다. 그것은 구 소련의 붕괴로 인한 개인주의와 사회주의라는 양대 이념의 대립구조가 무너진 점이다. 미소 양대국가의 이념적 대립으로 한쪽은 지나친 개인주의를 다른 한쪽은 지나친 사회주의를 표방해 왔지만 이제는 그럴 필요가 없게 되었다. 그 결과 서구사회는 사회주의 이념을 기초로 하는 Vygotsky 등의 관점을 여유롭게 받아들일 수 있게 되었으며 이러한 사회문제에 대한 강조는 우리의 아동을 제대로 이해하기 위해서는 우리의 독특한 문화에 대한 이해가 선행되어야 한다는 문화상대주의에 대한 관심도 증대되고 있다.

그러나 소련의 멸망으로 이념이나 종교의 분쟁이 지구촌에서 완전히 사라진 것은 아니며 한편으로는 문화는 커녕 하루의 끼니를 잇지 못하여 굶주림으로 신음하는 아동들이 있는가 하면 다른 한편으로는 지나친 문화의 혜택 가운데서도 상대적 불행감을 느끼는 아동들이 있다. 이러한 상반된 현상 모두에 대한 심리적 문제들을 예견하고 이를 위한 연구들이 계속 되어져야 할 것이다. 그런 점에서 21세기에도 여전히 고통당하는 아동들에 대한 관심이 계속 되어져야 한다. 오늘날 우리 나라도 사회구조가 다양화되면서 맞벌이 부부가 늘어나게 되었고 이에 따라 가정에서 돌보아야 했던 많은 영유아들이 어린이집이나 유치원 등의 시설기관에서 보내야 할 시간이 늘어나고 있다. 이러한 시점에서 그 동안

탁아소 등의 시설기관에서 축적된 소련의 아동심리 연구결과들이 번역되는 대로 참고되어야 할 것이다.

또한 종래의 미국의 행동중심의 아동심리 연구결과에만 의존해 오던 것을 극복하여 아동심리학의 새로운 동향들을 폭넓게 수용해야 한다. 예컨대 자극과 반응이라는 미시적 접근의 틀을 벗어나 아동이 몸 담고 있는 여러 가지 사회적 요인과 생태학적 구조 등에 대한 보다 종합적이고 통합적인 접근이 요청되고 있다. 그 밖에 지능의 개념에 대한 보다 종합적이고 탈구조적인 변화들이 시도되고 있으며 창의성에 대한 관심도 증대되고 있다. 이러한 아동의 다양한 잠재력들을 활성화시키기 위해서는 필요한 교육이 무엇인지에 대한 방안도 고려되어져야 한다.

또한 아동심리학은 심리학 이전에 아동학의 뿌리를 간과해서는 안 될 것이다. 인간의 가치를 다루는 것이므로 단순한 효율성만 다루는 가치중립적인 접근으로 만족할 수가 없는 점에서 인간성의 교육, 자연주의 교육철학 등 고전적인 이론에 대한 새로운 관심이 필요하며 이러한 전통을 기초로 하면서 필요한 부분을 점차로 개선하여야 할 것이다. 끝으로 오늘날 도시화되면서 아동들이 겪게 될 자연체험의 박탈이 구체적으로 무엇을 의미하며 그들의 발달에 어떠한 영향을 미치게 되는지에 대한 아동심리학적인 면에서의 검토도 있어야 할 것이다. 20세기를 환경파괴의 주범으로 보는 급진적 생태주의자들도 있지만 자연도 궁극적으로는 인간을 위해 존재한다는 사실을 잊어서는 안 될 것이다. 따라서 다가오는 21세기는 적어도 '아동과 자연의 세기' 가 되어야 할 것이다.

이상의 맥락에서 저자들은 '아동발달심리' 의 주제를 중심으로 이전의 여러 대표적인 교과서의 흐름을 기초로 하되 최근의 연구결과들 가운데 영아의 발달에 대한 이해, 지능의 다원적인 해석, 도덕성의 발달, 창의성의 발달 그리고 생태학적인 접근 등 보다 새로운 관점들을 가미하려고 나름대로 노력하였다.

이 책의 제1, 2, 12, 13장은 고신대학교 김상윤 교수가 제3, 4, 9, 10, 11장은 진주산업대학교 이현섭 교수가 제5, 6, 8장은 진주전문대학 조선희 교수가 제7, 14장은 부산교육대학교 추정선 교수가 집필하였다.

아무쪼록 이러한 내용과 전망들이 여러분의 전공분야에서 아동들의 문제를 정확하게 진단하고 처방하는 데 유익하게 적용되기를 바라는 마음이다.

끝으로 집필과정에 도움을 준 하은숙 조교 선생님과 여러 학생들 그리고 출판을 맡아주신 학지사 김진환 사장님과 편집부 직원 여러분께도 진심으로 감사드린다.

1999년 1월

저자 일동

차 례

제 1 장

발달의 기초

1. 아동발달심리학의 정의
2. 아동발달의 연구방법
3. 통계적 이해
4. 아동연구의 윤리

제1장
발달의 기초

1. 아동발달심리학의 정의

아동발달심리학은 아동학(Paidology)과 발달심리학(Developmental Psychology)을 배경으로 한 학문영역으로 아동심리학(Child Psychology)과 동의어로 사용되기도 한다. '발달' 이라는 단어 속에는 보다 더 나은 상태 또는 그 반대로의 변화를 포함하기 때문에 가치문제를 완전히 배제할 수 없다. 마찬가지로 '아동' 에 대한 의미도 그 아동이 태어난 민족이나 그가 살고 있는 시대의 문화에 따라 많은 차이가 있다. 이러한 단어가 갖는 가치개념들을 일단 괄호 속에 묶어두기로 한다면 아동발달심리학이란 '아동의 행동특성들을 진단하고 그 발달과정을 설명하는 제 이론들을 다루는 학문' 이라고 조작적 정의를 내릴 수 있을 것이다. 여기서 **진단**(診斷 : description)이란 아동이 현재 나타내 보이는 행동들을 특정 **이론**(理論 : theory)의 관점으로 기술하는 것을 말하며 **설명**(說明 : explanation)이란 이렇게 기술된 특성들을 가져오게 한 원인을 찾아 내는 것이다. 결국 아동심리학을 연구하는 목적은 이러한 설명으로 정확하게 진단된 문제행동을 예방하거나 **통제**(統制 : control)하는 데 있다고 하겠다.

예컨대 소변을 잘 가리던 아이가 요즘 와서 어린애 짓을 다시 하고 어머니 곁에서 떨어지지 않으려 한다면 이러한 행동을 정신분석학의 **이론**에서는 일종의 퇴행으로 **진단**할 수 있다. 그리고 이러한 행동은 새로 태어난 동생에게 빼앗긴 어머니의 사랑과 관심을 되찾기 위한 현상으로 **설명**할 수 있을 것이며 이러한 행동을 **통제**하기 위해서는 체벌로 다스리기보다는 오히려 사랑과 온정으로 충분히 보살펴줄 것을 권장할 것이다.

1) 아동기와 그 특성

정확하게 아동으로 지칭되는 연령의 범위를 정하기가 쉽지 않다. **아동기**의 범위에 대하여 학문영역에 따라 상당한 차이가 있으나 발달심리학의 측면에서 일반적으로 수정에서 출생까지의 **태아기**(胎兒期 : prenatal period), 출생에서 생후 2주까지의 **신생아기**(新生兒期 : neonatal period), 생후 2주부터 2세까지의 **영아기**(嬰兒期 : infancy), 2세부터 6세까지의 **유아기**(幼兒期 : early childhood), 7세부터 12세까지의 **학동기**(學童期 : school age)로 구분하며 십대(teen-agers)나 청소년(adolescents)을 넓은 의미의 아동기에 포함하기도 한다.

Dewey(1916)는 이러한 아동기의 두 가지 중요한 특성으로 **의존성**과 가소성을 들었다. 아동은 다른 어린 동물들에 비해 무기력하지만 그 대신 사회적 의존성을 갖고 있다. 어린 아이일수록 주위 사람들의 태도와 행동에 민감한 것은 아동의 생득적 기제와 충동들이 이러한 사회적 의존성에 관련되어 있기 때문이다. 흔히 아동들을 자기중심적이라고 하나 이것이 사회적 반응을 하지 않는다는 뜻이라기보다는 그들이 동시에 여러 가지 관점을 고려하는 데 미숙하기 때문이다. 아동에 있어 의존성은 하나의 힘이며 따라서 아동의 이러한 자연적 경향을 고려하지 않고 무리하게 독립시키면 자칫 냉담과 무관심을 초래할 수 있다.

둘째로 아동은 **가소성**을 갖는다. 아동은 다른 어린 동물에 비해 생의 초기에는 아주 무능하지만 상황의 변화에 따라 생득적인 행동요소들을 변화시켜 새로운 상황에 적응하는 능력이 강하다. 말하자면 인간은 학습하는 방법을 학습함으로써 계속적인 진보의 가능성을 갖는다. 실제로 이러한 가소성은 뇌의 발달에 관련되어 있다. 인간의 뇌는 아동이 태어날 때 다른 동물에 비해 덜 발달된 상태이며 구체적으로는 뇌의 감각피질 중 **연합피질**의 양이 상대적으로 많다(Lerner, 1976). 이는 아동이 태어나서 완전히 성숙하여 최적의 기능수준에 이르기까지 걸리는 기간이 훨씬 길다는 사실과 관계가 있다. 예컨대 언어를 담당하는 뇌의 부분이 손상을 입으면 남아 있던 다른 뇌 부위가 언어기능을 맡게 되는데 10세 이전에는 이러한 회복이 거의 완전하게 이루어진다. 이러한 아동 초기의 가소성은 **조기교육**의 중요성과 연결된다. Skeels(1966)는 적절한 지적 자극이나 돌보는 사람의 관심을 거의 받지 못하는 고아원에 수용된 아동들의 **지능**이 좋은 환경에서 자라게 된 아동들에 비해 평균 50점 이상 떨어졌다고 했다.

의존성은 이러한 가소성이 있을 때 필요한 행동을 학습할 수 있도록 성인으로 하여금 그들을 사랑으로 양육하게 하는 동기를 유발시킨다. 또한 아동들은 호기심과 사심 없는 관심 그리고 개방된 마음가짐이 있다. 아동의 이러한 자연적 본능을 무시하거나 억제하면서 고정된 습관에만 맞추려 하면 개성은 비행의 원인으로 해석될 뿐이며 새로운 것에 대한 무관심과 미래에 대한 두려움만 가져오게 할 뿐이다. 우리는 흔히 미성숙을 가능한 한 속히 극복되어야 할 무엇으로 여기지만 의존성과 가소성에 기초하여 성장하려는 힘이야말로 아동기에 있어 가장 중요한 특성이다.

2) 발달의 개념

발달(發達 : development)은 인간의 생명이 시작되는 수정의 순간에서부터 죽음에 이르기까지의 전 생애를 통해 이루어지는 모든 변화의 양상과 과정을 의미한다(송명자, 1997). 여기서 모든 변화란 신체와 운동기능, 지적 사고능력, 성격 등 인간의 모든 특성들의 양적인 증대는 물론 구조와 기능의 질적인 성숙를 포함하며 증가나 향상과 같은 긍정적인 변화와 함께 감소와 쇠퇴라는 부정적인 변화도 포함한다는 뜻이다. 한편 **성숙**(成熟 : maturation)은 환경의 영향보다는 유전에 따른 생득적인 특성들을 강조하며 **성장**(成長 : growth)은 신체적 특성의 양적인 변화를 가리키는 데 사용하기도 하나 흔히 구분없이 사용하기도 한다.

발달이 **연속적**인 것인지 아니면 **불연속적**인 것인지에 대한 논쟁도 있다. 이 차이는 양적인 차이인지 질적인 차이인지에 관한 것이기도 하다. **양적**인 차이의 예는 아동이 처음에는 하나, 둘, 셋까지만 헤아리다가 나중에는 백까지 헤아리게 되는 것을 들 수 있다. 이에 비해 **질적**인 변화는 단순히 하나, 둘, 셋을 헤아리다가 셋이 둘보다 하나가 더 많다는 것을 알게 되는 것을 예로 들 수 있다. 이러한 양과 질의 차이는 결국 **내용**(內容 : content)과 **구조**(構造 : structure)의 차이에 관련되는 것이기도 하다. 예컨대 도덕성의 발달영역에서 양(量 : quantity)이나 내용을 중시한다면 선행을 많이 하면 좋은 인격자라고 부를 수 있지만 질(質 : quality)이나 구조를 중시한다면 선행의 양보다 그 선행을 베풀게 된 동기나 이유를 두고 과연 인격자라고 부를 수 있는지를 정할 것이다.

또한 발달은 환경에 의한 **양육**(nurture)의 결과인가 아니면 생득에 의존하는 **본성**(nature)의 결과인가에 대한 논쟁이 있다. Wohlwill(1973)은 본성과 양육 간의 관계를 다음과 같은 네 가지 모형으로 기술하였다. 첫째는 개인은 무력한 존재이며 환경이 개인의 발달을 좌우하는 병원침대모형이며 둘째는 여러 가지 놀이 중에서 일단 한 가지 놀이를 선택하면 그 놀이기구가 제공해주는 대로 따라하는 놀이공원모형이다. 셋째는 이성이든 본능이든 개인이 타고난 것이 발달을 결정짓는 수영경주모형이며 넷째는 탁구게임에서 이기려면 상대선수가 공을 넘기는 방식에 잘 맞추어야 하듯이 발달을 본성과 양육 간의 상호작용의 결과로 보는 탁구게임모형이다. 경험론이나 행동주의는 병원침대모형이나 놀이공원모형에 해당되며 합리론이나 자연주의는 수영경주모형에 해당된다. 이에 비해 **상호작용론**은 탁구게임모형에 해당된다. 아직도 여전히 **생득론**과 **환경론** 간의 논쟁이 계속되고 있지만 발달의 전반적인 양상을 설명하기에는 상호작용론이 유리하다.

교육학자 Dewey나 심리학자 Piaget가 주장하는 상호작용론의 뿌리는 Kant에서 찾을 수 있다. Kant는 아동이 이성이나 지식을 갖고 태어난다는 합리론자들의 주장이나 지식이 환경으로부터만 주어진다는 생각을 모두 반대한다. 그는 아동이 갖고 있는 것은 이해범주(categories of understanding)라는 인지구조일 뿐이며 이것으로 우리가 지식을 그냥 얻는 것이 아니라 환경과의 상호작용을 통하여 경험을 정리하고 조직한다고 했다. 개인의 능동적인 역할이 중시된다면 바로 이러한 계속적인 상호작용과정에서 그러하다는 말이다.

3) 발달의 일반적인 원리

발달은 분화와 통합의 과정이다　신생아의 신체 어느 지점에 자극을 주면 그 부분뿐만 아니라 온 몸 전체가 반응하는 것을 볼 수 있다. 이러한 **미분화** 상태이던 것이 차츰 시간이 지날수록 필요한 부분만 반응을 하게 되는 **분화**가 일어나지만 필요에 따라 여러 가지 요소들을 통합하기도 한다. 예컨대 달리기를 할 수 있는 것은 팔과 다리의 균형 잡힌 움직임 그리고 이를 지원하는 심장박동과 호흡의 증대 등 몸의 여러 가지 부분들이 **통합**으로 가능한 것이다. 어릴 때는 부모와 미분화되어 있었다가 성장하고 결혼하면서 부모로부터 분화되지만 다시 노후의 부모를 사랑으로 돌보게 되는 통합에 이르는 것도 사회학적인 의미에서 발달의 한 과정이 된다.

발달에는 일정한 방향이나 순서가 있다　아동이 태어나면 머리쪽에서 팔과 다리로, 중심 부분에서 말초 부분으로 그리고 전체운동에서 미세운동의 방향으로 그 발달이 일어난다. 언어발달이 일어문에서 시작하여 이어문 그리고 다어문 등의 순서로 발달하듯이 인지발달에서도 감각운동기, 구체적 조작기 그리고 형식적 조작기의 순서로 발달한다. 이러한 발달이 뚜렷하게 일어나는 행동특성들이 있다. 이러한 행동특성들은 그 단계나 수준들의 계열성이 있어 중간의 단계를 생략하여 뛰어넘거나 그 반대로 어떤 단계에서 그 이전의 단계로 역행이나 퇴행이 일어나지 않는 것이 일반적이다.

발달에는 개인간 및 개인 내의 차이가 있다 개인간의 차이는 같은 나이의 유아라 해도 남아와 여아의 키와 몸무게가 다를 수 있으며 같은 남아라도 이러한 것들의 개인차가 있을 수 있다. 또한 개인에 따라 발달의 속도나 발달이 끝나는 시기 그리고 최종적인 도달수준들이 다를 수 있다. 이러한 차이는 같은 개인 내에서도 행동특성의 유형에 따라 다를 수도 있다. 가령 언어가 다른 또래 아동에 비해 빠르게 발달하는 아동이라 해도 공간개념은 늦게 발달하는 경우가 있을 수 있다. 또한 일반적인 발달 속도 역시 모든 아동은 출생 초기에 그 속도가 빠르다가 차츰 느려지지만 사춘기가 되어 다시 활발해지기도 하며 영양이나 학습의 정도에 따라 달라지는 경향이 있다.

발달은 모든 영역간에 서로 관련되어 있다 뇌의 한 부분이 손상을 당하면 다른 부분이 이를 맡아 그 기능을 대신해 주듯이 시각에 장애가 오면 청각이 예민해지는 등 다른 감각기관이 이를 보완해 준다. 이처럼 발달의 서로 다른 영역들이 독립되어 있지만 한 유기체 안에서 아주 밀접하게 서로 의존하고 있다. 마찬가지의 원리로 어느 한 영역이 지나치게 약하면 다른 영역에도 부정적인 영향을 미치게 될 가능성이 있으며 그 반대도 마찬가지이다. 예컨대, 지능이 우수하면 어휘력이나 사회성 등에서 우수할 가능성이 높지만 지능이 낮으면 그만큼 다른 영역에서 불리할 수가 있다.

2. 아동발달의 연구방법

1) 연구유형

상관연구 상관연구는 상관계수(correlation coefficient)라는 통계기법을 사용하여 아동의 발달특성에 영향을 미치는 여러 변인들을 찾아내는 연구이다. 상관연구는 실험적인 절차가 없이 있는 그대로 여러 가지 변인들을 동시에 검토할 수 있는 점에서 아주 편리한 연구법이며 실제로 상관계수는 가장 많이 사용되는 통계법 중에 하나이다. 예컨대, 아동의 TV 시청시간과 사회성 발달수준 간의 관계를 알아볼 경우 TV 시청시간을 X로, 사회성 득점을 Y로 하여 X와 Y 간의 상관계수를 구한다. 이 때 통계적으로 유의한 상관계수가 확인되면 양자간에 관련성이 있다고 본다. 그러나 상관계수는 어느 쪽이 원인인지를 밝혀주지 않는다. 예컨대 TV를 많이 보기 때문에 사회성이 낮은 것인지 사회성이 낮기 때문에 TV를 많이 보는 것인지 알 수가 없는 것이다.

실험연구 실험연구는 아동의 행동특성에 영향을 미치는 원인이 되는 변인이 구체적으로 무엇인지를 밝히기 위한 연구이다. 앞에서 예를 든 아동의 TV 시청시간이 아동의 사회성 발달의 원인이 되는지를 알아보기 위해 아동에게 TV 시청시간을 달리한 다음 사회성의 차이를 알아볼 수 있다. 이 때 TV 시청시간을 **독립변인**(independent variable)이라 하고 사회성을 **종속변인**(dependent variable)이라 부른다. 이와 같이 독립변인을 달리하여 종속변인의 차이를 알아보는 통계기법을 차이검증이라 하고 두 집단간의 평균을 비교할 때에는 **t검증**, 세 집단 이상을 비교할 때는 **F검증** 등의 통계법을 사용한다.

실험연구는 변인들간의 인과관계를 보여주기는 하지만 실험조건의 인위성으로 인해 실재와는 거리가 먼 결과가 나올 수 있는 것이 한계점이다. 예컨대 실험집단에 속했다는 이유만으로도 그 집단에 속한 아동들에게 기대효과가 작용하여 좋은 득점이 나올 수 있기 때문이다.

사례연구 **사례연구**(case study)란 한두 명의 아동을 대상으로 심도 있게 행동을 관찰하거나 분석하는 연구이다. Piaget(1952)가 자신의 세 아이를 대상으로 한 관찰결과로부터 주요한 인지발달이론을 유추해 내었듯이 발달심리에서 사례연구는 일찍부터 사용되어온 연구방법 중에 하나이다. 그리고 자기 자신의 어린 시절을 회상하여 행동의 발달과정을 연구하는 **자서전적 기억**(autobiographic memory) 방법은 최근에 발달분야에서 주목받는 사례연구의 새로운 형태이다. 사례연구는 관찰, 실험, 면접 등 다양한 기법을 동시에 사용하여 개인의 발달과정을 면밀히 분석해 낼 수 있는 장점이 있으나, 소수의 사례를 연구한 결과를 가지고 일반적인 다른 아동들에게 그대로 일반화하는 데는 문제가 따를 수 있다.

2) 자료수집방법

관찰법 아동의 자연스러운 행동을 연구하고자 하기 위해 아동의 일상환경 속에서 관찰을 시도하는 **참여관찰법**이 있다. 그러나 관찰을 위해 어떤 상황을 선정할 것인지에 따라 전혀 다른 결과가 나올 수 있으며 낯선 관찰자가 출현함으로써 아동들이 부자연스러운 행동을 나타내 보일 수도 있다. 또한 **일방경**(one way mirror)을 통한 관찰은 아동에게 영향을 주지 않는다고 할지라도, 얻을 수 있는 자료는 일방경으로 볼 수 있는 행동특성만으로 제한을 받는다. 그 밖에 아동의 자연스러운 행동자료를 얻는 또 하나의 방법은 아동과 늘 같이 생활하는 부모에게 아동의 관찰을 의뢰하는 방법이 있으나 부모가 자료수집의 의도를 알게 되면 자기 자녀에게 평상시와는 다른 관심을 보일 수가 있다는 제한점이 있다. 부분적 통제를 사용하여 관찰하는 실험실적 관찰도 있다. 예컨대, 특정 장난감에 대하여 아동들이 어떻게 선호하는지를 조사할 경우는 특정한 시간에 특정한 장난감을 제공하여 필요한 상황만을 선정할 수 있다.

기록법 관찰한 것을 기록하는 데에도 여러 가지 기법이 있다. 우선 **표본적 기록법**은 캠코더나 폐쇄회로 등을 이용하여 아동이 일어나서부터 잘 때까지 모든 행동을 촬영하였다가 통계적 분석이 가능하도록 그 내용을 행동특성들의 유목별로 분류하고, 그 빈도 등을 조사한다. 이 방법의 단점은 촬영된 모든 자료를 분류, 정리하는 데 많은 시간이 걸린다는 점이다.

일기체적 방법은 장기간 동안 아동의 언어 행동 측면을 집중적으로 관찰 · 기록하는 것이다. 일정한 가설에 입각한 객관적인 기준을 사전에 세워 자료를 수집한다면 표본적 기록법처럼 많은 분량을 다루지 않고도 상당히 강력한 자료수집을 할 수 있다.

보다 제한된 기록법으로 일정한 시간이나 사건만 표집하는 방법이 있다. **시간표집법**에서는 관찰기록 용지를 사용할 때 횡렬에는 여러 가지 행동유형, 예를 들면 신체적 공격, 언어적 공격 또는 더 세분하여, 때림, 발로 참, 입으로 물음, 욕설을 함, 고함을 지름, 울음 등과 같은 행동유형을 표시하고 종렬에는 관찰한 시각을 적는다. **사건표집법**은 특정한 행동이 일어날 때만 이를 기록하는 방법이다. 예를 들어 유아의 언어발달의 한 지표로서 유아가 구사한 단위의 발문에서 평균 사용하는 단어의 수를 분석할 수 있다.

자기보고법 자기보고는 타인이 식별해 내기 힘든 개인의 내면적 특성을 진단해 낼 수 있는 장점이 있으나, 자신의 주관적 판단에 의해 경험 내용을 표현하기 쉬우며 특히 내적 성찰능력이나 말하기와 쓰기 능력에 한계가 있는 나이 어린 아동들에게는 적용하기 어렵다. 아동으로부터 직접 묻더라도 그 자료의 타당성을 높이기 위해 같은 내용을 부모, 또래, 교사의 보고를 통해 보완하는 방법도 흔히 사용된다.

면접에 의한 자기보고는 구조화된 질문지에 의한 자기보고에 비해 연구상의 생각이나 관점을 있는 그대로 보다 자유스럽게 드러나게 하는 데에 효과적이다. Piaget의 준임상적 면접(semi-clinical interview)기법에서 볼 수 있듯이 대상의 응답에 따라 상황에 맞게 융통성 있게 보충 또는 반대 질문을 던져가는 방법은 발달심리분야에서 특히 유용한 기법이다.

3) 연구의 설계

횡단적 설계 횡단적 설계(cross-sectional design)는 한 해에 여러 연령집단을 선정하여 그 집단간의 행동특성상의 차이를 한꺼번에 비교하는 것이다. 예를 들어 도덕판단의 수준을 알기 위해 5세, 7세, 9세 집단의 아동 각각 40명씩에게 동일한 질문을 하여 그 반응을 구할 수 있다. 이 연구결과를 통해 5세 아동들에 비해 7세 아동의 도덕판단수준이 높고 9세 아동의 수준이 7세 아동의 것보다 더 높게 나타났을 때 연구자는 아동의 연령이 증가할수록 도덕판단의 수준이 향상된다고 추론하게 된다. 그러나 엄밀하게 말하면 A라는 5세 아동이 2년 후 지금 연구한 B라는 7세 아동의 도덕판단수준과 같아질 것이라고 볼 수는 없는 것이다. 그 이유는 양 집단의 아동이 서로 동일한 사람들이 아니기 때문이다.

종단적 설계 종단적 설계(longitudinal design)는 한 연령집단의 아동 예컨대 5세 아동 40명을 2년이 지난 뒤에 다시 도덕판단수준을 재고 또 2년 뒤에 재어 실제로 어떻게 발달이 일어나는지를 비교하는 것이다. 진정한 발달연구는 이러한 종단적 설계에 의한 것이라 할 수 있으며 아동발달심리학의 주요 연구들이 이 연구설계에 의해 이루어졌다. 우리 나라에서도 행동과학연구소에서 1975년부터 아동 및 청소년의 발달에 관한 종단연구가 실시되고 있다. 그러나 이러한 설계는 그 연구기간이 길고 대상아동들을 추적하기가 어려우며 실제로 상당한 아동이 탈락된다. 또한 동시대집단효과(cohort effect)의 문제가 있다. 예컨대 지능의 발달을 연구하는 대상 아동들이 5세 때는 우리 나라에 칼라 TV 보급이 적었다가 그 후 2년 동안 경제여건도 좋아지고 인기 있는 유아용 TV 프로그램이 전국적으로 방영되었다면 실제로 아동들의 지능이 높아진 것이 그들의 연령의 증가 때문인지 아니면 이러한 시대상황의 차이 때문인지를 구분하기 힘든다.

연구연도

1994	1996	1998	2000	2002
김하늘 5세	김하늘 7세	김하늘 9세		
		박이슬 7세	박이슬 9세	
		이구름 5세	이구름 7세	이구름 9세

횡단적 연구

종단적 연구

〈그림 1-1〉 횡단적 및 종단적 연구설계의 모형

종단적 연속설계 종단적 연속설계(longitudinal-sequential design)는 횡단적 설계의 대상이 몇 집단들을 단기간 동안 종단적으로 연구하는 설계이다. 예컨대, 5세, 7세, 9세 연령집단의 아동 각각 40명씩에게 동일한 질문을 하여 그 반응을 구한 다음 2년 뒤에 다시 그 아동들을 찾아 동일한 질문을 하여 그 반응을 구한 것으로 비교하는 것이다. 그렇게 되면 2년이라는 짧은 기간 동안에 5세에서 9세에 이르는 모든 연령간의 종단적 변화를 관찰할 수 있다. 그러나 이 역시 횡단적 및 종단적 방법이 갖는 장점과 단점을 다 함께 갖고 있다고 볼 수 있다.

발생과정 분석설계 발생과정 분석설계(microgenetic design)는 많은 사람들을 대상으로 또는 장기간에 걸쳐 설문지 등을 통해 자료를 구하는 횡단적 및 종단적 연구가 갖는 단점을 극복하기 위해 극히 적은 수의 아동의 특정 행동이 형성되고 변화해가는 과정을 면밀하게 추적하여 분석하는 방법이다. Piaget 등의 학자들이 소수의 자녀들의 인지발달과정을 기록한 것처럼 아동교육기관이나 가정에서 캠코더 등을 이용하여 소수의 아동들이 보이는 행동특성들을 기록한 후 일정한 가설에 입각한 분석작업이 실시될 수 있다. 언어적 발달영역에서 주로 이용되던 이러한 방법이 점차 다른 발달의 영역의 연구에도 보급될 전망이다.

3. 통계적 이해

각종 연구에서 사용되는 행동특성의 득점을 다루는 데에 각종 통계법이 사용된다. 가장 많이 사용되는 통계용어를 이해할 필요가 있다.

1) 타당도와 신뢰도

예컨대, 학교에서 학업성취도를 잴 때 평가내용 속에 수업시간에 가르쳐 주지 않은 내용이 많이 포함되어 있다면, 그 평가의 타당도가 낮다고 할 수 있다. 지능을 잴 때에 흥미를 재는 문항들이 사용된다면 그 검사의 **타당도**는 낮다고 할 수 있다. 마찬가지로 설문지를 제작할 때 유의해야 하는 점은 그 설문지의 내용이 연구하고자 하는 행동특성을 제대로 담고 있는지의 여부이다. 따라서 타당도를 재기 위해서는 해당 아동의 검사결과와 실제로 관찰되는 그 아동의 특성이 어느 정도 일치되는지를 부모나 교사가 보면 알 수 있다. 이러한 타당도를 **준거타당도**(criterion referenced validity)라고 한다. 그 밖에 지능검사결과 지능이 높게 나온 아동이 장차 학교학습에서 우수한 성적을 받게 될 때 그 지능검사는 **예언타당도**를 갖는다고 말한다.

이에 비해 **신뢰도**는 어떤 내용을 재든간에 그 검사의 결과가 일관성 있게 나타나는 것을 가리킨다. 2주일 후에 동일한 검사를 50명의 아동에게 다시 실시했을 때 두 검사의 득점간의 상관계수가 .90 이상으로 높게 나왔다면 상당히 높은 신뢰도를 가진 검사임을 알 수 있다. 이러한 신뢰도를 **검사재검사신뢰도**(test-retest reliability)라고 부른다. 또한 동일한 내용을 묻는 문항들이 여러 개 있을 때 그 문항들의 절반에서 받은 득점과 나머지 절반에서 받은 득점이 비슷하게 나와야 할 것이다. 이 때 양 득점 간의 상관계수를 기초로 구하는 것이 **반분신뢰도**이다. 요즘은 컴퓨터로 쉽게 구하는 신뢰도로 **문항내적합치도**인 Cronbach α 계수가 많이 쓰이고 있다. 그 밖에 연구자가 만든 설문지나 체크리스트의 채점의 신뢰도를 구하는 간단한 방법으로 두 사람이 채점하여 전체 문항 중 정답이 일치하는 문항의 비율을 **채점자간 신뢰도**로 사용하기도 한다.

2) 평균치와 표준편차

평균치(M : Mean)는 모든 득점을 합하여 전체 아동의 수(N)로 나눈 값이며 **표준편차**(SD : Standard Deviation)는 분산의 제곱근으로 다음 공식에 의해 직접 구할 수 있다.

$$SD = \sqrt{\Sigma X^2/N - (\Sigma X/N)^2}$$

예제) 다음은 3명 아동의 창의성 득점이다. M과 SD를 구하시오.

아동	창의성득점(X)	X^2
김나리	10	100
박하늘	8	64
이향내	6	36
$\Sigma X = 24$	$\Sigma X^2 = 200$	

풀이) N = 3이므로 $M = \Sigma X/N = 24/3 = 8.00$

$$SD = \sqrt{\Sigma X^2/N - (\Sigma X/N)^2}$$
$$= \sqrt{200/3-(24/3)^2} \fallingdotseq \sqrt{66.67-64} \fallingdotseq 1.63$$

3) 정규분포곡선

10세 된 우리 나라 전체 아동들의 지능검사나, 팔의 길이 등의 분포를 그리면 엎어놓은 종 모양의 분포곡선을 이룬다. 그러나 완전히 좌우 대칭이 아니다. 그러나 지능의 이론적 분포곡선은 평균치가 M이 100점이고 표준편차 SD가 15점인 **정규분포곡선**이다. 그러므로 분포의 모양과 면적은 언제나 일정하다. 전체 면적을 100%로 볼 때 평균값은 **백분위점수**로 50점에 해당되며 z값으로는 0점에 해당된다. z값이 +1.0에 해당되는 점수는 백분위점수로 50에다 34.13%를 더한 값인 84.13점이 되며 이는 **IQ점수** 115점에 해당되는 값이다.

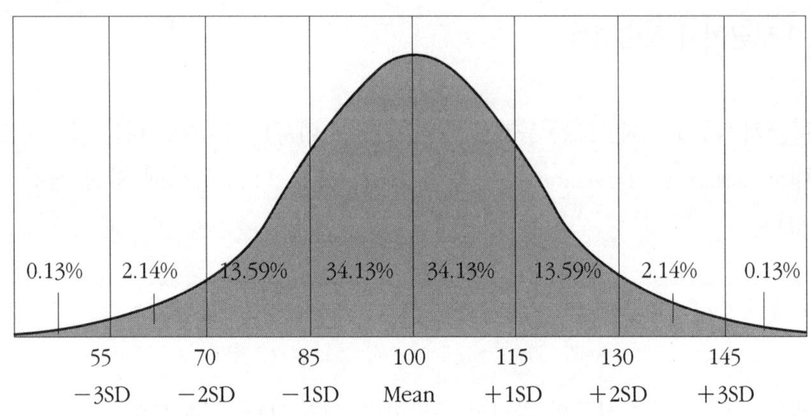

〈그림 1-2〉 정규분포곡선과 IQ의 점수별 위치

4) 표준점수

원점수(row score)는 상대적 의미를 갖지 않는다. 예컨대 '수학 60점' 만 가지고서는 어느 정도 잘 한 것인지 알 수 없다. 상대적 가치를 알기 위해 원점수를 표준점수로 변환시킬 필요가 있다. z점수는 표준편차 SD를 기준으로 하는 **표준점수**이다. 가령 평균치인 M보다 SD 한 칸만큼 더 높은 득점을 받은 아동의 z점수는 +1점이 된다.

$z = (X-M)/SD$로 구한다.

예제) 평균이 30점, 표준편차가 4점인 집단에서 어느 아동이 평균보다 표준편차만큼 더 높은 득점인 원점수 34점을 받았을 경우 이 점수의 z점수는 다음과 같다.

$$z = (34-30)/4 = +1.0$$

T점수는 z점수를 기초로 한 것으로 z점수를 10배하고 기본 50점을 보태어 −를 없앤 것이다. 즉,

$T = 10z+50$로 구한다.

ex) z점수 −1.0점의 T = 10*(−1)+50 = 40

5) 상관계수

흔히 적율상관계수(Pearson product moment correlation coefficient)를 가리키는 상관계수는 하나의 변인이 변해감에 따라 다른 하나의 변인이 변해가는 정도를 가리킨다. 이 때 반드시 두 변인은 동일한 대상의 것이어야 한다. 상관계수의 절대값은 1을 넘지 못하며, 두 변인간에 아무런 상관이 없을 때 0이 되고 두 변인간의 경향이 일치할 때, 예컨대 r=+.45 같은 것을 정적 상관이라 하고 반대의 경향 예컨대 −.60일 때를 부적 상관이라 한다. 신뢰도를 5% 수준에서 만족시켜 주더라도 절대값이 .20보다 낮은 상관은 실제적으로 상관관계가 있다고 보기가 곤란하며 .80 이상이면 상당히 높은 상관관계로 해석된다. 원점수를 가지고 적율상관계수를 구하는 공식은 다음과 같다.

적율상관계수를 구하는 공식

$$rxy = \frac{(N^* \Sigma XY - \Sigma X^* \Sigma Y)}{\sqrt{(N^* \Sigma X^2 - (\Sigma X)^2)^*(N^* \Sigma Y^2 - (\Sigma Y)^2)}}$$

예제) 다음 3명의 읽기(X) 및 쓰기(Y)의 득점 간의 적율상관계수를 구하시오.

아동	읽기(X)	쓰기(Y)	X^2	Y^2	XY
김거울	2	3	4	9	6
박나물	4	5	16	25	20
이소식	3	6	9	36	18
	$\Sigma X=9$	$\Sigma Y=14$	$\Sigma X^2=29$	$\Sigma Y^2=70$	$\Sigma XY=44$

$$rxy = \frac{(3^*44 - 9^*14)}{\sqrt{(3^*29 - 9^2)^*(3^*70 - 14^2)}} = \frac{6}{\sqrt{6^*14}} \fallingdotseq .654$$

따라서 3명 아동의 읽기와 쓰기 득점 간의 상관계수는 .654임을 알 수 있다.

6) 표준오차

어떤 도구의 길이를 10번씩 재어 평균 Mi를 내고 다시 이것을 10번 반복하여 평균 M을 계산했을 때 Mi−M을 측정의 **표준오차**라고 하고 이 분포의 SD를 측정의 표준오차(SEM: standard error of measurement)라고 한다. 한 검사의 SEM을 그 검사의 SD와 신뢰도 rtt로 구하는 공식은 다음과 같다.

SEM = SD* $\sqrt{(1-r_{tt}^2)}$ 즉, 95%에서 신뢰도 구간은 X±1.96 SEM이다.

예제) 김하늘이라는 아동이 유치원에서 실시한 지능검사에서 110점을 받았다. 그 후 한 달 동안 지능개발 프로그램에 참석한 후 다시 잰 결과 120점을 받아 10점이 증가되었다. 이러한 점수의 증가를 가지고 영희의 지능이 나아졌다고 볼 수 있는가?

풀이) 유치원에서 실시한 지능검사 요강에 표기되어 있는 검사의 신뢰도가 .89라면 일반적으로 지능검사의 M=100, SD=15이므로 95%의 신뢰구간에서 SEM =15*$\sqrt{(1-.89^2)}$*1.96=9.8이므로 10점 증가는 9.8점의 범위를 넘어섰기 때문에 통계적으로 유의미한 증가가 있었다고 말할 수 있다.

4. 아동연구의 윤리

Rosental과 Jacobson(1968)은 기대효과가 아동의 지능과 성적에 미치는 영향을 연구하기 위하여 연구에 참여한 교사들에게 다음과 같은 허위정보를 주었다. 즉, 연구자들이 아무렇게나 임의로 선정한 아동들의 명단을 담임교사들에게 주면서 이 명단에 있는 아동들은 엄밀한 검사결과에 의하면 특별히 잠재력이 큰 아동들인 것으로 판명이 되었으며 1년 뒤에는 학업성적이 크게 높아질 것이라는 진단결과를 알려주었다. 그러나 이러한 정보는 아무런 근거가 없는 거짓이었다. 그럼에도 불구하고 1년이 지난 후 이 명단에 속한 아동들의 지능과 성적 모두 다른 아동에 비해 크게 향상되었다. 이 연구결과는 특정 아동에 대한 교사의 기대효과가 얼마나 중요한 것인지를 시사하는 것으로 후속 연구들이 계속되어졌다. 그러나 다른 측면에서 이 연구는 논쟁에 휩싸이게 되었다. 그것은 연구를 위해 교사들을 속

4. 아동연구의 윤리

인 점이다. 이것은 연구의 윤리에 저촉되는 문제이다. 이보다 앞서 행동주의 심리학자 Watson이 학습현상을 입증하기 위해 11개월 된 Albert라는 아기에게 흰쥐를 볼 때마다 날카로운 소리를 들려주어 흰쥐에 대한 공포심을 심어준 것 역시 연구의 방법에 관한 윤리적 문제를 피할 수 없다.

미국의 심리학회(1992)와 아동발달연구회(1993)는 이러한 문제를 예방하기 위하여 연구에 관한 아동의 권리규정을 다음 〈표 1-1〉에서와 같이 채택한 바 있다. 우리 나라에서는 아직 채택된 윤리규정이 없는 형편이다.

〈표 1-1〉 미국심리학회(1992)와 아동발달연구회(1993)가 정한 아동연구에 관한 윤리지침

손해로부터의 보호

아동은 연구 도중에 신체 및 심리적인 손해로부터 보호받을 권리가 있다. 연구결과로 인해 발생될지도 모르는 해로운 결과에 대한 의문이 있으면 연구자는 다른 사람들의 자문을 받아야 한다. 손해의 가능성이 있으면 다른 방법을 채택하든지 그 연구를 포기해야 한다.

동의서를 받아야 할 권리

아동을 포함한 연구에 관련된 모든 사람들은 자신들의 참여 여부에 영향을 줄지도 모르는 연구의 내용들을 미리 그들의 수준에 알아듣기 쉽게 설명을 들을 수 있는 권리가 있다. 연구자는 아동이 연구에 참여하게 될 경우 부모나 교사가 문서상으로 작성한 동의서를 받아야 한다. 아동과 보호자가 원하지 않을 경우 언제라도 연구 도중에 그만둘 수 있는 권리가 있다.

사생활 보장

아동은 연구과정에서 수행된 모든 정보상에 자신의 이름을 익명으로 할 권리가 있다. 또한 그 연구에 관한 보고서나 비공식적 논의에서도 익명을 요구할 권리가 있다.

결과에 대한 통보

아동들은 자신이 참여한 연구결과에 대해 자신들의 수준에 알맞은 언어로 통보받을 권리가 있다.

유익한 대우

실험연구를 실시할 경우 실험집단에 속한 아동들에게만 이익이 있는 것으로 믿어지는 교육이나 혜택을 받게 될 경우 가능하다면 연구가 끝난 후 통제집단의 아동들에게도 이러한 혜택을 받을 권리가 있다.

제 2 장

발달이론

1. 고전적 아동관
2. 계몽주의 아동관
3. 20세기 전반의 아동발달론
4. 20세기 중반의 아동발달론
5. 최근의 연구동향

제2장
발달이론

1. 고전적 아동관

아동의 발달심리에 관한 고전들은 지금과 같은 세밀하고 객관적인 자료에 근거한 것이 되지는 못하지만 매우 다양하면서도 통찰력 있는 관점들을 가지고 있었다. 예컨대 서양의 아리스토텔레스와 동양의 공자는 서로 다른 문화 속에서도 인격의 가장 중요한 덕목 중에 하나로 모두 **중용**(中庸 : the mean)을 들었다. 그러나 과연 중용이 무엇이며 그 중용을 갖추기 위해 어떠한 발달과정을 거치게 되는지를 설명하기에는 많은 연구가 필요한 것이다. 현대 아동심리학의 이해는 사변적이던 고전의 철학의 틀을 벗어나기 위해 과학의 방법을 채택하게 된 일반심리학의 역사를 이해하면서 시작되어야 한다.

미국의 가장 인기 있는 아동심리학의 저자들 중에 한 사람인 Berk(1997)는 이러한 현대 아동발달심리학의 태동을 여러 아동들의 자료를 수집하여 통계적으로 연령별 발달 행동특성들을 분석한 19세기 말의 Stanly Hall의 연구로부터 시작한 것으로 보았다.

1) 동양의 전통적 아동관

우리 나라를 흔히 전통적으로 엄한 체벌이 허용된 나라로 여기지만 유교적 배경과 조상숭배의 사상이 짙은 한국에서는 근본적으로는 자녀를 자신의 생명처럼 여기어 소중하게 대하였다. 자녀가 그 부모를 잃으면 가장 가까운 친척들이 그 양육의 책임을 다하는 것은 그 한 예가 될 수 있을 것이다. 아동에 대한 이론적 관점도 **성악설**보다는 **성선설**쪽이 더 강하였다. 12세기에 편찬되어 고려시대 이후 사설 초등교육기관인 서당 등에서 서민의 자제들을 대상으로 가르쳤던 주자의

'소학'에 나타난 아동에 관한 관점들은 다음과 같다.

> ...여섯 살이 되면 셈과 방위의 이름을 가르친다. 일곱 살이 되면 남녀가 자리를 같이 하지 않고, 함께 먹지 않는다. 여덟 살이 되면 출입과 음식함에 반드시 어른에 나중하여 비로소 사양하는 것을 가르친다. 아홉 살이 되면 날 세는 것을 가르친다. 열 살이 되면 밖에서 취학하여 기숙하며 글과 셈을 배운다. 옷은 비단으로 바지저고리를 만들지 않으며...열세 살이 되면 음악을 배우고 시를 외우며 춤을 배운다.
>
> ...사람이 도(道)가 있다함은 인간에게 착한 본성이 있음을 의미한다. '중용'에 하늘이 부여한 것을 성(性), 성에 따르는 것을 도(道), 도를 닦음을 교(敎)라 한다 했으며 인간에게는 이미 바른 도리를 행할 수 있는 착한 본성이 갖추어져 있는 것이다...
>
> ...양문공의 가훈(家訓)에 이르기를 어린 아이의 배움은 기억하고 외우는 데에 그치는 것이 아니라 그 양지(良知 : 선천적으로 아는 것, 예를 들어 어린 아이가 형이나 어버이를 따를 줄 아는 것), 양능(良能 : 갓난아기가 나면서 젖 먹을 줄 아는 것 등 타고난 능력)을 기를 것이나... 오래되어 성숙하면 덕성이 마치 자연에서 우러나는 것 같을 것이다...

양지와 양능은 하늘이 부여한 인간의 본성에 바탕을 둔 것이다. 아동에게 부모나 교사가 지난날의 이름다운 이야기들을 기록하여 들려줌으로써 이러한 타고난 본성을 밖으로 들어나게 하는 것이 그들의 발달을 돕는 것이다.

우리 나라의 **성리학**(性理學)에서는 성격을 이(理)와 기(氣)를 바탕으로 하는 성(性)과 정(情)이 환경과 상호작용한 결과로 본다. 인간의 선한 본성인 **사단**(四端 : 측은해 하는 마음, 양보하는 마음, 옳지 못함을 멀리하는 마음, 옳고 그름을 가리는 마음)과 자칫 악으로 흐르기 쉬운 **칠정**(七情 : 기쁨, 분노, 슬픔, 두려움, 사랑, 미움, 욕심)에 의(意)가 작용하면 악한 쪽으로 지(志)가 작용하면 선한 쪽으로 나타난다고 하였다. 그리고 이러한 기질(氣質)이 막힘 없이 바르게 흐르는 정도에 따라 개인의 인격은 욕(欲)에 따르는 중인(衆人), 경(敬)에 따르는 군자(君子), 성(誠)에 따르는 성인(聖人)의 수준에 이르게 된다고 하였다.

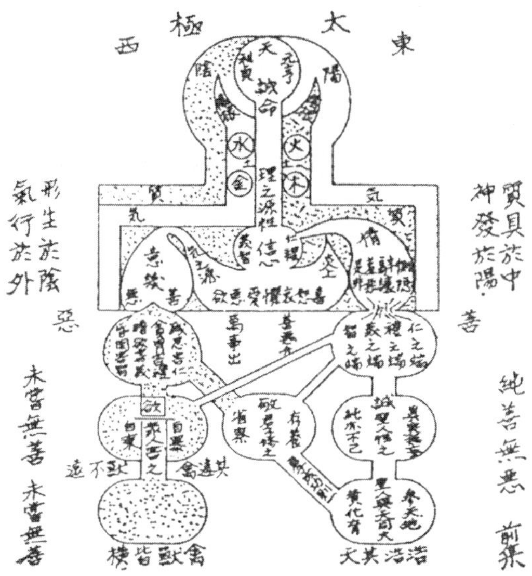

〈그림 2-1〉 이황(李滉 : 1568)의 심통성정도(心統性情圖 : 이상로, 1979)

이상의 주요 관점들은 인간의 본성에 대한 양면적인 특성을 이해하면서도 아동의 기(氣)가 막히는 일이 없이 자연스러운 환경에서 자라나게 한다면 타고난 양지와 양능이 어른의 가르침과 자신의 지(志)를 바탕으로 인격이 바람직한 방향으로 성숙하게 될 것으로 믿고 있다.

2) 서양의 전통적 아동관

스파르타를 비롯한 고대 서양에는 신생아를 영혼이 깃든 인간으로 보지 않아 허약한 아이들은 자주 버림을 받았다. 6세기에서 15세기에 이르는 중세시대에도 기독교의 원죄 개념이 지나치게 강조되어 신생아를 악하게 보아 부모의 엄격한 훈련과 체벌로 나쁜 욕망을 쫓아내어야 한다고 믿었다.

그 후 **종교개혁운동**이 일어나면서 차츰 아동에 대한 온정적 견해들이 나타나게 되었다. 그러나 위생적 환경은 열악하여 기아, 전염병, 전쟁 등으로 고통당하는 아동이 늘어났다. 귀족과 부유층의 아동들도 생후 2~3일 되는 신생아 때부터 소위 유모가 있는 농촌으로 보내졌고 6살이 되면 이곳에서 다시 학교나 수도원으로 데려감으로써 부모의 정서적 관심을 오랫동안 경험하지 못했다.

또한 이 시대에는 아동기를 따로 구분하여 어른과는 다른 독특한 존재로 생각하지 못했으며 유아기를 일단 벗어나면 신체적 크기만 작을 뿐 이미 어른과 다름이 없다고 보았다. 이러한 생각은 아기들이 세상에 태어나기 전부터 어른의 신체와 성격구조를 이미 갖고 있다고 믿는 **전성설**(前成說 : preformationism)에 근거한 것이다. 이러한 생각은 현미경이 발명되면서 이미 완성된 작은 인간이 정자 속에 있는 것이 아니라 수정된 난자가 일련의 분열단계들을 거쳐 발생하는 것임을 입증하게 되는 18세기에 들어서면서 쇠퇴하기 시작했다.

2. 계몽주의 아동관

1) John Locke의 백지설

영국의 철학자이며 내과의사였던 Locke(1612-1704)는 **환경론**을 제시하였다. 그는 사람이 처음부터 죄악의 덩어리로 태어난다는 전통적인 아동관에 정면으로 도전하여 인간은 처음에 **백지상태**(tabula rasa)로 태어나 환경과의 상호작용에 의해 영향을 받게 된다고 주장했다. 그는 아동들이 지능이나 기질에 있어 차이는 있을지언정 어떤 지식을 미리 가지고 태어나는 것으로 보지 않았다. 따라서 부모들은 교육을 어떻게 하느냐에 따라 자기의 자녀를 선하게도 악하게도 만들 수 있다고 했다. 그의 생각은 이미 현대의 행동주의 학습이론의 기초를 마련하고 있었다. 예컨대, 사고와 감정의 많은 부분이 연합과 반복 그리고 모방을 통해 발달하며 이러한 학습은 또한 보상과 처벌에 의해 촉진된다고 보았다. 그러나 그에게 있어 이러한 학습은 피동적인 아동을 기르기 위한 것이 아니라 자기 훈련을 통해 강한 신체를 단련할 수 있게 함을 목적으로 한 것이었다. 부모는 자녀들에게 엄격해야 하지만 그렇다고 체벌을 사용하는 것은 부모에 대한 두려움을 갖게 만들고 나아가 우울한 아동을 만들게 된다고 경고했으며 지나친 보상이 갖는 문제점도 지적하였다.

2) J. J. Rousseau의 낭만주의

프랑스의 Rousseau(1712-1778)는 이러한 백지설과는 반대로 인간발달의 내적 힘을 중시하였다. 그리고 아동이 어른과 다른 점을 강조하여 처음으로 발달단계의 개념을 소개하였다. 그는 신의 뜻이 가장 잘 들어 난 것은 자연의 장(場)이며 '신은 만물을 선하게 창조했으나 인간의 손에 들어오면서 만물은 악하게 되어 버렸다.' 고 하여 자연 안에 그리고 인간 내면에 있는 신의 뜻을 파악해야 한다고 했다. 그런 점에서 아동을 옳고 그런 것에 대한 감각을 갖고 태어나는 고상한 야만인(noble savages)이라고 보았다. 그가 말하는 자연인은 습관에 의해 변질되기 이전의 감각과 이성을 가리키지만 사회로부터 도피하여 야만인으로 산다는 것을 의미하지는 않는다. 그의 소설 『에밀』에 등장하는 주인공이 택한 직업은 목수였는데, 이는 신체적으로 유용하며 더 나은 작품을 창조적으로 만들 수 있는 점에서 높이 평가했다. Rousseau는 인간의 자연적 감정 중에서 가장 중요한 것은 자기애라고 했다. 이로부터 나오는 인간 정욕을 없애려는 것은 신의 섭리에 반하는 것으로 보았다. 물론 정욕을 끝없이 채우는 소극적 의미보다는 궁극적으로는 자기희생에 이르는 적극적 자유로서의 성숙된 자기애를 중시하였다.

그가 제안한 4단계 중 출생에서 2세까지의 1단계는 활동적이며 호기심이 많으며 거의 혼자의 힘으로 언어를 배우는 시기이다. 그 다음 12세까지의 2단계는 독립성을 기르며 신체동작이나 감각에 기초한 직관적 추리력을 기르는 시기이다. 그리고 15세까지의 3단계는 신체적인 힘이 강해져서 성인의 일을 도울 수는 있지만 아직도 진정한 사회성이 없으며 추상적이고 이론적인 문제에는 관심이 적으며 16세 이후가 되어야 사회성이 발달한다고 했다. 그의 발달단계에서 초기의 애착반응이나 사회성을 과소평가한 점 그리고 교육의 역할을 지나치게 소극적으로 본 점 등이 한계점으로 지적될 수 있다.

3) Pestalozzi의 가정교육

Pestalozzi(1746-1827)는 자기의 장남을 4년 동안 관찰한 일기를 분석하는 아동연구에 체계적인 방법을 사용하기도 하였다. Rousseau가 부모의 따뜻한 사랑을 받지 못하면서 자랐고 자신의 자녀 5명도 모두 고아원에 보낸 점들을 비교해보면 Pestalozzi는 가정의 사랑을 특별히 강조하고 있음을 알 수 있다. 그는 『은자의 황혼』이라는 저서에서 신앙을 갖는 가정 특히 부모와 자녀관계가 장래의 모든 인간관계의 기초가 된다고 했다. 어머니의 품안은 자연의 중심이며 인간사회의 중심이다. 이러한 자녀가 받아야 할 사랑에 대한 강조는 아동발달에 부모의 사랑이 갖는 역할을 중시한 Bowlby, Freud, Erikson 그리고 Bettleheim에 이르는 여러 학자들의 선구자인 셈이다. 그는 3H 즉, 머리, 심장, 손에서 비롯되는 지능, 감정, 기능의 잠재된 능력들이 발달할 수 있도록 도와주는 것이 교육의 역할이라고 보았다. 그리고 그러한 교육은 자연성의 원리, 직관의 원리, 노작의 원리에 따라야 한다면서 언어중심의 교육에서 벗어날 것을 주장하였다.

4) Froebel의 상징주의

'오라 우리들의 아이들을 위해 살자!' 라고 한 Froebel(1782-1852)은 신이 우주를 지배하는 영원한 법칙의 주체로 보아 이를 통일, 개체 그리고 다양성의 조화에 의해 설명했다. 자연이 표현하는 방식을 형성, 생존, 활동의 세 가지로 구분하여 광물, 식물, 동물에 비유하였다. 그에게 있어 자연은 눈으로 볼 수 있는 신의 정신이며 자연과 친함으로서 신의 정신과 만나는 것이라고 하여 자연을 통한 인간의 근본에 존재하는 신적 본질의 실현에 관심을 가졌다. 그에 의하면 '신이 부단히 창조하고 중단 없이 활동하는 것' 처럼 아동도 그러해야 한다고 보았다. 실제로 아동은 순수한 직관에서 한 단계 더 나아가 구성적 활동을 통하여 자기의 내부에 잠재되어 있는 창조적 본질을 표현하고자 한다는 것이다. 그는 '인간의 교육' 에서 놀이란 아동의 내면세계를 스스로 표현하는 것으로 기쁨과 자유와 만족, 자기내외의 평안과 세계와의 화합을 만들어 내는 것으로 모든 선의 원천은 놀이 속에 있고 놀이로부터 나온다고 하여 놀이가 갖는 창조성은 물론 도덕성의 교육원리를 강조했다.

3. 20세기 전반의 아동발달론

1) Montessori의 감각교육

Montessori(1870-1952)는 아동은 자신의 내부로부터 나오는 능력을 갖고 있으므로 성인과 동일한 독립된 삶을 가진 존재로 본다. 빈민층의 마비된 정신에 자극을 줄 수 있는 것이 유아의 감각교육이라 생각한 그는 '아동의 집' 을 운영하였다. Froebel의 '유치원' 처럼 교과내용보다 아동의 생활환경을 중시하였으며 아동 자신의 발달을 결정하는 자발적 활동을 중시하였다. 따라서 그들의 타고난 능력을 이끌어 낼 정비된 환경을 인위적으로 설정하며 아동의 잠재력을 기르고자 하였다. '아동의 집' 에서 아동은 개별적으로 각종 교구를 놀이하고 있다. 여기의 교구들은 자기가 스스로 수정해 갈 수 있도록 되어 있는 것들이다. 서로 다른 원통을 제자리에 끼워 넣기 위해서는 높이와 크기를 재어 보고 시각과 손의 훈련이 자연히 따르게 되어 있다. 이러한 감각활동을 통하여 아동들은 자기활동과 정신집중에 따르는 즐거움을 맛보면서 감각적 변별력과 나아가서는 지적 직관력을 형성해 간다고 본다. 감각교육의 예는 거친 종이와 매끄러운 종이 비교하기, 여러 가지

천을 손으로 만져 알아 맞추기, 온도, 무게, 냄새, 맛 비교하기, 기하학적 비교, 색채와 소리의 변별 등이다.

2) Stanly Hall의 아동연구

20세기를 '아동의 세기'로 불렀던 Hall(1844-1924)은 아동연구운동을 시작한 당시 미국의 가장 영향력 있는 심리학자였다. Hall은 그의 제자 Gesell과 함께 아동의 흥미, 두려움, 꿈 등에 대한 여러 가지 설문지를 사용한 수많은 연구를 통하여 여러 가지 아동의 발달적 행동특성들의 규준을 마련하였다. Hall은 개체발생(ontogeny)은 계통발생(phylogeny)을 반복한다는 **반복설**(principle of recapitulation)을 지지하여 아동의 태내발달은 인간의 진화과정과 매우 비슷한 발달단계를 거친다고 보았으며, 이러한 발달의 원리를 아동의 출생 후에도 적용하였다.

3) Binet의 지능검사

지능검사의 아버지로 불리우는 Binet(1857-1911)는 1904년 프랑스 교육부장관의 요청으로 학교에 입학하여 학습결손이 계속 누적되어 갈 가능성이 많은 아동들을 미리 식별해낼 수 있는 척도를 개발하였다. 그는 제자 Simon과 함께 모두 30개 문항으로 구성된 간단한 척도를 개발하면서 **정신연령**(mental age)이라는 개념을 소개하였다. 아동이 자기 연령의 수준에 해당되는 문항들을 다 맞추면 정신연령은 자기의 실제 나이인 생활연령(chronological age)과 일치한다. 그 후, 생활연령에 대한 정신연령의 비율 즉, MA/CA에다 100을 곱한 값을 지능지수로 소개하였다. Binet는 여러 가지 연구를 하는 중에 몇 가지 흥미있는 사실들을 발견하기도 하였다. 예컨대 학교에 다니는 어린 아동의 약 5%는 지능이 모자라서가 아니라 단순히 칠판의 글씨가 보이지 않아 학습결손이 누적되고 있음을 알게 되었고 이러한 현상을 시정하기 위해 교사가 간단하고도 쉽게 아동들의 시력을 진단할 수 있는 검사를 만들기도 하였다.

4) J. M. Baldwin의 발달론

그 동안 지나쳐 왔던 아동심리학자로서 최근에 주목을 받고 있는 미국의 Baldwin(1861-1934)은 발달에 관한 풍부한 해석의 틀을 제공하였다. 그는 아동이 자신의 물리적 및 사회적 세계에 대한 이해가 일련의 단계를 거쳐 발달해 간다고 믿었다. 처음에는 아주 간단한 행동유형으로부터 시작하여 추상적이고 숙고적인 (reflective) 성인의 능력에까지 이르게 된다는 것이다. 또한 발달이란 아동과 환경이 함께 만드는 것으로 아동이 한편으로는 세상에 대한 자신의 사고방식을 적극적으로 재조정하면서 또 다른 한편으로는 습관이나 모방을 학습하기도 한다는 그의 생각은 Piaget에게 커다란 영향을 미쳤다. 그는 다른 심리학자들과는 달리 발달에 미치는 보다 광범위한 영역들을 확인하였다. 논리과학적 사고, 사회도덕성, 종교 그리고 미적 의식에 이르는 영역들에도 발달적 계열이 있음을 처음으로 제안하였다(Cahan, 1984). 특히 그는 Piaget의 여러 발달개념과 단계이론들의 기초를 마련했지만 세상에 대한 가장 완전한 이해는 미적 숙고에서 가능하다고하여 형식적 조작을 가장 높은 단계로 본 Paiegt와는 달리 과학적 사고나 도덕적 사고가 발달의 끝이 아니라 그 대신 이들 단계들은 종교적 내지 미적 양식의 발달이라는 궁극적인 단계에 맥락을 제공해주는 것에 불과하다고 했다. 이러한 통찰력 있는 풍부한 관점에도 불구하고 그의 생각은 지나치게 추상적이며 당시 미국의 심리학에서 중시하던 실증적 방법을 사용하지 않았다는 이유로 학계로부터 외면당하고 말았다.

5) Sigmund Freud의 정신분석학

Gesell이 아동을 유전자의 설계나 연령의 시간표에 따라 결정되는 고정적인 존재로 본 반면 Freud(1856-1939)는 아동을 정신에너지의 흐름에 따라 행동이 결정되는 역동적인 존재로 본다. Freud는 인간행동이 정신에너지체제가 균형을 유지하려는 노력의 산물로 보았다. 인간은 자신과 종족보존을 위해 죽음의 욕구(thanatos)와 삶의 욕구(eros)라는 정신에너지를 가지고 태어난다. 유아는 미분화되어 있는 양 욕구 모두를 원본능 즉, 이드(id)에 담고 있다. 원본능이 주관적인 욕망의 세계만 따름에 비해 자아(ego)는 객관적인 세계를 이해하고 타협할 수 있다. 원본능은 욕구를 지연시키지 못하기 때문에 배가 고프면 반사적으로 울음만 터뜨릴 뿐이지만 의식적이고 합리적인 면이 있는 자아가 생기면서 과거의 일을 기억하여 적절한 시간과 장소를 구분하고 만족을 지연하며 어머니를 보면 울음을 그치기도 하고 자기가 먹을 것을 찾아 나서기도 한다. 3세 내지 6세가 되면 자신의 충동을 다스리도록 요구하는 부모의 가르침을 내면화함으로써 양심의 기초가 되는 초자아(superego)가 나타나게 된다.

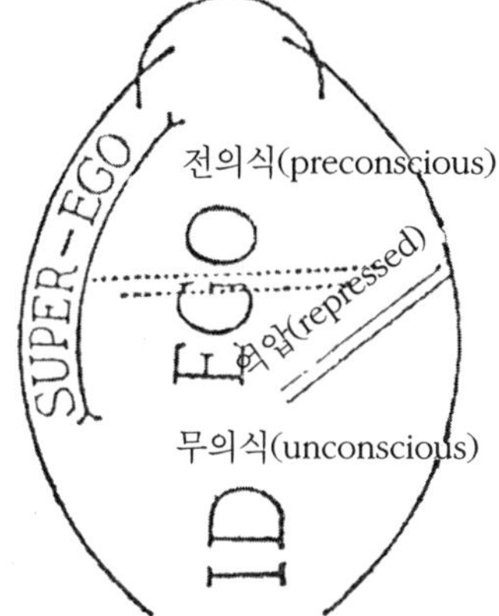

〈그림 2-2〉 성격의 구조(Freud, 1933, p.78)

초자아가 형성되면 자아는 원본능과 초자아를 화해시켜야 하는 보다 어려운 과제를 해결해 내어야 한다. 맛있는 과자를 먹기 위해 친구의 과자 봉투를 빼앗고 싶지만 결국은 웃으면서 과자를 달라고 부탁하는 합리적인 판단을 하게 된다. 유아기에 이러한 안정된 관계의 확립은 장래의 성격을 결정짓게 된다고 보았다.

아동기의 공포나 경험이 무의식 속에 억압되어 있으면서 현재의 상황이 과거에 불안을 야기했던 상황과 유사할 때 과거에 일시적으로 유용했던 방어기제를 반복 사용할 수도 있다. 부모들은 아동과 원만한 인간관계를 수립하여 그들이 내적 갈등을 어떻게 조화시키려 애쓰는지 이해해야 한다. 아동은 이처럼 끊임없이 본능의 충동을 만족시켜 균형을 회복시키고자 하지만 본능이란 결코 완전히 만족할 수 없는 것이다. 과도한 욕구들은 자아에 위협이 될 수 있으며 이럴 경우 무의식적 수준에서 현실을 왜곡하는 자아방어기제를 사용할 수 있다.

6) Gesell의 생득론

소아과 의사였던 Gesell(1880-1961)은 보다 체계적이고 광범한 종단연구를 통하여 아동을 발생적 유전의 결과로 보았다. 그에게 성장이란 미분화상태에서 점진적으로 분화되었다가 다시 상호 연관되고 통합되는 조직화의 과정이며 아동의 행동 역시 이러한 신체적 발달에 주로 의존할 뿐이라 했다. 신체구조의 성장과 발달이 유전인자에 의해 지배되듯이 아동의 개성도 유전에 의해 결정되며 일련의 계열적 단계를 거친다고 보았다. 성숙은 자기규제의 원리에 의해 안정과 변화가 교차되면서 결과적으로 안정성이 공고화되어 가는 과정으로 보았으며 아동의 발달 과정에서 일차적인 기관이 손상을 당하거나 차단되는 경우 이차적인 기관이 이를 보상해 주는 성장의 잠재력을 중시했다.

Gesell은 아동의 발달단계상 아직 수용할 준비가 되어 있지 못한 행동을 아동에게 무리하게 부과해서는 안 된다고 하였다. 예컨대 쌍생아의 학습경험을 비교한 실험에서 성숙한 뒤에 **계단 오르기**를 배운 아이가 미숙한 상태에서 배운 형제보다 훨씬 짧은 시간에 습득했다. 이는 신체적 학습에 관련된 것이지만 조기교육의 한계를 지적한 것이다. 그는 다만 아동의 성장 충동을 자극함으로써 충분한 성장을 기하도록 하여야 한다면서 유아들의 강렬한 요구는 음식과 수면이므로 이를 충족시켜 줄 때 유아는 안정감을 가질 수 있다고 주장했다.

4. 20세기 중반의 아동발달론

1) 행동주의 학습이론

Watson(1878-1958)은 정신분석학과는 달리 보이지 않는 마음의 작용보다는 자극과 반응(S-R : Stimulus & Response)이라는 직접 관찰할 수 있는 대상을 찾던 중 러시아의 Ivan Pavlov가 보고한 실험결과에 깊은 감명을 받았다. Pavlov는 개에게 고기를 줄 때마다 종소리를 들려주었더니 결국은 종소리를 듣기만 해도 침을 흘리게 되는 조건화(conditioning)현상을 확인한 바 있다.

Watson은 이러한 **고전적 조건화**를 아동의 행동에 적용하여 11개월 된 Albert라는 꼬마가 흰쥐를 만질 때마다 날카로운 소리를 들려주어 흰쥐에 대한 공포를 학습시킬 수 있었다.

그 후 B. F. Skinner(1904-1990)는 Pavlov의 고전적 조건화와는 다른 관점인 **조작적 조건화**이론(operant conditioning theory)을 주장하였다. 그는 아동이 피동적으로 조건화되는 존재가 아니라 능동적으로 특정 행동을 먼저 한 후에 강화를 받는 점에 주목하였다. 그는 일단 어떤 행동 후에 주어지는 상이나 벌에 따라 그 행동이 강해질 수도 약해질 수도 있다고 보아 S-R 대신 R-S의 공식을 결합의 원리로 강조하였다.

2) Bandura의 사회학습이론

Bandura(1977)는 **모방**(modeling, imitation)이나 **관찰학습**(observational learning)을 통해서도 특정 행동을 학습할 수 있다고 하여 **사회학습이론**(social learning theory)을 제시하였다. 그는 풍선인형을 때리는 교사의 공격적 행동을 본 아동이 혼자 남아 있을 때 교사가 하던 대로 풍선인형을 때리는 것을 확인하였다. 그는 학습에서 행동보다는 **인지**(cognition)의 중요성을 강조했으며 아동이 특정 행동을 직접 시작하지 않더라도 남의 행동을 보거나 들을 수 있을 뿐 아니라 그 속의 일반적인 법칙을 찾아낼 수 있는 능력을 갖는다고 보았다. 이러한 과정을 통해 아동은 모방 대상을 선별하거나 그 행동을 모방할지 안 할지를 결정할 수가 있다는 것이다.

학습이론은 조건화나 모방을 통해 아동의 나쁜 행동을 제거하고 사회적으로 바람직한 행동을 증가시키는 방법으로 사용될 수 있다. 실제로 학습이론은 아동의 습관적인 공격성이나 언어장애와 같은 심각한 문제들을 교정하는 데 주로 사용되어 왔다. 이러한 기법을 통한 학습이 일시적인 변화로 그칠 수가 있어 완전한 발달을 보장하지 못하는 경우가 있다. 또한 이들 이론은 아동의 발달에 기여하는 아동 자신의 자발적인 역할을 과소평가하는 경향이 있다.

3) 동물생태학

Lorenz는 여러 중류의 동물들의 행동을 관찰하면서 어린 새 종류들은 먹이가 필요하거나 위험이 닥치면 어미 가까이 머무르는 초기의 추종행동이 각인(imprinting)되는 것을 확인하였다. 각인은 짧은 기간 내에 이루어지며 이 때 어미 새 대신에 사람이 옆에서 돌봐주면 그 사람을 어미로 알고 추종하게 된다. 이는 아동발달의 **결정기**(critical period)에 적용할 때 아동의 특정 행동의 발달이 준비되었을 때 적절한 자극환경을 제공하는 것이 필요함을 시사하는 것이다. 그리하여 이러한 결정기를 갖는 행동특성을 찾기 위해 많은 연구들이 이루어졌다. 일반적으로 인간의 경우에도 초기 아동기의 영향상태나 물리적 내지 사회적 환경이 결핍되면 지능이나 언어발달이 나중에 회복하기 어려운 점을 들어 이 시기를 **민감기**(sensitive period)라고 부른다.

이러한 각인현상에 영향을 받은 John Bowlby(1969)는 **동물생태학**(Ethology)을 인간의 유아-양육자 간의 관계이해에 적용하였다. 그는 미소, 옹아리, 파악

(graping), 울음과 같은 아기의 애착행동은 부모로 하여금 접근하여 돌봐주도록 하는 사회적 신호라고 했다. 동물생태학은 아동의 행동은 물리적, 사회적, 문화적 환경을 찾아가는 적응적 가치를 통해 가장 잘 이해될 수 있다고 보고 이를 유기체-환경체계(organism-environment system)로 이해하려 한다.

4) Piaget의 인지발달론

스위스의 **인지발달론**자 Piaget(1896-1980)는 1960년 이후 행동주의 심리학의 테두리에 갇혀있던 미국의 심리학계에 새로운 돌파구를 열어주었다. 행동주의 심리학은 자극과 반응으로 연결되어 있는 여러 개의 습관들이 점차 많아지는 것을 발달로 보았으나 Piaget는 아동이 질적으로 다른 몇 단계들을 거치는 것을 발달로 본다.

아동은 성인을 모방하고 명령을 기억하고 수동적으로 따르는 능력 외에 환경의 자극을 적극적으로 받아들여 오히려 이를 이용하는 능동적 존재이다. 다만 아동은 미숙한 **인지구조**를 갖기 때문에 동일한 자극이라도 성인과는 전혀 다른 의미로 해석하고 받아들인다. 예컨대 한 가지 특성에만 집중하는 경향이 있는 유아들은 물을 담은 용기의 높이만 따지며 용기의 모양이 달라지면 그 속에 담긴 물의 양도 달라진다고 믿는다. 그러나 나이가 들어 정신적인 **조작**(操作 : operation)이 가능해지면서 자신의 이러한 관점을 조금씩 벗어나갈 수 있게 된다. 6, 7세가 되어 **직관기**를 벗어나는 시기가 되면 인지, 사회, 도덕적 모든 측면에서 **탈중심화**가 일어나 점차 안정된 개념을 갖게 된다.

인지발달론에서는 이러한 발달이 일어나기 전의 유아에게는 언어적 교육의 효과가 크지 않다고 주장한다. 다만 다양한 사물과 **상호작용**할 수 있는 환경을 마련해 두어 아동으로 하여금 환경에 대해 반응하면서 스스로 학습하도록 도와주는 것이 필요하다.

구체적 조작기에서는 아동이 보존개념, 시간개념, 인과관계 등의 원리를 스스로 발견할 수 있도록 대상의 이름이나 다양한 속성에 주목을 하도록 도와주어야 하며 여러 가지 기준에 따라 분류하고 순서짓도록 유도할 필요가 있다. 이런 점에서 Montessori의 교육원리와 비슷하나 감각의 직관적인 흡수보다는 대상과의 인지적 갈등을 통한 상호작용의 과정을 거쳐 **재평형화**되어 가는 추리능력의 발달에 초점을 맞춘 점이 차이점이다.

5) Kohlberg의 도덕발달이론

도덕성은 매우 복합적인 특성이어서 그 개념을 한 마디로 규정하기 어렵다. 그러나 전통적으로 이론가들은 크게 두 가지 특성으로 구분하고 있다. 첫째는 도덕성은 어떤 사회가 이미 정해 놓은 사회적 제도, 관습, 규칙 등의 외적인 규범을 내면화하면서 형성된 정직, 봉사, 자기통제 등의 덕목으로 보는 입장이며 둘째는 개인이 갖는 비판력, 판단력 등의 사고력으로 보는 입장이다. 전자의 입장에서 볼 때 도덕교육은 사회의 관습 및 덕목을 내면화시킴으로서 개인의 도덕적 자질을 향상시키는 데에 목적이 있으며 따라서 모방, 동일시, 강화 등의 방법이 주로 적용된다. 반면에 후자의 입장에서 도덕교육의 목표는 개인의 인지적 사고 및 판단력을 증대시키는 데 있으며 따라서 도덕적 문제상황에 대한 인지적 갈등에 참여하거나 상대의 입장이나 객관적 입장에서 사고할 수 있는 역할수용의 기회(Piaget, 1932; Kohlberg, 1981)를 갖게 하는 도덕방법이 활용되어 왔다.

초기 도덕이론이나 도덕교육에서는 관습이나 덕목의 내면화를 강조하는 입장이 지배적이었으나 1960년대 이후 Kohlberg(1927-1987)의 인지적 도덕발달이론이 도덕교육 현장에 지배적으로 적용되어 왔다. 이 이론은 도덕성이 일련의 질적으로 상이한 단계를 한 단계씩 상향이동해 감으로써 보편적으로 계열성을 이루는 발달경향성을 갖는다고 주장한다. 이 경우 보다 상위의 단계는 하위단계에 비해 여러 상황에서 보편적으로 적용될 수 있는 구조적 전체성을 가지므로 이전 단계보다 위계적으로 더욱 종합되고 기능적으로 우세한 특성을 갖게 된다고 본다.

그러나 보다 최근에 인지적 도덕발달이론이 갖는 지나친 관념주의나 합리성 등에 대한 비판이 있다. 이와 더불어 경험적 연구를 통해 인지적 도덕발달이론의 기초가 되는 계열성의 기준에 반하는 퇴행현상에 대해서도 의문이 제기되고 있다.

6) Chomsky의 생득적 언어발달이론

아동의 언어발달에 있어 학습이론과 정반대의 입장을 보이고 있는 사람으로서 변형생성문법을 소개한 Chomsky를 들 수 있다. 아동이 언어를 획득하는 신비한 능력에 대해 일찍이 주목한 사람은 Montessori였다. Chomsky 역시 이러한 신비한 능력에 관심을 가지면서 종래의 이론 즉, 아동들은 다른 사람들의 언어를 모방하여 그들 머리 속에 저장해두었다가 필요할 때 끄집어 낸다는 '저장소 이론'을 반대하면서 아동들은 무한정한 수의 새로운 문장을 이해하고 또한 만들어 내는 생득적인 언어획득장치(LAD : Language Acquisition Device)를 가지고 있다고 주장하였다. 세계의 모든 아동이 태어나서 2~3개월이 지나면 비슷한 옹알이를 시작하고 비슷한 발달단계를 거쳐가는 것은 이러한 언어획득장치를 갖고 있는 것처럼 보인다. Skinner는 아동들이 옹알이를 하다가 어떤 단어와 닮은 소리를 내면 부모의 칭찬을 받아 언어를 배운다고 설명하고 있으나 이러한 이론은 아주 어린 아동이나 지체아나 언어장애아들에게만 적용되는 것 같다. 보통의 정상적인 아동들은 점점 자라면서 자기가 배운 것을 새로운 상황에 맞추어 신속하게 변형시킨다. 예컨대, 한 단어의 복수형태를 배우면 훈련 없이도 자동적으로 새 단어들을 복수형태로 만드는 아동의 놀라운 능력을 조건화나 강화이론으로는 설명하기 어려운 것이다. 아동이 언어를 제대로 변형하려면 구체적 조작이 가능한 7세가 되어야 한다는 Piaget의 인지발달론과는 달리 Chomsky는 6세 이전의 아동들도 여러 가지 복잡한 문장의 변형능력이 있음을 예로 들면서 이를 반박하고 있다(서봉연, 1985). Chomsky의 이론을 소개한 Crain(1980)은 이 이론의 여러 가지 설득력 있는 설명에도 불구하고 이를 충분히 증명하기 위해서는 여전히 실증적인 연구가 더 계속되어야 한다고 지적하고 있다.

7) Erikson의 심리사회적 이론

Erikson(1902-1994)은 Freud의 **심리성적 이론**(psychosexual theory)을 **심리사회적 이론**(psychosocial theory)으로 확장시켜 나갔다. 그는 아기가 자기를 돌보는 사람을 대하면서 부모를 일관성 있고 믿을 수 있다고 느낄 때 **기본적 신뢰감**(basic trust)을 발달시키고 부모의 행동을 전혀 예측할 수 없고 필요할 때 도움을 받지 못하면 불신감을 발달시킨다고 했다. 아기들이 부모를 신뢰하게 되면 격리불안을 잘 견뎌 낼 것이다. 실제로 신뢰감과 불신감은 섞여 있는 것이지만 다만 신뢰감이 상대적으로 더 많을 때 자율성과 주도성 등 다음 단계로의 건강한 발달이 가능하다고 믿는다. 그는 Freud에 비해 자아가 갖는 적극적이고 사회적인 특성을 중시하였으며 아동기 외에 청년기의 발달적 중요성을 강조하였다.

8) Bettelheim의 자폐아치료

정신분석적 방법을 **자폐아치료**에 적용한 Bettelheim은 『비어 있는 요새』(1967)라는 저서를 통해 그의 자폐아 연구결과를 보고하였다. 정신장애 중 가장 일찍 일어나는 자폐증은 보통 생후 2년경에 발생하며 신체적으로는 건강해 보이나 다른 사람에게 아주 무관심하는 등 보통 아이들과는 아주 다른 특성을 보인다. 타인과 접촉을 피하려고 하며 말을 걸거나, 눈을 마주치려면 이를 회피한다. 많은 시간을 자기자극(self-stimulation)이라는 반복적 행동을 하면서 보내며 물건을 계속 돌리거나 손을 빠르게 흔들면서 그것을 응시하거나 심지어는 자기 자신을 때리기도 한다. 흔히 심한 언어장애를 보이며 "네 이름이 뭐니?" 라고 물으면 "네 이름이 뭐니?"라고 앵무새처럼 반복하기도 한다. 그러나 자폐아의 가장 뚜렷한 특성은 극단적인 고립을 보인다는 점이다. Bettelheim은 자폐증의 원인을 아동이 생후 1년 동안 발달시키는 **자율감**의 실패에 기인하는 것으로 보았다. 자기 주변의 사람들에게 영향을 주려는 시도가 그들의 관심을 이끌어 내지 못하게 되면 불안해지며 보복을 당할 수 있다는 생각을 하게 되어 방어의 벽을 쌓게 되는 것 같다. 이러한 부모자녀 간의 상호작용의 실패는 부모의 탓도 있지만 양자간의 기질적인 문제가 원인일 때도 있다. 어렵게 보이는 자폐아의 치료에 대해 Bettelheim은 아동들로 하여금 자신의 문제점을 탐색할 수 있도록 이해와 수용의 분위기를 제공해주어야 한다고 본 점에서 발달론적이며 사랑과 보살핌의 올바른 환경만 조성해 준다면 자폐아는 자기 혼자의 힘으로 회복될 수 있을 것으로 보았다.

일반적으로 정신분석학은 사례연구를 통한 임상적인 방법을 가장 효과적인 방법으로 사용하였다. 한 아동을 이해하기 위해, 아동은 물론 그 가족과 그 아동을 잘 아는 사람들, 각종 심리검사 등을 종합하여 유아와 부모 간의 애착, 공격, 양육방식, 도덕성, 성역할, 청소년기의 정체감 등 정서적 사회적 발달의 수많은 측면에 대한 풍성한 연구를 고무시켰다. 그러나 이러한 임상적 방법에만 집착한 나머지 다른 영역들에 관한 아동연구결과들을 소홀히 취급한 점에서 오늘날 아동심리학의 주요 흐름에서 벗어나 있다(Berk, 1997). 그 밖에 Freud의 Oedipus conflict와 심리성적 단계들은 모호한 점이 많으며 경험적으로 검증하는 것이 어렵거나 불가능한 것이 많다는 한계점이 있다.

5. 최근의 연구동향

1) 신피아제 이론

Piaget의 아동발달과 교육에 미친 공헌이 크지만 최근에 와서 몇 가지 점에서 비판을 받고 있다. 우선 Piaget는 유아들의 능력을 과소평가하고 있다는 점이다. 예컨대 과제를 이해하기 쉽게 제시하면 구체적 조작기 이전의 유아들도 해결할 수 있는 경우가 많았으며 실제로 교육이나 훈련을 통해서 유아의 인지능력이 향상되는 것이 확인되고 있다. 지금은 그의 이론의 질적인 단계를 보다 양적인 것으로 수정한 **신피아제 이론**이 있다. 신피아제 이론(neo-piagetian)의 대표자인 Pascual-Leone 등(1978)은 Piaget의 실험에서 컵의 모양이 달라지면 물의 양도 달라진다고 믿는 아동의 직관적 사고를 벗어나는 것이 갑자기 일어나는 것이 아니라고 보았다. 그는 과제의 난이도를 보다 세분화하여 모양, 크기, 색깔, 수 등의 **스킴**(scheme)을 증가하면서 과제를 풀 수 있는 아동의 지능단계를 분석한 결과 3세에서 15세에 이르기까지 7개까지의 스킴의 수가 증가함을 알았다. 이러한 연구결과는 여태까지 Piaget의 과제로 잴 수 없었던 아주 어린 아동에서부터 나이든 아동에 이르기까지 보다 넓은 연령범위의 지능검사 개발에 새로운 방안을 제공하기도 하였다.

2) 정보처리이론

또한 1970년대를 통하여 아동발달 연구가들은 점차 행동주의와 Piaget의 인지발달이론의 틀로부터 벗어나 아동의 사고를 이해하기 위한 새로운 방법을 찾으려 했다. 특히 **정보처리이론**(information processing theory)은 아예 Piaget의 단계이론을 포기하고 있다. 이 이론에서는 문제해결을 위한 컴퓨터의 처리과정과 마찬가지로 인간의 행동특성도 감각에서 행동반응까지 입력과 출력의 과정을 통해 정보가 **부호화**되고 변형 조직되는 과정과 동일하게 본다. 그리고 아동들이 특정 문제를 해결하는 데 필요한 정보를 구하기 위해 주변환경을 탐색하는 능력이나 기억용량이 연령에 따라 발달하는지의 여부 또는 현재의 지식이 새로운 학습에 어떤 영향을 주는지 등을 연구한다.

예컨대, 정보처리이론에서는 아동이 정보를 받아들이고 저장하고 다시 인출해내는 과정을 기술하는 여러 가지 모형들을 제시하고 있다. Atkinson과 Shiffrin(1968)은 기억의 **이중장치모형**을 제안하여 단기기억과 장기기억으로 구분하였으며 이에 따라 단기기억에서 장기기억으로 넘어가도록 하는 시연, 조직화, 정교화 등의 **기억방략**(memory strategy)들에 대한 연구들이 계속되어졌다.

이러한 정보처리이론 역시 Paiget의 이론처럼 아동은 능동적이며 환경의 요구에 따라 자신의 사고를 조성할 수 있는 존재로 보지만 발달의 단계가 없고 그 대신 지각, 주의집중, 기억, 계획수립, 정보의 범주화, 언어의 이해 등 사고의 과정이 그 정도의 차이가 있을 뿐 모든 연령에 유사하다고 본다.

정보처리이론의 강점은 인지를 연구하는 섬세한 연구방법을 제공하고 있다는 점이지만 상상력이나 창의성과 같은 비논리적인 인지의 측면은 무시되는 경향이 있다. 또한 대부분 인위적인 실험적 상황에서 이루어지므로 아동의 실제 삶 속에서의 학습상황과 격리되어 있다는 점을 한계점으로 들 수 있다.

3) 직관적 도덕성

도덕성의 발달이론에서 나타나는 **퇴행현상**은 발달단계의 계열성에 의문을 제기하였다. 또한 문화가 다른 곳에서의 도덕성을 서구 문화중심의 인지적 발달단계로 비교하는 것에 대한 비판이 제기되면서 합리적 도덕성 대신에 직관적 도덕성에 대한 관심이 증대되었다. 도덕성이 개인, 사회 그리고 도덕의 순서로 발달하는 것이 아니라 어린 유아들도 '남을 이유 없이 때리는 것은 그런 규칙이 있고 없음을 떠나서 나쁘다' 는 것을 직관적으로 안다는 것이다(Smetana, 1981). 말하자면 어린 아동들도 개인적인 문제와 사회인습적인 문제 그리고 도덕적인 문제들을 이미 구분할 수 있다는 주장이다. 이를 도덕성의 **영역구분이론**(domain distinction theory)이라 부른다.

4) 중다지능이론

Sternberg(1984)는 종래의 지능이론이 사고의 속도와 수행의 정확성에만 강조를 두었음을 비판하면서 아동의 지능은 분석적 능력, 경험적 능력 및 맥락적 능력으로 구성된다는 **지능의 삼원이론**(triarchic theory of intelligence)을 제시하였다. 이 중에서 맥락적 능력은 전통적 지능검사득점과 무관한 능력으로 일상경험에서 획득되는 문제해결능력이나 실제적인 적응능력과 사회적 유능성을 포함하고 있다. Gardner(1983) 역시 지능이 높은 아동이 모든 영역에서 우수하다는 생각을 비판하고 인간의 지능은 서로 독립적이며 상이한 여러 유형의 능력으로 구성된다는 **다면적 지능이론**(theory of multiple intelligence)을 제시하였다(송명자, 1997). 이 중에는 종래의 지능 범주에 포함되지 않았던 개인간 지능, 개인 내 지능 외에 음악적 지능도 포함되어 있다.

5) 사회문화이론(socioculture theory)

아동발달에 대한 문화간 연구들이 활발하게 이루어지면서 아동의 발달을 촉진하는 생물 및 환경의 요인들이 무엇인지 밝히는 데 도움을 주고 있다. 이러한 연구는 특정 행동특성의 발달 속도가 문화간에 어떻게 다른지를 연구하던 종래의 접근과는 달리 최근에는 문화적으로 서로 다른 환경들이 아동발달과 어떤 관계가 있는지를 검토하는 것을 중시하고 있다. 러시아의 심리학자 Vygotsky(1896-1934)에 따르면 또래들 간이나 사회에서 자기보다 좀더 많은 지식을 가진 사람들 간의 협동적인 대화를 통한 상호작용은 그 사회문화를 담고 있는 사고와 행동방식을 획득하는 데 필수적이라 했다.

Vygotsky는 일찍이 Gesell, Piaget 등의 초기 저서들을 읽고 그들이 강조한 아동의 내적인 인지발달의 중요성을 인정하였으나 더 나아가 이들 이론과는 달리 어른의 직접적인 가르침이 인지발달에 중요하다고 보고 아동들은 능동적인 존재이지만 어른과 선배들을 통해 과제해결에 도움을 받는 **사회적 매개과정**(socially mediated process)을 중시하였다. 그는 아동의 지능을 **근접발달영역**(ZPD : Zone of Proximal Development)의 개념으로 설명하고 있다. 이 영역은 아동의 현재 능력수준과 타인의 도움을 받을 때의 능력수준간의 차이를 가리키는 것으로 이러한 차이가 클수록 사회문화의 내면화에 유리하다고 하였다. 특히 그는 이러한 영역 내에서 일어나는 아동과 성인 간의 의사소통의 역할을 매우 중요하게 생각하였다. 그에게 있어 문화는 아동의 학습에 필요한 과제를 선택해주고 이들 과제를 둘러싼 사회적 상호작용을 가능하게 함으로써 아동이 그가 소속한 사회에 적응해 나가 는 데 필요한 지식과 기술을 제공해 주는 것으로 보았다.

6) 생태학적 체제이론(Ecological System Theory)

Bronfenbrenner(Berk, 1997)는 아동을 여러 수준으로 둘러싸고 있는 환경에 의해 영향을 받는 복잡한 관계들 속에서 발달하는 것으로 본다. 아동의 생물학적 성질 역시 자신의 발달에 영향을 미치므로 **생물생태학적 모형**(bioecological model)을 제안한 바도 있다. 그 이전의 연구가들은 환경을 아동과 가장 가까운 자극에만 국한시킨 것과 대조를 이룬다. 가장 내부에 있는 환경을 **미시체제**(microsystem)라 부르며 아동을 직접 둘러싼 환경 속에서의 활동과 상호작용유형을 가리킨다. 여기서 아동의 행동특성 역시 중요한 역할을 하여 예컨대 친절하고 주의집중을 잘

하는 아동은 부모로부터 긍정적이고 성실한 반응을 이끌어 낼 수 있다는 것이다. 여기에다 부부간의 사이가 원만하면 더욱 효율적인 양육이 가능할 것이다. 이처럼 미시체제 내에서도 복잡한 상호작용효과의 중요성이 강조된다. 그 밖에 가정, 이웃, 보육기관 등을 포함하는 **중간체제**(mesosystem)가 있고 아동에게 간접적으로 영향을 주는 부모의 직장이나 사회복지제도 등의 **외체제**(exosystem)가 있으며 끝으로 문화를 구성하는 가치, 법, 관습 등으로 구성되는 **거시체제**(macrosystem)가 있다. 또한 이러한 체제는 역동적이고 항상 변하는 것으로 동생의 출생, 학교 입학, 부모의 이혼 등이 이들 환경과의 관계 속에 변화를 가져다준다. 예컨대 초등학교에 취학한 후에 동생이 태어나는 것과 영아기 때 동생이 태어나는 것은 그 효과가 전혀 다르다. 이처럼 환경의 변화시점 역시 그 영향이 크다는 것을 알 수 있다. 이를 **시간체제**(chronosystem)라고 부른다. 이러한 체제의 일방적인 영향 못지 않게 아동이 어떻게 이들 체제들을 활용하느냐가 자신의 발달에 중요하다.

제 3 장

태내기의 발달

1. 태내발달
2. 태내발달의 이상
3. 태내발달에 영향을 주는 요인

제3장
태내기의 발달

1. 태내발달

1) 수정

남성의 정자와 여성의 난자를 배우체(配偶體)라고 부르는 데, 이 두 배우체의 결합을 수정(受精)이라 한다. 수정이 되는 순간부터 한 개체의 생명이 시작된다.

여성의 생식기는 두 개의 난소와 두 개의 나팔관 및 자궁으로 되어 있다. 난소는 미성숙한 난자를 저장하는 곳으로 월경이 끝나면 호르몬이 난자의 성숙을 자극해 하나의 성숙된 난자가 나팔관으로 이동해 오게 된다. 이 난자는 남성의 정자에 비하면 크다고 하지만, 직경이 불과 0.14mm 정도밖에 되지 않는다. 정자는 작지만 잘 움직이는 데 비해, 난자는 별로 움직이지 않는다. 난자는 나팔관을 통해 자궁으로 이동하게 되는데, 이 기간이 약 3일에서 7일이 된다. 그러나 난소를 떠난 지 약 24시간이 지나면 수정이 될 수 없다. 따라서 정자가 24시간 이내에 난자를 만나게 되면 수정이 이루어지고 태내발달이 시작되는 것이다.

남성은 성적 성숙이 이루어지게 되면 남성의 고환에서 매일 수억 개의 정자를 생산하게 된다. 이렇게 많은 정자 중 나팔관에 들어가게 되는 것은 500개 이하이며, 이 중 하나의 정자만이 난자와 만나 수정을 하게 되는 것이다. 형태를 보면 난자는 달걀 모양인데, 정자는 긴 꼬리가 달린 올챙이 모양을 하고 있으며, 유전적 정보는 머리 모양의 앞부분에 있다.

여성은 보통 월경주기의 중간쯤에 난소로부터 나팔관으로 하나 또는 둘 이상의 성숙한 난자를 배출하는데, 이를 배란(排卵)이라고 한다. 이 배란기를 전후해서 자궁경에 가까운 질 속에 사정된 정액 속의 많은 정자가 긴 꼬리로 헤엄쳐서 나팔관까지 올라가면 난소에서 내려오고 있던 난자와 만나게 된다. 그 과정은 〈그림

3-1〉과 같다.

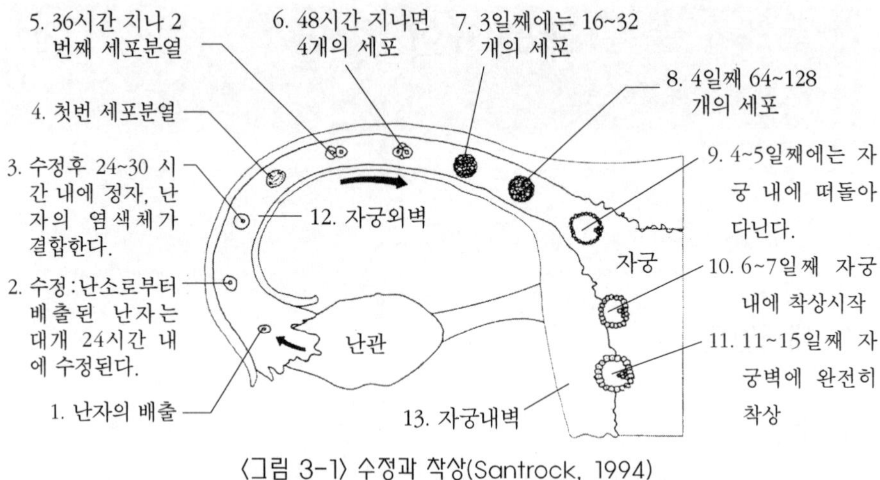

〈그림 3-1〉 수정과 착상(Santrock, 1994)

정자가 난자의 세포막에 닿게 되면, 정자의 머리 모양 앞부분에 있는 아크로솜(acrosome) 속의 물질이 분비되어 난자의 세포막이 부풀어 올라 정자의 침입을 가능케 한다. 일단 정자가 난자의 세포막을 뚫고 들어가게 되면 정자의 끝부분에 달린 꼬리는 잘려지고, 정자의 핵(nucleus)과 난자의 핵이 결합하여 하나의 새로운 세포체를 형성한다. 이러한 과정을 수정(受精)이라 하고, 새로 생긴 단일세포를 수정란(受精卵)이라고 한다. 이 수정란을 다른 말로는 접합체(接合體)라고 부르는데, 이것이 곧 새로운 개체의 시작인 것이다(서봉연 외, 1995).

2) 태내발달의 단계

태내기는 임신으로 시작하여 출산으로 끝난다. 태내발달의 평균기간은 수정 후 34~40주간이며, 이 기간의 발달은 보통 발아기, 배아기, 태아기의 3단계로 나눌 수 있다.

발아기(germinal stage) 수정란은 즉시 이분분열을 시작하여 수정 후 72시간이 지나면 32개의 세포로, 4일째는 90개의 세포로 된다. 이렇게 세포분열을 거듭하면서 수정란은 난관 내부의 섬모운동과 난관의 수축작용으로 나팔관과 난관을 지나 자궁 속으로 내려온다. 자궁으로 내려온 수정란은 약 500개의 세포로 구성된 둥근 공 모양으로 외세포 덩어리(outer cell mass), 내세포 덩어리(inner cell mass) 그리고 그 속에 액체로 채워져 있다. 외세포 덩어리는 자궁벽에 정착하여 영양분을 공급하는 융모막이 되며, 이것은 배아기 때 태반(placenta)으로 된다.

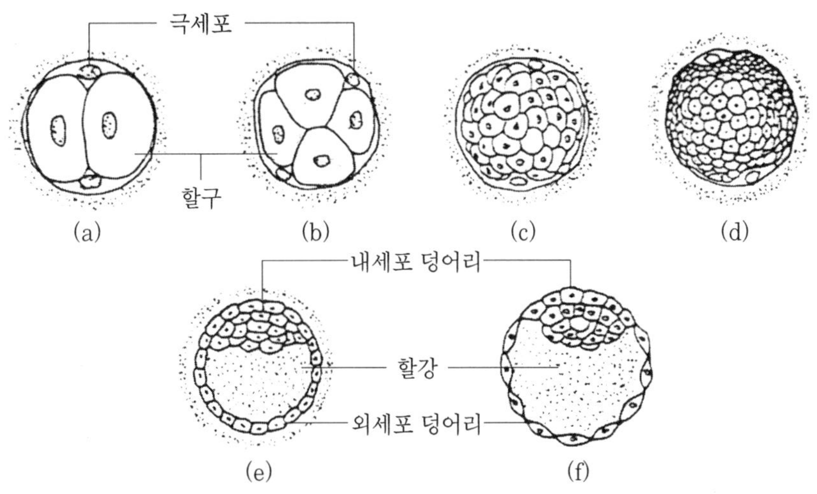

〈그림 3-2〉 수정란의 세포분열 단계(Aughes & Noppe, 1985)

자궁벽의 반을 차지하는 태반은 한편으로는 어머니의 자궁과 연결되어 있고, 다른 한편으로 태아의 탯줄과 연결되어 있다. 초기에 태반은 태아의 신장, 장, 간, 허파의 역할을 한다.

외세포 덩어리가 태반으로 전환되고 있을 때 내세포 덩어리는 배아(embryo)와 양막(amnion)으로 된다. 양막은 태아의 집이 되는데 나중에 양수로 가득 찬다. 무색투명한 양수는 외부의 압력으로부터 태아를 보호할 수 있는 쿠션과 같은 역할을 하며, 태아의 체중을 일정하게 유지할 수 있도록 한다. 자궁 속의 수정란은 하루 혹은 이틀 정도 떠돌다가 자궁 속에 정착하는데, 이것을 착상이라고 한다. 난자의 배출 후 착상까지는 10~14일 정도 걸리며, 모체는 전혀 이 변화를 느끼지 못한다.

배아기(embryonic stage) 수정란이 자궁벽에 착상한 때부터 2개월 말까지의 기간을 배아기라고 한다. 이 배아기에는 신체 주요 기관과 조직이 형성되고 분화된다. 머리 부분이 먼저 발달되어 배아기 때는 전체 길이의 반이 되는 것이다. 18일째가 되면 심장이 생기기 시작하는데, 3주 말에는 벌써 심장이 뛴다. 4주 말쯤에는 심장과 연결되는 탯줄이 형성되며 눈, 코, 신장, 허파가 될 부분들을 볼 수 있다. 이 때쯤이면 소화기관의 분화도 이루어진다. 2개월 말에 배아의 길이는 약 2.5cm이고, 무게는 약 14g이다. 배아기에는 신체의 여러 기관이 거의 형성되는 시기이므로 태내환경에 각별한 주의가 요구된다.

배아는 외배엽, 내배엽 및 중배엽으로 분화되며, 각 부분은 다시 세부적인 기관으로 분화를 계속한다. 배아의 각 부분에서 분화되는 기관들은 다음과 같다.

외배엽 - 뇌, 척수, 피부, 치아
중배엽 - 근육, 골격, 혈관
내배엽 - 허파, 간, 소화기관

태아기(fetal stage) 수정이 시작되고 나서 태어나기 전까지의 아이를 보편적으로 태아라고 하기도 하나, 엄격히 말하면 임신 8주 말경 X-ray에 뼈세포가 나타나는 때부터 태어나기 전까지를 태아(fetus)라고 한다. 3개월 때는 남녀 성의 구별이 가능하며, 12주가 되면 움직이기 시작하여 16주 내지 20주가 되면 어머니가 태동을 느낀다.

태아기의 태아는 급속한 성장이 이루어져 5개월이 되면 출생시 신장의 반이나 되어 태아의 크기는 25cm이고, 몸무게는 400∼450g 정도이다. 23주가 되면 신생아처럼 잠을 자고 깨며 수면을 위해 편안한 자세도 취한다. 24주가 되면 눈을 감고 뜨기도 하며, 엄지손가락을 입으로 빨기도 한다.

임신 후반기가 되면 이미 기본적인 조직이 다 형성되었기 때문에 출생에 대한 준비기라 할 수 있다. 이 때는 이미 형성된 신경계통이 성숙하고 근육에는 피하지방이 형성되어 인간으로서의 모습을 완성해 가는 것이다.

태반은 임신 5개월 정도가 되어 완성되므로 이 이전에는 유산의 위험이 좀더 크다. 태반을 통해 태아는 모체로부터 영양분과 산소를 공급받고, 태아에 생긴 탄산가스와 노폐물을 배출한다. 또한 태아는 태반을 통해 어머니의 면역성을 얻어 출생 후 수개월 동안 여러 질병에 대한 저항력을 지니고 있게 된다. 임신 후반기의 태반은 출산에 필요한 호르몬을 생성한다. 임신 말기에 태반의 크기는 직경이 15∼20cm, 두께 3cm이며, 무게는 500g 정도이다. 임신 말기에 양수는 누렇게 흐려지며, 양수의 양은 500g 내지 1kg이다. 태반과 태아를 연결하는 탯줄은 약 50cm 정도의 길이이다. 이 탯줄은 자궁 내에서 꼬이지 않게 되어 있다.

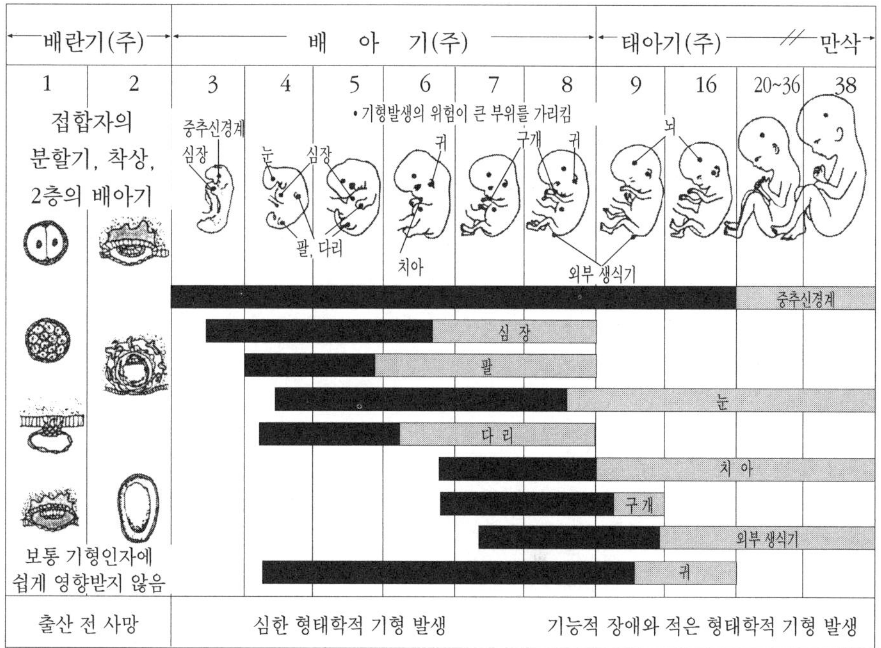

〈그림 3-3〉 태내발달의 결정적 시기(Moore & Persaud, 1993)

〈표 3-1〉 태내발달의 단계

1개월

나팔관을 지나 자궁에 도달한 수정란이 자궁벽에 착상되어 급격히 발달한다. 태아의 신장은 0.6cm~1.3cm 가량 된다. 눈, 귀, 코의 원기가 생기고 뇌, 콩팥, 간장, 소화기관의 초기 형태를 갖추게 된다. 심장이 만들어져 방(chamber)이 보이며, 박동도 있으나, 아직 성(sex)을 구별할 수는 없다.

2개월

최종 월경일에서 8주로 임신 2개월이 된다. 태아는 균형이 잘 잡힌 축소된 아기처럼 보인다. 태아의 신장은 2.5cm 이하이며, 무게는 2.2g 정도이다. 머리가 몸 길이의 절반을 차지하고 얼굴, 손과 발이 발달된다. 성(sex) 기관이 발달하고, 위에서 소화액, 간에서는 혈액세포가 만들어진다. 콩팥은 혈액에서 요산을 제거한다.

3개월

태아의 신장은 약 7.6cm 정도이며, 몸무게는 28.4g 정도이다. 눈썹과 손톱, 발톱이 형성되고, 반사행동을 시작하며, 남녀 외성기가 분명해지므로 성(sex)을 판정할 수 있게 된다.

4개월

머리 크기가 전체 몸길이의 1/4 정도이며, 이 비율은 출생시까지 유지된다. 태아의 사지 운동이 시작되므로 어머니는 태동을 느낄 수 있다. 태아의 신장은 20.3cm~25.4cm 정도이고, 몸무게는 약 170g 정도이다. 태아의 성별은 확실히 구별할 수 있게 된다.

5개월

태아의 신장은 약 30.5cm 정도이며, 몸무게는 약 340g~453g 정도이다. 더욱 활동적으로 되어 차기, 뻗기, 꿈틀기를 하며, 심지어는 딸꾹질도 한다. 태아의 심장고동을 들을 수 있고, 눈썹과 머리카락이 자라며, 솜털이 온몸을 덮고 있으나, 출생시 또는 출생 직후에 없어진다.

6개월

태아의 성장속도가 다소 늦어진다. 신장은 약 35.6cm이고, 몸무게는 567g 정도이다. 눈은 감고, 뜨고, 모든 방향을 쳐다볼 수 있을 만큼 완전하다. 규칙적인 호흡을 하루 24시간 동안 유지할 수 있다. 이 때 태어나면 팔다리를 약간 움직이며 호흡을 하고 운다. 호흡기관이 아직 미성숙하기 때문에 생존할 가능성이 적지만, 생존한 실례가 있다.

7개월

태아가 생존능력의 영역에 들어가는 중요한 시기로서 조산이 되어도 생존의 가능성이 크다. 그러나 몸무게가 2.3kg 정도가 될 때까지는 조산아 보육기(incubator) 안에 있어야 한다. 신장은 40.6cm, 몸무게는 1.4kg~2.3kg 정도이고, 생리적으로 기본적인 맛과 냄새를 구분할 수 있게 된다. 반사유형이 발달하며 울고, 숨쉬고, 들이마시고, 엄지손가락을 빨 수도 있다.

8개월

신장이 45.7cm~50.8cm이고, 몸무게는 2.3kg~3.2kg 정도이다. 태아는 생활반경에 비해 빨리 성장한다. 지방층이 태아 몸 전체에 발달하여 자궁 밖의 변화하는 온도에 적응할 수 있게 된다. 이 시기에 태어난 아기는 적절한 조치만 하면 보통 생존할 수 있다.

9개월

신장은 약 50.8cm, 몸무게는 약 3.2kg 정도이며, 성장은 중지된다. 일반적으로 여아보다 남아가 크고 무거우며, 지방층이 계속 형성되어 살이 찌고 주름이 없어진다. 기관계통의 작동이 효율적이고, 심장속도도 빨라지며, 노폐물도 많이 배출된다. 몸이 둥글게 되고, 피부의 붉은 색이 점차 흐려진다.

2. 태내발달의 이상

임신 중 특정기간은 여러 가지 요인에 의해서 발달의 이상을 가져올 수도 있다. 이 결과로 생기는 여러 가지 이상을 살펴보기로 한다.

1) 염색체 이상

염색체 수가 부족하거나 과잉으로 인하여 대부분 태내에서 사망하나, 경우에 따라서는 생명에 지장을 주지 않고 태어나는 수도 있다.

클리너펠터 증후군(Klinefelter's syndrome) 800명의 남아 중 한 명꼴로 발생한다. 정상 남아의 성염색체(XY)에 과잉의 X염색체가 한 개 더 있다. 나이 든 임부에서 태어난 남아에게서 더 자주 발생한다. 고환이 작고 유방이 커지는 여성적 증상과 불임 등의 증세를 나타낸다. 유방을 제거하고 남성 호르몬을 계속 주사함으로써 치료할 수 있으나, 불임은 치료되지 않는다.

특히 남아에게 일어나는 현상이며, 피해자는 남성의 음경과 여성의 특징(둥근 몸매, 여성 호르몬 분비 등)을 겸비하나 생식능력은 없다. 활기가 없고, 지능이 정상 이하이며, 정신박약아로 된다.

다운증후군(Down's syndrome) 몽고리즘(mongolism)이라고도 하는데, 수정란이 분열할 때 21번째 염색체 쌍이 제대로 분열되지 못하여 한 개의 염색체가 덧붙여지는 경우에 발생한다. 40세 이상의 임산부인 경우에 많이 발생한다. 연령 증가로 인한 내분비선의 변화에 기인하는 것으로 500~600명 중 한 명 정도 나타나며, 특이한 신체형태와 정신지체를 보인다. 즉 양미간이 넓고 평평하며, 이마에 주름이 지고, 혀를 내밀고 있다. 다운증후군 아동의 평균 지능지수는 50~60 정도이다.

다운증후군 아동의 경우, 기질이 매우 쾌활한 편이어서 타인과 사귀기는 쉽지만, 학습능력이 낮아서 말 배우기도 힘들고, 학교생활에 적응하기를 기대할 수도 없다. 대개 호흡기와 심장이 약해서 일찍 사망하나, 의학의 발달로 평균수명이 연장되고 있다. 그러나 아직도 비교적 어린 나이에 사망한다. 음악을 매우 좋아하는데 원인은 밝혀지지 않고 있다. 보통 신체적 특징이나 보잘 것 없는 근육 긴장상태를 제외하고는 다운증후군의 아기는 처음에는 정신적인 결함을 지닌 것으로 보이지 않으나, 출생 후 처음 2년 동안 결함이 나타나기 시작한다. 다운증후군의 아기는 정상아기보다 영역별 발달이 늦게 시작될 뿐만 아니라 숙달되는 기간도 긴 것이 특징이다.

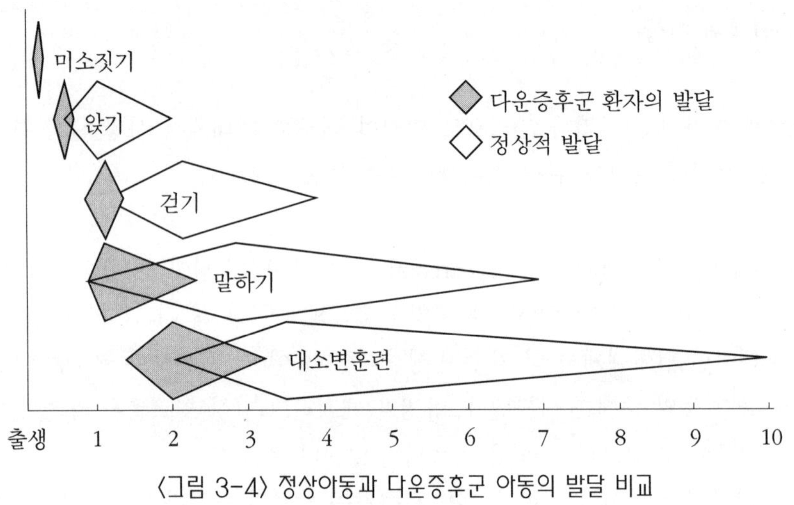

〈그림 3-4〉 정상아동과 다운증후군 아동의 발달 비교

마름모꼴의 가장 넓은 부분은 각 집단의 평균 발달연령을 나타내고, 마름모꼴의 길이는 각 집단의 발달과업 성취를 위한 연령범위를 나타낸다(출처 : Smith and Wilson, 1973).

터너 증후군(Turner's syndrome) 2,500명의 여아 중 한 명꼴로 발생한다. 성염색체가 한 개밖에 없는 경우로 가장 대표적인 특징은 키가 작다는 것이다. 성적 성장이 제대로 이루어지지 않고, 자궁이나 나팔관이 없는 경우가 많으며, 성호르몬의 부족으로 음모가 없을 수도 있다. 지능지수는 정상아동과 비슷하나, 공간지각능력이나 조직력이 매우 부족하다. 여성 호르몬인 에스트로겐(estrogen)을 주입해 성적 성숙을 유도할 수는 있으나 임신하지는 못한다. 또한 왜소한 외모와 자기에 대한 부정적 생각 때문에 정신병적 증상이 나타나기도 한다.

이것은 여아에게 일어나는 현상인데, X염색체 하나가 소실되어 나타난다. 피해자는 어릴 때는 목과 손가락이 짧을 뿐 별로 큰 특징이 나타나지 않지만, 청년기에 이르러 여성의 특징이 나타나지 않는 병적 현상을 보인다.

2) 특정 알레르의 이상

어떤 특성에 결함이 있는 사람은 자손을 안 보는 경향이 있으므로, 결함이 있는 알레르는 진화과정 속에서 자연히 도태되는 수가 많다. 그러나 이런 이상은 약물이나 방사선과 같은 요인에 의해서 갑자기 돌연변이로 나타나기도 하고, 또는 이런 특성이 열성이어서 잠정적으로 존재하는데 우연히 열성 유전자끼리 만나면 이런 특성을 갖는 아이를 낳게 되기도 한다(서봉연 외, 1985).

페닐케토뉴리아(Phenylketonuria : PKU) 이것은 유전적으로 신진대사에 꼭 필요한 효소가 부족함으로 인해 생기는 증상이다. 정상적인 사람의 경우 단백질에 포함된 아미노산인 페닐알라닌(phenylalanine)이 분해됨으로써 효소가 생기는데, 이런 증상을 갖고 있는 사람들은 페닐알라닌을 분해시키지 못하고 그대로 뇨에 배출시켜 버림으로써 새로운 세포를 조직할 수 없다.

그래서 최근에는 아기가 출생하자마자 PKU의 유무를 검사해서 이 증상을 갖고 있는 아기는 페닐알라닌이 적게 포함된 저단백질 식이요법으로 치료한다. 그러나 아기가 커감에 따라 남이 먹는 것을 먹고 싶어하게 되어 식이요법을 지키기 어렵게 되는데, 만약 식이요법을 지키지 않으면 정신박약이 된다. 이런 증상을 갖고 있는 아이는 대개 금발 머리에 파란 눈을 하고 있으며 피부감각이 예민하다.

알비니즘(Albinism) 이 증상은 피부색을 나타내 주는 멜라닌(melanine) 색소가 부족해서 생기는 것인데, 이런 사람을 알비노라 한다. 멜라닌 색소는 몇 가지의 아미노산이 분해됨으로써 생성되는데, 알비노의 경우는 아미노산의 분해를 일으키는 효소를 갖고 있지 않다. 알비니즘은 열성이어서 눈에 자주 띄지 않는데, 이런 증상의 사람들은 밝은 빛에 민감하므로 태양을 피하는 경향이 있다.

시클 세포빈혈(Sickle cell anemia) 이 증상은 적혈구 세포의 철을 갖고 있는 단백질 부분인 헤모글로빈을 만드는 데 관여하는 유전인자가 부족함으로써 생긴다. 이 유전인자의 결함은 헤모글로빈 분자를 구성하는 287개의 아미노산 중 하나에게만 해당되는 것이나, 그 결과는 적혈구에 큰 결함을 초래해서 그 모양이 별모양이 되어 쉽게 분해해 버린다. 그러므로 이런 증상을 갖는 사람은 고질적인 빈혈을 겪게 된다.

이와 같은 유전적 결함을 태내에서 미리 알아내기 위해 최근에는 암니오센테시스(amniocentesis)라는 방법을 사용하고 있다. 이 방법은 양수에 배아엽 세포가 포함되어 있으므로 양수를 주사로 뽑아내어 검사한다. 이 방법은 태아의 유전결함 여부를 상당히 정확히 알려주기는 하나, 결함 있는 태아를 인공유산시킬 경우 사회적 · 윤리적 문제점을 유발하기도 한다.

3. 태내발달에 영향을 주는 요인

1) 모체의 정서상태

최근에 와서는 임신 중의 정서상태가 태아발달에 큰 영향을 준다는 사실이 과학적으로 밝혀지고 있다. 정서적으로 불안하거나 노한 임부는 아드레날린(adrenalin)을 많이 발생시키게 마련이고, 태아도 이 영향을 받게 된다. 태아도 노하는지의 여부에 대해서는 알 수 없지만, 생리적으로 영향을 받는 것만은 사실이다. 임신 말기에 정서적으로 편안하지 못했던 임부의 아기는 출생 후에 흔히 침식이 고르지 못하고 잘 보챈다.

Montagu(1954)에 의하면 "임신 중 환경이 나빴을 때에는 신생아는 반드시 신경과민이 된다. 그는 유아기의 불량한 가정환경을 맛보기도 전에 이미 노이로제에 걸린다. 즉 세상의 빛을 보기도 전에 해(害)를 입은 것이다"라고 하였다. 또한 Janov(1973)는 "사실은 배란, 임신 등도 어머니의 감정 및 부부관계, 자녀관 등에 의해서 영향을 받는다"고 하였다.

이에 관련된 연구들을 살펴보면, 정서장애를 갖고 있거나 불안하거나 임신에 대해 부정적인 생각을 갖고 있는 임부는 그렇지 않은 임부에 비해서 임신 중의 입덧, 자연유산, 조산, 난산을 하기 쉽고, 또 그들에게서 태어난 아기는 지나치게 활동적이거나 많이 울고, 잠을 잘 안 자며, 젖도 잘 안 먹는 등의 여러 가지 문제들을 보인다. 또 임신 중에 큰 충격을 받거나 좌절을 겪은 경우에도 자연유산이나 조산이 되기 쉽다(서봉연 외, 1995).

2) 모체의 영양상태

임부의 영양상태는 태아발달에 결정적인 영향을 준다. 예로부터 임부는 두 몫을 먹어야 한다는 말이 있다. 이것은 양적으로 2배라는 뜻이 아니라, 태아에게 필요한 질적으로 좋은 영양분을 함께 섭취해야 한다는 뜻으로 해석되어야 한다. 임신 중에 특히 필요한 영양소는 단백질 · 비타민 · 무기질이며, 이것이 결핍되면 태아의 발육이 불량할 뿐 아니라 조산(早産) · 난산(難産) · 사산(死産) 등의 원인도 된다.

3. 태내발달에 영향을 주는 요인

Wortis(1963) 연구에 의하면 브룩클린에서 태어난 445명의 조산아는 모두 사회적 · 경제적으로 빈곤하며, 주거, 의료는 물론 영양상태도 매우 낮은 모성에게서 태어남이 밝혀졌다. 이것은 임신 중의 환경조건과 섭생(攝生)이 태아에게 미치는 영향이 얼마나 큰 것인가를 단적으로 대변해 주는 좋은 예라고 할 수 있다.

Chow(1970) 등은 어미쥐의 영양불량이 새끼에게 성장부진, 운동신경발달의 지체, 신진대사의 부진, 학습능력과 탐구심의 저하, 신경과민, 사회적 부적응 등을 초래하였다고 보고하고 있다.

Simonson(1971) 등도 임신 중의 영양결핍은 새끼에게 영구적인 행동장애를 가져오며, 이것은 출생 후의 영양보충으로도 회복할 수 없다고 말하고 있다.

이와 같은 임부의 영양부족 문제는 과거에는 저소득층에만 한정된 문제였으나, 최근에는 여성들 사이에서 체중절감을 위한 식사조절이 유행하여 부유층에서도 때로 이런 문제를 볼 수 있다. 요즈음 젊은 여성들이 날씬한 체격을 소원하는 나머지 자신의 식사관리에 매우 소홀한 경향이 있는데, 이런 것은 건강한 아기를 갖는 일에 지장을 초래하기 쉽다. 적십자사가 해마다 대학생을 상대로 헌혈운동을 벌일 때 보면 헌혈을 희망하는 학생은 많으나, 헤모글로빈의 농도가 낮아서 실격되는 여학생이 압도적으로 많은 현상은 비극이라고 아니할 수 없다.

동물연구에 의하면 불충분한 영양분을 섭취한 모체에서 태어난 새끼는 두뇌세포의 수가 적을 뿐 아니라 출생 후에도 두뇌성장에 이상이 발견되었다(Smart & Smart, 1982). 인간을 대상으로는 실험이 가능하지 않으나, 전쟁과 같은 음식물이 충분하지 않은 시기, 임부의 영양상태와 출산 아동과의 관계를 통해 유추해 볼 수 있다. 2차대전 말기 유럽에서 사산의 비율은 평상시보다 2배나 되었고, 미숙아의 출생도 매우 증가된 것으로 보아 임부의 불충분한 영양분의 섭취는 유산 · 사산 등의 원인이 된다고 할 수 있다. 뿐만 아니라 아동의 두뇌발달은 태내기에 가장 급속하게 이루어지기 때문에 임부의 불충분한 영양섭취는 아동의 지적 발달과도 관계가 있는 것으로 간주된다. 인간에 있어서 성인의 두뇌 크기의 80%가 3세 이전에 완성되므로 태아에 대한 충분한 영양공급은 지적 발달에 결정적이라 할 수 있다.

3) 모체의 흡연과 음주

담배를 피우거나 술을 많이 마시는 임부는 그렇지 않은 임부들보다 자연유산을 하거나 조산아를 낳을 확률이 더 높으며, 특히 상습적인 흡연자는 흡연을 전혀 안 하는 경우보다 조산아를 낳을 확률이 2배나 된다.

흡연의 경우, 8개월 된 태아를 대상으로 연구한 결과 임부가 담배 피운 지 30분 되었을 때 모든 태아가 반응을 보였는데, 그들은 가슴을 움직이는 것이 줄어들었고, 잠시 동안 숨쉬기를 완전 멈추었다. 담배를 피우고 출산한 영국 어린이 수천 명을 출생 후부터 11살까지 종속적으로 연구한 결과, 신체적 장애와 지적 장애가 뚜렷이 나타났고, 그들이 커서 읽기나 수학에 뒤졌을 뿐만 아니라 사회적 적응력도 부족한 것으로 밝혀졌다(Smart & Smart, 1982).

아버지의 흡연은 태아에게 치명적으로 영향을 미치지는 않으나, 담배를 피는 남자의 정자에서 기형적인 것이 많이 발견된다(Dworetzky, 1984).

술의 경우, 약간씩 마시는 것은 태아에 영향을 거의 주지 않으나, 임부가 알코올 중독인 경우 태아에게도 알코올 중독증과 같은 현상을 볼 수 있는데, 그들의 특징은 세 가지로 나타난다(Furey, 1986).

첫째, 중앙신경계통의 미성숙으로 인해 지적 발달이 원만히 이루어지지 못하고 성격이 불안정하다. 둘째, 성장의 장애를 보여서 출생시의 몸무게와 키가 평균치에 미달한다. 셋째, 얼굴모양에 이상이 있는데, 특히 턱 모양이 정상인과 다른 것으로 특징지어진다.

태아는 워낙 작아서 조그만 태내환경의 변화에도 손상받기 쉬우므로 가능하면 흡연이나 음주를 하지 않는 것이 바람직하다.

4) 약물복용

최근에 임부가 사용하는 약물이 태아에게 절대적으로 해롭다는 사실이 밝혀져 임신 중에는 되도록 약을 먹지 않도록 권장하고 있다.

과거에는 임부들의 정서안정이나 또는 치료 목적으로 신경안정제 같은 약을 의사들이 처방해 주었는데, 그 부작용이 1960년대부터 밝혀지기 시작했다.

탈리도마이드(thalidomide)라는 수면제를 복용한 임부에게서 많은 기형아가 출생되었다. 이들 기형아들은 아주 짧은 쓸모 없는 팔이나 손을 가지고 태어났거나 아니면 사산되었다. 그러나 이러한 경향은 오직 임신 초기에만 일어난다.

〈그림 3-5〉 탈리도마이드라는 수면제를 복용한 임부에게서 태어난 아기

이외에도 키니네는 귀머거리의 아이를 갖게 하는 것으로 알려졌고, 항생제도 태아에게 해롭다고 본다. 먹는 피임약을 복용하던 부인이 1～2일 잊어버리고 안 먹어서 임신이 되었을 경우, 이를 모르고 계속 피임약을 먹는다면 태아에게 심한 장해를 초래할 수 있다. 마리화나나 헤로인 같은 환각제 또는 마약의 복용은 태아에게 좋지 않다. 그 밖의 어떠한 약이라도 임신 중에는 함부로 먹지 말고 의사의 지시를 받아야 한다.

5) 모체의 질병

임부가 질병을 앓게 되면 태아에게도 영향을 끼친다. 특히 임신초기에 풍진, 유행성 감염, 볼거리(mumps) 등을 앓으면 태아가 기형이 되기 쉽다. 풍진(風疹)이라는 병은 보통 성인에게 생기는 가벼운 정도의 질병이지만, 임신 중에 이 병에 걸리면 태아에 해를 입힐 확률이 높아서 임신 4주 내에 이 병에 걸리면 50% 가량의 아기가 귀머거리, 심장장애, 백내장, 정신박약 등의 신체적 결함을 가지고 태어난다. Cottey와 Jessop에 의하면 임신 3개월 내에 감기에 걸리면 7.4%, 6개월 내에는 4.3%, 9개월 내에는 2.0%의 기형아 출산율을 보였다고 한다.

임질이나 매독은 태아에게 치명적이어서 기형아의 출산 가능성이 높다. 임부가 임질을 가볍게 앓고 있을 때는 별 이상을 안 나타낼 수 있으나, 출산과정에서 임질균이 눈으로 들어갈 수 있다. 이 때 출산 직후 신생아에게 페니실린을 몇 방울 눈에 떨어뜨리면 시각장애를 방지할 수 있다.

당뇨병은 태아의 성장을 자극시켜서 임신기간 중에 예상되는 정상적 크기보다는 훨씬 더 큰 아기를 낳게 하는 가장 중요한 원인이 된다.

임부가 결핵에 걸린 경우에는 태아가 결핵균에 감염되어 태어나는 아기가 결핵균을 갖고 태어난다. 임부의 질병은 아니지만 X광선도 태아에 큰 영향을 주므로, 임신 중에 골반에 X선을 오랫동안 쬐게 되면 조산이나 유산, 사산되는 경우가 많다.

이런 여러 모체의 질병이 태아에 가장 큰 영향을 미치는 시기는 각 신체기관이 형성되는 임신 초기이며, 여러 기관이 다 형성된 후의 영향은 이에 비하여 훨씬 적다.

6) 모체의 연령

임부가 35세 넘어서 출산을 하는 경우 의학적으로 노산(老産)이라고 한다. 노산인 경우 생산기능의 약화로 태아에게 여러 장애를 가져올 수 있다. 대체적으로 자연유산이 많고 임신중독증 현상을 볼 수 있으며, 산도가 굳어져 분만시간이 길어 난산이 되기 쉽다. 뿐만 아니라 임부의 생명까지도 빼앗아간다.

미숙아의 출생 가능성도 35세 이상의 산모에서 높았고, 다운증후군은 산모의 연령에 따라 급격히 증가한다(Apgar & Beek, 1974). 즉 30세 이전의 산모에게서 다운증후군의 아이를 갖는 확률은 1000명 중 1명인 데 비해 40세에는 100명에 1명이고, 45세가 되면 45명에 1명이다.

양수검사는 임신 14주 내지 16주 사이에 하는 것으로 어머니의 뱃 속에 주사기를 넣어 양수를 뽑아낸다. 양수 속에는 태아에서 떨어진 세포가 있는데, 이 세포 속의 염색체를 가지고 다운증후군과 같은 유전이상을 알 수 있고, 태아의 성별을 파악할 수 있다. 다행히 양수천자법에 의하여 예진(豫診)이 가능하므로 이러한 아기의 탄생은 사전에 막을 수 있게 된다.

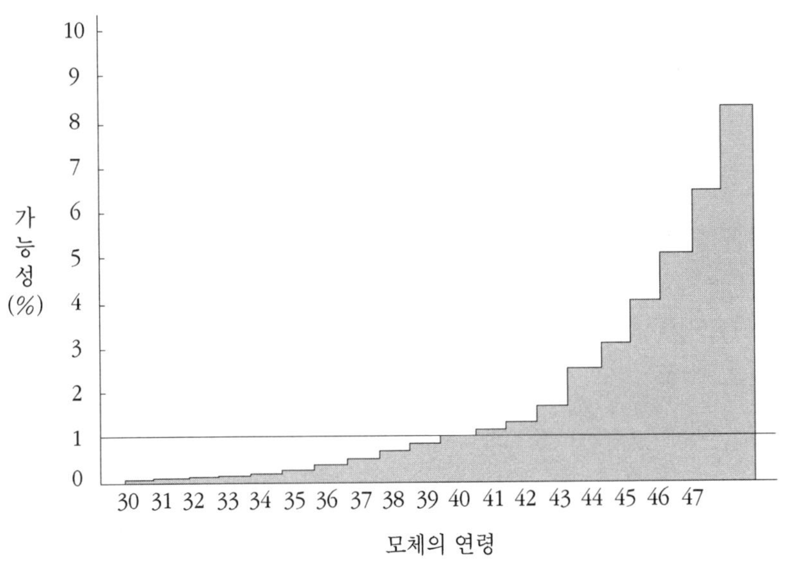

〈그림 3-6〉 어머니의 연령과 다운증후군을 가진 아이의 출산 가능성

7) Rh 인자

Rh 혈액형은 우성 · 열성의 법칙에 따라 결정되는 데, Rh형을 결정하는 알레르의 하나만 우성인 경우에는 Rh+형이 되고, 알레르 두 개 모두 열성인 경우는 Rh-형이 된다. 그러므로 Rh-형인 사람은 전체 인구의 1% 정도로 아주 드물다.

Rh형이 치명적인 결과를 초래하게 되는 경우는 Rh+형과 Rh-형의 혈액이 섞일 경우이다. Rh+혈액을 받은 Rh-형의 사람은 그 혈액을 그대로 받아들이지 않고 항체(抗體)를 형성하여 Rh+를 거부하는 성질을 가지고 있으므로, 임부의 혈액형이 Rh-이고 태아의 혈액형이 Rh+인 경우는 치명적인 결과를 초래하게 된다. 즉 태아와 모체 사이의 직접적인 혈액의 교환은 없으나, 때때로 태아의 혈액이 임부의 순환계로 들어가는 수가 있는데, 이런 경우 Rh–형인 모체의 혈액은 Rh+형에 대처하기 위해 항체를 만들며, 이것이 태아의 혈액 속에 들어가서 적혈구를 파괴하여 태아를 죽게 한다. 설사 태아가 죽지 않는다 하더라도 대개의 경우 정신박약아가 된다(서봉연 외, 1985).

제 4 장

출산 · 신생아의 발달

1. 출산
2. 신생아의 발달

제4장
출산 · 신생아의 발달

1. 출 산

1) 분만의 징후

분만과정은 실로 매우 복잡한 물리적 · 생리적 작용이다. 임신이 진행됨에 따라 태아의 요구는 점점 커지며, 모체는 최대한의 노력으로 갖가지 균형을 유지하기에 바쁘다. 그러나 마침내 감당하기 어려운 시점에 이르면 분만의 징후가 나타난다(주정일, 1991).

이슬 가장 먼저 나타나는 징후는 이슬이다. 이것은 태아가 처져서 난막(卵膜)의 일부가 자궁벽에서 떨어짐으로써 생기는 것으로 혈성(血性) · 점액성의 분비물이 약간 내림을 뜻한다. 그 빛깔은 홍색 · 담록색 · 갈색 · 암갈색 등이다. 이슬이 비쳐도 2~3일 진통이 오지 않는 수도 있고, 진통이 시작된 뒤에 이슬이 보이는 수도 있다.

진통 다음에 가장 현저한 징후로 진통이 있다. 이것은 자궁이 수축함으로써 일어나는 현상으로 처음에는 약하나 점점 규칙적이 되고 빈도가 잦아지며 아픔도 심해진다.

처음에는 한 시간에 한 번 정도이던 것이 차차 반 시간에 한 번, 20분에 한 번, 10분, 5분, 3분의 간격으로 된다. 처음에는 10~20초 정도 아프지만 간격이 줄수록 아픈 시간은 길어져서 1분 정도가 되고, 마침내 지속적으로 아프다가 아기가 분만된다.

파수 자궁구(子宮口)가 전부 열린 다음 난막이 파열되면 양수가 나오는데, 이것을 파수(破水)라 한다. 진통이 시작되기 전에 파수되는 경우가 있는데 이것을 전기파수라 하며, 쌍태(雙胎) · 양수 과다증(羊水過多症) · 노산(老産) 등의 경우에 일어나기 쉽고 이렇게 되면 난산(難産)이 되는 경우가 많다. 진통이 일어나고 나서 자궁구가 전부 열리기 전에 파수되면 조기파수라 한다. 자궁구가 전부 열린 다음에 파수되는 것이 가장 바람직하며, 이것을 적시파수라 한다.

2) 정상분만의 과정

제1단계 : 개구기 분만 1기라 함은 정상적인 진통이 오기 시작하여 자궁구가 완전히 열릴 때까지를 말한다. 자궁구가 완전히 열린다는 것은 약간의 차이는 있으나, 보통 10~12cm 정도로 열리는 상태이다. 자궁구가 처음에는 상당히 느리게 열리지만, 1기가 끝날 무렵에는 빠른 속도로 열리게 된다. 이 때 소요되는 시간은 보통 초산부의 경우 10~12시간 정도이며, 경산부도 초산부의 절반 정도 걸린다.

약 15초의 진통이 10여 분 간의 간격으로 약 10여 분 지속되다가, 1분 정도의 진통이 2~3분 간격으로 바뀌면, 자궁 내 압력이 높아지면서 자궁의 바깥 입구가 열리기 시작한다. 자궁이 열리면서 파수 즉, 난막이 터져 양수가 나오게 된다.

자궁의 수축운동은 긴장을 이완시켜야 원활히 이루어지므로 공포를 없애고 자신감을 갖도록 노력해야 한다.

제2단계 : 출산기 이 시기는 자궁이 전부 열려 태아가 출산될 때까지를 말하는 것으로, 초산부의 경우 약 1~2시간 걸리며, 경산부도 초산부의 반 정도의 시간이 소요된다. 이 때 산모가 산도의 아래쪽에 힘을 주어 밀어내는 경우 분만 2기는 단축될 수도 있다. 산모는 본능적으로 아래쪽에 힘을 주게 된다. 자궁수축의 강도는 점점 강해지며 횟수는 줄어든다. 그렇게 함으로써 태아에게 혈액을 공급할 수 있고 산모는 산모대로 다음에 힘을 쓰기 위해 충분한 휴식을 취하며 기다릴 수가 있다.

태아의 머리는 산모의 골반을 내려가면서 회전하게 된다. 태아는 얼굴을 바깥쪽으로 향하며 내려가는데, 골반 하부는 다이아몬드 형태로 되어 있기 때문에 골반 안을 내려가면서 머리가 90도 회전하게 된다. 그래서 대부분의 경우 산모의 자궁 후면에 머리가 위치하게 된다. 때로는 태아의 머리가 잘 빠져 나갈 수 있도록 하기 위해서 회음절개술을 시행하기도 한다. 이것은 그냥 두면 아기의 내려오는 힘과 어머니의 밀어내리는 힘으로 아무렇게나 찢어지기 때문에 절개하는 것이 보통이다.

제3단계 : 후산기 분만 3기라 함은 태아 출산 후 부속물인 태반, 탯줄 등이 떨어져 나올 때까지를 의미한다. 초산부와 경산부를 막론하고 거의 5~15분 정도의 시간이 걸리며, 20분이 지나도 나오지 않을 때는 주의해서 살펴보아야 한다. 태아가 출산되고 나서도 자궁은 수축을 계속한다. 그러나 태반은 근육으로 구성되어 있지 않기 때문에 자궁벽에서 떨어져 난막과 함께 배출된다.

태반은 질을 통해 자연스럽게 미끄러져 나오는데, 이 때 약간의 출혈이 따른다. 만약 태반이 질 내부에 그대로 있으면 조심스럽게 아래쪽으로 당겨서 빼내면 된다. 이 때는 별다른 고통은 없다.

분만의 3단계를 개략적으로 나타내면 아래 〈그림 4-1〉과 같다.

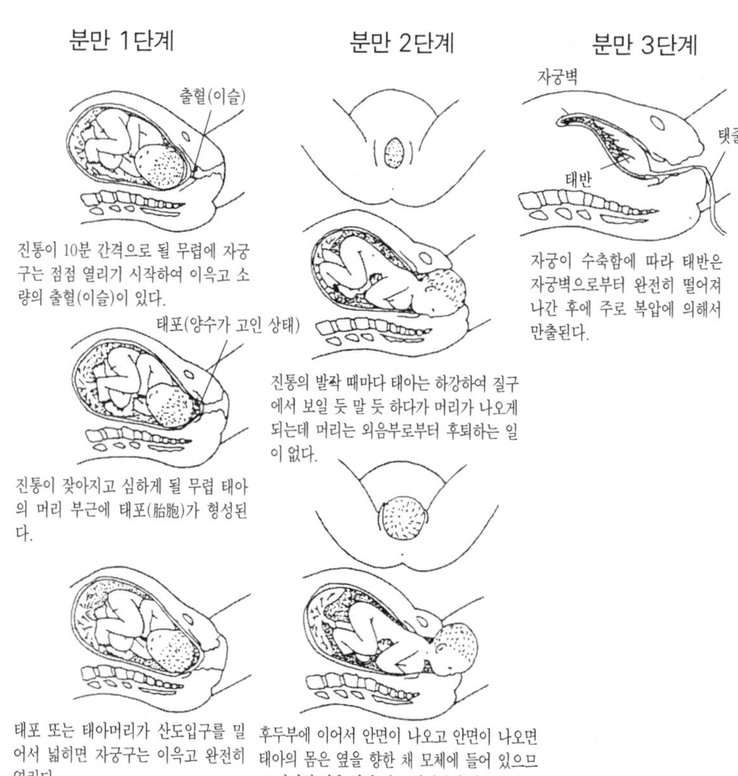

〈그림 4-1〉 분만의 3단계

3) 분만의 방법 및 환경

(1) 분만방법

① 약물에 의한 분만

분만시 약물을 사용하는 유형으로는 첫째, 진통제로 분만 1기에 고통을 줄이기 위해서 둘째, 진정제 또는 신경안정제로 분만 1기에 불안을 감소시키기 위해서 셋째, 마취제로 분만 2기에 고통을 막기 위해 전신 또는 신체의 일부에 투여한다.

이런 약물 사용이 신생아에게 어떤 잠재적인 영향을 미치는지에 대해서 구체적으로 밝히는 일은 극히 어렵지만, 다음과 같은 일반적인 경향은 밝혀져 있다.

진통 중 어머니에게 준 거의 모든 약물은 태반을 통해 태아의 혈류로 들어간다. 따라서 태아가 약물에 의한 단기적인 영향을 받는 것은 분명하다. 어떤 종류의 약물이건 산모가 약물을 받은 경우의 아기는 그렇지 않은 아기에 비해 활발하게 움직이지 못하고, 활기차게 빨지 못하며, 출생 후 며칠, 몇 주간 몸무게도 적게 늘고, 잠을 더 많이 자는 것으로 밝혀졌다(Brackbill, 1979). Murray, Dolby, Naton 및 Thomas(1981)는 마취제를 투여받은 어머니들이 마취제를 투여받지 않은 어머니들보다 출산 후 한 달 동안 자기 아기가 돌보기 더 어렵고 덜 사회적인 아이라고 생각한다는 것을 알았다. 또 다른 연구에서는 분만시의 약물투여 수준이 높았던 엄마일수록 출산 한 달 후 젖먹일 동안 아기에게 미소를 덜 짓는다는 것을 발견했다(Hollenbeck, Gewirtz, Sebris, & Scanlon, 1984).

이러한 연구결과들을 근거로 고려해 볼 때 산모는 가능한 한 약물을 적게 사용하도록 하고, 특히 마취제 투여가 신생아의 행동에 영향을 미칠 것이라는 사실을 염두해 두어야 한다.

② 제왕절개 분만

정상적인 출산은 태아가 어머니의 산도를 통과함으로써 이루어진다. 그러나 여러 가지 원인에 의해 태아의 산도통과가 불가능할 때는 제왕절개 수술을 실시한다. 이러한 사례는 1970년대 이후 계속 증가하고 있다. 제왕절개 수술은 어머니의 복부와 자궁을 절개하고 아기를 들어내는 비교적 안전한 방법으로서, 로마의 줄리어스 시저가 이 수술에 의해 태어났다고 해서 그렇게 불리어진다.

제왕절개 수술이 실시되는 경우는, 태아의 위치와 자리잡음이 정상이 아니어서 발이 먼저 나오는 거꾸로 된 자세이거나, 태아가 자궁 속에 가로누워 있을 때이다. 또한 산도가 지나치게 좁거나 태아가 너무 클 때 혹은 어머니가 피로하여 태아의 산도이동이 방해를 받을 때 실시되며, 동시에 태반의 조기 분리나 태아 피로 증후(sings of fetal distress)와 같은 위기상황에서도 실시된다.

③ 폭력없는 탄생

프랑스의 산부인과 의사인 Fredrick Leboyer(1975)는 신생아의 출산 외상을 감소시키기 위한 출산방법을 개발하였다. 그는 그의 저서 『폭력없는 탄생』(Birth without Violence, 1975)에서 신생아와 환경과의 갑작스러운 접촉은 심리적 회상을 형성하고 불안감을 발달시키는 바탕이 된다고 강조하였다.

Leboyer는 출산된 아기가 감각기관이 매우 예민하게 발달되어 있는데도 불구하고 의사들이 너무 거칠게 다루고 있는 것에 반대하고 있다. 그는 태아가 우리들이 생각하고 있는 것 이상으로 촉각이 발달되어 있고, 들을 수 있으며, 시각의 능력도 있으므로, 아기의 입장에서 출산을 생각해야 한다고 주장한다.

아기가 태어나자마자 발을 모아 거꾸로 들고 궁둥이나 등을 때려 호흡을 시작하게 하고, 차가운 체중계에 올려놓을 뿐 아니라 산모와 격리시켜 혼자 신생아실로 보낸다는 것은 생소한 환경에서 새 생활을 시작하는 데 너무 배려가 없는 것으로 보았다. 아기의 감각을 고려하여 출산이라는 과정을 조금이라도 덜 충격적인 경험으로 받아들이게 하기 위해서 다음과 같은 방법을 제시하고 있다.

첫째, 분만실의 불빛을 약하게 한다. 9개월이나 컴컴한 자궁에 있다가 강렬한 불빛의 수술실과 같은 곳에서는 공포를 느낄 수 있으므로 가급적 불빛을 약하게 하는 것이 바람직하다.

둘째, 아기가 출생할 때 주변을 조용히 한다. 태아가 자궁 속에서도 어머니의 심장 뛰는 소리 등을 듣고 자라났다 하더라도 양수 속에서 들었기 때문에 그 양상이 다르다. 출생하자마자 들려오는 생소한 많은 소리는 놀라움의 대상이 될 수 있으므로 분만실에서는 작은 음성으로 이야기하는 것이 좋다.

셋째, 좁은 산도를 지나면서 고통을 받고 나온 아기의 탯줄을 성급히 끊지 말고 어머니 배 위에 잠시라도 올려놓아 서로의 체온을 통한 만족을 느끼도록 한다. 아기가 어머니의 심장소리를 듣도록 하면 자궁 밖의 생활에 안도감을 가질 것이다.

마지막으로, 탯줄을 끊은 신생아를 적당한 온도의 물 속에 넣어준다. 이렇게 해주면 아이는 물 속에서 자궁 속의 양수에서처럼 양 손발을 움직이면서 긴장을 풀고 새 세계를 맞이할 수 있을 것이다(주정일 역, 1979).

분만환경 아기들은 여러 가지 방법으로 분만된다. 역사적으로 볼 때, 중요한 관심은 두 가지였다. 즉, 아기의 안전과 어머니의 고통을 줄이는 것이었다. 그러나 요즈음에는 가족구성원들의 정서적 요구에 점점 민감해지면서 분만시 아버지나 형제들을 참여시키는 데도 관심을 갖게 되었다.

분만시 아버지가 산모의 곁에 있는 것을 권장하는 여러 연구결과들이 나와 있다. 산모들이 진통과 분만시 남편이 참여했을 때 통증이 적었고 약물을 적게 받았다는 연구(Henneborn & Cogan, 1975), 또 남편이나 다른 사람의 도움이 있었을 때 분만 중에 문제가 적게 일어나며 분만시간도 짧아졌다는 연구(Sosa, Kennell, Klaus, Robertson, & Urrutia, 1980)도 있다. 출산시 남편이 함께 한 것이 일생 최고의 경험이었다는 보고를 하는 산모의 경우가 많다는 연구들도 있다(Entwisle & Doering, 1981).

아버지가 분만에 참여한 것이 혹은 아기와 접촉할 기회를 일찍 가질 수 있었던 것이 아버지와 아기와의 관계에 긍정적인 영향을 미친다는 생각이 1970년대에 심리학자들과 소아과 의사들 사이에 널리 받아들여졌는데(Greenberg & Morris, 1974; Macfarlane, 1977), 출산에 참여했던 아버지들은 아기의 첫 해 동안 자기 아기에 대해 훨씬 큰 애착을 보인다는 것이다(Peterson, Mehl, & Leiderman, 1979).

이러한 여러 연구결과들로 알 수 있듯이 분만시 아버지의 참여로 얻을 수 있는 장점은 다음과 같이 요약될 수 있다.

첫째는 아내에게 심리적인 지지자가 되어 줄 수 있고, 둘째는 아내가 통증을 조절하는 것을 지도하거나 도울 수 있으며, 셋째는 출산현장에 있음으로써 아기에게 강한 애착을 갖게 될 것이라는 점이다. 즉, 출산시 아버지의 참여는 산모에게 도움이 되며 남편과 아내와의 관계, 아버지와 아기와의 관계에 좋은 영향을 미친다고 말할 수 있다(조희숙 외, 1995).

4) 이상분만

조산 오늘날 산부인과에서 주로 문제가 되는 것 중 하나가 조산아이다. 조산이란 임신기간이 37주 미만이며, 체중이 2.5kg 이하의 아기출산을 의미한다. 그러나 최근에는 임신 37주에 태어났다고 할지라도 체중이 2.5kg 이하이면 조산으로 간주한다. 정상 신생아의 평균 몸무게는 3.2kg 정도이며, 몸무게가 적으면 적을수록 사망률은 증가한다.

〈표 4-1〉 신생아의 체중과 사망률과의 관계

신생아의 체중(파운드)	사망률(백분율)	신생아의 체중(파운드)	사망률(백분율)
8.8 이상	0	3.3~4.4	4.7
7.7~8.8	0.2	2.2~3.3	16.4
6.6~7.7	0.2	1.1~2.2	57.4
5.5~6.6	0.5	1.1 이하	100.0
4.4~5.5	1.0		

조산아는 모든 출산의 약 10% 정도이다. 신생아 사망의 약 70% 이상이 조산에서 기인된다. 조산아 사망의 가장 큰 원인은 호흡곤란 증후군(respiratory distress syndrome) 때문이다. 조산아들은 허파로부터 충분한 산소를 혈액으로 공급받지 못하며, 그 결과 산소부족으로 고통을 받는다.

일반적으로 조산아동은 정상아동보다 신경통제가 불완전하며, 근육이 약하고 혈관이 좁고 감염에 대한 저항력이 작다. 또한 빨기, 기침, 삼키기 등 정상적 반사작용도 약하고 불규칙적이다. 이들이 기침을 하거나 삼키는 것을 잘 할 수 없기 때문에 음식이 공기의 통로를 막을 위험성이 크다. 또한 이들은 체온을 조절하는 것이 매우 어려워 만약 너무 덥게 해 주거나 너무 차게 해 주었을 경우의 위험성도 크다. 이러한 결함 때문에 조산아는 온도와 습도가 적절히 통제되고 산소가 특별히 공급되는 보육기(incubator) 속에서 자라게 된다.

조산아는 정상아에 비해 모유를 먹이는 것이 중요하다. 왜냐하면 우유에는 없고 모유에만 있는 시스틴이라는 아미노산을 조산아가 만들 능력이 없기 때문이다. 따라서 최근 모유를 저온살균하여 냉동하였다가 조산아에게 먹이는 실험이 이루어지고 있다.

조산의 원인은 아직까지 분명하게 밝혀지지 않았으나, 가난하고 영양부족이며 과로하는 여성들에게서 많이 발생한다.

Kopp(1983)의 연구에 의하면 임신기간 중 흡연이나 정서적 불안을 강하게 느끼는 여성일수록 조산할 가능성이 많다고 보고하고 있다. 따라서 조산아동이 나타내는 성장지체는 조산 자체에 기인된 것이 아니라 보잘것 없는 양육환경의 결과일 것으로 생각된다.

난산 난산이란 모체나 태아의 어느 한쪽이나 혹은 두 쪽에 이상이 있는 분만으로서 산도이상(産道異常), 태아이상, 그리고 만출력(娩出力)의 이상으로 나누어 볼 수 있다.

산도이상은 산도가 너무 협소하거나 골반이 협소한 경우 그리고 자궁이 파열된 경우 등을 말한다. 태아이상은 태아의 위치와 자리잡음이 다르다거나, 태아가 발육 이상으로 기형아가 된 경우를 말한다. 또한 태아의 부속물인 난막의 이상으로 기형아가 된 경우를 말하며, 이 외에 조기파수, 지체파수 그리고 탯줄이상, 태반이상을 들 수 있다. 끝으로 만출력의 이상은 진통이 미약하여 분만의 경과가 미진하다거나, 반대로 진통이 지나치게 강해서 생긴 이상 그리고 복압의 이상 등을 꼽을 수 있다(서봉연 외, 1985).

2. 신생아의 발달

1) 신체의 발달

체중과 신장 신생아의 신장과 체중은 성과 인종에 따라 다소 차이가 있으나, 대체로 평균 신장은 약 50cm, 평균 체중은 3kg 정도이다. 그리고 남자의 경우가 여자의 경우보다 약간 우세한 경향을 보이고 있다. 우리 나라의 경우 신생아의 평균 신장은 남아가 51.4cm, 여아가 50.5cm, 그리고 평균 체중은 남아가 3.39kg, 여아가 3.23kg, 흉위는 남아가 33.1cm, 여아가 32.7cm이다(한국소아과학회, 1988).

신생아의 신체를 살펴볼 때, 성인과 다른 점 가운데 가장 두드러진 특징은 가슴둘레보다 머리둘레가 더 크다는 점이다. 이와 같이 가슴둘레가 머리둘레보다 더 작은 현상은 출생 후 1개월이 되면 바뀌기 시작하여 가슴둘레가 머리둘레보다 점점 더 커진다.

신생아의 신장은 대체로 어른 신장의 1/3~1/4 정도 되는데, 하나의 기관이 그 신체에서 차지하는 비율, 즉 한 사람의 신체비율은 그 발달단계에 따라 다르게 나타난다.

성인의 경우, 머리의 크기는 전체 신장의 약 1/8인 데 비하여 신생아의 머리 크기는 신체의 약 1/4 정도이다. 그리고 신생아의 눈은 어른의 1/2 정도이며, 동체는 어른의 1/3이고, 머리는 어른의 1/2, 팔은 어른의 1/4, 다리는 약 1/5 정도가 된다.

호흡 출생 즉시 신생아는 허파 벽에 있는 공기주머니를 팽창시켜 산소를 흡입한다. 따라서 출산시 아기의 울음은 최초의 호흡을 의미하기 때문에 대단히 중요하다. 처음 며칠 동안 경험 없는 어머니를 놀라게 하는 신생아의 기침과 재채기는 기도로부터 점액과 양수를 제거하려는 반사적 행동이다.

만약 출산 직후에 신생아가 울지 않는다면 아직도 호흡을 하지 못하고 있다는 신호이므로 호흡을 시작할 수 있도록 응급처치를 실시해야 한다. 아기의 등을 가볍게 문지르는 것으로 충분히 호흡하게 할 수 있으나 액체와 점액이 기도를 막고 있을지도 모르기 때문에 거꾸로 들고 궁둥이를 때려주기도 한다. 그러나 최근에 와서 호흡을 시키기 위한 거칠은 행동들이 지양되어야 한다는 소리가 높아지면서 산소호흡기를 사용하여 호흡하게 한다. 만약 신생아가 울지 않은 상태로 방치된다면, 신생아는 산소부족에 기인된 대뇌손상을 입을 가능성이 크다.

휴식상태에서 신생아의 호흡은 1분당 30～60회 정도로 성인보다 대략 2배 정도 빠르게 호흡한다. 신생아의 맥박은 1분에 약 140회 정도로 빠르나 혈압은 낮다.

체온조절 인간은 자신의 체온을 조절할 수 있어야 한다. 임신 중에 태아의 온도는 모체의 조절에 의해 항상 36.5℃로 일정하다. 출생시 신생아는 온도가 매우 낮은 새로운 환경을 접하게 되는 것이다. 따라서 신생아의 체온도 급격히 떨어지게 되지만 8시간 내에 다시 정상으로 돌아온다. 그러나 체온조절체계가 비교적 불안정하다. 또한 신생아는 어른이 갖고 있는 것 같은 지방질이 없어서 어른보다 더 빨리 체온을 잃어버린다. 따라서 신생아는 옷이나 담요 또는 전열기 등을 필요로 한다. 이러한 문제는 조산아에게는 특히 중요하다. 따라서 보육기의 기능 중 하나가 온도조절이다.

골격과 근육 신생아의 골격은 부드럽고 연해서 출생 과정에서 일어날 수 있는 마찰을 방지하여 준다. 신생아의 부드러운 근육조직은 태아기로부터 발달된 것이기 때문에 출산시에는 상당히 발달하여 있으며, 팔과 손의 근육이 목과 다리의 근육보다 조금 빨리 발달되어 있다. 신생아는 성인의 연골이 약 206개인 데 비하여 약 270개의 연골을 가지고 있어 부드러운 골격을 이루고 있으며, 두개골도 완전한 구조를 형성하지 못하고 있기 때문에 6개의 숫구멍(fontanel)을 가지고 있다. 그리고 전두의 숫구멍은 2년 후에나 뼈로 굳어지게 된다(안영진, 1993).

2) 신생아의 반사

신생아는 출생시에 여러 가지 놀랄 만한 운동반응을 보이는데, 이런 것들은 선천적이고 반사적인 것이다. 이러한 반사는 어떤 특정 자극에 대한 반응으로서 예측이 가능하며, 학습된 것은 아니고, 자동적이고 비의도적인 반응행동이다. 이러한 반사행동은 생존적 가치를 지니고 있다(Hurlock, 1959).

찾기반사 찾기반사(rooting reflex)는 신생아가 그의 뺨에 닿는 대상물을 향하여 입을 벌리고 고개를 돌리는 경향성이다. 출생시에 나타나는 이 반사는 신생아가 젖꼭지를 찾고 음식물을 먹을 수 있도록 도와준다.

빨기반사 입이나 뺨이 어딘가에 닿으면 아기는 머리를 자극방향으로 향하고, 입도 자극하는 물체를 찾으려고 한다. 이런 반응은 손가락을 사용하여 알아볼 수 있는데, 만약 자극이 젖꼭지일 경우 아기는 그것을 찾아 빨기, 삼키기, 숨쉬기의 협응행동을 수행한다. 빨기반사(sucking reflex)의 비율과 강도에는 개인차가 심하다.

파악반사 파악반사(grasping reflex)는 잡기반사 또는 Darwinian 반사라고도 불리며, 원숭이 조상으로부터 받은 유산인 것처럼 보인다. 아기의 손바닥이나 손가락이 자극을 받으면 아기는 자극에 사용된 물건을 힘주어 잡는 반응을 보인다. 어떤 아기는 너무 힘을 주어 잡아서 몇 분 정도는 그냥 매달릴 수 있는 정도까지 이른다. 3~4개월이 되면 잡기반사는 자발적인 행동으로 대처된다.

파악반사는 신생아가 보이는 여러 가지 초기반사 중 하나이다. 이러한 초기반사들은 피질의 발달과 더불어 자발적인 행동이 나타나게 되므로 출생 후 1년 이내에 사라진다.

모로반사 모로반사(moro reflex)는 경악반사(startle reflex)라고도 불리운다. 갑작스런 큰 소리가 나거나 머리의 위치가 갑작스럽게 변하면, 아기는 제일 먼저 팔과 다리를 벌리고 손가락을 펴며 마치 무엇을 껴안으려는 듯이 몸쪽으로 팔과 다리를 움츠린다. 일반적으로 출생 후 3개월경에 사라지기 시작하여 출생 후 5개월경에 이르면 완전히 사라진다.

바빈스키 반사 Bavinski라는 사람이 1986년에 발견한 것으로, 아기의 발바닥을 긁으면 처음에는 다리를 움추리고, 다음 발가락을 쫙 펴는 반사작용을 말한다. 이것은 출생 후에 곧 나타났다가 2~3개월이 지나서야 사라진다. 이러한 현상은 신생아에 있어서 중추신경계통의 미분화에 기인하는 것으로 보인다.

수영반사 수영반사(swimming reflex)는 아기의 배부분을 수평으로 받쳐주면 아기는 팔과 다리를 교대로 움직이며 입으로 숨을 쉬는데, 마치 수영하는 모습과 같이 움직이는 반사이다.

신생아의 반사는 피질하 영역인 뇌간(brainstem)에 의해서 통제된다. 대뇌피질이 발달하게 되면 신생아의 행동은 점차적으로 의식적이고 자발적으로 변화되기 때문에 반사행동은 사라지게 된다. 만약 출생 후 3~4개월부터 6개월 사이에 대부분의 반사가 사라지지 않는다면, 중추신경계의 이상을 가정할 수 있다. 따라서 반사행동의 존재는 아기의 신경학적 정상성 여부를 평가하는 좋은 지표가 된다.

3) 감각의 발달

신생아가 어떠한 감각기능을 갖고 있는가를 정확하게 판단하기는 매우 어렵다. 그러나 연구자들은 여러 가지 방법을 고안하여 신생아의 감각기능에 대한 많은 연구를 하고 있으며, 신생아의 감각기능은 미숙하기는 하지만 상당히 잘 발달하여 있음을 밝히고 있다. 그러나 개인차가 있기 때문에 같은 자극일지라도 아기에 따라 다르며, 또한 때에 따라 다르게 나타난다.

시각 눈 신경근육의 기능은 출생시에는 완전하지 못하지만, 출생 후 36시간이 지나면 아기는 동공반응을 잘 할 수 있다. 생후 하루가 지나면 눈꺼풀과 안구가 율동적으로 움직인다. 2일이나 3일이 되면 신생아는 움직이는 물체를 눈으로 추적할 수 있다. 이 기능은 출생시에는 잘 발달되어 있지 않으나 빨리 증진된다(Kremenitzer, Vaughan, Kurtzberg, & Dowling, 1979). 응시와 깊이지각에 필요한 눈의 협응과 집중작용은 출생시부터 발달하기 시작하여 생후 7주나 8주 무렵이면 완성된다. 신생아는 8인치 거리에 두 눈의 초점을 가장 잘 맞추는데, 이 거리는 바로 젖먹일 때 아기의 눈과 엄마의 얼굴 사이의 거리이다(Haynes, White, & Held, 1965).

또한 생후 15일밖에 안 되는 아기도 명암과 색깔의 차이를 구별할 수 있다고 한다. 즉, 밝은 색의 물체를 아기의 눈 앞에서 흔들거나 색깔이 있는 움직이는 형체를 천장 위로 투시하면 아기의 눈은 그 쪽으로 따라간다. 신생아가 색채를 알아보느냐 못 알아보느냐 하는 문제는 아직 실험적으로 밝혀진 바가 없다. 그러나 서로 다른 색채에 대해서 아기들은 조금씩 서로 다른 반응을 나타내는 것으로 보고 있다. 학자들은 생후 2주까지는 틀림없이 변별할 수 있으며(Chase, 1937), 좀더 일찍 변별할 수 있다고도 한다(Bornstein & Teller, 1982).

청각 신생아가 들을 수 있다는 것은 분명하다. 이미 태내기에서 큰 소리에 대해 놀람반응을 나타낸다는 사실이 이것을 입증한다. 신생아의 청각체계는 출생시에 완전한 해부학적 구조를 갖추고 있으며, 거의 성인크기의 고막과 잘 발달된 외우각을 가지고 있다. 그러나 낮은 소리를 들을 수 있는 내이(inner ear) 속의 몇 가지 구조들이 완전하지 못하기 때문에 속삭이는 정도의 낮은 소리는 들을 수 없다. 청각의 발달은 다른 감각기관에 비하여 약간 늦게 발달한다. 일반적으로 아기들은 출생 후 2일간은 귓속에 점액이 차 있기 때문에 소리에 대해서 별로 반응을 보이지 않는다. 그러나 3~4일이 지나면 소리에 대해서 조금씩 반응을 보이기 시작한다. 신생아 앞에서 소리를 내고 그 소리를 강하게 또는 약하게 변화시켜 보면 신생아는 민감한 반응을 보인다. 즉, 몸의 활동이 증가하고 맥박과 호흡속도가 증가된다. 이러한 반응은 신생아가 소리의 강약에 차이를 느낄 수 있다는 것을 의미하는 것이다. 신생아들은 또 엄마와 아빠들이 내는 특정한 소리나 움직임으로 쉽게 달래진다. Salk(1960)는 신생아들이 심장박동 소리에 쉽게 달래진다는 것을 알아냈는데 이것은 심장박동 소리가 자궁 속에서 들었던 소리 또는 리듬과 비슷하기 때문이라고 하였다. Rosner와 Doherty(1979)는 심장박동뿐 아니라 소화작용의 소리까지 포함하는, 자궁 내의 소리들을 녹음한 것으로 우는 아기를 달랬다는 보고를 하고 있다.

미각 신생아의 미각은 개인차가 크게 나타나며, 맛의 차이에 대한 반응은 출생 후 2주일이 지난 후에야 나타난다. 즉, 출생 직후에는 미각이 완전히 발달하지 못하는 것 같으나 구연산, 키니네, 소금 등을 신생아의 혀에 떨어뜨리면 얼굴을 찌푸리는 반응이 나타난다. 몹시 짠 것이나 쓴 것을 입에 넣어주면 뱉고, 얼굴을 찡그리며, 호흡이나 혈액순환이 불규칙하게 된다. 그리고 단 것을 넣으면 입맛을 다시고 빨아먹는다. 특히, 신생아들은 마치 단맛을 즐기는 것처럼 설탕물을 거의 휴식없이 긴 시간 동안 빨아먹었다(Lipsitt et al., 1976). 그러나 단맛의 선호는 태내기에서 이미 관찰될 수 있다는 것이 확인되었다. 이와 같이 신생아는 짠맛과 단맛을 구별하고 단맛을 선호하며, 신맛과 쓴맛도 구별한다(Jensen, 1932). 상이한 농도의 설탕물, 소금물 그리고 쓴맛이 나는 용액에 다르게 반응했으며, 우유와 맑은 물, 설탕물 그리고 소금물을 구별할 수 있었다.

후각 신생아가 냄새에 대하여 말로 표현할 수 없기 때문에 냄새를 맡을 수 있는지의 여부는 실험적으로 밝히기 어렵다. 그러나 자극적인 냄새, 즉 암모니아, 초산, 석유 등의 냄새에 대해서는 몸을 움직이거나 재채기를 하고 우는 반응을 나타내는 것으로 보아 신생아의 후각은 잘 발달되어 있는 것으로 보인다.

특히, 신생아는 불쾌한 냄새를 맡으면 고개를 돌리는 반면, 단 냄새가 나면 냄새가 나는 방향으로 얼굴을 돌리고 맥박과 호흡은 느려지는 경향을 나타낸다. 신생아 출생 후 수일 이내에 다른 여성의 젖냄새보다 어머니의 젖냄새를 선호하였으며, 출생 후 6일경에 이미 어머니와 다른 여성의 체취를 구별할 수 있었다.

통각 출산 직후의 신생아에게는 통각이 발달되지 않으나, 3~4일이 지나면 급속하게 발달하는 것으로 보인다. 신생아의 아픔에 대한 반응은 아픈 곳으로부터 피하려는 행동으로 나타난다. 그러나 수일이 지나면 피부의 자극에 대하여 민감해져서 아픈 것에만 반응을 나타내는 것이 아니라 조그만 자극에 대해서도 반응을 보인다.

아픔에 대한 감수성은 신생아의 체질적인 차이에도 있으며, 여아가 남아보다 아픔에 대하여 더 민감한 반응을 나타낸다. 신생아에게 아픈 감각을 가장 많이 느끼게 하는 신체의 부분은 입술, 속눈썹, 이마 등이고, 몸통, 다리, 팔, 손 등은 성인에 비하여 아픈 감각을 덜 느낀다. 즉, 하체보다 머리부분에 더욱 민감하고 적극적인 반응을 나타낸다. 아픔을 느끼는 감각의 정도는 후에 공포와 불안을 의식하는 중요한 요소가 된다.

제 5 장

신체 · 운동발달

1. 신체 · 운동발달의 성격
2. 신체발달의 과정
3. 운동발달의 과정

제5장
신체 · 운동발달

1. 신체 · 운동발달의 성격

1) 신체 · 운동발달의 개념

신체발달이란 신체의 여러 기관이 양적으로 늘어나고, 구조가 정교해지며, 기능이 능률적으로 되어가는 과정을 말한다. 그리고 운동발달이란 앉거나 걷는 것과 같이 어떤 동작을 이루는 기본적인 움직임을 할 수 있고, 이러한 움직임이 정밀하고 정확하게 되어가는 과정을 말한다.

이러한 신체 · 운동발달은 아동의 인지발달, 사회성발달, 자아개념발달 등에 중대한 영향을 끼치게 되므로, 신체 · 운동발달은 아동의 생활에 중요하고 절대적인 요건으로서 중요한 의의를 지니게 된다. 신체 · 운동발달이 이루어지면 아동의 생활공간이 점점 늘어나고 다양한 경험을 더 많이 할 수 있게 되어 아동의 인지발달이 촉진된다. 아동에 대한 타인의 반응은 아동의 신체 · 운동발달과 밀접한 관계가 있으므로, 신체 · 운동발달은 간접적으로 아동의 사회성 발달에 중요한 영향을 미친다고 할 수 있다. 그리고 신체 · 운동발달은 자아개념발달에도 많은 영향을 미친다. 신체 · 운동발달이 미숙한 아동은 또래 아동들로부터 따돌림을 받거나 놀림을 당하여 소외되기 쉽다. 이러한 과정에서 아동은 부정적인 자아개념을 형성하여 위축되고 열등감을 가지게 된다. 반면에 신체 · 운동발달이 정상적이고 조화롭게 이루어지면, 또래 아동들과 잘 어울리고 긍정적인 자아개념을 형성하게 된다.

2) 신체 · 운동발달의 원리

출생에서 유아기까지 신체 · 운동발달은 놀라운 속도로 매우 빠르게 이루어진다. 이러한 발달은 대부분 유전과 영양에 의해 결정되며, 신체 · 운동발달의 몇 가지 일반적 원리에 따라 예측 가능한 방향으로 이루어진다.

신체 · 운동발달에는 일정한 순서와 방향이 있다 신체와 운동의 발달은 결코 우연하게 이루어지는 것이 아니며, 한 단계에서 다음 단계로 일정한 순서에 따라 이행한다. 아동의 신체 · 운동발달에 일정한 순서와 방향이 있다는 것은 발달의 앞 단계는 다음 단계의 기초가 됨을 의미하며, 한 단계에서 다음 단계로 이행한다는 것은 보다 높은 차원의 발달이 이루어짐을 의미한다.

첫째, 상부에서 하부 즉, 두미(頭尾 : head to tail)방향으로 발달한다. 태아의 머리, 뇌, 눈은 신체 하부보다 먼저 발달하고 다른 부분에 비해 불균형적으로 크다. 그래서 신생아의 머리는 몸크기의 1/4에 해당되고, 1세 영아의 뇌는 성장한 성인 뇌 무게의 70% 정도이지만, 신체의 다른 부분은 아직 성인에 비해 훨씬 미숙하다. 태아기 때부터 계속되는 움직임은 상부에서 하부로 이행해 가며 발달한다. 먼저 머리와 목을 가누게 되고 가슴과 등으로 근육의 발달이 옮겨간다. 그런 다음에 팔을 이용해 몸을 스스로 뒤집고 하는 등 점차 다리쪽으로 근육이 발달하면서 운동의 기능 역시 발달하게 된다. 그리고 영아는 앉기 전에 머리를 드는 운동과 같이 처음에는 상체를 사용하는 것을 배운다. 또한 기어다니기 전에 먼저 손과 무릎을 움직인다.

둘째, 중심에서 말초방향 즉, 신체의 중심 가까운 데서 먼 곳으로(近末 : near to far) 발달한다. 신체 · 운동발달은 신체의 중앙부위에서 말초방향으로 발달한다. 태아의 심장과 몸체는 팔다리보다 먼저 발달하며, 팔다리는 손가락이나 발가락보다 먼저 발달한다. 중추에서 가까운 팔꿈치, 손목, 허벅지를 사용하는 능력이 발달하고, 그 후에 손과 발 그리고 마지막으로 손가락과 발가락을 사용하는 능력이 발달하는 것이다.

셋째, 전체활동에서 특수활동으로(mass to specific) 발달한다. 신체 · 운동발달은 미분화된 운동에서 특수하고 부분적이며 섬세한 운동으로 분화되어간다. 처음에 두 손으로 공을 잡던 아동이 나중에는 한 손으로 공을 잡게 되며, 두 발로 뛰뛰기를 하다가 점차 한 발로도 가능하게 된다.

신체 · 운동의 발달은 연속적이지만, 결정적 시기가 있다 신체 · 운동발달은 앞 단계의 변화에 기초하여 다음 단계의 변화가 이루어지는 연속적 과정이지만, 신체의 각 부분과 발달단계에 따른 속도는 항상 일정하지는 않다. 신체 각 부분의 발달에 있어서 그 시기는 같지 않으나, 급증기와 정체기가 반복 · 교체해서 나타나게 된다. Scammon은 신체 부분별 발달의 차이를 〈그림 5-1〉과 같이 제시하고 있다. 임파형(lymphoid type)은 편도선, 임파선, 갑상선, 내분비선 등 분비조직의 발달을 나타내고, 신경형(neural type)은 뇌수, 척수, 감각기관 등 신경조직의 발달을 나타내며, 일반형(general type)은 신장, 체중, 근육, 호흡기, 소화기관의 발달곡선이다. 그리고 생식형(genital type)은 고환, 난소, 자궁 등 모든 생식기관의 발달을 나타낸다.

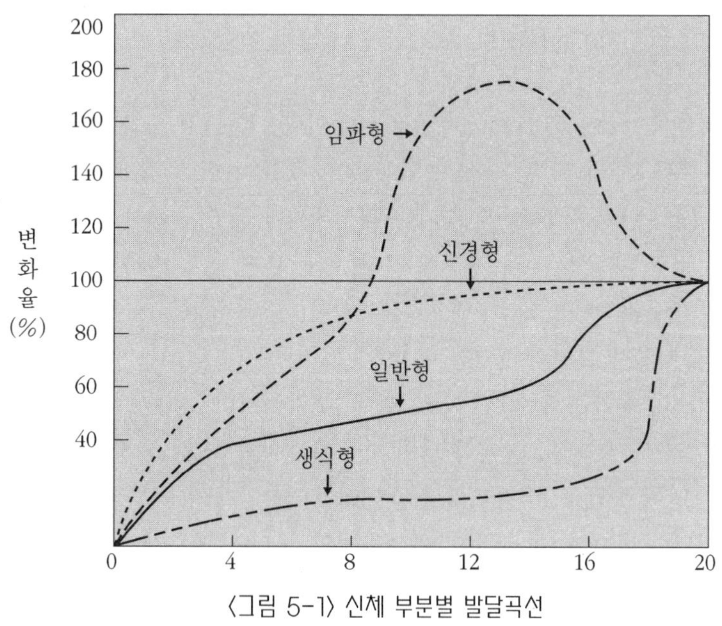

〈그림 5-1〉 신체 부분별 발달곡선

신체 · 운동의 발달에는 개인차가 있다 보편적인 순서에 따라 모든 아동의 신체 · 운동발달이 이루어지지만, 신체 · 운동의 발달 속도에 있어서는 개인차가 있다. 예를 들어, 보행능력의 발달에서 8개월경에 걸을 수 있는 아동이 있는 반면에 22개월이 되어야 걷는 아동도 있다.

신체 · 운동의 발달은 성숙과 학습 간의 상호작용의 결과이다 연령이 증가함에 따라 나타나는 신체 · 운동발달은 유전적 요인과 환경적 요인의 결과이다. 신체 · 운동발달에서 성숙요인(생물학적, 유전적 요인)과 학습요인(환경적 · 경험적 요인)은 모두 발달에 중요한 요인이다. 예를 들어, 신체의 성장이 선천적으로 뛰어나다 하더라도 이를 촉진시킬 적절한 환경이 제공되지 못한다면 만족스러운 신체발달을 기대할 수가 없다.

2. 신체발달의 과정

신체발달을 신체의 크기와 체중발달, 근육과 골격의 발달, 두뇌의 발달, 생리적 변화의 측면에서 살펴보고자 한다.

1) 신체의 크기와 체중발달

출생시의 키는 남아 51.4cm, 여아 50.5cm이다. 키는 생후 2년 이내에 현저히 늘어난다. 생후 2년이 되면, 출생시 키의 50% 정도가 더 자라 87~88cm가 된다. 유아기 때에는 1년에 약 6cm 씩 키가 자라서 6세가 되면 출생시 키의 2배 정도가 되어, 성인 키의 약 65%가 다 자라게 된다. 이러한 발달과정에서 전체 키에 대한 다리길이의 비율은 태아 초기에 1 : 4 정도이며, 출생시에는 1 : 3, 성인기에 접어들면 1 : 2의 비율을 보인다.

출생시의 가슴둘레는 남아 33.1cm, 여아 32.7cm이다. 생후 2년이 되면 가슴둘레가 출생시의 약 1.5배로 늘어나 남아 49.6cm, 여아 48.3cm 정도가 된다. 유아기 때에는 1년에 평균 2cm 정도씩 가슴둘레가 늘어나 6세가 되면 출생시 몸무게의 1.7배 정도가 되고, 이것은 성인 가슴둘레의 약 60% 정도가 된다.

출생시의 머리둘레는 남아 34.1cm, 여아 33.5cm이다. 생후 2년이 되면 머리둘레는 출생시의 약 1.4배로 늘어나 남아 48.4cm, 여아 47.4cm 정도가 된다. 유아기 때에는 머리둘레의 증가율이 매우 낮아 2세경에는 출생시 머리둘레의 1.4배 정도이고 6세가 되어도 약 1.5배 정도가 된다. 그러나 이미 이 시기에 성인 머리둘레의 약 90%가 된다.

출생시의 몸무게는 남아 3.4kg, 여아 3.24kg이다. 생후 2, 3개월경이 되면 2배 정도의 증가를 보이며 1년이 지나면 3배 정도의 증가를 보인다. 유아기 때에는 1년에 평균 2kg씩 몸무게가 증가하여 6세가 되면 출생시 몸무게의 약 5~6배로 늘어나고, 이것은 성인 몸무게의 약 30% 정도이다.

〈표 5-1〉 한국 소아발육 표준치

나이	남아				여아			
	체중(kg)	신장(cm)	두위(cm)	흉위(cm)	체중(kg)	신장(cm)	두위(cm)	흉위(cm)
신생아	3.40	51.4	34.1	33.1	3.24	50.5	33.5	32.7
1개월~	5.17	57.0	38.1	38.6	4.87	56.2	37.4	37.8
2개월~	6.22	60.3	39.7	41.0	5.82	59.2	38.9	39.9
3개월~	7.04	63.4	41.1	42.3	6.66	62.2	40.3	41.2
4개월~	7.62	65.1	42.0	43.0	7.15	64.0	41.2	42.0
5개월~	8.07	67.4	42.9	43.7	7.58	65.9	42.0	42.7
6개월~	8.45	69.0	43.6	44.2	7.88	67.4	42.5	43.0
7개월~	8.72	70.6	44.2	44.9	8.19	69.1	43.3	43.7
8개월~	9.05	72.1	44.9	45.4	8.48	70.3	43.8	44.2
9개월~	9.24	73.2	45.4	45.9	8.77	71.9	44.3	44.8
10개월~	9.63	74.5	45.8	46.3	9.16	73.5	44.8	45.4
11개월~	9.85	75.9	46.0	46.6	9.52	74.8	45.2	45.7
12개월~	10.26	77.8	46.5	47.2	9.49	76.2	45.3	45.9
15개월~	10.76	80.3	47.1	47.9	10.19	78.9	46.0	46.5
18개월~	11.34	82.7	47.7	48.5	10.74	81.6	46.	47.2
21개월~	11.80	85.0	48.0	49.0	11.21	83.6	47.0	47.9
2년~	12.56	87.9	48.4	49.6	12.01	86.9	47.4	48.3
3년~	14.37	94.6	49.3	51.3	13.63	92.9	48.4	50.0
4세~	16.04	101.8	50.1	52.5	15.68	100.9	49.2	51.3
5세~	18.00	108.4	50.7	54.0	17.32	108.1	49.9	52.6
6세~	19.70	113.9	51.1	55.4	19.05	113.4	50.0	53.8

(대한소아과학회, 1996년에서 인용)

2) 근육과 골격의 발달

아동의 신체발달을 판단할 수 있는 또 하나의 기준은 골격의 발달 정도이다. 태아의 골격은 우선 연골이라 불리는 유연한 신경조직부터 형성된다. 그 후 임신 6주가 시작되면 연골세포는 더 단단해지며 뼈를 구성하게 된다. 출생 후 뼈의 조직이 연골에서 경골로 변화되고 뼈의 크기와 수가 늘어나는데, 이러한 골격의 발달은 아동기와 청년기를 통해 지속된다.

아동의 두개골은 태어날 때 6개의 천문(숫구멍)을 가지고 있다. 두개골의 뼈와 뼈 사이를 이어주는 결제조직에 의해 만들어진 천문들은 두개골을 유연하게 하여 출생시 태아가 산도를 통과하기 쉽도록 하는 역할을 한다. 6개의 천문 가운데서

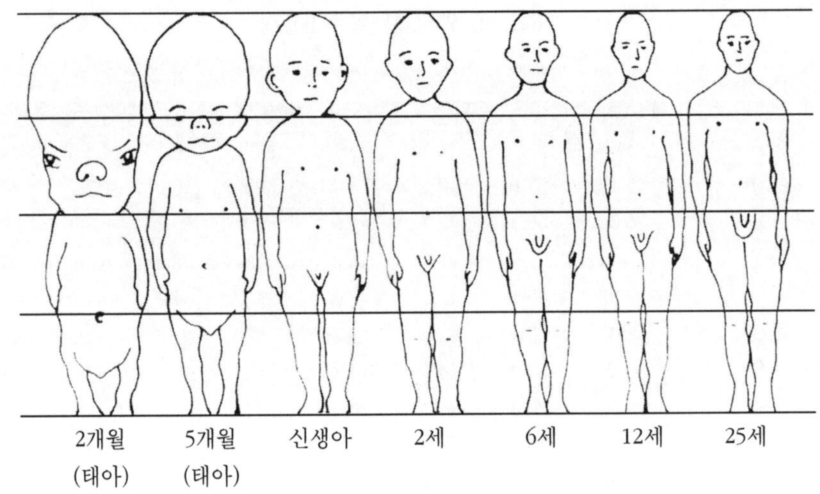

〈그림 5-2〉 태아기에서 성인기까지의 신체 비율의 변화

대천문과 소천문이라 불리는 두 개의 천문은 외부에서 관찰 가능하다. 대천문은 앞 이마 위에 있는데, 팔딱팔딱 뛰는 것을 눈으로 볼 수 있다. 대천문은 생후 1.5년 내지 2년이 되면 닫힌다. 대천문보다 머리 뒤쪽에 위치한 소천문은 생후 1년 이내에 닫힌다.

치아의 발달도 아동의 골격발달 가운데서 중요한 부분을 차지한다. 태내기에 치아의 형태가 잡혀 출생시에는 잇몸 속에 유치와 영구치가 이미 자리잡고 있다. 유치는 생후 6~8개월경에 처음 나오기 시작하지만, 치아발달에는 개인차가 심하다. 출생시에 이미 이가 나 있는 아동도 있지만, 어떤 아동은 1년이 지난 다음에 이가 나오기도 한다. 그러나 일반적으로 생후 6~8개월경에 이가 나기 시작하는데, 처음에는 아래 앞니 두 개가 나고, 3~4개월이 지나면 위쪽에 있는 앞니 네 개가 나온다. 따라서 만 1세경에 6개의 앞니가 모두 나온다. 그 뒤 몇 개월이 지나면 나머지 아래쪽 앞니 두 개와 어금니, 송곳니가 나온다. 그래서 2세경에는 보통 유치 20개가 모두 나오게 된다. 그리고 6세경에는 유치가 빠지고 영구치가 한두 개씩 생겨난다. 보통 제일 일찍 나왔던 첫째 아래 앞니부터 빠지기 시작한다. 즉, 가장 먼저 나온 이를 가장 먼저 갈게 되는 것이다. 치아의 발달순서를 연령별로 살펴보면 〈그림 5-3〉과 같다.

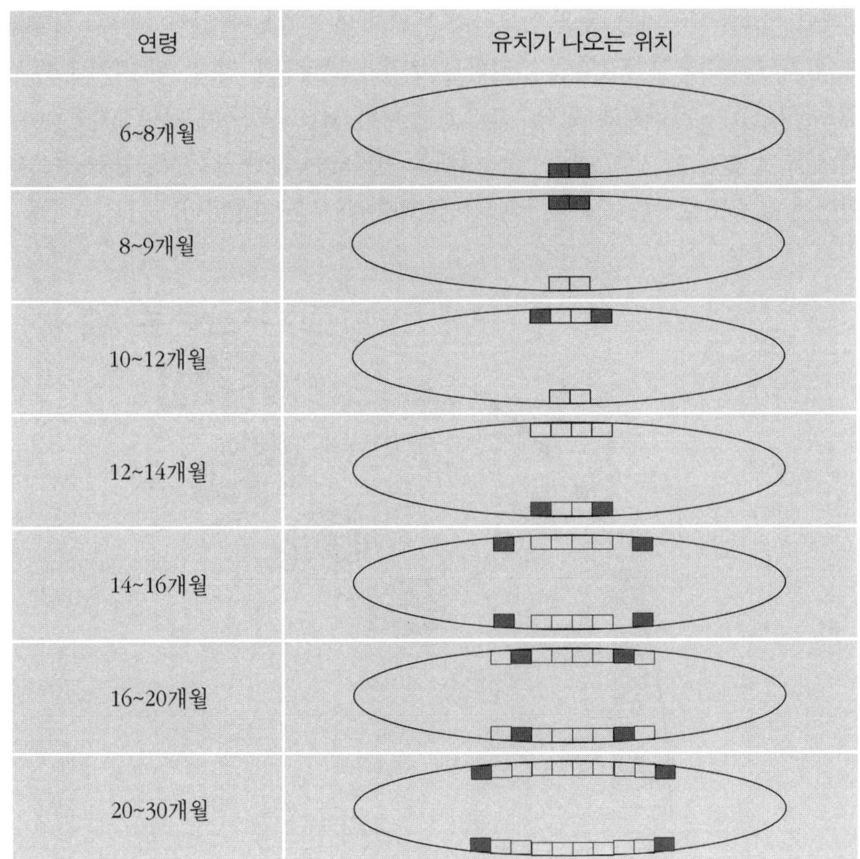

〈그림 5-3〉 유치가 나오는 순서

3) 두뇌의 발달

두뇌는 신체의 어느 부분보다 일찍 발달한다. 생후 2년간 두뇌발달이 가장 급격하게 이루어지므로, 이 시기를 두뇌발달의 급등기(spurt)라고 한다. 이 시기에는 정보의 저장과 전달기능을 맡고 있는 신경조직의 기본 단위인 뉴런(neuron)의 크기가 커지고, 세포를 보존해 주는 신경세포가 증가하여 두뇌발달이 활발하게 이루어지는 것이다. 출생시에는 성인의 두뇌무게의 25% 정도이고, 생후 6개월경에는 성인의 50% 정도로 발달한다. 그리고 2세경에는 75% 정도, 6세경에는 90% 정도가 발달한다.

두뇌는 두뇌부위에 따라 발달 속도가 다르다. 출생시에는 생존에 필수적인 호흡, 배설, 소화, 반사기능 등을 담당하는 부위가 먼저 발달해 있다. 생후 6개월경에는 감각영역이나 운동영역을 담당하는 부위가 발달하게 되고, 이 시기에 생득적인 반사행동이 사라지게 된다. 그리고 두뇌의 좌 · 우반구의 기능분화는 매우 일찍 이루어진다. 만 3세경에는 언어이해를 처리하는 좌반구와 시공간적 정보와 비언어적 정보를 담당하는 우반구의 기능분화가 대부분 완성된다.

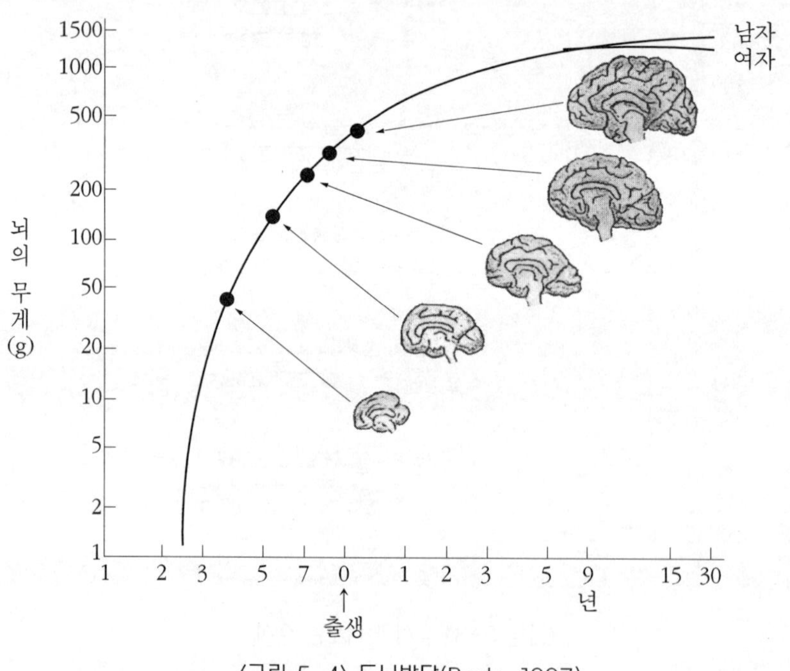

〈그림 5-4〉 두뇌발달(Berk, 1997)

4) 생리적 기능의 발달

출생 후 기본적인 생리적 기능이 발달하는데, 여기서는 섭식, 수면, 배설로 나누어 살펴보고자 한다.

섭식 영아는 생후 4~5개월까지는 주로 빠는 형태로 모유나 우유를 섭취하고, 그 후 5~6개월경이 되면 이유가 시작된다. 영아의 섭식에서는 수유와 이유의 문제가 중요하다. 먼저 수유의 문제에서 영아의 성장과 발육에 모유수유와 인공수유 중에서 어느 것이 더 좋은가에 대해 많은 논란이 있다. 그러나 모유수유의 여러 장점들로 인해 최근까지도 모유수유를 장려하는 입장을 취하고 있다.

모유수유는 다음과 같은 장점을 가지고 있다(조복희, 1997).

첫째, 잡균이 없고 온도가 적절하다. 둘째, 소화하기가 쉽고 알레르기 반응이 없다. 셋째, 모유의 철분은 쉽게 흡수된다. 넷째, 모유에는 당분이 많이 함유되어 있어 입자를 곱게 만들어 변비를 방지하는 데 도움이 된다. 다섯째, 모유는 항체를 갖고 있으므로 병에 대한 저항력을 지닌다. 여섯째, 모유가 두뇌발달과 신경세포구성을 위해 균형 잡힌 영양소를 지니고 있는 반면, 우유는 주로 근육발달을 촉진시키는 편이다. 이러한 여섯 가지의 장점 외에도 가장 중요한 장점은 모유수유는 영아에게 심리적 안정을 제공한다는 데에 있다. 어머니는 젖을 먹이는 동안 영아의 눈을 응시하면서 서로 접촉하게 되는데, Harlow는 원숭이 실험에서 피부접촉이 주는 심리적 안정을 보여주고 있다. 젖이 나오도록 장치가 된 철사로 만든 어미와 젖은 나오지 않으나 헝겊으로 만든 어미가 있는 실험실에서 공포의 상황에 처했을 때 아기 원숭이는 헝겊 어미를 찾았다.

이유란 영아에게 모유나 우유 대신에 점차 딱딱한 음식을 먹이는 것으로 바꾸어가는 것을 말하는데, 이유의 시기로는 모유가 아동의 성장에 필요한 충분한 칼로리나 영양소를 제공하지 못하는 생후 5~6개월경에 이유를 시작하는 것이 바람직하다. 그러나 이유의 시기는 아동의 발육 정도와 건강상태 등을 고려하여 조절하는 것이 좋다. 이유는 반유동식에서부터 시작하여 점차 양을 늘려가면서 모유나 우유를 먹는 횟수를 줄여가는 것이 필요하다. 그러나 너무 강제적으로 모유를 떼는 것은 좋지 않다.

생후 1년경에는 컵으로 우유를 마시게 하고, 숟가락을 사용하여 식사를 하도록 지도하는 것이 바람직하다. 2세경에는 하루에 3번씩 식사하는 습관을 들이도록 하고, 간식을 제공한다. 그러나 이 시기에 자칫하면 바람직하지 않은 식습관으로 편식을 하는 경우가 생길 수 있다. 편식습관은 성장에 필요한 칼로리와 영양소의 균형 있는 섭취를 방해하므로 올바른 식습관을 형성하도록 하는 것이 필요하다.

수면 하루에 18시간 내지 20시간 정도로 대부분의 시간을 잠자는 것으로 보내던 신생아는 성장함에 따라 수면시간이 줄어들고 규칙적인 수면 패턴을 가지게 된다. 생후 4개월경에는 밤에 10시간 정도로 주로 잠을 자고, 낮에는 수면시간이 짧아져 4시간 정도 잠을 자게 된다. 2세경에는 수면시간이 줄어드는데, 주로 낮잠 자는 시간이 짧아진다. 그러나 3세경까지는 여전히 하루에 1~2번씩 낮잠을 잔다. 그 후 점차 낮잠을 덜 자게 되고 밤에도 늦게 잠자리에 들게 된다. 그러나 이 때 강제적으로 잠을 자도록 강요하지 말고 자연스럽게 잠들 수 있는 분위기를 조성하는 것이 바람직하다. 그리고 이 시기에는 자기 전에 이를 닦고, 소변을 보는 습관을 형성하도록 하는 것이 필요하다.

〈표 5-2〉 연령별 수면시간

연 령	수면시간	연 령	수면시간
0~4개월	15~20	1~2세	12~14
4~12개월	14~16	2~5세	10~12

배설 하루에 4~7번씩 대변을 보던 신생아가 생후 2~6개월경에는 하루에 2번 정도 그리고 그 이후에는 1번씩 대변을 보게 된다. 소변은 출생 후 1년경까지 보통 2시간 간격으로 배설한다. 생후 18개월경에 괄약근의 발달로 대변통제가 가능해지면, 대소변통제가 아동에게 중요한 발달과업이 된다. 일반적으로 2세경에는 대소변통제에 어려움이 많다. 그러나 5세경이 되면 대부분의 아동이 대소변을 통제할 수 있게 된다. 대소변에 대한 통제를 너무 엄격하게 하거나 너무 허용적으로 하면 아동의 자율성 발달과 성격형성에 영향을 미치므로, 적절한 대소변훈련이 필요하다.

바람직한 대소변습관을 형성하기 위해서는 아동이 배설할 준비가 되어 있는 때에 맞춰 스스로 만족감을 느낄 수 있는 기회를 만들어 주는 것이 좋다. 그리고 일정한 시간 간격을 두고 변기에 앉혀 대소변습관이 형성되도록 하여야 한다.

3. 운동발달의 과정

운동발달은 아동이 이전에 하지 못하던 일련의 움직임을 할 수 있게 되는 운동형태(motor pattern)의 발달과 운동형태가 보다 숙련되어 정교해지는 운동기능(motor skills)의 발달로 나누어 볼 수 있다. 처음에는 운동형태의 발달이 이루어지고 점차 운동기능의 발달이 일어난다. 이러한 운동형태 및 운동기능의 발달은 다시 대근육 운동발달(gross motor development)과 소근육 운동발달(fine motor development)로 나누어 볼 수 있다. 여기서는 운동발달을 대근육 운동발달과 소근육 운동발달로 나누어 살펴보고자 한다.

1) 대근육 운동발달

아동의 대근육발달은 대략 〈표 5-3〉과 같다. 여기서는 아동의 대근육 운동발달을 보행운동능력의 발달, 기어오르기 능력의 발달, 던지기 능력의 발달 측면에서 살펴볼 것이다.

〈표 5-3〉 대근육 운동발달

연령	대근육 운동발달
1개월	엎드린 채로 고개를 든다.
4개월	엎드린 채로 가슴과 머리를 든다.
6개월	몸을 뒤집는다.
7개월	앉는다.
15개월	걷는다.
2세	계단을 기어오른다. 던지기가 가능하다.
3세	높은 곳에서 뛰어내린다.
4세	넓이뛰기와 높이뛰기를 한다. 두 발을 교대로 계단을 오른다. 앞으로 물건을 던진다.
4~5세	달린다.
5~6세	정확하게 던진다.

보행운동능력의 발달 아동이 태어나서 혼자서 걸을 수 있기까지는 여러 발달단계를 거쳐야 한다. 보행운동능력의 발달을 Shirley는 〈그림 5-5〉과 같이 제시하고 있다.

보행운동능력의 발달과정을 살펴보면, 먼저 머리 부분이 발달한다. 갓 태어난 신생아는 자궁 내의 환경에서 제대로 벗어나지 못해 자궁 내에서와 마찬가지로 웅크린 태내 자세를 취한다. 그러다가 1개월이 지나면 엎드린 채로 고개를 들 수 있게 된다. 2개월경이 되면 가슴과 머리를 겨우 들어올릴 수 있게 되지만, 4개월경이 되어야 제대로 가슴과 머리를 동시에 들게 된다. 5개월경이 되면 어떤 자세에서도 머리를 똑바로 지탱하고 자신이 원하는 방향으로 고개를 돌릴 수 있게 된다.

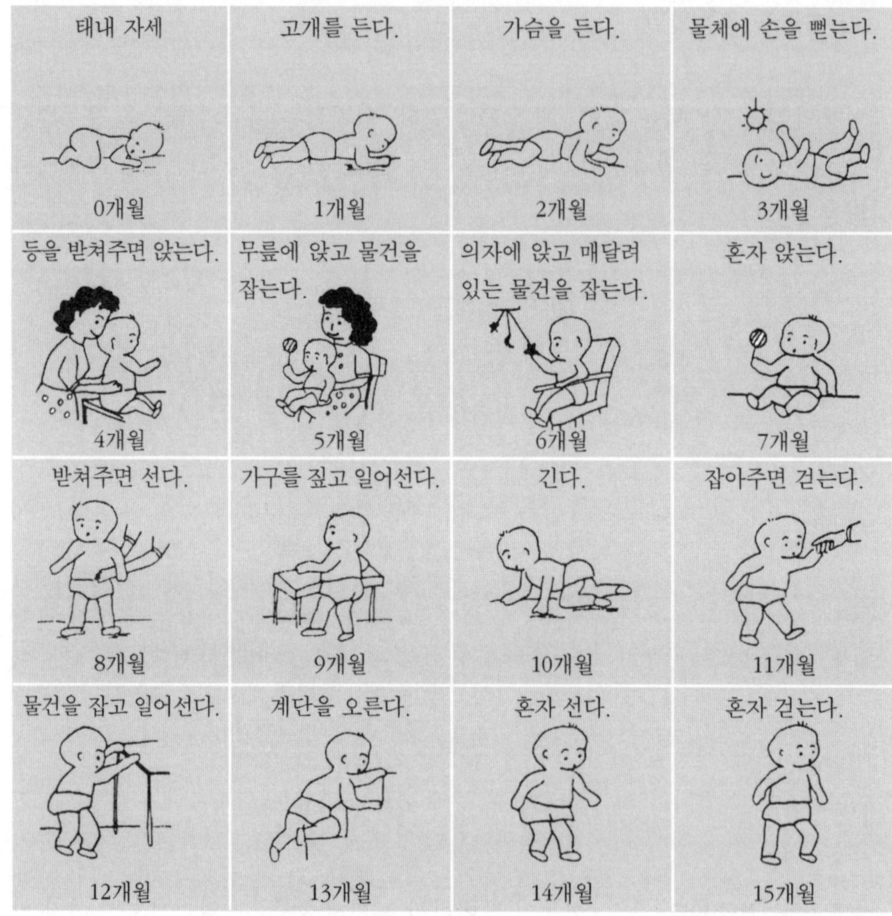

〈그림 5-5〉 보행운동능력의 발달에 대한 Shirley의 16단계

머리를 가눌 수 있게 되고 나면, 몸통과 팔다리가 발달하게 된다. 4개월경이 되면 영아는 자신의 몸을 뒤집어서 여기저기로 몸을 이동시킬 수 있게 되어, 옆이나 뒤로 몸을 돌릴 수 있게 된다. 그리고 6개월이 지나면 완전히 몸을 뒤집는 자세를 취할 수 있게 된다.

생후 7개월경이 되면 영아는 스스로 앉을 수 있게 된다. 그전에 4개월경에는 다른 사람이 허리부분을 받쳐주면 앉을 수 있다. 이것은 생후 3개월경에는 등이 둥글게 되고, 4개월경에 허리 주위가 둥글게 되고, 7개월경에 몸통을 똑바로 가눌 수 있게 되기 때문이다. 그 뒤 8개월경이 되면 혼자 앉아서 몸을 앞으로 약간 구부리고 물건을 잡을 수도 있게 된다.

15개월경이 되면 아동은 걸을 수 있게 되어, 자신이 원하는 곳으로 걸어갈 수 있다. 그리고 18개월경에는 달릴 수 있게 되고, 20개월경에는 물건을 붙잡지 않고 문턱 같은 곳을 넘나들 수 있게 된다. 이러한 발달과정을 거쳐서 생후 2년 정도가 되면 보행운동능력의 발달이 대체로 완성된다. 그 뒤 3세경에는 바닥에 똑바르게 그어놓은 선을 따라 걸을 수 있게 되며, 4세경에는 구불구불한 길을 따라 걸을 수도 있게 된다.

보행운동능력의 발달에는 개인차가 커서, 보통 15개월경에 아동이 걸을 수 있게 되지만, 어떤 아동은 8개월경에 걸을 수 있고, 어떤 아동은 22개월이 지나야 걸을 수 있게 된다. 걸을 수 있게 된다는 것은 단순히 팔, 다리의 움직임이 아니라 뇌신경에서의 명령을 받아 움직이는 것이므로, 보행운동능력 발달의 개인차를 아동의 지적 발달의 개인차로 보기도 한다. 보통 지능이 정상적인 아동은 14개월경에 걸을 수 있게 되지만, 지능이 뛰어난 아동은 약 13개월경부터 걷게 되고 반면에 정신지체아는 24개월 정도에 걸을 수 있게 된다.

생후 2년을 전후하여 아동의 보행운동능력이 대체로 완성되고 나면, 아동의 달리기 능력이 발달하게 된다. 2세경에 똑바로 달리지 못하던 아동이 4~5세가 되면 제대로 달릴 수 있게 되고, 점차 보다 능숙하고 정교하게 달릴 수 있게 된다.

이러한 달리기 능력의 발달과 더불어 3세경의 아동은 약간 높은 곳에서 뛰어내리기 시작하며, 4세경에는 넓이뛰기와 높이뛰기도 하게 되고 점차 한 발로 뛰는 것도 가능해진다.

기어오르기 능력의 발달 2세 유아는 계단이 있으면 기어오르는 행동을 한다. 그러나 이 때에는 한 계단에 먼저 한 발을 올려놓고 그 다음 다른 발을 같은 계단에 올려놓음으로써 한 계단에 두 발을 모았다가 다시 또 다른 계단으로 올라간다. 성인과 비슷하게 두 발을 교대로 사용하여 계단을 올라가는 것은 4세 이후에 가능해진다.

계단오르기 능력이 발달하면 아동은 점차 미끄럼틀을 기어올라가거나 정글짐 등을 기어올라가게 된다.

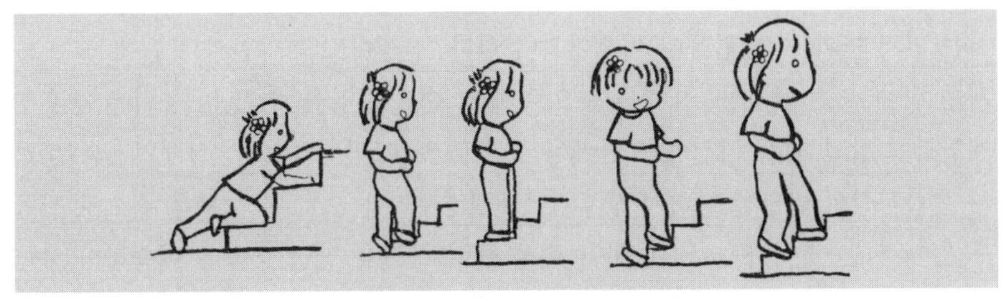

〈그림 5-6〉 기어오르기 능력의 발달

던지기능력의 발달 대근육발달에서 중요한 영역 중의 하나는 던지기능력의 발달이다. 던지기는 협응능력과 조정능력을 필요로 하므로, 2세경에 던지기가 가능하지만 아직 서투르다. 3세경에는 던지기능력이 점차 발달하지만 여전히 팔목 사용이 어렵고 어깨와 팔꿈치로 던지기를 한다. 4세경에는 앞으로 똑바르게 물건을 던질 수는 있지만, 높이조절이 정확하지 못하다. 5~6세경에는 정확하게 던질 수 있으며, 옆으로 던지는 것도 가능해진다.

〈그림 5-7〉 던지기능력의 발달

2) 소근육 운동발달

아동의 소근육 운동발달은 대략 〈표 5-4〉와 같다. 여기서는 아동의 소근육 운동발달을 눈과 손의 협응능력의 발달, 잡기능력의 발달, 쌓기능력의 발달 측면에서 살펴볼 것이다.

눈과 손의 협응능력의 발달 물체를 잡을 수 있는 조작능력이 발달하기 위해서는 먼저 눈과 손의 협응이 이루어져야 한다. 신생아도 파악반사로 손에 닿는 물체를 잡을 수는 있지만, 물체를 눈으로 보고 손으로 잡을 수 있는 능력은 생후 3개월경에 발달한다. 이전에는 물체를 눈으로 보고 인식하지만, 신체기관의 분화와 통합과정의 발달을 통하여 생후 3~4개월경부터 눈으로 본 물체를 손으로 잡을 수 있게 되는 것이다. 그러나 아직 손을 뻗어 물건을 잡는 능력은 미숙하다. 4~5개월경에는 눈에 보이는 물체를 잡으려고 두 손을 동시에 움직이며, 한 손에 쥐고

〈표 5-4〉 소근육 운동발달

연 령	소근육 운동발달
1개월	눈에 보이는 사물을 쳐다볼 수 있지만 손을 뻗쳐서 잡으려고 하지 않는다.
2개월	손에 닿는 물체를 잠시 동안 쥘 수 있다.
3개월	물체를 보고 손을 뻗는다.
4~5개월	잡는다.
6~7개월	물체를 쥔다.
7~8개월	물체를 쥔다.
9개월	엄지손가락과 집게손가락을 사용하여 물체를 어설프게 쥔다.
12개월	손가락으로 물체를 잡는다. 블록을 쌓는다.
16개월	공을 던진다.
18개월	2~3개의 작은 블록을 쌓는다.
24개월	5개의 작은 블록을 쌓는다. 큰 공을 잡는다.

있던 물체를 다른 손으로 옮길 수도 있게 된다. 6개월 이후에는 한 손으로 물체를 잡는 것이 능숙해지며, 9개월경에는 손가락으로 물체를 잡을 수 있을 정도로 눈과 손의 협응이 발달하게 된다.

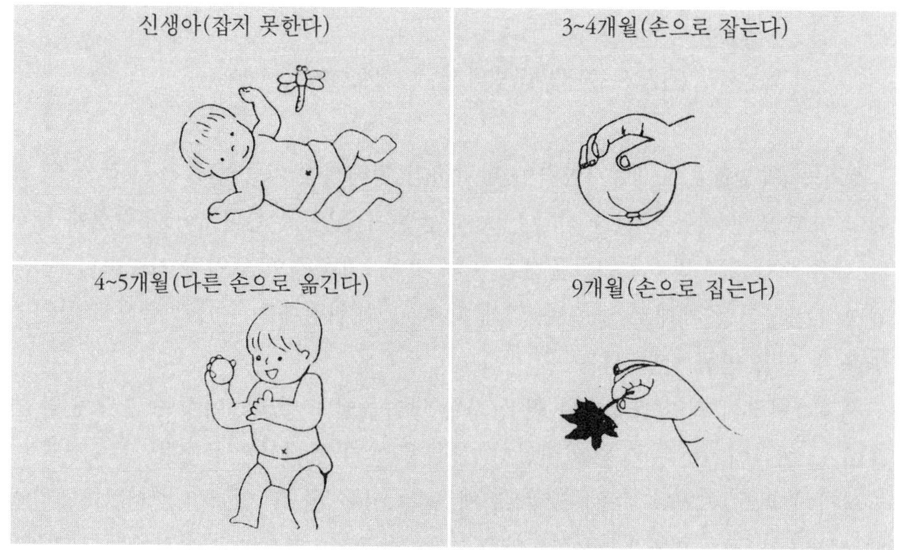

〈그림 5-8〉 눈과 손의 협응능력의 발달

잡기능력의 발달 생후 3~4개월경에 손에 닿는 물체를 잡을 수 있게 되지만, 다리와 온몸을 움직여 물체를 잡는다. 4개월경에는 손을 뻗어 물체를 잡는 것이 어렵지만, 5개월경이 되면 손을 뻗어 간신히 물체를 잡을 수 있게 된다. 6~7개월경까지는 손바닥 전체로 물체를 잡는다. 손가락을 사용하여 물체를 잡을 수 있는 것은 7개월경 이후에 가능하다. 8개월경에는 손가락 끝으로 물체를 잡을 수 있게 된다. 1세경에는 손가락만으로도 물체를 잡을 수 있을 정도로 잡기능력이 발달한다.

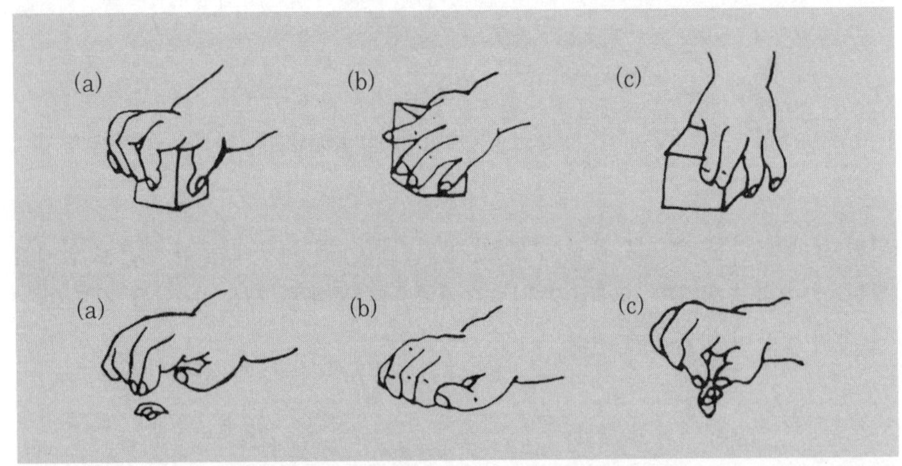

〈그림 5-9〉 잡기능력의 발달(송명자, 1995, 재인용)

쌓기능력의 발달 쌓기능력이 발달하기 위해서는 아동이 물건을 잡을 수 있어야 하고 또한 잡은 물건을 적당한 곳에 놓을 수 있어야 한다. 3~4개월경에 물건을 잡을 수는 있지만, 잡았던 물건을 놓는 것은 6개월경이 되어야 가능하다. 10개월경에는 물건을 제대로 놓을 수 있게 되며, 12개월경에는 손가락 끝으로 물건을 놓을 수 있을 만큼 발달한다.

생후 1년경이 되면 블록이나 빈 상자를 쌓아올릴 수 있다. 이것은 눈과 손의 협응이 잘 이루어진다는 것을 의미한다. 블록을 쌓기 위해서는 블록을 집는 일과 고정시키기 위해 집었던 손을 조심스럽게 놓는 일을 할 수 있어야 한다. 18개월경에 아동은 3개의 블록을 쌓아서 탑을 겨우 만들 수 있으며, 2세경에는 5~7개의 블록을 쌓을 수 있다. 그러나 아직 블록 위에 다른 블록을 놓는 것에 어려움을 느낀다. 4~5세경에는 블록쌓기가 보다 능숙해져서 속도, 정교성, 정확성이 늘어난다. 블록을 쌓아올릴 수 있는 능력은 〈표 5-5〉와 같다.

〈표 5-5〉 블록쌓기능력의 발달

연 령	블록쌓기 발달
1세	블록 위에 다른 블록을 정확하게 쌓을 수는 없지만, 블록쌓기가 가능하다.
1.5세	2~3개 정도의 블록을 쌓아서 탑을 만들 수 있다. 그러나 블록을 다른 블록 위에 놓고 손을 떼는 일은 아직 서툴고 시간이 많이 걸린다.
2세	5~7개 정도의 블록을 쌓을 수 있다. 그러나 블록들을 일직선이 되도록 가지런히 쌓아올리지는 못한다.
3세	블록 위에 다른 블록을 놓는 손동작이 정교해지고 정확해진다. 두 손을 함께 사용하기도 한다.
4세	블록쌓기를 상당히 안정된 손동작으로 능숙하게 할 수 있다. 한 손으로도 블록을 쌓을 수 있다.
5세	블록을 쌓는 속도가 빨라지고, 보다 정확하게 일직선이 되도록 가지런히 탑을 쌓을 수 있다. 탑이 무너지는 일이 줄어들고, 보다 자연스럽게 블록을 손에 쥐고 쌓을 수 있다.

제 6 장

지각 · 기억의 발달

1. 지각발달
2. 기억발달

제6장
지각 · 기억의 발달

1. 지각발달

인간이 외부환경에 대해 탐색하고 변별하는 것은 생존에 중요하며, 기억, 문제해결, 언어발달 등에 필수적이므로, 지각발달을 이해하는 것은 인지발달연구에서 매우 중요하다. 여기서는 아동의 지각발달을 이해하기 위하여 먼저 지각발달의 성격을 살펴보고, 다음으로 지각발달의 과정을 살펴보고자 한다.

1) 지각발달의 성격

지각발달의 개념 인간은 보기, 듣기, 맛보기, 냄새맡기 등 여러 감각기관을 통해 세상을 경험하는데, 지각(perception)이란 이러한 여러 감각기관에 들어온 자극을 경험으로 인지하는 과정을 말한다. 즉, 외부자극에 대한 반응과정에서 자극을 인지하는 작용이 곧 지각인 것이다. 어떤 감각기관으로 들어오는 자극이든 우리가 그 자극을 인지하기 위해서는 주의 기울이기(attending), 확인하기(identifying), 위치 파악하기(locating)라는 지각작용의 세 가지 기능을 수행하게 된다(박영신, 1995). 주의 기울이기는 주어진 상황에서 처리해야 할 부분을 결정하는 과정이고, 확인하기는 지각된 형태와 이미 기억 속에 저장된 형태를 비교해서 그것이 어떤 형태인지를 결정하는 과정이다. 그리고 위치 파악하기는 물체가 떨어져 있는 거리와 방향을 결정하는 일이다.

예를 들어, 길을 가는데 길 저쪽에서 무엇이 달려온다면, 아동은 그것에 주의를 기울여(주의 기울이기), 그것이 오토바이인 것을 알아보고(확인하기), 길을 비키기 위해 그것이 얼마나 멀리 떨어져 있는지를 판단할 것이다(위치 파악하기).

지각발달의 연구방법 아동의 지각발달은 출생시 상당히 발달해 있으며, 출생 후 곧 많은 발달이 이루어진다. 이러한 아동의 지각발달을 이해하기 위해서는 영아의 지각능력을 밝혀낼 수 있는 연구방법이 매우 중요하다. 영아는 자신의 경험을 언어로 기술할 수 없으므로, 영아들의 행동을 관찰함으로써 그들의 지각능력을 밝혀내야만 한다. 오늘날 영아의 지각발달을 연구하는 방법으로는 심리신체적 측정 패러다임(psychophysiological measures paradigm), 선택적 보기 패러다임(preferential looking paradigm) 그리고 습관화 패러다임(habituation paradigm) 등이 있다.

첫째, 심리신체적 측정 패러다임이란 영아가 어떤 자극을 지각했을 때 나타내는 호흡, 심장박동 등의 변화를 측정하여 영아의 지각능력을 알아내는 방법이다. 예를 들어, 생후 2개월경의 영아를 시각절벽 위에 눕혔을 때, 심장박동이 평상시와 다른 것은 2개월경의 영아가 깊이지각을 하는 것으로 해석된다.

둘째, 선택적 보기 패러다임이란 영아에게 한 가지 면에서 차이가 나는 두 물체를 보여주고 영아가 그 가운데 하나를 더 오래 보는지를 관찰하여 영아의 지각발달을 이해하는 연구방법이다. 예를 들어, 영아에게 파란색 동그라미와 노란색 동그라미를 보여주었더니, 영아가 노란색 동그라미를 더 오래 쳐다본다면, 영아가 두 색깔의 차이를 지각한 것으로 볼 수 있는 것이다.

셋째, 습관화 패러다임이란 영아가 흥미로운 물체를 더 오래 보며, 계속 반복제시되는 물체에 싫증을 낸다는 사실에 기초하고 있다. 한 물체를 반복적으로 제시하여 영아가 그 물체에 친숙해져서 그 물체를 많이 쳐다보지 않으면 즉, 습관화되면 새로운 물체나 소리를 제시한다. 이 때 새로운 물체나 소리에 대해 영아의 흥미가 되살아난다면 영아는 이전에 제시된 자극과 새로 제시된 자극 간의 차이를 지각한 것으로 볼 수 있는 것이다. 예를 들어, 영아에게 삼각형의 그림을 계속 반복하여 보여주어서 영아가 더 이상 삼각형의 그림에 흥미를 보이지 않을 때, 동그라미의 그림을 제시하였더니 영아가 동그라미의 그림에 흥미를 보인다면, 영아가 삼각형과 동그라미의 차이를 지각하는 것으로 해석할 수 있다.

2) 지각발달의 과정

아동의 지각기능이 어떻게 발달하는가? 생후 6개월경이면 영아는 지각의 여러 측면에서 성인과 같은 수준의 기능을 가지게 된다. 영아는 생존에 필수적인 지각능력을 가지고 태어나며, 출생 후 1개월경의 영아는 여러 면에서 성인이 경험하는 것과 비슷하게 물체의 세계를 경험한다. 이러한 아동의 지각발달을 시지각의 발달, 청지각의 발달, 촉각 · 후각 · 미각의 발달, 통합지각의 발달의 측면에서 살펴볼 수 있다.

시지각의 발달 시지각은 상당히 일찍 발달하는데, 이러한 시지각의 발달을 대략 〈표 6-1〉과 같이 나타낼 수 있다.

〈표 6-1〉 시지각 발달표

연령	시각적 능력
출생~1개월	매우 대조적인 하나의 특징을 주사한다. 크고, 두드러진 형태를 선호한다. 모양 항상성을 나타낸다. 운동적 깊이단서에 반응한다.
2~3개월	성인과 비슷한 초점능력을 가진다. 전체 스펙트럼에 나타나는 색깔을 지각한다. 양안 깊이단서에 반응한다. 대조 민감성의 획득으로 정교한 세목들이 있는 형태를 선호한다. 형태 내부에 있는 특질들을 주사한다. 전체적인 형태구조를 지각하기 시작한다.
4~5개월	성인과 같이 색깔들을 범주로 조직한다. 양안 깊이단서에 대한 민감성의 획득을 나타낸다. 크기 항상성을 나타낸다. 물체의 특질보다는 움직임에 의해 물체를 확인한다.
6~8개월	출생시 20/660에서 6개월경에 20/100으로 시력이 발달한다. 유연하고 효율적인 눈의 움직임으로 물체를 추적한다. 물체의 움직임보다는 특질에 의해 물체를 확인한다. 전체를 보지 않아도 형식에 관한 정보를 뽑아낸다.

(Berk, 1997)

여기서는 시지각발달을 주의 기울이기, 시력발달, 색깔지각, 움직임을 따라가기, 얼굴지각, 깊이지각의 측면에서 살펴본다.

① 시자극에 주의 기울이기

출생 직후에도 영아는 주변환경 속의 어떤 물체를 다른 물체보다 더 오래 바라본다. 영아는 출생시 어떤 자극이든지 새로운 자극에 주의를 기울이는 정향반사(orienting reflex)를 가지고 태어나므로, 주변에서 새로운 자극이 제시되면 주의를 기울일 수 있다. 그리고 새로운 자극이 없을 때에는 능동적으로 흥미로운 자극을 찾아 주변에서 가장 중요한 부분에 주의를 기울인다. 영아들은 환경의 흥미로운 부분에 주의를 기울이지만, 물체의 외곽만을 주사(走査)한다. 사람 얼굴의 그림을 보여주면 1개월경의 영아는 주로 얼굴의 바깥 테두리에 눈을 많이 고정시키는데, 2개월경이 되면 내부의 상세한 부분들에 초점을 맞추게 된다(Salapatek, 1975). 그 후 점점 더 사물의 내부에 주의를 집중할 수 있게 된다. 출생 후 처음 몇 달 동안 물체의 외부를 주사하는 것은 눈이 해부학적으로 미성숙하기 때문으로 해석된다.

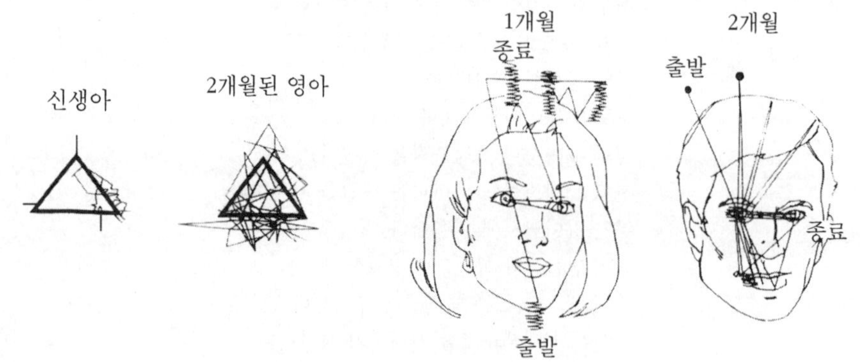

〈그림 6-1〉 물체의 외곽에 대한 아동의 주사(Berk, 1997)

주변의 새로운 자극이나 흥미로운 자극에 주의를 기울인 영아는 어떤 자극에 주의를 계속 기울이게 된다. 영아가 주의를 계속 기울이는 자극은 지나치게 자극적이지 않은 적정수준의 자극이다. 적당한 자극에 대한 선호는 지나치게 간단한 물체나 지나치게 복잡한 물체보다는 적당하게 복잡한 물체를 영아들이 선호하는 경향과도 관계가 있다. 이러한 현상을 설명하는 적정 불일치 가설(moderate-discrepancy hypothesis)에 따르면, 영아는 자신이 지닌 기존의 능력과 지식에서 적당하게 떨어져 있는 물체를 바라보는 데 가장 흥미를 느낀다는 것이다(Greenberg & O' Donnell, 1972; McCall, Kennedy, & Applebaum,1977; 박영신, 1995, 재인용).

적정 불일치 가설과 일치하는 결과로는 연령의 증가에 따라 영아가 적정수준이라고 여기는 자극수준이 달라지므로, 나이가 많아질수록 점점 더 복잡한 자극을 바라보게 된다는 것이다.

② 시력발달

생후 6개월이 지나면 시각적으로 물체를 알아보는 영아의 능력이 발달하고, 이후 이 능력들이 폭넓게 발달해 간다. 출생시에도 영아는 자극들을 서로 변별하는 능력 즉, 그들의 유사성과 차이점을 보는 능력인 시력(visual acuity)이 어느 정도 가능하다. 생후 1주된 영아들은 성인 시력의 1/30, 2개월경에는 1/15, 4개월경에는 1/8, 8개월경에는 1/4 정도의 시력을 가지게 된다. 8개월경 이후에는 시력이 천천히 발달하여 5세경에는 성인의 수준과 비슷하게 시력이 발달하게 된다.

신생아

성인

〈그림 6-2〉 시력발달(Berk, 1997)

③ 색깔지각

영아도 성인처럼 색깔을 볼 수 있다. 색깔지각(color vision)은 영아들이 색깔의 이름을 배우기 전에 이미 발달하며, 영아도 성인과 마찬가지로 빛의 파장에 따라 색깔을 구분한다. 그러나 색깔의 차이를 지각하기는 하지만, 아직 색깔의 이름은 알지 못한다. 대략 3세에서 5세 사이에 아동은 색깔의 이름을 알게 되는데, 그 이전에도 아동은 색깔의 이름으로 사용되는 단어들을 알기는 하지만, 어떤 이름과 어떤 색깔이 연결되는지를 알게 되는 것은 대략 3~5세경이다.

④ 움직임을 따라가기

자극의 움직임은 영아의 주의를 끌고 또 지속시키는데, 출생한 첫날부터 영아들은 정지해 있는 물체보다는 움직이는 물체에 주의를 많이 기울인다. 그러나 아동이 움직이는 물체를 눈으로 따라가는 능력에는 많은 한계가 있다. 영아는 생후

2~3개월경이 되어야 움직이는 물체를 눈으로 무리없이 따라가지만, 이것도 움직임이 느릴 때에만 가능하다.

⑤ 얼굴지각

영아는 사람의 얼굴을 바라보는 생득적 경향성을 가지고 태어난다. 영아에게 여러 가지 형태와 색깔을 제시하였더니 〈그림 6-3〉에서 알 수 있듯이 영아는 사람의 얼굴모양을 가장 오래 쳐다보았다. 그 다음 신문 같은 인쇄물, 여러 개의 원 모양, 빨간색, 하얀색, 노란색 원의 순서대로 쳐다보는 시간이 달랐다(Hughes & Noppe, 1985).

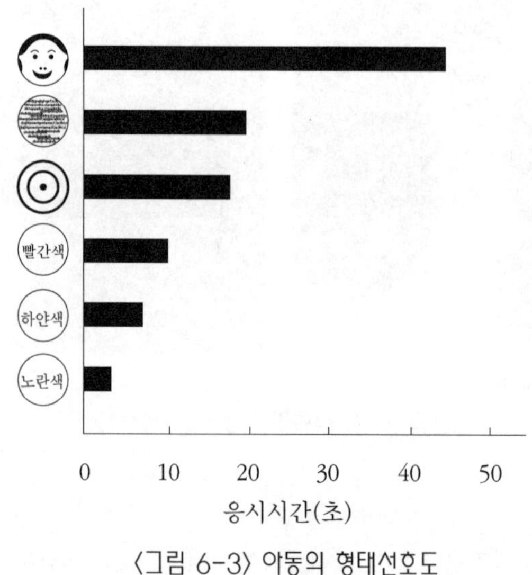

〈그림 6-3〉 아동의 형태선호도

영아의 얼굴지각에 대한 Fantz(1958, 1961) 연구에서 6개월 된 영아들에게 정상얼굴, 정상얼굴이지만 눈, 코와 입의 위치가 마구 뒤섞인 얼굴 그리고 과녁의 흑점형태의 세 가지 자극을 보여주었다. Fantz는 영아들이 눈, 코, 입이 마구 섞인 얼굴보다는 정상얼굴을 일관성 있게 선호하고, 또 과녁의 흑점형태보다는 얼굴을 선호한다고 보고했다. 즉, 생후 6개월 이전에 이미 영아들은 다른 자극보다 얼굴을 선호하여 더 오래 바라본다는 것이다. 영아가 얼굴을 선호하긴 하지만 얼굴에 따라 영아의 선호도에 차이가 있다. 3개월경에는 낯선 여자의 사진보다는 엄마 사진을 보는 것을 더 좋아하고, 2, 3개월경에는 성인들이 매력적이라고 평정한 얼굴을 그렇지 않은 얼굴보다 더 오래 보는 경향이 있다. 영아가 얼굴을 선호하는 것은 생후 3개월경 이전에는 얼굴의 움직임과 대칭성 때문으로, 그 이후는 얼굴의 친숙성 때문으로 해석된다.

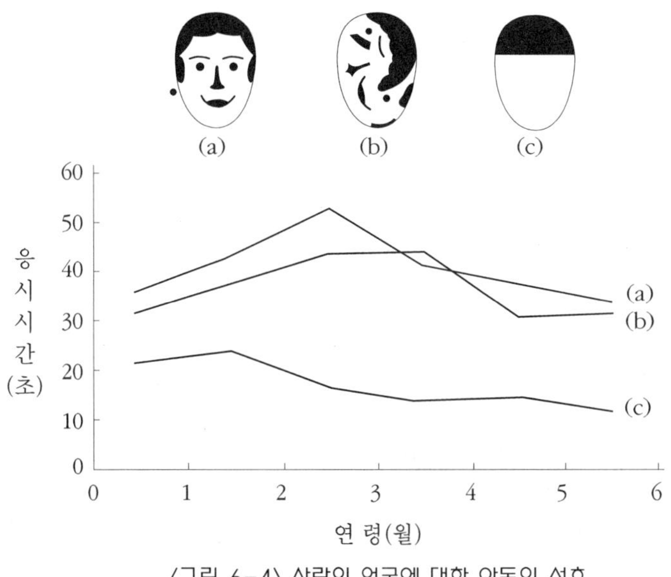

〈그림 6-4〉 사람의 얼굴에 대한 아동의 선호

⑥ 깊이지각

1960년에 Gibson과 Walk은 시각절벽(visual cliff)장치로 영아의 깊이지각발달에 대한 많은 연구를 했다. 시각절벽은 영아들이 그 위를 기어다니거나 걸어다닐 수 있도록 커다란 유리판이 덮힌 장치로서, 장치의 한쪽 면에는 유리판 바로 밑에 체크무늬의 나무판이 있고, 다른 한쪽은 5~6피트 아래에 체크무늬의 나무판을 설치했다. 따라서 한쪽은 절벽처럼 보였다. 영아를 유리판 위에 기도록 했을 때, 만약 영아가 깊이를 지각하지 못한다면, 유리판 위의 두 쪽을 차이 없이 다 기어다닐 것이다. 그러나 만약 영아가 깊이를 지각한다면, 시각적으로 절벽처럼 보이는 쪽은 기어다니기를 주저할 것이다.

기어다닐 수 있는 6개월 된 영아들을 대상으로 한 Gibson과 Walk의 실험에서, 영아들은 절벽처럼 보이는 곳은 기어다니기를 피하는 것으로 나타났다. 이는 영아들이 생후 6개월이 되면 깊이지각을 할 수 있다는 것을 보여준다.

그 뒤 아직 기어다니지 못하는 2개월 된 영아를 대상으로 하여 깊이지각의 발달을 연구한 Campos 등의 연구(1970)에서는 시각절벽장치 위에 영아를 눕혀놓고 그들의 심장박동의 변화를 측정하였다. 만약 2개월 된 영아가 절벽의 깊이를 지각한다면 심장박동의 변화가 있을 것이고, 만약 깊이를 지각하지 못한다면 심장박동의 변화가 없을 것으로 예상되었다. 연구결과 시각절벽 쪽에 영아를 눕혔을 때는 심장박동의 변화가 생겼고, 시각절벽이 아닌 곳에 눕혔을 때에는 심장박동이 평상시와 차이가 나지 않는 것으로 나타났다. 이는 2개월 된 영아들도 깊이를 지각하는 것으로 해석될 수 있다.

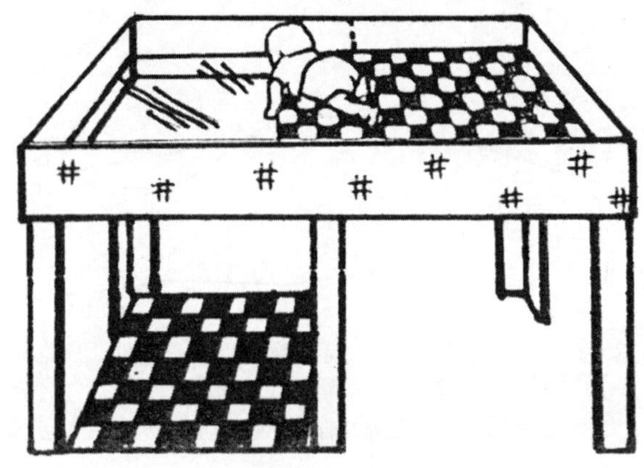

〈그림 6-5〉 시각절벽

청지각의 발달 청지각은 시지각이나 다른 지각보다 훨씬 일찍 발달한다. 청지각의 기본적인 발달은 생후 3개월경에 성취된다. 그 뒤 영아의 청각은 부드러운 소리, 특히 낮은 소리를 잘 들을 수 있게 되는 것과 같은 양적인 면에서 계속적으로 발달한다. 이러한 청지각의 발달을 주의 기울이기, 확인하기, 위치 파악하기의 측면에서 살펴본다.

① 소리에 주의 기울이기

출생 이전부터 태아들은 놀라운 청각능력을 보인다. 자궁 안에 있는 태아들도 강한 소리를 들으면 더 많이 움직이고 또 심장박동도 더 빨라진다. 출생 후 1주경에 영아는 여러 가지 소리를 듣고 이에 반응한다. 큰 소리가 들리면 놀라고, 눈을 뜨고 있을 때는 눈을 재빠르게 깜빡이고, 눈을 감고 있을 때는 눈을 더 꼭 감고, 사지를 불규칙하게 움직인다. 조용한 소리는 덜 심한 반응을 일으킨다. 이처럼 신생아의 청지각은 생후 첫날부터 가능하다고 볼 수 있다. 청지각에서 영아들이 보이는 개인차는 아주 크다. 청력이 아주 나쁜 신생아가 있는 반면 성인과 비슷한 정도의 청력을 가지고 있는 신생아도 있다. 영아가 주의를 기울이는 정도는 소리에 따라 다른데, 다른 소리보다 사람들의 말소리에 특히 주의를 기울인다. 그리고 소리의 높낮이에 있어서 높은 소리는 성인들과 비슷하게 듣지만 낮은 소리를 듣는 데 있어서는 성인에 비해 영아의 청력(auitory acuity)이 뒤떨어진다. 그러므로 영아기 이후 청력의 발달은 낮은 소리를 듣는 능력이 발달하는 것으로 볼 수 있다.

② 소리 알아듣기

영아는 성인과 비슷하게 조금 다른 소리들도 알아듣고 구별할 수 있다. 말소리의 지각에서 2개월경 영아는 ba와 pa, ma와 na, s와 z와 같은 비슷한 소리를 구별하여 지각한다. 그러나 Werker(1986)는 모국어를 말하기 시작하면서 소리를 서로 구분하는 아동의 능력이 감소한다고 보았다. 즉, 모국어를 말하기 시작하면서 아동은 모국어에 사용되지 않는 소리들을 변별하는 능력을 잃어버리기 시작한다는 것이다. 이러한 경향은 말하기를 시작한 후 8~10년 동안 계속되는데, 이러한 과정을 거쳐 아동의 청지각능력이 성인의 수준으로 떨어진다. 모국어에 나타나지 않는 소리들의 미세한 차이들을 구별하는 이러한 능력을 지니고 있으므로, 어린 아동이 외국어의 악센트를 쉽게 배우게 되는 것이다.

다른 사람들의 목소리를 알아듣는 능력의 발달에 있어서, 3일 된 영아는 엄마의 목소리를 알아들을 수 있을 뿐만 아니라 더 좋아하는 것으로 나타났다. DeCasper와 Fifer(1980)는 영아들이 어떤 물체를 빨게 한 뒤 엄마의 목소리나 낯선 여자의 목소리가 들리도록 했다. 3일 된 영아들은 엄마의 목소리가 들렸을 때 더 빠른 속도로 물체를 빨았다.

③ 소리의 위치파악하기

청각적 위치파악(auditory localization) 능력은 출생시부터 나타나며, 신생아는 4개월 된 영아보다는 못하지만, 2, 3개월 된 영아보다는 소리의 위치를 더 잘 파악하는 것으로 나타나, U형 곡선(U-shaped curve)의 발달이 나타났다.

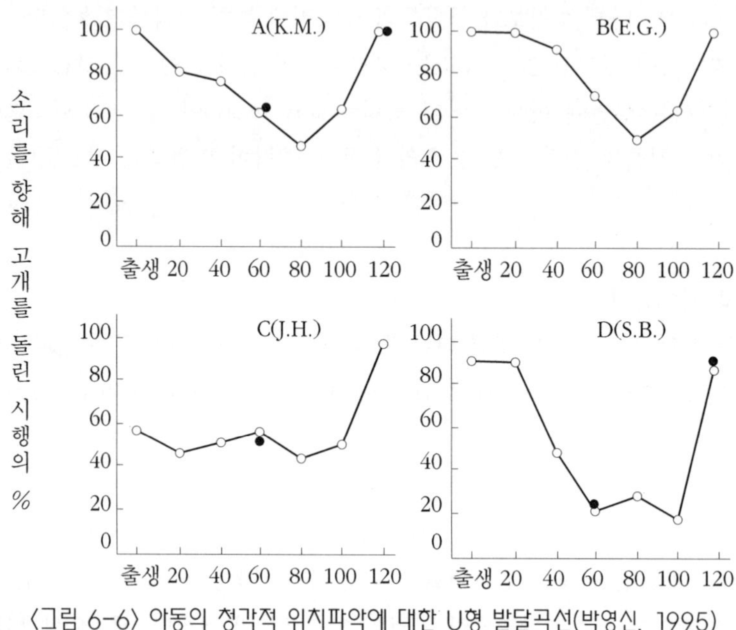

〈그림 6-6〉 아동의 청각적 위치파악에 대한 U형 발달곡선(박영신, 1995)

신생아가 처음에는 소리가 나는 쪽으로 고개를 많이 돌렸지만, 그 이후에는 이러한 반응이 점차 줄어들다가 4개월경에는 이전의 높은 수준으로 되돌아가는 것에 대해 Muir(1979)는 발달시기에 따라 같은 행동도 다른 기제에 의해 결정된다고 한다. 그들에 따르면 생후 1개월 동안 청각적 위치파악은 대뇌피질 아래에 있는 기관들의 통제를 받는다. 그러나 생후 2, 3개월경에는 대뇌피질 아래에 있는 기관들의 기능을 대뇌피질이 대체하게 된다. 그러나 이 시기에는 위치를 정확하게 파악할 정도로 대뇌피질이 충분히 발달해 있지는 않다. 생후 4개월경이 되어야 대뇌피질의 활동이 충분히 발달해서 다시 위치를 정확하게 파악하게 된다.

촉각 · 후각 · 미각발달 촉각 · 후각 · 미각은 출생시 어느 정도 발달해 있으며, 점차 섬세하게 조절되어 간다. 여기서는 촉각의 발달과 후각 · 미각의 발달로 나누어 살펴보고자 한다.

① 촉각발달

신생아의 반사행동들을 관찰해 보면 출생시 이미 촉각이 어느 정도 발달해 있는 것을 알 수 있다. 뺨에 접촉이 있으면 신생아는 입으로 찾고 빠는 반사행동을 하고, 발바닥에 접촉이 있으면 바빈스키 반사를 나타낸다. 반사연구에 의하면 아동은 신체의 다른 부위보다는 입주위, 손바닥이나 발바닥에 반응하기 쉬운 경향이 있는 것으로 밝혀졌다(Humphrey, 1978; Berk, 1997, 재인용).

온도변화에 대한 반응도 출생 후 즉시 보고되고 있는데, 따뜻한 것보다는 차가운 자극에 민감한 것으로 나타났다(Humphrey, 1978; Berk, 1997, 재인용).

통증에 대한 반응도 출생 직후 어느 정도 발달하여, 통증에 대해 아동의 심장박동과 혈압이 상승하고, 흥분이 증가하고, 그 후에 아동이 놀라서 깜짝깜짝 깨곤 하는 것으로 보고되고 있다.

이러한 촉각발달은 출생 후 초기 몇 년 동안 섬세하게 조절되어 아동은 자극의 형태와 위치의 민감한 차이를 파악하고 반응할 수 있게 된다.

② 후각 · 미각발달

성인과 마찬가지로 아동의 후각과 미각도 서로 복잡하게 얽혀 있다. 아동은 단맛, 쓴맛, 신맛, 짠맛의 4가지 기본 맛에 서로 다르게 반응할 수 있다.

Steiner(1979) 연구에서는 이전에 먹어본 적이 없는 4가지 맛의 물을 각각 신생아의 입속에 넣기 전과 후에 사진을 찍었다. 영아들은 단맛에 대해서는 웃는 것과 같은 표정을 지었고, 신맛에는 입술을 오므렸고, 쓴맛에는 불쾌한 표정을 지었다.

후각발달에 있어서는 생후 1주일의 영아가 엄마와 다른 사람의 냄새를 알아낼 수 있을 정도로 일찍 발달하며, 그 후로 점차 정확해진다.

통합지각의 발달 감각간의 통합에 대해 처음에는 각 감각기관이 독립적으로 발달하며 각 감각기관이 어느 정도 발달수준에 오른 후에 통합된다는 주장도 있었지만, 최근의 연구들에서는 시지각과 청지각이 태어날 때부터 통합되어 있다는 것을 보여주고 있다. 신생아는 소리가 들릴 때 소리가 나는 곳을 쳐다보며, 만약 이미 소리가 나는 곳을 바라보고 있었다면 소리의 진원지에 더 주의를 기울인다. 그리고 5개월에서 7개월 된 영아는 목소리를 들으면 그들 앞에 있는 얼굴, 그 중에서도 특히 눈을 많이 주사한다. 큰 소리가 나면 영아는 소리가 나는 쪽을 바라본다거나, 4개월 된 영아들이 자신들이 듣고 있는 소리와 일치하는 시각적 이미지를 보여주는 영화를 더 오래 보는 것 등은 영아가 시각정보와 청각정보를 통합하고 있다는 것을 나타내고 있다.

물건을 잡기 위해서는 그 물체의 위치를 파악해야 하는데, 신생아도 팔을 뻗는 것을 조정하기 위해 위치에 대한 시각적 정보를 사용하였다. Von Hofsten(1984)은 영아들의 눈 앞에 앞뒤로 천천히 움직이는 흥미로운 물체를 제시하고, 영아들은 모든 방향에서 물체쪽으로 손을 움직였다. 연구결과 영아들은 정지해 있는 물체에 정확히 팔을 뻗을 수 있고, 또한 물체가 있는 현위치로 손을 뻗는 것이 아니라 손이 물체와 만나게 될 때 물체가 있을 지점으로 손을 뻗어 움직이는 물체들도 잘 잡았다. 시각과 손 뻗기의 이러한 통합은 초기 영아기부터 나타나며, 그 뒤 영아기와 아동기에 걸쳐 천천히 발달한다.

2. 기억발달

문제해결의 근간을 이루며, 각기 다른 경험을 저장하여 타인과 구별되는 독특한 자아를 형성할 수 있게 하는 기억발달을 이해하기 위하여, 먼저 기억발달의 성격을 살펴보고, 기억이론과 기억발달의 과정을 살펴보고자 한다.

1) 기억발달의 성격

기억발달의 개념 기억발달이란 정보의 저장과 활용의 측면에서 보이는 기억능력의 양적 · 질적인 변화를 말한다. 즉, 기억할 수 있는 정보의 양이 증가할 뿐 아니라, 그 정보를 활용하는 능력에서 변화가 일어나는 것을 말한다. 그러나 기억이란 단일의 구조와 과정이 아니고, 여러 인지과정들의 조합에 대한 편리한 기술적 용어이며, 고립된 단일의 지적인 기능이 아니라 개인의 많은 지적 · 사회적 활동과 관계되어 있다고 할 수 있다. 따라서 기억발달이란 개인이 기억문제의 지적 요소를 보다 잘 이해하고, 이들 요구에 대처하는 적절한 기능과 방략을 획득하고 이용하는 과정이다. 이러한 기억은 구조와 과정의 측면에서 살펴볼 수 있다.

기억구조 기억의 구조는 저장기간 혹은 의식의 여부에 따라 감각기억(sensory memory), 단기기억(short-term memory), 장기기억(long-term memory)으로 크게 나누어 볼 수 있다(Atkinson & Shiffrin, 1968).

① 감각기억(sensory memory)

감각기억이란 감각기관에 들어온 자극정보를 완전하고 정확하게 약 1/4초 동안 보유하는 것을 말한다. 인간에게 들어오는 자극정보들은 감각기관을 통하여 들어온다. 감각기관에 들어온 자극정보는 번개칠 때와 같이 극히 짧은 시간에 감

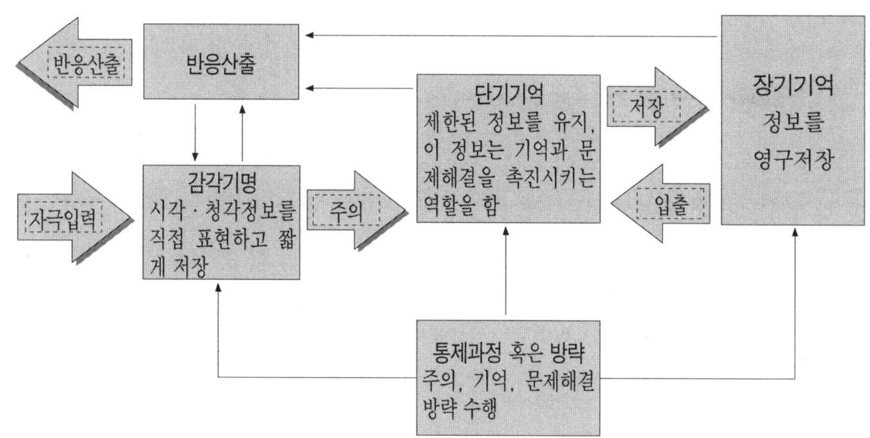

〈그림 6-7〉 기억구조(Berk, 1997)

각기억에 기억되다가 순간적으로 사라진다. 그러나 자극정보에 주의를 기울이면 몇 초 동안 더 지속된다. 일반적으로 감각기억에 들어온 자극은 시각, 청각 등의 지각적 특징이 그대로 보유되나 보유시간이 매우 짧아 시각적 감각기억은 그 지속시간이 0.25초 정도이며, 청각적 감각기억은 4초 정도에 지나지 않는다. 이들은 곧 뒤이어 들어오는 자극정보로 대치된다.

② 단기기억(short-term memory 또는 작동기억 : working memory)

단기기억이란 감각기억을 거친 자극정보가 장기기억에 저장되기 전에 거치는 일차적 작업대 또는 작업과정이라 할 수 있다. 이러한 의미에서 단기기억을 활동 중인 기억 또는 각종 인지과정을 통제하는 중앙통제적 기억으로서 작동기억이라는 용어를 사용하기도 한다. 단기기억에 자극정보가 머무르는 시간은 평균적으로 3~5초, 길어야 30초 이내이다. 그러나 정보를 반복하여 되뇌이는 시연(rehearsal)을 하면 그 정보가 단기기억에 머무르는 시간이 늘어나고 장기기억으로 들어가 저장되게 된다. 단기기억에 들어온 정보는 처음에는 시각적 · 청각적 부호형태로 유지되다가 후에는 정보가 유지되고 처리되기 쉬운 언어의미적 형태로 변화된다.

단기기억은 기억용량이 제한되어 있다. 단기기억에서 한 번에 나를 수 있는 용량은 7개 내외라고 한다. 그러나 정보들의 덩어리짓기(chunking)에 의해 이러한 제한된 기억용량을 극복할 수 있다. 덩어리짓기란 여러 개의 낱개 자극들을 의미있는 하나의 단위로 묶어 부호화하는 방법으로, 단기기억의 기억용량이 증가하도록 하는 부호화 방법이다.

단기기억에서 망각되지 않고 제대로 부호화 처리가 이루어진 내용은 장기기억으로 넘어가게 된다.

③ 장기기억

'기억이 좋다' 혹은 '기억이 나쁘다' 라고 말할 때의 기억이란 장기기억을 말한다. 장기기억이란 단기기억을 거쳐온 정보가 비교적 영구적으로 저장되어 있으며, 기억해 낼 필요가 없는 한 의식하지 못하고 지내는 기억이다. 장기기억은 용량의 제한이 없으므로 많은 정보가 저장된다.

기억과정 기억과정은 정보의 약호화(encoding), 저장(storage) 그리고 인출(retrieval)의 3단계로 나누어 볼 수 있다.

① 약호화

약호화과정이란 일반적으로 정보를 처리하여 저장고에 넣는 것으로서, 감각기억이나 단기기억에서 정보를 처리하여 부호화하는 것이다. 단기기억에서 장기기억으로 정보를 부호화해 넣을 때는 보통 시연과 정교화과정이 일어난다.

② 저장

저장은 약호화한 정보를 유지하는 과정을 말한다. 저장과정에서 정보는 약호화된 그대로 남아 있는 것이 아니라 망각되거나 다른 형태로 변형되기도 한다. 저장과정은 창고 속에 물건을 쌓아두는 것처럼 저장고에다 기억할 내용을 보관하고 있는 것이 아니라 기억될 정보의 내용과 속성에 따라 가장 효율적인 방식으로 변형시키는 과정이 포함된다.

③ 인출

인출은 저장되어 있던 정보를 끄집어 내는 것을 말한다. 인출과정은 저장되어 있는 정보를 기계적으로 끄집어 내는 것이 아니라, 단서를 근거로 하여 끄집어 내야 할 정보를 장기기억에서 탐색하고, 확인하고, 재구성하여 끄집어 내는 복잡한 과정이다.

2) 기억이론

기억이론을 정보처리론적 접근, 처리수준론적 접근, 구성주의적 접근, 분산처리적 접근에서 살펴보고자 한다.

정보처리론적 접근 기억에 대한 정보처리론적 접근으로는 Atkinson-Shiffrin(1968)의 모형을 들 수 있다. 이 모형에서는 중다기억장치와 통제과정(control process)을 제안하고 있다.

중다기억장치로는 감각기명장치(sensory register), 단기기억장치(short-term store), 장기기억장치(long-term store)의 3개의 기억체계 또는 장치를 가정하고 있는데, 이들은 생물학적 제약을 받는 불변적 속성을 지닌다. 첫째, 감각기명장치 속에는 잠시 동안(250~500 msec) 정보가 저장되며, 이는 시각, 청각 및 그 밖의 감각기억으로 구분되는 일종의 감각양식별 기억장치이다. 둘째는 단기기억장치로서 그 용량은 아주 제한되어 있지만, 정보는 시연에 의해서 오래 파지될 수 있고, 시연된 정보는 다시 다음 장치인 장기기억장치로 전이된다. 셋째는 장기기억장치로서 그 용량이 무제한적이다.

다음으로 기억방략과 같은 통제과정을 제안하고 있는데, 이들 과정은 개인의 통제하에 있는 가변적 과정이다. 통제과정은 곧 기억체계에 융통성을 부여하고 발달적 현상은 주로 이들 통제과정에서 나타난다. 통제과정의 하나는 시연(rehearsal)이고, 이는 단기기억장치에 저장된 정보의 소멸을 막을 뿐 아니라, 시연방략의 사용에는 뚜렷한 발달적 차이가 나타난다.

정보처리론적 접근에서 기억이란 여러 기억장치들의 복잡한 이용, 조작 및 조직의 소산으로 간주될 수 있으며, 기억의 발달에 대한 연구는 이들 과정의 연령차를 밝히는 데 초점이 있다. 정보처리론적 접근에서는 기억의 고정된 구조를 가정하므로, 기억의 구조적 구성성분에 있어서는 연령에 따른 변화가 크게 일어나지 않는다. 기억발달은 통제과정에서만 관찰될 수 있다. 이러한 정보처리론적 접근은 기억발달연구를 촉진했지만, 기억발달현상의 기술에만 초점을 두고 기억발달의 기본기제나 과정을 설명하지 못한다는 한계점이 있다는 비판을 받고 있다.

처리수준론적 접근 Craik와 Lockhart(1972)는 중다기억장치모형에 대한 비판으로 기억에 대한 처리수준모형(levels-of-processing approach)을 제시하였다. 처리수준론적 접근에서는 약호화의 다양성과 깊이에 주안을 두고 정보처리의 방략을 강조하며, 지각의 이론에 비추어 기억의 과정을 이해하고자 한다.

지각적 분석은 크게 얕은 수준(shallow level)과 깊은 수준(deep level)으로 나눌 수 있는데, 얕은 수준에서는 자극정보의 구조적 · 물리적 속성이 분석되고, 깊은 수준에서는 의미적 속성의 분석에 주안점을 둔다. 기억흔적이란 이들 지각적 분석과정의 부산물로서, 기억흔적의 지속성은 이들 분석수준의 깊이에 의존한다는 것이다. 따라서 피상적 · 구조적 수준에서 처리된 정보는 쉽게 망각되나 의미적 수준에서 처리된 정보는 그 지속시간이 길다는 것이다. 그리고 동일수준 내에서의 정보처리의 반복 즉, 유지형 시연(maintenance rehearsal)은 비록 그 정보의 접근가능성은 높일지라도 파지의 증가를 가져오지 못하며, 더 깊은 수준에로의 처리 또는 정교형 시연(elaborate rehearsal)만이 파지의 촉진을 보장한다고 한다. 처리수준론적 접근에서 기억은 중다구조가 아니라 단일의 구조로 이해될 수 있다.

이러한 처리수준론적 접근에서 기억이 발달한다는 것은 연령의 증가에 따라 아동이 약호화자료를 보다 깊은 수준으로 처리하게 되고, 이러한 처리수준의 증가로 기억수행이 증가되는 것이다.

구성주의적 접근 구성주의적 접근(constructivist model)은 기억의 능동성을 강조하는 입장이다. 저장된 지식은 이해되는 순간부터 계속적인 변환의 과정을 거치게 된다. 이러한 접근에서 보면, 사건 특히 유의미한 자극의 정확한 재생이나 회상은 드물다. 기억과정에서는 일반적으로 입력자극의 변환이 일어나며, 기억도식은 역동적이고 가변적이며, 정보는 인출과정에서도 재해석되고 변용될 수 있다는 것이다. 즉, 기억이란 개인의 인지적 도식과 새로운 정보 간의 상호작용을 포함한다는 것이다. 따라서 기억한다는 것은 수동적으로 자극을 복사하여 저장하였다가 다시 끄집어 내는 것이 아니라, 기억할 때에도 기억하는 사람의 지식 등에 의하여 원래의 자극 대상과는 달리 구성하고, 인출할 때에도 재구성한다는 것이다.

분산처리적 접근 기억이란 자극 대상에 대한 정보가 두뇌의 특정한 어느 한 부위에 한 번만 각인되거나 저장되는 것이라는 입장에 반해, 분산처리적 접근에서는 어떤 자극에 대한 기억은 두뇌에 한 번 이상 여러 번 중복하여 여러 부위에 분산되어 저장된다는 것이다. 그리고 각 위치에 저장되는 정보도 자극에 대한 정보가 하나의 단순한 물건처럼 낱개의 온전한 독립적 단위로 저장되는 것이 아니라, 여러 관련 의미 차원들이 조합으로 저장된다는 것이다. 이러한 관점은 현재 신경망 모델링에 근거한 신연결주의(neoconnectionism) 또는 병렬 분산처리적 접근(parallel distributed processing: PDP)을 중심으로 전개되고 있다.

3) 기억발달의 과정

신생아도 물체를 인식할 수 있고 그것들을 서로 연합할 수 있는데, 이러한 기초능력들이 기억에 있어서는 매우 중요하다. 이러한 기억능력들은 꾸준히 발달하여 5세경에는 기억발달이 상당히 이루어진다. 그 이후에는 동시에 저장할 수 있는 상징의 수와 정보처리속도가 증가하며, 정보처리속도의 증가로 기억의 기능적 용량이 커지게 한다.

이러한 아동의 기억발달은 재인기억(recognition)의 발달, 회상기억(recall)의 발달, 처리용량(processing capacity)의 발달, 기억방략(memory strategy)의 발달, 상위기억(metamemory)의 발달 측면에서 살펴볼 수 있다. 이러한 요인들이 발달하는 시기는 서로 다르다.

재인기억의 발달 재인기억은 자극이 직접 눈 앞에 나타나 있을 때 그 자극에 대한 정보를 기억으로부터 끄집어 내어 확인하는 것이다. 즉, 아동이 이전의 경험내용을 눈 앞에 놓인 자극배열에서 찾아내는 것으로서, 자극에서 직접적으로 형성되는 지각적 표상과 이전에 형성되어 기억 속에 저장되어 있는 기억적 표상을 연결지우는 것이다.

재인하는 능력은 출생시부터 나타난다. 신생아에게 동일한 그림을 반복해서 보여주면 싫증을 내고 그 그림에 관심을 보이지 않으나, 다른 그림은 관심을 가지고 쳐다볼 정도로 충분한 재인이 일어난다. Piaget의 연구에 의하면, 4~6개월경의 영아가 단지 2분 동안 얼굴사진을 본 후 2주가 지난 뒤에도 상당한 재인기억을 나타내고 있음이 밝혀졌다. Fagan(1973)의 연구에 의하면, 생후 2개월 된 영아도 사각형 같은 형태를 본 후 1~2일 후에도 처음 본 자극도형보다는 새로운 자극도형을 더 오래 주목함으로써 재인기억을 나타냈다. 익숙한 그림에 대한 영아의 재인기억은 상당히 오래가는 것으로, 2개월 된 영아가 어떤 그림에 습관화되고 2주가 지난 다음에도 그림들을 재인하였다. Brown과 Campione(1972)은 80매의 사람과 동물의 사진을 4세 아동에게 제시하고, 1주일 후 실시한 재인검사에서 약 90%의 정확성을 보이고 있음을 확인했다.

재인기억은 아주 일찍 발달하지만, 연령의 증가에 따라 세부적인 차이를 재인하는 능력이 점차 발달하고, 4세경에는 재인기억이 매우 정확해진다.

회상기억의 발달 회상이란 자극이 실제 눈 앞에 제시되어 있지 않을 때 자극에 대한 정보를 기억에서 끄집어 내는 것이다. 회상기억과정에서 아동은 자극 항목들에 대한 표상을 먼저 만들고, 이 표상을 기억 속에 있는 표상과 연결시켜 확인하는 정신과정을 거친다.

영아는 물리적으로 눈 앞에 존재하지 않는 물체와 사건을 기억하는 능력을 가지고 있다. 이러한 능력은 관찰한 것을 나중에 모방하는 데에서 분명히 나타난다. Piaget는 영아는 내적 표상을 형성하는 능력이 없기 때문에 생후 18개월에서 24개월까지는 모방할 수 없다고 했다. 그러나 9개월경의 영아도 소리를 내기 위해 상자 위의 버튼을 누르는 것과 같은 새로운 활동을 모방할 수 있었다. Meltzoff(1988) 연구에서 14개월경 영아는 불이 들어오게 하기 위해 나무판에 이마를 대는 것과 같이 아주 새로운 행동을 본 지 1주일이 지난 후에도 모방했다. 일찍부터 나타나는 이러한 모방은 영아가 내적 표상을 형성할 수 있으며, 상당히 시간이 지난 후에도 그 행동을 기억하기 위해 이러한 표상을 사용할 수 있다는 회상기억의 발달을 보여준다.

처리용량의 발달 기억의 처리용량(processing capacity)이 연령에 따라 변하는가 하는 문제는 연령의 증가에 따라 무선으로 제시한 숫자나 글자를 기억하는 양이 어떻게 달라지는가를 살펴보면 알 수 있다. 대부분의 5세 아동이 무선으로 제시된 숫자의 4개 정도를 기억할 수 있는 반면에, 기억할 수 있는 정보의 수가 연령에 따라 조금씩 증가하여 성인의 대부분은 7개 정도의 숫자를 정확하게 기억할 수 있게 된다.

연령이 증가함에 따라 작동기억 내에 더 많은 정보를 저장할 수 있지만, 이것이 작동기억의 실제 용량이 변하기 때문인지 또는 같은 용량 내에 더 많은 정보를 저장할 수 있게 하는 지식과 방략의 변화 때문인지에 대한 더 많은 연구가 요구된다.

기억방략의 발달 기억을 증진시키기 위해 사용하는 정신적 조작으로 정의내릴 수 있는 기억방략은 대략 생후 2세경에 처음으로 나타나지만, 시연이나 조직화와 정교화 등의 중요한 방략들은 약 6, 7세경에 두드러지게 나타난다. 방략의 질, 방략사용의 빈도, 방략이 과제의 요구에 따라 변화되는 융통성 등은 후기 아동기와 청년기까지 계속 발달한다.

아동은 기억을 증진시키기 위해 의도적으로 사용하는 인지적이거나 신체적인 활동인 기억방략을 약호화할 때, 정보를 저장할 때, 인출할 때 등 기억의 모든 과정에서 사용한다. 연령에 따른 기억발달은 대부분 새로운 방략이 습득되고, 이미 있는 방략이 더 발달하고, 또 기존의 방략이 새로운 상황으로 확대되어 적용되기 때문에 일어난다.

어떤 방략을 습득하게 되면, 아동이 처음에는 일부 상황에서만 그 방략을 사용하고, 방략을 사용하기 쉬운 자료들과 비교적 인지적 요구가 크지 않은 상황에서만 융통성 없이 방략을 사용한다. 그러다가 점차 방략사용이 발달하게 되면, 아동들은 방략을 더 적극적으로 사용하려고 시도하며, 융통성 있게 다양한 상황에서 질적으로 발전된 방략을 사용하게 된다.

① 시연(rehearsal)하기

기억과제를 반복적으로 수행하는 것을 시연이라 한다. 예를 들어, 아동에게 '7 8 4 2 3' 이라는 숫자를 기억하도록 했을 때, 숫자를 기억하기 위하여 아동이 '7 8 4 2 3 7 8 4 2 3 7 8 4 2 3...' 으로 계속 반복하는 것을 시연이라 한다. 정보를 반복해서 말하는 시연은 아동이 제시된 정보를 있는 그대로 기억해야 할 때에는 많은 도움이 된다. 아주 간단한 형태라도 시연을 사용한 아동이 시연을 전혀 사용하지 않은 아동보다 더 많이 기억한다.

시연발달을 살펴보면 5, 6세 이하의 아동은 기억과정에서 자발적인 시연을 하는 경우가 드문 것으로 나타났다. 이것이 아동이 시연을 해야 할 때와 시연의 방법을 모르고 있기 때문인지(산출결손) 또는 시연을 하더라도 회상에 도움이 되지 않기 때문인지(매개결손)를 Naus 등(1977)이 연구하였다. 그 결과, 시연을 할 때와 시연의 방법을 모르기 때문에 시연을 사용하지 않던 아동에게 시연을 사용하도록 가르쳤더니 기억이 나아졌고, 비교적 간단한 시연책략도 아동의 기억에 도움이 되었다.

Flavell 등(1966)의 연구에서는 5세와 10세 아동들에게 7개의 그림을 보여주고, 이 중 3개를 지적하면서 15초 후에 실험자가 지적한 순서대로 그림을 지적해야 한다고 말했다. 15초를 기다리는 동안 입술을 움직이거나 또는 그림의 이름을 반복하는 10세 아동들이 그렇게 하는 5세 아동들보다 훨씬 더 많았고, 시연한 아동은 그렇지 않은 아동들보다 더 많이 기억했다.

② 조직화하기

연령이 증가할수록 아동은 기억자료의 유목적 성질을 더 잘 재인하고 이용한다. 조직의 질에 있어서 어린 아동은 유사성이나 연합적 강도를 기초로 조직하나,

나이가 많은 아동이나 성인은 유목관계성을 조직의 기초로 사용한다. 그리고 나이가 어릴수록 항목을 분류하는 유목의 수가 많고, 조직적 도식의 안정성이 낮고, 의미적 관련성이 적으며, 독자적인 데 비해서, 성인의 조직은 동일분류에 속하는 항목의 의미적 관련성이 높고, 시행간 및 피험자 간에 분류의 일관성이 높은 것으로 나타났다.

4, 5세 아동도 조직화 방략을 배울 수 있으며, 방략을 배우면 기억을 더 잘 하게 된다. 그러나 아동은 학습한 방략을 다른 상황으로 일반화하여 사용하지 못한다. 5, 6세 아동은 9, 10세 아동에 비해 조직화 방략을 덜 사용하며, 질적인 면에서도 차이가 있다. 어린 아동은 자료를 많은 범주로 조직화하고 각 범주에 적은 항목들이 포함되지만, 점차 동일한 자료를 소수의 범주로 조직화하고 한 범주에 비교적 많은 항목들을 포함시키는 것으로 발달해 간다.

③ 정교화(elaboration)하기

정교화란 기억자료에 의미적 관계를 부여하는 방략이다. 정교화 방략의 하나인 심상형성은 기억에 도움이 된다. 기억해야 하는 항목들간의 연결에 대해 생각하거나 연결을 만드는 정교화 방략은 다른 방략들에 비해 비교적 뒤늦게 발달한다. 사과, 바위, 강아지의 세 항목을 기억해야 할 아동이 강아지가 사과를 물고 바위 위에 앉아 있는 이미지를 만든다면 회상에 도움을 줄 것이다.

연령의 증가에 따라 정교화가 질적으로 발달하게 된다. 아동이 처음에는 단어들간의 상호작용이 없는 비상호작용적 정교화를 만들다가, 점차 단어들간의 활동적인 상호작용을 포함하는 상호작용적 정교화를 사용하게 된다. 상호작용적 정교화는 기억하기에 좋은 심상을 만들어 내므로 기억에 더 도움이 된다.

상위기억의 발달 기억에 관한 지식과 자신의 기억능력에 대한 인식을 상위기억이라 한다. 상위기억에는 '지금은 있는 그대로 자료를 모두 기억하는 것이 좋은가, 중요한 것만 기억하는 것이 좋은가?' 등과 같이 과제에 대한 지식, '숫자를 기억하는 데는 정교화가 효과적일까, 시연이 효과적일까?' 등과 같은 방략에 대한 지식, '아이들이 어른보다 기억을 더 잘 할까, 아닐까?' 등과 같은 사람들에 대한 지식으로 이루어진다.

상위기억은 또한 기억에 대한 외재적인 지식과 기억활동을 감시하고 통제하는 데 관련되는 내재적인 지식으로 나눌 수 있다. 5세 이후에 비교적 천천히 발달하는 외재적 상위기억에 비해, 내재적 상위기억은 아동이 자신의 발음, 문법과 물체의 이름을 말할 때 스스로 자신의 실수를 교정하는 2세경의 아동에게서 찾아볼 수 있다. 아동이 듣는 사람의 지식이나 인지수준에 맞추어 자신의 말을 변화시키는 것은 아동의 내재적 상위기억이 발달한 예로 볼 수 있다.

외재적 상위기억으로 가장 기본적인 것은 자신의 기억이 틀릴 수 있다는 것에 대한 지식이다. Yussen과 Levy(1975)는 4세, 8세 아동과 20세의 대학생을 대상으로 단기기억과제의 수행을 예측토록 한 후 이 예측수준과 실제수행수준의 차이를 비교한 결과, 20세 성인의 실제수행은 예측치에 접근한 반면에, 나이가 어릴수록 실제수행과 예측치 간의 격차가 심했으며, 4세 아동은 가장 높게 예측했으나 실제수행은 가장 낮은 것으로 나타났다. 또 다른 연구(Flavell, Friedrichs, & Hoyt, 1970)에서는, 4세 아동에게 10개의 그림 중 몇 개를 기억할 수 있는지를 물어보면, 대부분 10개라고 대답하지만, 실제는 그보다 훨씬 적은 수의 그림만을 기억하는 것으로 나타났다. 이것은 4세 아동들의 자신의 기억량에 대한 추정치가 나이든 아동의 추정치보다 크지만, 연령이 증가함에 따라 자신의 기억능력에 대한 평가가 현실적인 것으로 되어간다는 것을 나타낸다.

제 7 장

지능발달

제7장
지능발달

1. 지능발달

1) 지능개념과 이론

지능의 개념 지능을 명확하게 한 마디로 정의하기는 매우 어렵다. 심리학적 현상을 설명하는 하나의 가설적 개념으로 학자에 따라 다소 다르게 정의하고 있다. 즉, 지능에 대한 접근유형에 따라 정의는 다양하고 강조하는 바가 달라서 통일된 정의가 매우 어렵지만, 대표적인 정의를 분류하면 다음과 같다.

Terman(1921)과 Thurstone(1938)은 지능을 추상적 사고를 수행하는 능력이라고 정의하였다. Dearborn(1921)은 학습능력으로 정의하였고, Binet(1905)는 일정한 방향을 설정 · 유지하는 경향성, 소망하는 결과를 성취할 목적으로 순응하는 역량 그리고 자기비판의 힘이라고 정의하고 있다. 또 Stern과 Pintner(1931)은 새로운 환경에의 적응능력으로 규정하고, Wechsler(1942)는 개인이 목적에 따라 행동하고, 합리적으로 사고하며, 자기 환경에 효과적으로 대응할 수 있는 종합적 능력이라고 정의를 내리고 있다.

여러 학자들의 견해를 종합하면 세 가지 입장으로 분류해 볼 수 있다.

첫째, 지능을 학습할 수 있는 능력으로 보는 입장이다.

둘째, 새로운 환경과 상황에 잘 적응하는 능력으로 보는 입장이다.

셋째, 추상적 사고를 수행하는 능력뿐만 아니라 구체적 사실과 관련지우는 능력으로 보는 입장이다. 이러한 능력이 구체적으로 어떤 특성과 요인들로 구성되었는가를 여러 이론에서 간단히 살펴보자.

지능의 이론

① Spearman의 양요인 이론

영국의 심리학자 Spearman(1927)은 인간의 정신능력은 일반요인(general factor : G 요인)과 특수요인(specific factor : S 요인)으로 구성되어 있다고 한다.

여기서 말하는 일반요인은 개인의 일반적인 능력, 이해력, 관계의 추출력(抽出力), 상관의 추출력을 나타내는 것으로, 그 작용은 경험을 인식하고, 경험간의 관계를 끄집어 내며, 경험 상호의 상관작용을 성립시키는 능력을 나타낸다.

G 요인은 정도의 차이는 있으나 모든 지적인 기능에 포함되며, 모든 사람은 그 정도의 차이는 있으나 G라는 요인을 가지고 있다.

Spearman은 인간의 정신기능에 있어서 G가 기본적인 요인이긴 하지만 그것만 가지고 모든 지적 활동이 이루어지는 것이 아니라, 그때 그때의 상황에 따라서 특수하게 요청되는 특수요인이 있다고 보고 그 요인을 특수요인이라고 이름붙여서 G 와 S의 결합이 정신적인 기능을 나타내게 한다고 한다. G 요인과 S 요인의 관계를 자동차에 비유하면, G 요인은 엔진 전체이고 S 요인은 카뷰레터 등 특수한 기능을 하는 것이라 할 수 있다.

G 요인과 S 요인의 결합으로 인간의 정신능력이 구성된다는 사실을 알아냈다. 이러한 Spearman의 이론을 지능의 양요인설(two factor theory)이라 부른다.

② Thurstone의 다요인이론

Thurstone(1938)은 중학생, 대학생을 대상으로 56개의 지능검사를 실시한 결과에서 요인분석학적인 방법을 적용하여 인간의 지능은 서로 독립적인 7개의 능력으로 구성된다는 사실을 알아냈다. 이를 기초정신능력(primary mental abilities)이라 불렀다.

- V 요인(verbal factor)
  언어적 요인이며, 언어를 이해하고 추리하는 능력
- N 요인(number factor)
  수요인이며, 정확하고 신속하게 수를 계산하고 이해하는 능력
- S 요인(space factor)
  공간요인이며, 시각의 대상을 평면입체적으로 사고하고 상징적인 의미를 찾으며 공간을 변화 · 조정해 가는 능력
- P 요인(perception factor)
  지각요인이며, 지각대상의 성질을 신속하고 정확하게 파악하는 능력

- W 요인(word-fluency factor)
  언어 유창요인이며, 신속하게 어휘를 만들어 사용하는 능력
- R 요인(reasoning factor)
  대상과 시상(事象) 사이의 관계와 법칙을 찾아내는 능력
- M 요인(memory factor)
  경험과 지각의 흔적을 기명, 파지, 재생, 재인하는 능력

Thrustone은 이상과 같은 다수의 7개의 능력은 독립적이지만 통합되어 개인의 일반적인 지능으로 규정된다고 보았다. 이 이론을 Thurstone의 지능 다요인설(multiple factor theory)이라고 한다.

다요인이론은 지능개념을 정립하는 데 획기적인 전환점을 제공하였으며, 지능검사지 제작에 크게 공헌한 이론이 되어왔다. 그러나 이것이 인간의 지적인 기능을 완전히 설명한 결과라고 보기에는 어렵다고 하겠다.

③ Guilford의 지능구조이론

미국의 심리학자이며 심리측정가인 Guilford(1967)는 지금까지의 지능에 대한 설명이 일차원적 입장에서 이루어졌기 때문에 지능을 보다 정확하게 기술하는 데 실패하였다고 보고, 독특한 가설적인 · 입체적인 지적 능력의 구조모형을 제시하였다. 즉, 지능을 주어진 정보의 종류(내용차원), 주어진 정보를 어떻게 다루며(조작차원), 어느 수준까지 결과를 처리하느냐(산출차원)의 3종류의 영역을 3차원의 입방체에 관점으로 설명하고 있다.

Guilford는 내용차원을 4개로 분할하고, 조작차원을 5개, 산출차원을 6개로 하였다.

내용차원은 도형적, 기호적, 언어적, 행동적 내용으로 분류하였고, 조작차원은 평가, 수렴적 사고, 확산적 사고, 기억, 인지로 분류하였으며, 산출차원은 단위, 유목, 관계, 체계, 변환, 함의로 분류하였다. 이것을 도시하면 〈그림 7-1〉과 같다.

지능구성의 3개 측면과 하위요인에 대한 설명은 다음과 같다.

내용차원(content domain): 지능측정을 위한 검사내용을 구분한 것이다.

- 도형적 : 이미지의 형태로 지각 또는 회상된 구체적인 정보와 관련된 것
- 기호적 : 기호의 형태에 속하는 정보와 관련된 것
- 언어적 : 사고와 의사소통에 쓰이는 것

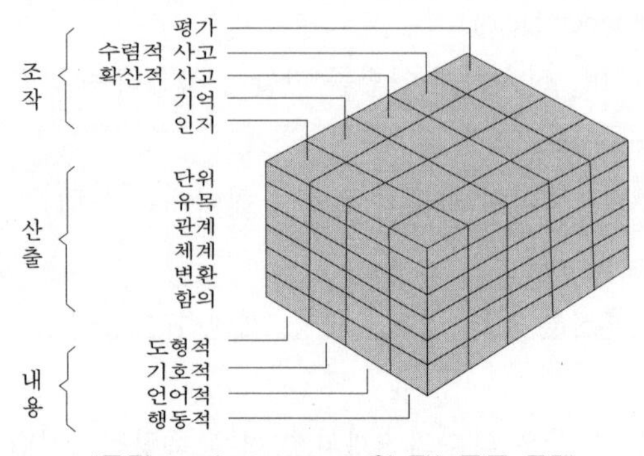

〈그림 7-1〉 Guilford의 지능구조 모델

- 행동적 : 태도, 요구, 갈망, 기분, 의도 등과 같이 인간의 상호작용을 내포한 비형식적이고 비언어적인 정보와 관련된 것

조작차원(operation domain) : 지적 기능의 양상을 분류한 것이다.

- 평가 : 합당한 판단을 내리기 위해 정보의 항목들을 비교하는 능력
- 수렴적 사고 : 문제상황에서 해답과 정답을 찾아내는 능력
- 확산적 사고 : 다양한 대답 또는 해결책을 찾아내는 능력
- 기억 : 새로 획득한 자료를 저장하는 능력
- 인지 : 다양한 형태 속에서 즉각적인 발견, 깨달음 또는 재발견하는 능력

산출차원(product domain) : 지적 작용의 소산을 분류한 것이다.

- 단위 : 정보의 묶음이나 항목으로 분리하는 능력
- 유목 : 공통속성에 따라 집단화시키는 능력
- 관계 : 정보의 항목들간의 관계능력
- 체계 : 구조화된 집합체를 이루는 능력
- 변환 : 자료를 다양한 종류로 변화시키는 능력
- 함의 : 정보 항목 간의 상황적 연결능력

이렇게 각 차원의 각 요소들이 상호 조합하여 120개의 독특한 정신능력을 발휘한다고 하였다. 그러나 근래에 Guilford(1988)는 지능구조모형(structure of the intellect model)을 제시하고 있다. 이 모형에서 지능은 5개의 내용차원, 6개의 조작차원, 6개의 산출차원을 구성하는 요소들이 상호 조합하여 180개의 정신능력이 구성되는 것으로 가정하고 있다.

Guilford의 지능구조모형이 제시하는 180개의 기본 정신능력 중 100개 이상의

능력을 진단하는 검사들이 이미 개발되었고(Shaffer, 1993), 그 밖의 영역에 대해서는 연구개발이 진행되고 있다.

④ Cattell의 지능이론

Cattell(1971)은 지능을 일반적이며 유전적 · 신경생리적 요인에 좌우되는 유동적 지능(fluid intelligence : Gf)에 기초를 두고 있으면서 특수한 문화적 · 경험적 요인의 영향을 받는 결정적 지능(crystallized intelligence : Gc)의 두 가지 형태로 제시하고 있다.

유동적 지능은 신경계의 생리적인 기능과 밀접히 관련되며, 비교적 초기에 급속히 발달하여 10대 후반 20대 초반에 그 발달의 절정에 이르고, 이후는 서서히 감퇴하는 추상적이며 복합적인 추론능력으로 체계화하였다.

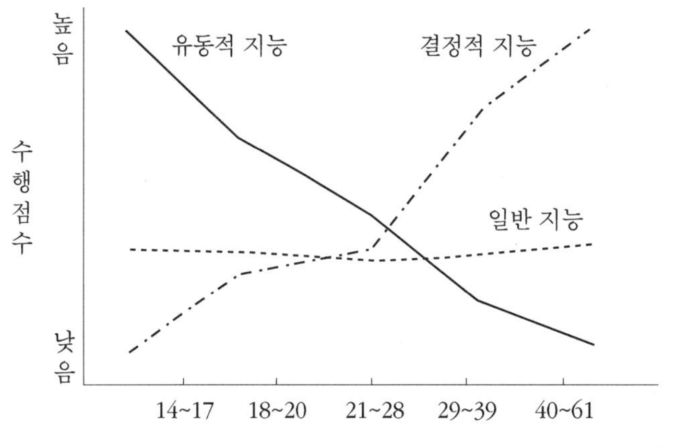

(Horn & Cattell, 1966, 윤신, 1985에서 인용)

〈그림 7-2〉 유동적 지능과 결정적 지능의 발달양상

유동적 지능은 도형추리(figural reasoning), 귀납(induction), 일반적 추리(general reasoning) 등과 같은 관련-지각능력에 의해 측정 진단되고, 문화에 덜 영향을 받는다고 설명하고 있다.

이에 반하여 결정적 지능은 성인기 동안 서서히 상승하여 60세~70세까지도 비교적 조금씩 증가하며, 감퇴율이 적고 교육과 경험의 축적에 의해 결정될 가능성이 크다고 보고하고 있다(그림 7-2).

결정적 지능은 판단력, 변별력, 사고력 등 문화적 지식과 추론(推論)의 체계로서, 형식적 교육, 비형식적 사회화과정, 문화적 및 전문적 경험과 학습을 통해서 습득되는 지적 능력이다. 따라서 결정적 지능은 문화적 경험을 가장 잘 나타내며 가족, 교사, 동료, 이웃, 학교 등의 질과 깊이 관련되어 있는 지능임을 확인하였다.

결정적 지능을 측정하는 검사들은 정보의 내용을 요구하며, 피험자가 이미 획득하고 있는 지식이나 기능에 많이 의존하는 검사로서 일반지식검사, 단어검사, 산수검사, 기계지식검사, 도구이름검사, 언어추리검사, 논리적 추리검사 등에서 진단할 수 있다고 한다.

유동적 지능과 결정적 지능으로 구분하는 것은 일차적으로 요인분석(factor analysis) 연구에 의해서 그 타당성이 입증되어 왔다.

최근에 성인기가 되면 유동적 지능은 쇠퇴하지만, 결정적 지능은 환경에 따라 계속해서 증가 또는 감소할 수 있다는 지능발달양상의 차이로 두 요인을 구분하고 있다.

특히, 최근 관심이 고조되고 있는 생애발달적 입장에서 보면 결정적 지능은 성인지능의 특징을 규명하는 중요한 이론으로 인정되고 있다. 선행연구는 성인기(21세~28세) 이후에 유동적 지능은 감소되지만 결정적 지능은 지속 또는 증가된다고 주장하는 미국의 연구와는 달리, 추정선(1988)의 연구에서는 우리 나라 성인들은 42세~46세에서 결정적 지능이 감소하는 경향을 보여주었다고 한다(그림 7-3).

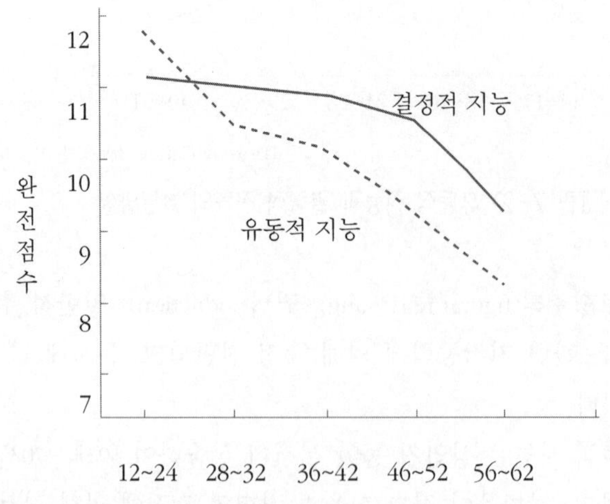

〈추정선(1988)에서 인용〉

〈그림 7-3〉 우리 나라 성인의 유동적 지능과 결정적 지능의 발달양상

결정적 지능의 감퇴 여부는 교육수준, 직업, 문화적 배경에 따라 차이가 있다. 22~62세 사이의 우리나라 성인 남녀 240명을 대상으로 유동적 지능과 결정적 지능을 횡단적으로 연구한 추정선(1988)의 연구결과에 의하면, 결정적 지능의 감퇴는 유동적 지능의 감퇴보다 속도가 느렸다. 또한 결정적 지능의 감퇴는 사회경제적 계층이 높을수록, 취업상태에 있을수록, 과업의 전문성이 높을수록 그 정도가 낮은 것으로 나타났다.

Cattell의 연구는 성인기의 유동적 지능은 감소하나 결정적 지능은 지속 또는 증가한다고 주장하고, 결정적 지능의 하위요인으로 사고의 유창성, 관련유창성, 경험적 평가력, 언어이해력, 기계적 지식을 제시하였다. 그의 제자 Horn도 어휘검사, 일반지식검사, 유사성검사, 판단검사 등을 결정적 지능의 하위요인으로 제시하고 있다.

⑤ Sternberg의 삼원지능이론

미국 예일대학교 심리학 교수 Sternberg(1984)는 지능이 분석적 지능, 경험적 지능, 상황적 지능으로 구성되어 있다는 지능의 삼원이론(triarchic theory of intelligence)을 주장하고 있다.

첫째, 분석적 지능은 새로운 지식을 습득하고, 논리적 과제를 해결하며 적용하는 능력으로 본다. 종래의 학교과제해결과 관련되는 인지과정은 분석적 능력에 의존 측정되어 왔다고 볼 수 있다. 분석적 지능이 뛰어난 학생은 기존의 지능검사, 성취도검사에서 높은 점수를 얻을 수 있을 것이라 할 수 있다.

둘째, 경험적 지능은 경험을 통하여 새로운 과제를 다룰 수 있고, 적절하고 중요한 정보에 주의를 기울이는 능력이다. 즉, 통찰적이고 창의적인 사고를 의미한다. 이 지능은 정규학교교육을 통해 길러지는 능력이 아니라 일상적 경험을 통해 습득되고 발달해 가는, 대단히 중요한 위치를 차지하는 능력으로 보고 있다. 학자, 과학자, 예술가, 전문경영인 등 각 영역에서 우수한 능력을 발휘하는 사람들은 경험적 지능이 우수한 사람으로 보고 있다.

셋째, 상황적 지능은 외부환경에 대응하는 능력 즉, 현실상황에서 적응력을 창출해내는 능력이다. 이것은 전통적인 지능검사가 측정한 IQ나 학업성적과는 무관한 능력으로, 학교교육을 통해서 형성된다기보다 일상생활에서 즉, 직장에서 인간관계에서 경험에 의해 획득되고 발달되어 가는 능력이다. 상황적 지능은 최근 실용적 지능의 중요개념으로 지능발달영역에서 많이 사용되고 있다.

Sternberg는 실제적 지능은 일상의 문제해결능력, 실제적인 적응능력 및 사회적 유능성을 포괄하는 것으로 보고 있다(임인재, 1989).

여기서 말하는 적응은 3가지 의미로 설명하고 있다. ① 기존환경에 적응하는 것 ② 현재의 환경을 자신에게 맞추어 변화시키는 것 ③ 환경을 평가하고 선택하는 것을 의미한다. 어떠한 상황에서도 잘 적응하는 사람들은 상황적 지능이 우수한 사람이라 할 수 있다.

⑥ Gardner의 다지능이론

Gardner(1983)가 제안한 다지능(multiple intelligence)이론은 최근 동향을 반영하는 대표적인 지능이론이다.

다지능이론은 일반지능(g)과 같은 단일한 능력이 아니라 다수의 능력이 지능을 구성하고 있으며, 그 능력들의 상대적 중요성은 동일하다는 기본 가정에서 출발하였다. 종래의 지능개념이 논리력과 언어력 위주의 학업적성만을 강조해 온 것에 반감을 갖고, 인간사회에서 가치 있게 여기는 다른 종류의 능력 즉, 공간능력, 음악능력, 신체-운동능력, 대인관계능력, 내성능력 등도 동등하게 취급해야 한다고 주장하였다.

즉, 지능개념을 협소한 학업적성에서 벗어나서 개인이 처한 상황 속에서 발휘되는 정신(mind in context)의 개념으로 폭넓게 이해하려는 경향이다.

다지능이론의 내용 중에서 종래에 크게 인정받지 못한 능력들(예체능력, 사회적 능력 등)이 논리력, 언어력과 균등하게 취급되고, 개인의 열등한 능력은 우수한 능력의 지식습득방식으로 대체되어 제시될 때 보상될 수 있다고 보고되었다.

Gardner가 제안한 다지능은 언어, 논리- 수학, 음악, 공간, 신체-운동, 대인관계 및 내성지능으로, 7개의 지능의 내용은 다음과 같다.

- 언어지능 : 시인, 변호사에게서 발견되는 언어표현의 유창성은 언어지능이 표현된 것이다.
- 논리-수학지능 : 논리학자, 수학자, 과학자가 나타내는 지능이다. Piaget가 수행한 인지발달연구는 주로 이 지능에 관한 것이다.
- 음악지능 : 음악적 방식으로 유연하게 사고하는 사람들에게서 특징적으로 나타나는 지능이다. 작곡가, 연주가는 음악지능을 나타내는 사람들이다.
- 공간지능 : 시각적 세계를 정확하게 지각하는 능력, 지각된 것을 변형시킬 수 있는 능력, 물리적 자극없이 시각경험을 재생할 수 있는 능력, 균형 구성에 대한 민감성, 유사한 양식을 감지하는 능력과 관련한다. 예술가, 항해사,

기술자, 건축가, 외과의사에게서 나타나는 지능이다.

- 신체-운동지능 : 이 지능을 소유한 사람들은 몸의 전체(무용가, 운동선수)나 일부(외과의사, 공예가)를 사용해서 문제를 해결하거나 작품을 창조할 수 있다.
- 대인관계지능 : 타인의 기분, 기질, 동기, 의도를 파악하고 구분짓는 능력으로, 외판원, 지도자, 임상학자, 교사, 배우들은 모두 타인과의 조화를 위해 이 지능을 이용할 수 있다.
- 내성(內省)지능 : 이 지능은 현 세계에서 큰 가치를 지닌 것으로 자신에 대한 정확한 이해모형을 설정하고, 그 모형에 근거해 효과적인 결정을 내리는 능력과 관련한다.

Gardner는 사회의 각 전문분야에서 성공한 사람들의 지능을 분석한 결과, 언어적 또는 논리-수학적 지능을 갖추고 있는 것이 아니라 그 직업이 요구하는 특정 지능을 우수하게 갖추고 있었다는 경험적 자료를 제시하고 있다(Gardner, 1983).

Gardner는 인지과학 및 신경과학의 이론, 뇌손상 환자들에 대한 임상적 자료, 천재 · 자폐아 등 특수집단의 지적 능력에 관한 자료에 근거하여 7개의 지능을 모두 우수하게 갖추고 있는 전능한 사람은 없다고 주장한다.

따라서 정신지체아도 이들 지능 모두 박약한 상태가 아니라고 추론해 볼 수 있다. 가능한 초기부터 아동의 특수한 능력을 바르게 진단하고 교육으로 촉진시키는 일이 도움이 된다고 알려져 있다.

다지능을 종합적으로 조사할 수 있는 거대검사(mega-test)는 아직 없다. 그러나 다지능을 평가하기 위하여 최선의 도구로 단순한 관찰방법을 활용하고 있다.

2) 지능검사

인간의 지능측정은 지능검사에 의한다. 지능을 측정하게 된 것은 역사적으로 두 가지 이유를 가지고 있다. 첫째는 개인차를 연구하기 위해서였고, 둘째는 저능아 · 정신지체아 지능을 측정 진단하기 위해서였다.

① Binet 검사

이 검사는 1905년 프랑스의 심리학자 Binet와 의사 Simon에 의해서 최초로 만들어진 실험적 지능검사이다.

3세~13세 아동을 대상으로 학습부진아를 선별하기 위하여 만든 문항들이 다른 학생들의 지적 능력을 비교하는 데에도 유용하다는 것을 알게 되었다. 검사항목은 30항목으로 구성되어 있고 난이도에 따라 문항들이 배열되어 있다. 이 검사를 Binet-Simon 척도(Binet-Simon scale)라고 한다.

이 검사는 본격적인 지능검사는 아니었다. 1908년 Goddard에 의하여 영역되어 미국에 소개되었고, 1916년에 Stanford 대학교의 Terman 교수에 의해 다시 개정된 것이 Stanford-Binet intelligence scale이다. 이것은 미국 아동들의 광범위한 표집을 근거로 하여 만들어졌다. 그 후에도 개정되어 좋은 지능검사로 평가받았고, 아직 여러 나라에서 널리 사용되고 있는 개인용 지능검사라고 할 수 있다. 이 지능검사에서 Terman은 지능지수(intelligence quotient : IQ) 개념을 처음으로 사용하여 지능 정도를 표시하는 방법을 소개하였다.

즉, 정신연령(mental age : MA)와 생활연령(chronological age : CA)의 개념을 검출하여 CA와 MA를 대비시켜 그 비율을 지능지수라고 명명하고 있다. 따라서 IQ=MA/CA×100이라는 공식을 고안하여 계산할 수 있도록 하였다. 100점을 평균점으로 해서 100보다 높으면 보통이상의 지능이라고 하고, 그 이하이면 보통이하의 지능으로 설명된다.

② Wechsler 검사

뉴욕대학 부속 Bellevue 병원의 심리학자 Wechsler에 의해 6세~16세 아동을 대상으로 하는 웩슬러 아동용 지능검사(Wechsler intelligence scale for children : WISC)와, 4세~6세 6개월을 대상으로 하는 웩슬러 입학 전 및 초기 아동 지능검사(Wechsler preschool and primary scale of intelligence : WPPSI)가 개발되어 널리 사용되고 있고, 성인용 지능검사(WAIS, 16세~64세)도 개발되었다.

Wechsler 검사의 특징은 언어성 검사(verbal test)와 동작성 검사(performance test)를 결합해서 지능을 진단하도록 되어 있다.

언어성 검사는 상식, 공통성, 산수, 어휘, 이해, 유추의 6개 언어성 검사로 구성되어 있으며, 비언어성(또는 동작성)검사는 빠진 곳 찾기, 차례맞추기, 토막짜기, 모양맞추기, 기호, 미로의 6개 동작성 검사로 구성되어 12개의 소검사로 부분 점수를 이루고 이것을 합해서 전체 IQ를 나타내도록 제작되었기 때문에 지능구조를 보다 더 정확하게 진단할 수 있고, 더 많은 정보를 제공해 주며, 학교에서의 성취도 예측에서도 예언력이 높은 것으로 알려져 있는 검사이다. 또, 노인의 지능감퇴율 산출이 가능하고, 직업별로 진단을 할 수 있는 것이 특징이다.

카우프만 부처(Kaufman, A. S. & Kaufman, N. L.)는 전통적인 지능검사들이 지니고 있는 문제점들을 수정, 보완하여 2세 6개월에서 12세 6개월 아동의 지능과 습득도를 측정하는 K-ABC를 개발하였다(한국판 표준화 문수백 · 변창진, 1997; 서울 학지사). K-ABC는 심리학적 · 임상적 사정과 학습장애 및 그 밖의 다른 장애아의 심리교육적 평가를 위시하여 교육계획과 교육정치, 신경심리학적 사정 및 연구활동을 위한 도구로 사용하기 위해 개발된 검사이다.

본 검사는 지능을 정보처리과정으로 보는 인지이론을 바탕으로, 지능의 구성요인보다는 처리과정 중심의 능력검사이다. 크게 아동의 지능을 측정하는 인지처리과정척도와, 아동이 가정이나 학교 등 환경적 자극을 받아 후천적으로 습득한 사실적 지식을 측정하는 습득도척도로 나뉘는데, 인지처리과정척도는 다시 연속적 · 시간적 순서로 정보를 처리하여 문제를 해결하는 능력을 측정하는 문항들로 구성된 순차처리척도와, 한꺼번에 주어진 많은 정보를 통합하여 게슈탈트 방식으로 문제를 해결하는 능력을 측정하는 동시처리척도로 나누어진다. 동시처리척도에 해당하는 하위검사는 마법의 창, 얼굴기억, 그림통합, 삼각형, 시각유추, 위치기억, 사진순서의 7개이며, 순차처리척도 하위검사는 손동작, 수회생, 단어배열검사의 3개로 총 10개의 하위검사가 인지처리과정척도를 구성한다. 표현어휘, 인물과 장소, 산수, 수수께끼, 문자해독, 문장이해의 6개 하위검사로 구성된 습득도척도를 포함하여 총 16개 하위검사로 구성된다. 그리고 K-ABC를 Cattell-Horn의 지능이론과 비교했을 때, 습득도척도의 결과는 결정성 지능과, 인지처리과정척도는 유동성 지능과 거의 유사한 능력을 측정하는 것으로 나타났다.

본 검사의 특징은 ① 피검자의 연령 및 발달수준에 따라 실시하는 하위검사의 수를 차별화하여 총 16개의 하위검사 중 연령별로 7개에서 13개 하위검사를 실시한다는 것, ② 검사에 미치는 언어적 요인을 최소화였으며 또한 우리말이 서툰 아동이나 언어장애아를 위한 비언어성 척도가 따로 표준화되어 있다는 것, ③ 그 외에 좌뇌와 우뇌의 기능을 고루 측정하는 문항들로 구성된 점 등이 있다.

③ 집단지능검사(group test)

학교에서 주로 사용하는 검사는 집단지능검사이다. 최초의 집단지능검사는 일차 세계대전 때 미국 육군들 중 어떤 과제에 있어서 적격자와 부적격자를 빠른 시간에 선별해야 할 필요에 따라 오티스(Otis)가 연구 중이던 검사를 개선하여 1916년 개발된 미국 육군지능검사이다. 이 검사는 징병된 군인들의 병과를 결정하는데 많이 사용되었음을 알 수 있는데, 아래 2종류의 검사를 들 수 있다.

- 육군 알파검사(army α intelligence test)
  언어성 검사(verbal test)로서 산수, 문장완성, 지식 등으로 구성되어 있다.
- 육군 베타검사(army β intelligence test)
  언어성 검사를 받기 곤란한 문맹자 군인을 위해 제작된 것으로 비언어성 검사(non-verbal test)로, 기호, 도형, 철자, 치환 등으로 구성되어 있다.

알파검사는 아주 성공적이어서 이 검사가 계기와 기초가 되어 여러 형태의 집단지능검사가 개발되었으며, 학교, 기업체, 정부기관 등에서 널리 사용하는 것으로 보고 있다.

우리 나라의 최초 지능검사는 1954년 서울대학교 사범대학 교육심리 연구실에서 정범모(1954)에 의하여 제작된 간편 지능검사가 제시되고 있다. 이 검사는 우리 나라의 중 · 고등학생들을 모집단으로 하여 최초로 표준화되었다는 점에서 중요하게 생각되고 있다.

이 밖에도 장애자를 위한 특수 지능검사, 탈문화적 지능검사가 개발되어 사용되고 있다.

- Hayes, Binet 지능검사
  미국맹인학교 심리부분 담당자 Hayes가 Stanford-Binet 검사를 맹인용으로 개발한 검사
- Kohs 입방체 조합검사
  미국 Kohs에 의해서 농아, 난청, 언어장애 아동용으로 개발된 검사
- Culture-free-intelligence test
  순수한 지적 소질이 되는 지능만을 측정할 목적으로 만들어진 검사로 알려져 있다. Cattell의 탈문화적 검사와 Davis와 Eells의 문화평형검사(culture fair test)는 문화적 영향을 배제한 대표적인 검사임을 보여준다.
- Bayley 유아용 지능진단검사
  2개월~2세 6개월 사이 유아용으로 제작된 것이며, 3개의 하위검사로 구성되어 있다. 운동성 척도는 대근육 운동능력과 소근육 운동능력을 진단하며, 정신성 척도는 적응행동을 진단한다.
  행동기록 하위검사는 공포반응, 사회적 반응 등의 발달수준 측정을 목적으로 만들어진 검사로서, 유아의 감각적 · 신경생리적 결함, 정서적 부적응행동을 발견할 수 있도록 제작되어 있다.

3) 지능발달

지능은 개체의 성장에 따른 생득적 소질과 환경적 경험의 상호작용에 의해 변화하며, 지능에 대한 견해는 학자에 따라 다르다.

지능에의 접근은 크게 양적 접근과 질적 접근으로 구분된다. 심리측정학적 입장에서 살펴본 지능의 양적 변화는 연령 증가에 따라 개인의 지능은 일정한 정점에 달하며 그 후 점차 하강곡선을 그리고, 정점 도달시기나 발달 속도는 측정되는 능력에 따라 다르다.

Bloom(1964)의 연구에 의하면 ① 지능은 생후 1세부터 10세까지는 거의 직선적인 성장을 하고 그 후 발달속도가 느려지다가 20세를 전후해서 정체 및 하강현상을 보이며, ② 연령의 증가에 따라 지능의 변산도, 즉 개인차는 커진다. 지능을 구성하는 하위요인들은 다소 다른 발달경향을 보인다. 지능구성의 하위요인 중 지각속도 요인이 가장 먼저 발달하고 언어유창성 요인이 가장 늦게 발달한다는 것은 연령이 증가함에 따라 점차로 지능구조가 서로 다른 특징을 가진다는 것을 밝히고 있다.

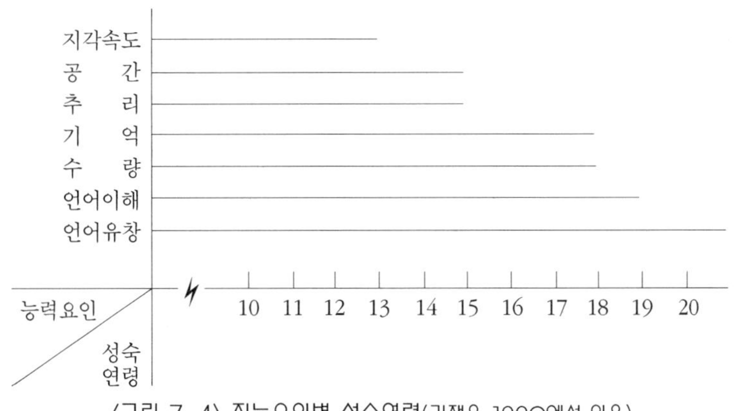

〈그림 7-4〉 지능요인별 성숙연령(김재은, 1990에서 인용)

Wechsler에 의하면 지능발달 속도나 반응경향성은 측정하는 능력에 따라 달라 동작성 지능은 비교적 일찍(20대 초반) 정점에 도달하나, 언어성 지능은 30대 초반까지 계속 발달하며, 전자가 후자보다 더 급속한 내림세를 보인다고 한다.

지적 기능의 변모에 관심을 두는 질적 접근의 입장은 지능이란 방향, 이해, 창조, 비판의 4가지 주요기능이 연령 증가에 따라 순차적으로 나타나거나, 환경에 대한 계속적 적응과정으로 각 연령단계별로 특정한 인지양식이 나타난다고 설명하고 있다.

지능발달에 영향을 미치는 요인 지능발달에 기여하는 요인은 크게 두 가지로 제시되고 있다.

한 개체가 그 선대가 가지고 있던 어떤 특징을 물려받은 유전적 요인(hereditary factor)과 환경적 요인(environmental factor)이다.

① 유전적 요인

지능이 유전에 의해 결정되어진다는 입장을 고수하는 학자로는 Gesell(1943), Jensen(1969), Nichols(1978) 등이 있다. 이들은 지능이 고정적 · 불변적 · 유전적 요인에 의해 영향받고 있다는 시각을 갖고 있다. Jensen은 개인의 지능변이의 85%가 유전적 요인에 기인하고 있다고 보았다.

Nichols(1978)의 가족연구(family studies)에 의하면 일란성 쌍생아간의 지능의 상관은 .82, 이란성 쌍생아는 .59, 형제간의 상관은 .55, 부모-자녀 간은 .50, 조부모와 손자녀 간은 .27, 사촌 간은 .26으로 보고되고 있다. 이와 같이 혈통에 가까울수록 지능의 상관이 높은 것은 지능발달이 유전적 요인에 의해 영향받는다는 것을 설명해 주고 확인시켜 주는 자료이다.

Goddard(1912)의 연구 또한 지능발달의 개인차가 유전적 요인에 기인한다는 결론을 내렸다. Goddard 연구에서 Kallikak는 군인시절에 지능이 낮은 술집 여자와 결혼하여 얻은 자손들을 조사한 결과, 정신지체, 알코올 중독자, 범죄인, 매춘부가 많은 것으로 보고되었다. 고향으로 돌아와 다시 KalliKak가 정상지능을 가진 여자와 결혼하여 후손을 조사한 결과, 문제를 가진 사람은 거의 없는 정상인으로 보고되었다. 이러한 연구결과는 지능발달에 있어서 유전적 요인이 차지하는 중요성을 입증해 주는 것이다.

Galton의 연구에서도 부모가 정신지체(mental retardation)일 경우 그 자녀의 지능수준에 심각한 영향을 미친다고 밝히고 있다.

〈표 7-1〉 정신지체아의 가계조사

정신지체자와 결혼한 쌍	정신지체아동의 출생률(%)
정신지체(남자) * 정상	9.5
정신지체(여자) * 정상	17.5
정신지체(부) * 정신지체(모)	39.5

(古壓敏行, 1971에서 인용)

Jensen(1980, 1985)은 개인의 지능을 주의과정, 단기기억, 연상기술과 같은 단순암기의 기초가 되는 수준 1능력과, 개념학습 · 문제해결의 기초가 되는 추상적 사고력과 언어사용능력 등을 수준 2능력으로 구분 설명하고 있다.

수준 1능력은 모든 민족 사회계층에서 발달양상을 보이고 있지만, 수준 2능력은 중상계층 백인이 저소득층 흑인에 비해 높은 발달수준을 보였다고 관찰하여 비교하였다. 이러한 능력유형에 따라서 나타나는 집단간의 차이도 유전적 요인에 기인한 결과라고 해석하고 있다.

영아기의 지적 발달은 유전이 환경보다 더 중요한 결정요인임을 보여주는 것이다. Balyey scale은 생후 1개월부터 15개월의 영아를 검사한 결과 성(性), 출생순위, 부모의 교육수준, 거주지역 등은 정신기능 및 운동기능과 상관이 나타나지 않았다고 밝히고 있다.

많은 교육 심리학자들은 환경적 결손이 지능저하에 깊은 상관이 있다고 확신하고 있다. 연구에 의하면 언어적 · 비언어적 검사에서 비슷한 환경에 속하는 미국의 흑인과 백인 간에는 지능차이가 없었지만, 같은 백인이나 흑인이라도 다른 환경이 제공되었을 때에는 계층간에 차이가 있음을 확인하였다.

Bloom(1964)은 그의 연구에서 초기가 인간의 지능발달에 영향을 미치는 가장 중요한 시기라는 점을, 또 환경의 질(quality)에 따라 지능은 변화한다는 것을 확인시켜준다. 어릴 때 메마른 환경, 문화적 결손이 성장 후의 결손보다 훨씬 중요하고 큰 영향을 미친다는 증거를 다음과 같이 제시하고 있다.

Bloom의 추론에 의하면 풍요로운 환경과 메마른 실조된 환경이 약 20점 내외의 가감작용을 발생하게 한다는 것이다.

〈표 7-2〉 지능발달에 관련된 환경적 조건의 변화에 따른 가설적 영향

지능단계	지능성숙 백분율	결손	평균	풍요	풍요-결손
출생~4세	50	-5	0	5	10
4세~8세	30	-3	0	3	6
8세~17세	20	-2	0	2	4
계	100	-10	0	10	20

(Bloom, 1964에서 인용)

② 환경적 요인

최근에는 심리학자들이 환경의 제요인이 지능발달에 크게 작용한다는 주장들

을 하고 있다. 이들은 지능이란 가변적이며 발달시킬 수 있고, 환경에 의해 형성시킬 수 있다는 개념으로 생각한다.

Hunt(1961)의 연구는 지능의 가소성(可塑性)을 인정하고 지능을 결정하는 데는 환경변인이 특이 중요하다는 것을 보여준다. 환경적 요인을 설명하는 고전적 연구로는 Neuman, Freeman, Holzinger(1937)의 일란성 쌍생아 연구가 있다. 19쌍의 쌍생아들 중 7쌍이 IQ가 10점 이상씩(24, 19, 17, 15점) 서로 다른 차이를 나타낸 것은 지능발달에 환경적 요인이 큰 영향을 미친다는 것을 입증해 주는 것이다. 특히, 아동 초기의 풍요한 환경이 IQ 점수상의 차이를 결정한 것이라고도 결론들을 찾아볼 수 있다.

이와 관련하여 이 주장을 지지해 주는 연구로서 Klineberg(1963)의 누적적 결함가설(cumulative deficit hypothesis)이 있다. 즉, 빈곤한 환경이 아동의 지적 성장을 억제하며, 이러한 억제효과는 시간이 경과함에 따라 누적되어 간다는 것이다. 따라서 빈곤한 환경을 많이 경험할수록 지능발달은 그만큼 지체하게 된다는 것이다.

Herber(1970)는 낙후된 환경에서 살고 있는 IQ 75 이하의 흑인 여자들을 분류하고 이들의 자녀들을 무작위로 실험집단과 통제집단으로 나누었다.

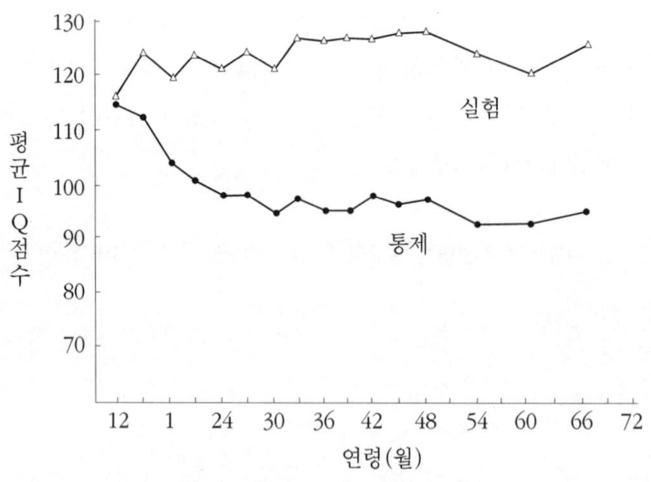

(Helen, 1970에서 인용)

〈그림 7-5〉 실험집단과 통제집단의 평균 IQ의 비교 (1세~5.5세)

통제집단의 아동들에게는 아무런 처치를 가하지 않았으며, 실험집단 아동들에게는 1주일에 5일간 7~8시간 집중적으로 언어자극, 지적 자극을 주었다. 이것은 학교에 갈 때까지 계속했다. 3개월부터 1세까지 같은 환경에서 자란 비전문적인 교사 한 사람이 한 아이를 맡았으며, 1세 이후는 2~5명씩 집단으로 지도했다. 실험집단이 통제집단보다 높은 IQ 점수를 나타내는 것은 환경주의자들의 주장을 지지해 주는 것이라고 할 수 있다.

이들 환경적 요인에 대해서 몇 가지 관점들을 자세히 살펴보고자 한다.

가) 가정의 구조적 요인

가정환경의 제 요인과 지능발달을 관련지우는 연구들이 많이 나오고 있다.

사회경제적 계층, 출생순위, 형제의 상호영향, 가족의 크기, 형제의 성유형, 부친부재와 같은 가정의 구조적 요인이 지능발달과 관련되는 관심의 대상이 되는 연구들로 입증되고 있다(Berbaum 1985; Mccall 1985; Mercy & Steelman 1982).

나) 부모-아동 상호작용

부모와 아동 간의 상호작용의 양(量)과 유형이 아동의 지적 발달에 어떻게 영향을 미치는가에 관한 실증적 연구(Slaughter, 1983)에서 부모의 언어자극의 양과 내용, 정서적 및 언어적 반응도, 아동활동에의 관여도 등 부모들이 제공하는 자극의 총량과 아동의 지능발달 간에 .50~.70의 높은 상관이 있음을 밝혀냈다. Hess와 Shipman(1967)은 부모의 태도가 명령적, 지시적이기보다 인지적, 합리적일 때 지능발달의 수준이 높았다고 주장한다.

또, 아동과 함께 보내는 시간량, 활동의 종류, 상벌양상, 자율성, 애정표현과 철회 등 부모-아동 상호작용의 양상과 지능발달과 학업성적 간에는 높은 상관이 있는 것으로 나타났다. 성취압력 제공과 다양한 경험을 제공하는 일, 지적 탐색을 허용하는 일은 지능발달에 영향을 주는 중요한 요인이 된다는 사실도 밝혀냈다.

다) 경험형태: 자기조정 대 타인조정

지능발달을 촉진하는 경험들이 일상생활에서 어떤 형태로 이루어지고 있는가는 오랫동안 발달심리학자들의 관심의 대상이 되어온 분야이다.

Piaget는 경험은 아동 스스로 환경을 조작하는 아동-대상 간의 인지적 상호작용을 의미한다고 하였다. 대상을 관찰하거나 조작함으로써 대상에 대한 지식과 정보를 추출하는 경험적 추론(empirical abstraction)과 대상에 대하여 상호 관련지우고 통합하는 일로부터 새로운 의미를 연역하고 재구성하는 반성적 추론(reflexive abstraction)의 두 과정을 포함한다는 사실을 입증해 냈다.

이처럼 아동이 스스로 자신의 능력을 나타내어서 환경을 조작, 변형, 구조화하는 활동을 자기조정작용(self-regulation)이라고 piaget는 명명해 두고 있다.

또, Vygotsky(1978)는 지능발달은 타인과의 사회적 상호작용에서 출발하고 발달해 간다고 믿고 있다.

Fowler(1983)의 연구에서는 성인이 제공하는 경험이 아동의 자기주도적 탐색활동보다 높은 효과가 있는 것을 확인하였다. 2세~3세 이전까지는 성인의 도움이 지적 발달에 끼치는 영향이 크다. 그러나 3세 이후부터는 자기조정적 놀이의 효과가 지적발달에 영향을 미친다는 결론을 내렸다.

이상에서 살펴본 바와 같이, 환경에 의해서 지능은 어떤 형태로건 발달될 수 있다는 사실에 대해서는 공통적인 결론에 도달하고 있다. 교육적인 측면에서는 환경적인 요인이 지능발달에 더욱 중요하다. 왜냐하면 환경은 어느 정도 통제가 가능하지만, 생물학적 · 유전적인 영향은 통제가 거의 불가능한 것으로 보인다.

지능발달의 촉진방법 Bloom(1964) 연구에 의하면 지능발달을 촉진시키는 환경적 조건을 다음 4가지로 구분하고 있다.

① 언어의 효과적인 사용과 언어능력의 신장을 자극하는 환경
② 풍부한 문화적 경험을 직접 경험할 수 있도록 기회를 풍부히 제공하는 환경
③ 여러 가지 문제를 정확하게 사고하고, 자발적으로 해결하도록 격려하며 자극하는 지적인 환경
④ 성취동기유발, 발전적 언어모형제공, 탐색적 경험강화, 흥미활동 장려, 지적 성취에 대하여 보상을 제공하는 환경

정원식(1986)은 지능발달을 촉진시킬 수 있는 방안을 다음과 같이 제시하고 있다.

① 언어발달 촉진 : 충분한 어휘력을 가지도록 하며, 추상적 개념을 형성하도록 도와주고, 적절한 언어표현능력을 육성하도록 많은 독서물 제공, 이야기하기, 자기 의사와 관찰한 것을 자유스럽게 표현할 수 있게 한다.
② 지각적 경험 확충 : 생활공간을 넓혀주고, 생활공간에서 배울 수 있는 감각적 자극을 풍부하고 다양하게 한다.
③ 탐색적 경험강화 : 적극적이고 자발적인 탐색적 행동을 하도록 환경을 정비

하고, 질문에 대하여 성실히 답하며, 아동에게 작동적 활동을 제공하여 사고하도록 한다.

④ 지적 성취에 대한 보상 : 지적 성취를 하였을 때 인정해 준다. 보상이나 칭찬이 학습을 촉진시키고 학력을 향상시키는 데 자극제가 된다.

⑤ 성취동기의 유발 : 성취동기를 가지도록 지적 활동 또는 지적 성취에 대한 흥미와 자신감을 가지도록 한다.

⑥ 풍부한 문화적 경험 : 지적 세계를 넓혀주어 광범위한 탐색활동과 다양한 지각적 경험을 하도록 하여서 지적 발달 촉진을 가져오게 한다.

김광웅(1989) 연구에서 지적하고 있는 환경조건은 지능발달에 영향을 미치는 변수임을 쉽게 추측할 수 있다.

① 영양관리와 의학적 관리
② 부모의 지능발달에 관한 지식과 관심
③ 일찍부터 다양한 자극과 풍부한 지적 경험을 제공
④ 부모의 발전적 언어모형과 정확한 언어구사력을 가지도록 지원 제공
⑤ 지적 호기심 제공
⑥ 스스로 생각할 수 있는 기회 제공, stress를 제공하지 말고 대처하는 환경 제공
⑦ 질문 형식의 언어사용, 논리적 · 과학적 방법으로 사물과 일에 관심 제공
⑧ 창의적 활동 격려, 자유로운 놀이활동 권장
⑨ 성취에 대한 보상, 결과보다 과정을 더욱 중시하는 환경
⑩ 정서적 안정, 자율성 제공

Piaget는 인지발달에 영향을 미치는 관련요인으로 성숙(maturation), 물리적 경험(physical experience), 사회적 상호작용(social interaction), 평형화(equilibration) 등을 들고 있다.

이 네 가지 조건들은 인지발달의 충분조건은 되어주지 못하지만, 인지발달을 촉진하는 필요조건임에는 틀림없는 것 같다.

① 성숙

유전적 요인은 인지발달에 선행되는 필수적인 요인이 된다. 신경계통의 성숙은 주어진 단계에서 지적발달의 가능성과 불가능성의 한계를 규정해 준다.

이러한 가능성의 실현을 위해 특정의 사회적 환경이 필요하며 가능성의 실현은 문화적 교육적 조건에 따라 촉진 지체될 수도 있다. 환경과의 많은 반복 경험을 통해 적응에 필요한 인지구조를 형성해 가는 것이다.

② 물리적 경험

상황에 부딪힐 때 가지는 물리적 · 실증적 경험을 뜻한다. 문자를 해득하기 전에 touching, smelling, climbing, digging 등과 같은 구체적인 경험을 갖도록 하는 것은 인지발달에 중요한 의미를 갖는다고 할 수 있다. 아동 스스로 대상에 대한 적극적인 지적 활동을 통해 지식을 형성해 가는 인지과정이 있어야 인지발달에 변화가 오게 되는 것이다.

Piaget는 사고나 정신적 조작은 내면화된 감각적 경험과 신체적 활동으로부터 일어나고 있음을 발견하고 경험의 중요성을 시사한다.

③ 사회적 상호작용

사회적 상호작용은 여러 가지 형태로 생각해 볼 수 있다. 자기 또래, 부모, 어른, 수업시간 중 교사와 학생들, 어떤 환경을 막론하고 상호작용은 언제든지 가능하며 이것은 인지발달에 중요한 요인이다. 그러나 아동 자신의 주도적인 외적 활동이 있어야 사회적 경험이 인지발달기제로 작용할 수 있는 것으로 일반화시키고 있는 것이다.

④ 평형화

이상의 성숙, 경험, 사회적 상호작용 요인만으로 인지발달을 충분히 설명할 수 없다. 이 요인들이 인지발달기제로 작용하기 위해서는 이들의 영향력을 통합하고 조정하는 적극적인 지적 활동이 있어야 한다. 이 기능을 평형화라고 한다.

따라서 평형화는 성숙과 경험, 그리고 사회적 상호작용의 역할을 조화시키는 자기의 체제로 생각된다. 평형화과정은 모든 인지발달을 가능케 하는 기본기제가 된다는 것을 시사해 준다.

2. Piaget의 인지발달이론(cognitive developmental theory)

인지발달연구에 대한 체계적이고 종합적인 학문적 이론을 세운 학자는

Piaget(1950)이다. 인간의 지적 능력이란 개인이 환경에 효과적으로 적응할 수 있는 능력을 의미한다. 인지발달을 이해하는 것은 인간의 지적 능력이 환경과의 상호작용을 통하여 어떻게 변화되는가의 과정과 변화의 양상을 아는 것이다.

한편, Piaget는 아동의 인지과정에 관한 장기간의 관찰을 통해 아동의 지적 발달은 4단계를 거치게 된다고 하였다.

인지활동 나아가서 인지발달은 어떠한 과정을 거쳐 일어나며 발달되는가? Piaget는 인간의 인지활동, 즉 지적 조직이나 지적 적응을 도식(schema), 동화(assimilation), 조절(accomodation), 평형(equilibrium) 등의 개념으로 설명하고 있다.이 개념들은 아동의 인지발달이 어떻게 발달되는가를 이해하는 데 필요한 핵심적인 개념들이다. 이에 대하여 간략하게 살펴보기로 하자.

1) Piaget 이론의 주요 이론적 개념

도식(schema) 도식은 Piaget 이론에 있어서 매우 중요한 개념이다. 유기체의 정신적인 구조를 설명하기 위해 도식이란 개념을 사용하고 있다.

신체와 더불어 마음도 구조를 가지고 있다고 보면서 도식을 정신발달과 함께 변하는 인지적인 구조라고 말하고 있다. 인지구조는 직접 관찰될 수 없으며, 아동의 지적 행동을 통해 그 특징을 추론할 수 있을 따름이다. 아동은 인지구조를 통해 환경에 적응하기도 하며 환경을 조직해 나가기도 한다고 보았다. 즉, 동물의 위가 환경에 적응하는 데 필요한 생물학적 구조라고 보면, 도식은 정신적 발달과 함께 변하는 인지적 구조라고 한다.

동물이 환경에 적응할 수 있는 구조를 갖는 것과 같이 아동도 환경에 정신적으로 적응해 갈 수 있는 도식을 가지고 있다고 설명한다. 아기가 출생했을 때 몇 개의 빨기, 보기, 잡기 같은 반사들을 가진 아기가 빨기행위를 반복하는 중에 빨기 도식을 형성하게 되고, 도식은 성장함에 따라 확대되고 일반화 및 분화되어 성인의 수준에 이른다고 보았다.

도식은 정적인 것이 아니라 끊임없이 변화하며 정교화되어 가는 것임을 알 수 있다. 자극을 분화시켜 갈수록 도식의 수는 많아지며 자극을 일반화시키면 시킬수록 도식은 점점 정교해져 간다.

그리고 유아가 사용하는 도식은 성장함에 따라 감각운동적 차원을 넘어 개념적 차원으로 확대되어 간다. 이렇게 볼 때 어른의 인지적 도식은 아동의 반사적 도식에서 비롯된 것으로 생각한다.

도식이란 유기체가 어떤 사물이나 대상들을 공통적인 특성에 따라 군(grouping)으로 조직하는 능력이라고 할 수 있다.

도식은 아동의 성장과 더불어 계속 분화되고 정교해지기 마련이다. 유아들은 아주 적은 도식을 가지고 있으므로 환경을 분화할 수 있는 힘이 약하지만, 성인은 복잡하고 많은 도식을 가지고 있어서 환경을 변별할 수 있다는 것이다.

변화하는 인지발달의 구조를 도식이라고 보았을 때 무엇이 변화를 야기시키는가 Piaget는 이것이 동화와 조절이라고 말하고 있다.

동화(assimilation) 동화는 발달에 필요 불가결한 것이다. 자기가 이미 가지고 있는 도식(schema) 또는 인지구조 속에 외계의 대상들을 받아들이는 인지과정이다. 즉, 새로운 지각물(perceptual matter)이나 자극사건을 이미 가지고 있던 도식이나 행동양식에 통합하는 인지과정(cognitive process)이다.

동화는 도식의 변화를 가져오는 것이라기보다 도식의 성장에 영향을 끼쳐 주는 것이다. 예를 들면 고무풍선을 도식에 비유했을 때 공기가 들어간 고무풍선의 크기는 달라지지만, 그 자체에는 아무런 변화가 일어나지 않음을 알 수 있다.

여기에서 풍선이 커지는 것은 동화적 성장에 속하고 아무런 변화도 따르지 않는 풍선 그 자체는 도식에 속한다. 이렇게 보면 동화는 인지과정의 일부분으로써 도식성장에 관계하지만, 도식의 발달 및 도식의 변화를 나타내는 것은 아닌 것으로 보고되고 있다.

도식은 정신적인 발달과 더불어 변화 성장하기 때문에 성인의 도식과 아동의 도식은 서로 다르다고 진술한다. 다시 말하면, 동화란 자극이 개인의 인지구조 속에 들어맞도록 강요하는 과정이라 할 수 있다.

조절(accomodation) 동화과정과는 반대되는 개념으로, 자신이 가진 기존의 도식이나 구조가 새로운 대상을 동화하는 데 적합하지 않을 때 새로운 대상에 맞게 이미 있는 도식이나 구조를 바꾸어 가는 인지적 과정을 의미한다.

아동들은 새로운 자극과 문제상황에 이르면 이것을 기존의 도식에 동화시키려고 시도한다. 그러나 동화가 불가능해질 때가 있다. 그 이유는 아동이 자극을 동화시킬 만한 도식을 가지고 있지 않은 데 문제가 있다. 이런 경우에 아동은 다음과 같은 상황에 처하게 된다. 즉, 새로운 자극과 문제상황을 받아들일 수 있는 새 도식을 만드는 일과 새로운 자극에 적합하게 기존의 도식을 알맞게 변형하는 일이다.

이와 같이 조절은 새로운 도식을 만들거나 낡은 도식을 변형시키는 일이 주된

과업이다. 따라서 아동은 조절과정을 통하여 인지구조의 변화 즉, 도식의 발달이 이루어지는 것으로 보고 있다.

아동의 인지기능(cognitive functioning)은 조절이 이루어지고 나면 새 자극을 동화시키려고 노력을 이행하게 된다. 이렇게 보면 동화란 아동이 적극적으로 추구해서 일어나는 최후의 산물인 것으로 보여진다.

조절이란 개인이 새로운 자극에 상응할 수 있도록 스스로의 도식을 변형하거나 새로 만들어 내는 과정임이 밝혀졌다.

정리해 보면, 조절은 인지구조의 발달(질적 변화)에, 동화는 인지구조의 성장(양적 변화)에 관여하는 인지발달에 필요 불가결한 인지활동이라고 할 수 있다.

따라서 동화와 조절 간의 상호작용은 계속적인 것이며, 상호작용이 이루어지지 않으면 결국 적응에 문제가 야기되는 것으로 보고되고 있다.

평형화(equilibrium) Piaget는 인지적 성장과 발달과정에 있어서 동화와 조절의 균형은 절실히 요구되는 과정이라고 설명하고 있다.

동화와 조절의 상대적인 양을 매우 중요하게 생각해 보아야 할 것 같다.

아동이 자극을 동화만 하고 조절을 하지 못했거나 반대로 조절은 하지만 동화는 하지 못한다고 가정해 보자. 결과는 어떻게 될까? 전자의 경우는 소수의 커다란 도식만 가지게 되므로 여러 사물들간의 차이를 식별하지 못하게 된다. 반면에 후자의 경우는 작은 도식은 많이 가지겠지만 여러 사물들 간의 일반성 즉, 유사성을 찾아볼 수 없게 된다는 것이다.

이처럼 동화와 조절 간의 균형문제는 인지발달을 위한 필수적인 요건이라고 보아진다.

Piaget는 동화와 조절 간의 균형상태를 평형화라고 설명하였으며, 이것을 아주 중요한 개념으로 제시하고 있다.

2) 인지발달단계

인지발달은 인지구조의 계속적인 질적 과정을 의미한다.

인지구조와 그 변화는 이미 있던 구조에 기초를 둔다. 새로운 도식은 기존의 도식을 바꾸어 놓은 것이 아니라 이전의 도식과 새로운 도식이 결합되어 낡은 도식에 질적인 변화를 가져오는 것이다. Piaget는 인지발달을 크게 4단계 즉, 감각운동기, 전조작기, 구체적 조작기, 형식적 조작기로 구분하여 설명했다.

감각운동기(sensori-motor period) 출생에서 2세까지를 말한다. 이 시기는 감각동작적인 행동을 하면서 환경을 느끼고 사물을 지각하게 된다. 감각동작적 행동은 모든 지적 발달의 중요한 기초가 되는 것이다. Piaget는 이 시기의 영아들의 인지적 특성에 대해 다음과 같이 말하였다.

첫째, 외부 세계에 대한 영아의 반응은 감각운동적이다.

둘째, 영아는 자극이 가해지는 것에 즉각적으로 반응한다.

셋째, 언어를 가지고 있지 않다. 따라서 직접 다루는 사물이 아니면 그 사물은 존재하지 않는 것으로 생각한다.

넷째, 모든 것을 자기를 참조체제로 해서 보게 되며, 자신의 심리적 세계만 존재하는 자기중심적이다.

이 시기는 얼마간의 인지발달이 보이기는 하나 개념적으로 사고할 수 없다.

Piaget는 이 시기의 영아의 인지를 전상징적, 전표상적 또는 전반응적 감각운동 지능(sensori-motor intelligence)이라고 하였다.

전조작기(preoperational period) 2세에서 7세까지를 지칭한다. 이 단계는 감각동작기에서 조작단계로 넘어가는 과도기로서 현저한 지적 발달을 성취한다. 감각동작적인 도식에서부터 개념적 · 상징적 양식으로 기능을 수행하는 것으로 발달한다.

전조작적 사고에서 가장 중요하게 여겨지는 특징들은 언어의 발달을 들 수 있다. 이 단계의 아동이 가지는 특징 중 언어의 발달은 개념발달을 도와주는 기능을 하게 된다.

Piaget에 따르면, 언어는 지적 발달에서 세 가지 중요성을 가진다고 한다.

첫째, 다른 사람과 언어적 교환이 가능하다는 것이다.

둘째, 단어의 내면화이다. 이것은 사고의 출현을 의미하며 내면적 언어와 기호체제에 의해 가능해진다.

셋째, 행동의 내면화 즉, 감각동작적인 수준에서가 아니라 전조작기 아동에게 있어서 뚜렷한 사고의 특징은 자기중심성(ego-centrism), 중심화(centuration), 비가역성(irreversibility), 비전환성(un-transformation) 등을 가지고 있기 때문에 어른다운 사고를 기대하기가 어렵다고 한다.

구체적 조작기(concrete operational period) 이 시기는 7세에서 12세까지로, 일반적으로 초등학교 시기에 해당한다. 이 때는 아동의 추리과정이 대체로 논리적인 성격을 띤다.

논리적 조작(logical operation)이 발달하게 되어 이를 통해 구체적인 문제상황에 적용할 수 있게 된다. 보존개념(conservation)을 획득하게 된다. 즉, 문제해결상황에 부딪치게 되면 지각적 판단이나 결정에 의하지 않고, 인지적 · 논리적인 결정과 판단에 의해 문제해결에로 접근한다. 구체적 조작기 아동은 지각의 중심화를 벗어나서 변환을 추구할 수 있으며, 이 때의 대표적인 지적 기능으로 가역성이 형성된다는 것이다.

이 시기는 타인과의 협동관계가 이루어질 수 있으므로 사회적 존재가 가능해진다고 할 수 있다. 또, 중요한 것은 계열성(sequence), 분류(classification) 등의 도식들이 나타나며 인과성, 공간, 속도, 시간 등 질적으로 향상된 개념들이 발달하게 된다고 설명하고 있다.

형식적 조작기(formal operational period) 인지발달의 마지막 단계로서 12세경부터 성인 초기까지 계속된다. 이 기간 동안 새롭고 강력한 인지기술(형식적 조작)이 발달한다. 즉, 논리적 조작에 필요한 모든 유형의 문제를 해결할 수 있는 능력이 발달한다.

Piaget는 이 시기의 아동의 인지적 구조는 성숙의 수준에 이른다고 주장하고 있다. 형식적 조작이 발달함으로써 아동의 질적 가역성은 최고점에 이른다는 것이다. 시기 이후에는 인지적 구조가 구조적인 측면에서 더 이상의 개선이 일어나지 않는다고 보아진다. 즉, 형식적 조작기의 청년은 어른과 비슷한 사고를 할 수 있는 인지도(cognitive map)가 갖추어졌다고 볼 수 있다.

이 시기의 청년과 어른의 사고는 차이가 있는가?

이 시기 이후에도 인간의 사고는 동화와 조절의 상호작용에 의해 계속적인 변화가 일어난다. 그러나 이 변화는 논리적 조작과 그 구조에 대한 질적 변화가 아니고 양적인 변화란 점에서 다르다. 다시 말하면, 청년기의 사고와 어른의 사고와의 차이점은 인지구조적인 차이가 아니라 그 사고의 내용과 기능면에서의 차이라는 점이다.

사고의 특징은 가설-연역적(hypothetico-deductive)이다. 어떤 문제에 부딪치더라도 답을 얻기 위해 가설을 세우고 검토해 갈 수 있게 된다. 또, 다른 특징은 사고가 명제적(propositional)이다. 즉, 명제만 가지고도 그들 간의 이론적 관계를 따질 수 있으므로 2차적 조작을 할 수 있다. 끝으로 이 때의 특징은 사고가 조합적(combinational)이다. 모든 가능한 관계나 조합을 체계적이고 논리적으로 추리하게 된다.

이상에서 Piaget 이론을 인지발달을 중심으로 살펴보았다. 그의 이론이 부분 부분에서 비판을 받는 점도 사실이다. 그러나 그의 특징적인 연구방법, 인지발달에 대한 체계적인 접근, 유아발달의 중요성을 강조하는 부분부분들은 큰 공헌으로 보고 있다.

제 8 장

언어의 발달

1. 언어발달의 성격
2. 언어획득이론
3. 언어발달의 단계

제8장
언어의 발달

1. 언어발달의 성격

1) 언어발달의 개념

언어란 인간의 의사소통을 가능하게 하는 구조적이고 체계적인 음성적 상징이며, 이러한 언어의 가장 중요한 기능은 의사소통을 위한 것이다.

의사소통은 크게 개인간의 의사소통(interindividual communication)과 개인 내의 의사소통(intraindividual communication)으로 나누어 볼 수 있다. 개인간의 의사소통이란 우리가 다른 사람과 대화를 할 때, 말하는 사람과 듣는 사람 사이에서 정보가 사회적으로 교환되는 것이다. 이 때 말하는 사람과 듣는 사람은 그들의 생각과 의도를 사회적으로 서로 교환한다. 개인 내 의사소통은 사람들이 정보를 처리하거나 기억해 낼 때 언어를 활용하거나, 문제해결을 위하여 제시된 자극에 이름을 붙여보는 것과 같이 언어를 사용하여 개인 내에서 의사소통 즉, 사고작용이 일어나는 것이다.

의사소통과정에는 듣는 사람이 주어지는 언어자극으로부터 말하는 사람이 의도한 의미를 구성해 내는 언어이해(language comprehension)과정과, 말하는 사람이 자신이 전하고 싶은 의미를 자국어의 문법규칙에 맞게 표현하는 언어산출(language production)과정을 포함한다. 따라서 언어발달은 이러한 언어이해과정과 언어산출과정의 발달이라고 할 수 있다.

2) 언어발달의 내용

언어는 소리, 단어 그리고 문장으로 구성되어 있으므로, 언어의 이해과정과 산출과정의 발달이란 소리, 단어, 문장을 구사하는 능력의 발달이다. 따라서 아동의 언어발달은 언어의 소리를 다루는 음운발달, 단어를 다루는 의미발달, 문장을 다루는 구문발달로 나누어 살펴볼 수 있다. 그리고 언어의 구조에 따른 이러한 발달 이외에 언어의 이해와 산출과정에는 언어의 맥락이나 상황에 적절한 대화 기술을 사용하는 능력의 발달 등과 같은 화용론의 발달도 이루어진다.

음운발달이란 아동이 소리의 최소 단위인 음소(音素 : phoneme)를 이해하고 구사할 수 있게 되는 것을 말한다. 우리가 소리내어 하는 말은 모음과 자음으로 된 음소들로 이루어지며, 음소는 언어에 따라 특유한 결합법칙에 의해 묶여진다. 음운발달이 이루어지면, 아동은 자국어의 개개 자음과 모음을 구분하고 그 발성적 특징을 이해할 수 있게 된다. 그리고 자국어의 음소를 정확하게 발음할 수 있고, 억양을 정확하게 구사할 수 있다.

또한 음소들이 연결되어 단어를 구성하며 단어들이 연결되어 문장을 이루는 음성학적 규칙들을 이해하고 구사할 수 있게 된다.

의미발달이란 의미를 가지고 있는 언어의 가장 최소 단위인 형태소(形態素 : morpheme)의 결합법칙을 이해하고 구사할 수 있게 되는 것을 말한다. 단어는 하나 이상의 형태소로 이루어지는데, 이들 형태소의 결합은 각 언어의 특유한 법칙에 따른다.

의미발달이 일어나면, 아동은 주변세계의 많은 대상과 현상을 지칭하는 각각의 낱말들이 있다는 것을 이해하게 되고, 그 낱말들의 의미를 알아가게 될 것이다. 그리고 비슷한 대상이나 현상을 지칭하는 낱말들간의 의미차이를 파악할 수 있게 된다.

구문발달이란 단어들이 결합되어 문장을 이루는 문법규칙들을 이해하고 구사할 수 있게 되는 것을 말한다. 구문발달이 이루어지면 아동은 단어들을 문법적으로 정확한 순서로 배열하여 문장으로 만들 수 있게 된다. 그리고 문장의 과거형이나 미래형을 만드는 등의 문법규칙들을 이해하고 구사할 수 있다.

화용론의 발달이란 효율적인 의사소통을 위해 맥락이나 상황에 적절한 대화기술을 구사할 수 있게 되는 것을 말한다. 화용론의 발달이 이루어지면 아동은 같은 뜻을 가진 단어나 문장도 맥락에 따라 다른 뜻으로 사용된다는 것을 이해하고, 상황에 따라 적절하게 구사할 수 있게 된다. 그리고 동일한 뜻을 전달할 때에도 상황에 따라 다양한 언어적 표현을 할 수 있게 될 것이다.

2. 언어획득이론

아동이 말을 어떻게 배우는가? 오랫동안 인간의 관심과 흥미의 대상이었던 아동의 언어발달은 1960년대와 1970년대에 와서 여러 이론적 관점에서 체계적으로 분석되기 시작하였고, 아동이 언어를 획득해 가는 과정과 그 과정에 내재된 기제를 설명하고자 하는 여러 언어획득이론이 제시되었다. 여기서는 언어획득에 관한 이론을 생득이론적 접근, 학습이론적 접근, 인지이론적 접근, 화용론적 접근으로 나누어 살펴볼 것이다.

1) 생득이론적 접근

언어획득에 대한 생득이론적 접근이란 인간이 언어를 획득하는 것은 후천적인 학습이 아니라 선천적으로 타고나는 언어능력에 의한 것이라는 입장이다. 생득이론적 접근의 대표적 학자는 Chomsky이다.

Chomsky는 아동이 단순히 성인이 하는 말을 모방하여 언어를 습득하는 것이 아니라, 선천적으로 타고난 언어능력으로 문법적 규칙(grammatical rules)을 학습함으로써 언어발달이 일어난다는 것이다. 사람들은 보편문법(universal grammer)에 관한 지식을 가지고 태어나는데, 보편문법이란 모든 언어의 요소나 특성이 되는 원리, 조건과 규칙의 시스템이다(Chomsky, 1976).

Chomsky에 따르면 모든 언어에는 공통되는 어순과 문법적 특성이라는 보편적인 구조규칙이 있다. 이 보편적인 구조규칙은 우리가 생각을 언어로 표현할 때 심층구조(deep structure)를 만들어 내고, 이 심층구조는 일련의 변형규칙을 거쳐서 표층구조(surface structure)로 표현된다. 그러므로 의사소통과정에서 우리가 듣거나 말하는 것은 표층구조이며, 변형규칙을 거쳐 표층구조가 되기 전의 심층구조는 모든 언어에 동일하다는 것이 Chomsky의 변형생성이론이다.

Chomsky는 모든 언어에 내재하는 이러한 보편적인 언어규칙은 후천적인 경험으로 획득하는 것이 아니라 인간이 태어날 때부터 선천적으로 지니고 있는 것이라고 보았다.

이러한 언어규칙의 보편성(universality)과 선천성(innateness) 개념에 근거하여 Chomsky는 인간은 태어날 때부터 언어획득장치(language acquisition device : LAD)라는 언어능력을 갖추고 있다고 가정하였다.

언어자료 —〉 LAD —〉 문법적 능력(언어의 이해와 산출능력)
(투입) (처리) (산출)

〈그림 8-1〉 Chomsky의 언어획득장치(LAD)

언어획득장치란 인간이 선천적으로 생물학적인 기초를 지니고 있는 언어능력으로, 외부로부터 들어오는 언어자극을 분석하는 지각적이고 인지적인 능력을 말한다.

인간은 언어획득장치라는 언어처리능력을 지니고 있으므로, 단순히 언어에 접하게 되면 어떤 모국어이든 수월하게 획득할 수 있다. 인간은 언어획득장치의 도움으로 매우 복잡하고 추상적인 언어를 별 어려움 없이 획득해 나갈 수 있다는 것이다. 즉, 언어획득장치로 아동은 자신에게 들어오는 단어를 처리하고, 거기서 발견되는 규칙성에 근거하여 모국어에 대한 가설을 설정하고, 이러한 가설을 검증하는 과정을 거치면서 모국어에 대한 정확한 통사구조를 터득하게 되어 언어를 획득하는 것이다. 이처럼 아동은 자신이 선천적으로 지니고 있는 언어능력으로 언어의 통사구조를 자발적으로 획득하고, 또 창조적으로 언어를 사용할 수 있게 된다는 것이다.

모든 언어에 보편적인 언어발달순서가 있다는 점은 언어발달에 대한 생득이론적 접근을 지지하는 증거로 보여진다. 즉, 생후 1년 사이의 자음발달은 목의 가까운데서 입쪽으로 발음이 발달되며, 모음의 경우는 중설음에서 전후방향으로 발달하거나(최경숙, 1985), 구문발달이 1어문, 2어문 등의 순서로 발달하는 것이 모든 언어에 보편적이라는 것이다. 그리고 언어발달은 생후 1년부터 사춘기 사이에 활발히 일어나고 그 이후 시기에는 어려우므로, 언어발달도 신체발달 등과 같이 결정적 시기(critical period)가 있다는 점도 언어발달에 대한 생득이론적 접근을 지지하는 것으로 볼 수 있다.

그러나 Chomsky의 이론이 언어의 의미론이나 화용론 등의 측면을 고려하지 않은 채 너무 통사론적인 구조에만 치중하고 있다는 한계가 있다. 그리고 아동의 언어획득을 선천적인 언어능력만 가정할 뿐 구체적으로 언어를 획득할 때 아동이 사용하는 기제에 대해 아무런 설명을 하지 못하고, 타고난 언어의 보편적 특성들에 대한 지식이 어떻게 아동의 언어발달과 연관되는지를 밝히지 못하고 있다.

2) 학습이론적 접근

선천적으로 타고나는 언어능력으로 아동이 언어를 획득한다는 생득이론적 접근과는 달리, 학습이론적 접근에서는 후천적 학습에 의해 언어발달이 일어난다고 가정한다. 언어발달에 대한 학습이론적 접근의 대표적 학자는 Skinner이다.

Skinner는 아동이 다른 것을 배우는 것과 똑같은 방법 즉, 모방(modeling)과 강화(reinforcement)를 통해 언어를 배운다는 것이다. 아동은 주변에서 성인이 사용하는 언어를 모방하여 사용하게 된다. 만약, 성인의 언어를 적절하게 모방해서 비슷하게 표현하면 칭찬이나 격려 등의 보상이 주어지고 정적인 강화가 이루어진다. 반면에 아동이 성인의 언어를 제대로 모방하지 못하면 성인이 아동의 언어행동을 강화하지 않으므로 아동의 언어사용이 줄어들거나 없어지는 소거가 일어난다. 즉, 언어도 다른 행동의 습득과 마찬가지로 변별해서 학습하게 된다는 것이다.

예를 들면, 엄마는 영아의 옹알이에 각각 다른 반응을 할 수 있다. 즉, 영아가 우연히 '마마마마…' 하는 옹알이를 할 때, 엄마가 '그래, 엄마야, 엄마' 하고 영아의 옹알이를 강화해 주면 영아가 엄마를 보고 '마마마마…' 라고 말할 가능성이 높아진다는 것이다. 그러나 영아가 '마마마마…' 하는 옹알이를 해도 엄마가 아무런 반응을 보이지 않으면 영아의 '마마마마…' 라는 언어행동은 강화되지 않을 것이다. 이것은 아동의 단어획득에는 자극, 모방, 강화가 중요하다는 것을 의미한다.

아동이 문법적 문장을 사용하는 능력도 단어획득과 동일한 원리를 따른다고 Skinner는 주장하고 있다. 2~3세 아동은 대략적인 문법적 문장의 뼈대를 알고 있지만 정확한 낱말의 순서나 낱말의 형태소를 이해할 수는 없다. 그러나 모방과 강화를 통하여 점차 확실한 낱말의 순서와 의미를 배워 간다는 것이다. 특히, 귀머거리인 영아도 생후 6개월경까지는 정상 영아와 마찬가지로 옹알이를 하는데 그 이후로는 정상적인 언어획득에 장애를 보인다는 사실로 미루어 보면, 아동이 성인의 말을 듣고, 모방하고, 강화를 받는 과정을 통해 언어를 획득한다고 할 수 있다.

그러나 아동에게 성인의 말을 따라하게 하면, 아동은 성인의 말을 그대로 모방하기보다는 자기 수준에 맞게 단순하게 말을 한다는 점은 아동의 언어발달이 모방에 의해서만 일어나는 것은 아니라는 점을 시사한다. 그리고 아동이 하는 말이 이전에 성인이 말한 적이 없었던 말을 만들어 내어 성인보다 더 고집스럽게 어순을 지키려고 하는 것은 아동이 성인의 말을 단순히 모방하는 것은 아님을 보여준다. 그리고 Skinner 이론은 언어획득에 있어서 아동의 인지과정을 다루지 못한다는 제한점도 지니고 있다.

3) 인지이론적 접근

아동이 언어로 의사소통을 하기 위해서는 언어를 지각하고, 분석하고, 저장하는 인지능력을 갖추고 있어야만 하고, 세상에 대한 기본적인 지식을 지니고 다른 사람과의 사회적 관계를 가질 수 있어야 한다는 것이 인지이론적 접근의 입장이다. 이러한 인지이론적 접근에서 아동의 언어발달을 설명하는 대표적인 학자로는 언어발달을 인지발달의 한 측면으로 보았던 Piaget를 들 수 있다.

Piaget(1967)는 언어를 상징적 표상의 표현형태로 보았다. 언어는 아동이 알고 있는 개념을 표현하는 수단이며 사고능력의 한 가지 표현방식으로, 인지발달에 따라 달라지는 것으로 여겼다. 따라서 Piaget의 이론에서는 인지발달이 먼저 이루어지고 그 뒤에 언어발달이 일어난다는 '사고-언어'의 도식으로 인지발달과 언어발달 간의 관계를 표현한다. 즉, 언어발달이란 사고(지능)발달에 뒤따라 이루어지는 것이지, 언어가 사고를 규정하지는 못한다는 것이다.

Piaget는 전조작기 아동의 사고 특징에서 나타나는 자기중심적 특성이 언어에도 반영되어 자기중심적 언어로 연결된다고 본다. 그의 세 산 모형 실험을 통해서도 알 수 있듯이, 아동은 자신과 주변세계를 함께 연결시키지 못하고 자기 위주로만 사고하게 되는데, 이것이 자기중심적 언어로 이어지게 된다는 것이다. 이러한 자기중심적 언어는 연령의 증가와 더불어 사회화된 언어로 발전하게 된다. Piaget는 아동이 진정한 의미로 언어를 사용할 수 있는 능력을 지니는 것은 아동이 자기중심적 사고에서 벗어나는 이 때라고 보았다. 사회화된 언어는 말하는 사람보다 듣는 사람의 입장을 이해하고 감정이입시킨 상태로서 다양한 측면을 고려하여 언어를 사용하는 것이다.

Piaget의 인지이론적 접근에서는 언어가 인지발달에 미치는 영향력을 과소평가했다는 지적을 받는다. 언어발달을 인지발달을 파악하기 위한 자료의 측면에서만 다룸으로써 언어발달이 인지발달에 미치는 효과를 간과했다는 것이다. 그리고 인지이론적 접근은 아동이 언어를 산출하고 이해하는 과정을 설명하지 못하는 한계를 지닌다.

4) 화용론적 접근

언어발달에 대한 화용론적 접근은 인간이 지니고 있는 사회적 의사소통의 의도를 언어발달에서 중요하다고 여기는 접근법이다. 이러한 화용론적 접근에는 언어의 뿌리가 인지발달이 아니라 사회적 의사소통에 있다고 보는 Vygotsky와 사회언어학적으로 언어발달을 설명하려는 Bruner를 들 수 있다.

Vygotsky 이론 소련의 심리학자인 Vygotsky(1978)는 Piaget와는 달리 언어를 지적 기능의 결과로 보지 않고, 언어와 사고가 각기 그 근원을 달리하고 있으며 서로 다른 실체라고 보았다. 즉, 아동의 인지적인 능력(지능)과 의사소통을 위한 언어의 사용이 서로 다른 뿌리를 갖고 있는데, 언어의 뿌리는 인지발달이 아니라 사회적 의사소통에 있다는 것이다. 말의 사회적인 기능은 생후 1년 동안 즉, 언어 이전 시기에 이미 나타난다. 사람의 말소리에 대한 반응은 생후 3주경에 보이기 시작하고, 말소리에 대한 사회적인 반응은 생후 2개월경이면 관찰된다. 웃음, 분절되지 않은 소리내기, 몸짓 등이 생후 1개월부터 사회적 접촉의 수단으로 사용된다. 처음 서로 분리되어 발달하던 인지와 언어의 발달곡선은 만 2세를 전후해서 만나게 되고, 이때부터 언어가 인지를 돕고 인지가 언어로 표현되는 새로운 형태의 발달이 시작된다. 즉, 사고와 언어는 서로 다른 뿌리를 가지고, 상호독립적인 상이한 계열을 따라 발달하다가, 생후 2세경에 만나게 되면 사고는 언어적으로 되고 언어는 합리적으로 된다는 것이다.

Vygotsky에 의하면, 인지발달과 언어발달이 만나는 시점에서 아동의 말이 내면화되기 시작하는데, 이러한 내면화된 언어를 속내말(inner speech)이라 한다. Piaget는 아동의 자기중심적 사고가 언어로 표현된 것이 속내말이라고 주장하지만, Vygotsky는 속내말이란 아동이 외적 언어를 내재적 사고로 바꾸어가는 과정에서 자신의 사고를 소리내어 표현하는 것으로 보았다. 그리고 이러한 속내말은 사고의 기본구조가 되며 '언어적 사고'라고 할 수 있는데, 이 때부터 인지발달이 언어에 의해 결정된다고 한다.

Bruner 이론 언어는 일차적으로 의사소통의 목적으로 사용되므로 언어의 의사소통 효율성을 고려하는 것이 중요하다는 사회언어학적 이론의 대표적인 학자로는 Bruner를 들 수 있다. 그는 아동의 언어발달에서 성인의 역할을 필수적인 것으로 보고 있다. 그러나 학습이론적 접근에서처럼 성인의 역할을 강화를 하거나 수정을 해 주는 역할로 보지는 않는다. 또한 생득이론적 접근에서처럼 아동에게 언어획득장치를 가동시키는 투입언어를 제공해 주는 역할과는 달리 아동과 같이 놀면서 이야기할 거리를 제공해 주고, 같이 생각하고, 더 고려해 보도록 하는 사회화의 한 과정으로 보고 있다(Bruner, 1975).

사회언어학적 이론에서 의사소통을 일어나게 하는 가장 기본적인 맥락은 아동과 돌보는 사람 즉, 엄마와의 상호작용이다. 이러한 상호작용은 아동이 언어를 획득할 수 있도록 하는 기본조건이며, 또한 언어획득을 시작할 수 있도록 한다. Bruner는 엄마와 아동이 함께 하는 놀이가 언어획득에서 가장 중요하다고 보고, 공동행위(joint action), 공동참조(joint reference), 언어적 대화잇기를 들고 있다. 공동행위에는 까꿍놀이, 서로 소리 흉내내기 놀이 등이 있고, 공동참조는 엄마와 아동이 함께 같은 대상을 보거나 같은 대상에 대해 이야기를 주고받는 것이다. 그리고 언어적 대화잇기는 '저기 봐, 저기', '저기에 자동차가 있네, 자동차 말이야', '야, 자동차 멋지다, 멋진 자동차야' 등과 같이 말을 이어가는 것이다.

즉, 언어발달과정이란 아동과 성인의 상호적인 과정으로서, 성인이 아동의 말에 반응해 주는 일이 아동의 언어발달에 중요하다는 것이다.

3. 언어발달의 단계

언어발달은 음운발달, 의미발달, 구문발달, 화용론의 발달 측면에서 살펴볼 수 있다. 영·유아의 언어발달에 있어서 이 네 영역들의 발달시기는 각각 다르다. 음운발달은 영아가 모국어에 있는 소리들을 낼 수 있는 옹알이 때부터 발달하기 시작한다. 1세경에 영아는 다른 사람들이 알아들을 수 있는 첫 단어를 말하게 되며 단어의 의미를 터득해 가는데, 이 시기부터 의미발달이 이루어진다. 대개 18개월경이면 아동은 둘 또는 그 이상의 단어들을 연결시키기 시작하며, 단어와 단어를 연결하는 규칙 즉, 문법이 발달하기 시작하는데, 이것을 구문발달의 시작으로 볼 수 있다. 화용론의 발달은 음운발달, 의미발달, 구문발달 등 언어의 다른 측면과 복잡하게 관련되어 있어 여러 가지 대화기술이 서로 다른 시기에 발달한다.

여기서는 언어발달을 먼저 언어 이전 시기(prelinguistic period)와 언어 시기(linguistic period)로 나누고, 언어 이전 시기에서는 음운발달을, 언어시기에서는 음운발달, 의미발달, 구문발달, 화용론의 발달을 살펴보고자 한다.

1) 언어 이전 시기

대략 출생에서 생후 1년까지 영아는 비록 단어를 사용하지는 못하지만, 미소나 울음 등의 여러 가지 방법으로 의사소통을 한다. 이러한 의미에서 이 시기를 언어 이전 시기라고 한다. 언어 이전 시기에는 언어발달 가운데서 음운발달이 주로 이루어진다. 음운발달은 정해진 순서에 따라 이루어지는데, 영아는 처음에는 울고, 목울리는 소리인 쿠잉(cooing)을 내고, 옹알이를 하고, 다음으로 단어를 말하게 된다.

언어 이전 시기에 이루어지는 이러한 음운발달을 Kaplan(1971)은 다음의 4단계를 거쳐 발달한다고 보았다(박영신, 1995, 재인용).

〈표 8-1〉 음운발달의 단계

1. 울음(crying). 영아들은 태어나는 날부터 운다. 이 소리는 영아들이 어떤 변화를 원한다는 사실을 전달한다. 많은 부모들은 영아들이 우는 소리만 듣고 아이들이 원하는 것을 알 수 있다고 믿는다. 그러나 녹음된 울음소리를 듣고, 부모들은 영아들이 무엇을 원하는지를 말하지 못하는 경우가 많았고(Muller, Hollien, & Murray, 1974), 또 말하는 경우에도 부모들은 영아들의 울음소리가 아니라 상황으로 영아들이 원하는 바를 추론했다.

2. 목울리기(cooing). 생후 1개월경이면 영아들은 운다기보다는 소리를 낸다. 특히 혀를 입의 뒤쪽에 놓고 입술을 둥글게 하며 목울리는 소리를 낸다. 이 소리는 성인들이 fun이라는 단어를 발음할 때 내는 un 소리와 아주 흡사하다.

3. 옹알이(babbling). 6개월이 되면 영아들은 더 여러 가지 소리를 낸다. 이러한 소리에는 자음뿐 아니라 모음도 포함된다. 처음으로 영아들은 자음과 모음을 연결하여 음절을 만든다. 이 음절들은 babababababa와 같은 소리에서처럼 계속 반복된다. 옹알이의 억양은 말소리의 억양과 점점 더 비슷해진다.

4. 형태화된 말(patterned speech). 생후 1년이 되면 영아들은 첫 단어를 말한다. 영아들은 모국어에 나타나는 소리를 점점 더 많이 만들고 모국어에서 사용되지 않는 소리들은 점점 덜 만든다.

태어난 지 1개월 남짓한 영아는 주로 울음으로 자신의 감정을 표현한다. 화가 난다거나, 배가 고프다거나, 피곤해서 잠이 온다거나 할 때 소리내어 우는 것을 통해 주변에 알리게 되는 것이다. 그러나 이것은 진정한 의미의 의사소통이라 보기 힘들며 언어로 보기도 힘들다.

약 3개월경이 되면 영아는 목구멍을 통해서 울리는 소리인 쿠잉 소리를 내며 6개월쯤에 옹알이를 하기 시작한다. 옹알이는 '가-가-가' 등의 소리와 같은 것으로서 대개 자음으로 시작하여 모음으로 끝나고, 또 같은 소리가 많이 반복된다. 쿠잉과 옹알이를 할 때의 영아는 편안하고 기분좋은 표정을 지으며 즐거워한다. 소리를 들을 수 없는 영아도 쿠잉과 옹알이를 하므로, 쿠잉과 옹알이의 과정은 생득적인 기제 때문이라고 보여진다. 이 시기에 하는 옹알이는 의사소통을 하려는 것이 아니라 아기들이 자연적으로 소리를 만들어 내는 것이라고 할 수 있다.

점차 아동은 자신의 옹알이에 사회적인 의미를 붙이기 시작하여 성인이 자신의 소리에 응답해 줄 때, 옹알이를 더 많이 하게 된다. 이는 이 시기의 언어발달에도 결정적 시기가 있으므로 쿠잉과 옹알이에 대한 성인의 적절한 반응이 없으면, 언어발달이 지체될 수 있다는 점을 시사한다. 이것은 영아가 프로그램화된 언어생득기제를 가지고 태어나지만 적절한 환경적 자극이 주어지지 않으면 원만한 언어발달이 이루어지기 어렵다는 것을 나타낸다. 따라서 성인은 문장을 말하는 것이 아니라 옹알이를 하더라도 영아의 소리에 즉각적인 반응을 해 주고 또 긴 문장으로 반응해 줄 때에 영아의 언어발달이 촉진된다. 그리하여 그냥 재미로 내던 소리가 다른 사람과 만나 자신의 정서상태를 전달하기 위하여 내는 소리로 바뀌어 가는 것이다.

이 시기 동안에 비록 말로 의사소통을 하지는 않지만, 영아는 여러 가지 억양이나 몸짓으로 어느 정도 의사소통을 할 수 있는 능력을 가지게 된다. 자라면서 점차 더 정교화되고 구조화된 방식으로, 점점 더 효율적인 의사소통을 할 수 있게 되는 것이다.

2) 언어 시기

생후 1년이 되면 영아는 단어를 사용하여 의사소통을 할 수 있게 되므로, 이 시기부터를 언어시기라 한다. 여기서는 이 언어 시기에 일어나는 언어발달을 음운발달, 의미발달, 구문발달, 화용론의 발달로 나누어 살펴보고자 한다.

음운발달 아동의 첫 번째 단어는 몇몇 적은 수의 소리로 이루어진 단어에 제한되며, 가장 쉬운 소리계열은 '마마', '다다', '바이바이' 등과 같이 자음(consonants)으로 시작하고, 모음(vowels)으로 끝나는 소리계열이다.

언어시기가 시작되면서 단어가 증가함에 따라 음성적 요구도 늘어난다. 18개월에서 5세 사이에 아동은 자신이 내고 싶은 소리를 정확하게 발음하지 못한다. 즉, 많은 단어를 사용하나 종종 발음을 틀리게 하는 등 음운발달상의 여러 어려움이 나타나는 시기이다. 그러나 5세경부터 아동은 말하고 싶은 단어 안에 있는 소리를 확인하고, 소리들의 순서를 결정하고, 그것들을 이해할 수 있는 형태로 통합하는 등의 여러 음운기술이 발달한다. 그리고 연령이 증가함에 따라 소리를 통제하는 능력과 발음을 정확하게 하는 능력이 점차 발달하게 된다.

의미발달

① 첫 단어 사용

아동이 사용하는 첫 단어는 보통 10개월에서 13개월 사이에 나타나는데, 세계 여러 나라의 아동이 처음으로 말하는 단어들이나 그 단어들의 의미는 서로 비슷하다. 그 단어들은 아동이 흥미를 가지고 있고, 비교적 구체적이며 아동이 원하는 물체들의 이름으로서, 주로 사람, 동물, 장난감, 탈것 등의 명칭이다. 엄마, 아빠와 같이 사람들에 대해 말하거나, 차, 버스 등의 탈것에 대해 말하고, 음식, 옷, 시계와 같이 집안에서 사용하는 물건들에 대한 단어로 아동은 말을 하기 시작하는 것이다. 아동이 처음 사용하는 단어는 '사과', '엄마', '아빠', '차', '강아지' 등의 대상단어(object words)가 65%로 가장 많은 비율을 차지하고, 그 다음으로 '바이바이', '안녕' 등의 행위단어(action words)가 13%, '크다', '예쁘다', '뜨겁다' 등의 상태단어(state words)가 9%, '예', '고마워' 등의 개인적-사회적 단어(personal-social words)가 8%인 것으로 나타났다(Berk, 1997, 재인용).

② 단어의 의미

말을 처음 시작하는 아동이 성인과 같은 단어를 사용할 때에도 성인과 같은 의미로 그 단어를 사용하지는 않는 것 같다. 처음에 아동은 어떤 단어는 그 의미를 과소확장(underextension)하고, 어떤 단어의 의미는 과대확장(overextension)하고, 어떤 단어는 경우에 따라 과소확장과 과대확장을 중복(overlaps)하여 사용하기도 한다. 과대확장은 단어를 원래 그 단어가 지칭하는 사물뿐만 아니라 다른 사물에까지 널리 적용하는 것으로, 장미꽃뿐만 아니라 튤립, 백합까지 모두 장미꽃이라고 부르는 경우를 들 수 있다. 과소확장은 그 단어가 원래 지칭하는 사물의 일부만을 지칭하는 것으로, 빨간 사과만을 사과라고 하고, 녹색 사과를 사과로 부르지 않는 경우이다. 중복은 어떤 면에서는 과대확장하고 어떤 면에서는 과소확장하는 경우로서, 기와집이나 초가집은 집이 아니고 아파트만이 집이라고 하면서, 때로는 강가에 쳐 놓은 천막도 집이라고 하는 아동의 표현에서 중복의 예를 볼 수 있다.

〈표 8-2〉 아동이 처음 사용하는 50 단어에 가장 많이 나타나는 단어

범주와 단어	빈도(15명 중)	범주와 단어	빈도(15명 중)
음식과 음료수		탈것	
주스	12	차	13
우유	10	보트	6
쿠키	10	트럭	6
물	8		
토스트	7	가구와 가정용품	
사과	5	시계	7
케이크	5	전등	6
바나나	3	담요	4
음료수	3	의자	3
		문	3
동물			
개(여러 가지 변형들)	15	개인용품	
고양이(여러 가지 변형들)	14	열쇠	6
오리	8	책	5
말	5	시계	3
곰	4		
새	4	식기	
소(여러 가지 변형들)	4	병	8
		컵	4
옷			
신발	11	실외 물건	
모자	5	눈	4
양말	4		
		장소	
장난감과 놀이감		수영장	3
공	13		
블록	7		
인형	4		

(Nelson, 1973 ; 박영신, 1995, 재인용)

③ 단어의 증가

아동이 첫 단어를 사용하고 난 다음 처음 6개월 정도 즉, 생후 12개월에서 18개

월 사이에는 새로운 단어를 습득하는 속도가 느리다. 그러나 아동이 사용하는 단어가 대략 3개에서 100개 사이로 늘어나게 되는 18개월경부터는 단어습득이 아주 빨라지는 '어휘폭발(language explosion)'이 나타난다. 18개월까지는 단어 수가 점진적으로 증가하지만, 18~21개월, 또는 21~24개월에는 단어의 수가 두 배 이상 증가한다. 이 시기에 아동은 일주일에 평균 10~20개의 단어를 새로 배우는데, 이는 아동의 작동기억이 확장되거나 음성학적 능력이 발달하기 때문이다. 3세경이 되면 아동은 2세 때에 비해 거의 3배가 되는 많은 단어를 알게 된다. 적어도 5세까지는 계속해서 단어의 수가 급격하게 증가한다(박영신, 1995).

〈표 8-3〉 연령에 따른 단어의 수

연령		단어 수	변화
년	개월		
	8	0	
	10	1	1
1	0	3	2
1	3	19	16
1	6	22	3
1	9	118	96
2	0	272	154
2	6	446	174
3	0	896	450
4	0	1540	318
5	0	2072	202

(Nelson, 1973 ; 박영신, 1995, 재인용)

④ 한 단어 문장

아동이 처음으로 말을 하기 시작할 때에는 한 단어를 사용한다. 이것은 이 시기의 아동이 언어습득에 사용할 수 있는 인지적 자원이 제한되어 있기 때문이다. 그러나 아동은 더 많은 의미를 전달하는 한 단어들을 선택함으로써 그러한 제한된 언어구사능력의 한계를 효과적으로 보충한다. 이 시기의 한 단어는 구나 절의 의미를 전달하기 때문에 한 단어 문장(holophrase)이라고 부른다. 1세경의 아동이 '물'이라고 말할 때, 이 단어는 '내게 물을 주세요' 또는 '저기 물이 있어요'와 같은 생각들을 표현하는 것이다.

⑤ 단어의미 능력의 발달

단어의미(lexical semantics) 능력의 발달은 낱말의 정확한 의미를 이해하고 적절히 활용할 수 있는 능력의 발달을 의미한다. 한 단어 문장 시기 이후에 아동이 사용하는 단어는 동작충족적 의미전달을 위한 단어, 상황적 의미전달을 위한 단어, 명제적 의미전달을 위한 단어, 관계적 의미전달을 위한 단어 등이 있다.

동작충족적 의미전달을 위한 단어는 언어 이전 시기에 쳐다본다든지, 가리키는 등 몸짓으로 표현하던 의사소통방식에 단어를 사용하는 방식이 덧붙여진 것이다. 아동이 혼자서 장난감을 가지고 놀다가 엄마를 쳐다보며, '엄마' 라고 하거나, 다른 사람과 헤어질 때 '바이바이' 라고 하는 것 등을 예로 들 수 있다.

상황적 의미전달을 위한 단어는 대상의 이름 등과 같이 표상기능을 가진 단어를 말한다. 이 때 아동이 사용하는 단어의 의미는 그 단어가 사용된 상황의 여러 특성들을 반영하므로, 상황적 단어라 할 수 있다. 아동은 그 단어를 처음 획득한 상황의 특징적인 요소들을 단어와 함께 기억하며, 아동은 상황적인 기억에 근거하여 단어의미를 표현하는 것이다. 이전에 자동차가 큰 소리로 경적을 울리는 것을 들었거나 강아지가 짖는 것을 본 아동이 자동차나 강아지를 보고 '빵빵' 이나 '멍멍' 이라는 단어를 사용하는 것을 예로 들 수 있다.

명제적 의미전달을 위한 단어는 명제적 의미관계를 표현하는 데 사용되는 단어이다. 명제적 의미관계를 표현하는 능력은 단어가 늘어가면서 증대되어 점차 여러 가지의 의미관계를 표현하게 된다. 이 시기에 아동은 상황을 명제관계로 표상해서 가장 불확실한 정보를 자신의 표현능력인 단일단어로 표현하는 것이다. 동화책을 가지고 놀다가 '이것은 책이다' 라는 명제적 의미를 전달하기 위하여 아동이 '책' 이라는 단어를 사용하는 것을 예로 들 수 있다. 이 시기의 아동은 개념적으로는 명제를 표상하는 능력을 가지고 있으면서도 언어수행의 한계로 단지 하나의 단어밖에 말할 수 없고, 따라서 명제로 관계되는 개념들 중에서 그 상황에서 가장 적절한 단어를 선택하여 표현하는 것이다.

관계적 의미전달을 위한 단어는 상호관계나 비교에 사용되는 관계어(relational words)를 말하는데, 2~6세경에 이러한 단어의 발달이 이루어진다. 대립관계어, 공간적 관계어, 시간적 관계어, 인과적 관계어가 발달한다. 대립관계어(relational contrasts)의 발달로는 '많다-적다', '갔다-왔다' 등과 같이 맥락에 따라 다른 상대적 의미를 보여주는 단어의 발달을 들 수 있다. 공간적 관계어의 발달로는 4~5세경의 아동이 친숙하게 사용하는 '크다', '작다' 등의 발달이 있다. 시간적 관계어(temporal relational terms)의 발달로는 아동이 전이나 후, 뒤 또는 다음과 같이 순서를 나타내는 시간적 관계어를 사용할 수 있으며, 특히 논리적으로 순서가 명확한 상황에서는 시간적 관계어의 사용빈도가 늘어나고 보다 정확해진다. 인과적 관계어(causal relational terms)의 발달은 사태의 원인과 결과 간의 관계를 나타내는 단어의 발달을 말하는데, 인과적 관계어로는 '때문에'와 '그래서'를 들 수 있다.

구문발달 하나의 단어로 여러 가지 의미를 표현하던 아동은 대략 1년 6개월경에 단어와 단어를 결합하게 된다. 이 시기에 아동은 두 단어로 이루어진 문장의 형식으로 말하기 시작하므로, 두 단어 시기라고 한다. 이 때 처음으로 단어들의 순서가 중요하게 되고, 아동은 단어들을 순서대로 배열하려고 한다. 이것을 문법발달의 시작이라고 볼 수 있다. 문장은 단순한 단어들의 연결 이상으로, 의미를 표현하기 위해서 어순(word order), 억양(intonation), 강약(stress)의 규정을 따른다. 어떤 언어에서건 소리와 단어들의 수는 제한되어 있지만, 이러한 소리와 단어들로 만들 수 있는 문장의 수는 무한하다. 두 단어 시기가 지나면 아동은 여러 가지 문법구조에 대해 배우게 된다. 3세와 5세 사이에 평균 문장길이는 3개의 단어에서 5개의 단어로 증가하였으며, 형태소의 수는 8개에서 18개로 증가하였다(이연섭 등, 1979).

여기서는 아동이 문법을 처음으로 사용하는 두 단어 시기와 세 단어 이상의 시기로 나누어 문법발달을 살펴보고자 한다.

① 두 단어 시기

두 단어 시기는 단어 하나로 의미를 표현하는 한 단어 시기에서 문장으로 의미를 표현하는 시기로 넘어가는 과도기에 나타난다. 두 단어 시기의 처음에는 두 단어가 서로 관련이 있지만, 그들 간에 응집력이 별로 없다. 아동은 두 단어를 약간 길게 사이를 두고 발음하며, 일정한 형태의 억양도 없다. 두 단어 시기에 아동이 사용하는 표현으로는 '엄마 우유', '아빠 우유', '아 추워', '아 이뻐', '엄마 물', '엄마 쉬', '아빠 쉬', ' '아 뜨거', '아 무거', '아빠 책', '또 아찌' 등을 들 수 있다(조명한, 1982).

그 후 점차 중요도가 서로 다른 두 단어를 결합하고 단어의 중요도에 따라 억양도 달라지게 된다. 두 단어 중 한 단어는 전달하려는 의미가 담겨 있지 않고 단지 누구를 부를 때 사용되는 부르기나 감탄사이고, 다른 한 단어가 적절한 의미 기능을 하는 단어일 때 이를 '주축어-개방어 문법'이라고 할 수도 있다(Braine,

1963; 이승복, 1994, 재인용). 보통 주축어(pivot word)란 어휘의 수가 적고, 중복되는 어휘가 많은 감탄사나 부르기의 단어들이고, 개방어(open word)는 문장의 핵심단어로 어휘의 수가 다양하며, 중복 사용되지 않는다. 이 시기에 주축어로는 '엄마', '아빠'와 같이 다른 사람을 부르는 말과 '아', '우'와 같은 감탄사가 사용되고, 개방어로는 '쉬', '우유', '아찌', '이뻐', '추워' 등 많은 어휘가 사용된다(조명한과 정복선, 1975; 이승복, 1994, 재인용).

두 단어 결합의 언어형식을 습득한 후 대략 1개월 이내에 아동은 두 개의 단어를 의미적으로 연결시켜 기본적인 명제적 의미관계를 표현한다. 두 단어 결합으로 아동이 표현하는 명제적 의미관계로 조명한(1982)은 다음과 같은 예들을 들고 있다.

〈표 8-4〉 두 단어 결합의 명제적 의미관계

명제적 의미관계	예
행위자 - 행위	아빠 어부바, 엄마 맴매, 해피 간다, 아빠 줘
대상 - 행위	빵 줘, 까까 줘, 쉬 했다, 엄마 우유 줘
행위자 - 대상	엄마 밥, 엄마 꼭지, 아야 똥, 아빠 밥
장소 - 행위	오토바이 타, 바까 쪼쪼, 빠방 가, 배 타, 여기 앉아
행위자 - 장소	아빠 학교, 아빠야 일루, 아빠 빠방, 아야 차, 언니 이리와
장소 - 실체	샘에 물, 바까 달, 저기 새, 어마 앞에, 꽃에 물, 아찌한테
소유자 - 소유	아빠 책, 엄마 아빠 책, 고모 꺼, 내 꺼, 엄마 신
실체-수식(수식-실체)	또 통, 은냐 통, 무서운 아찌, 엄마 소, 우리 언니야, 엄마야 아퍼, 주사 아야, 이거 큰거, 고모 이뻐, 물 줄줄
지시하기 실체(동일성)	이거 뭔데, 요거 불, 강냉이 이거

그리고 이 때 전보식 문장이 사용된다. 전보식 문장(telegraphic speech)이란 두 단어 이상의 내용어로 문장의 기본 형식을 갖춘 초기 아동의 말이다. 이러한 전보식 문장은 우리가 전보를 칠 때, 군더더기가 될 수 있는 기능어들(전치사, 조사 등)은 모두 생략한 채 가장 내용이 확실한 단어만을 추려 말하는 형식과 비슷하다.

② 세 단어 이상의 시기

두 단어를 결합시켜 말하기 시작한 아동이 2, 3개월이 지나면, 세 단어로 된 문장을 말하기 시작한다. 먼저 두 단어의 의미관계에 부르기나 감탄사를 덧붙여 말하는 형식으로 형식상의 세 단어 결합이 나타난다. '맘마 줘'라고 말하다가 '맘마 줘 엄마'라고 표현하는 것을 예로 들 수 있다.

만 3세경에는 3단어를 결합하여 문장형식을 제대로 갖춘 말을 하게 된다. 이 시기에 아동은 성인의 문장에 가까운 말을 할 수 있게 되는 것이다. 2단어 시기에 획득된 명제적 의미관계가 확장되어 다음과 같은 표현으로 3, 4단어 시기의 명제적 의미관계가 나타났다(조명한, 1982).

〈표 8-5〉 3, 4단어 결합의 명제적 의미관계

명제적 의미관계	예
행위자 - 대상 - 행위	아찌 흙 파
행위자 - 장소 - 행위	아빠 학교 가
장소 - 대상 - 행위	아빠 전화 하야?
행위자 - 공존자 - 행위	엄마 야 같이 가
공존자 - 대상 - 행위	애기애 호미 찾자
공존자 - 장소 - 행위	아빠 요 가자
행위자 - 수여 - 대상	엄마 아야 하나
수여자 - 대상 - 행위	엄마 물 주까?
행위자 - 수여자 - 대상 - 행위	엄마 아가 종이 줘
행위자 - 장소 - 대상 - 행위	고모 요기 코피 놔

아동이 세 단어 이상의 언어표현을 하게 되면, 전보식 문장에서 벗어나 문법에 맞는 언어의 형태소를 배우기 시작한다. 과거형이나 미래형을 표현할 수 있고, 문장의 주어를 나타내는 주격조사를 붙이기 시작한다. 이 시기에 아동은 이러한 문법규칙에 매우 일관성 있게 또는 지나치게 얽매여서 문법규칙의 과잉일반화 현상이 나타나기도 한다. 주어를 나타내는 조사 '가'를 배운 아동은 어떤 명사에나 이 규칙을 일반화하여 '저기 사람가 간다', '수박가 맛있다' 등의 표현을 하게 된다. 이러한 시기를 거쳐 아동은 점차 어떤 경우에는 '가'가 붙고, 어떤 경우에는 '이'가 붙는지를 스스로 익혀가면서 새로운 규칙을 덧붙이게 된다.

점차 아동은 문법적 형태소를 획득하고 고정된 어순에서 자유로워진다. 예를 들어, 우리 국어에서는 '주어-목적어-동사(SOV)'나 '목적어-주어-동사(OSV)'의 어순이 함께 사용되는데, 초기 아동의 말에서는 '주어-목적어'로 고정되어 있다가 점점 어순이 자유로워지는 것이다.

어순이 자유로워지면 아동은 복문을 사용할 수 있게 된다. 복문은 접속문에 의한 복문과 내포문에 의한 복문으로 대별해 볼 수 있다. 접속문은 대등절을 나란히 병렬하거나 주절과 종속절을 병렬하는 형식을 취하고, 접속문에 의한 복문의 예로는 '학교 가서 공부하세요', '지지 돼서 버려요', '가면서 먹을래' 등이 있다.

그리고 내포문은 두 명제 중에 어느 하나가 다른 하나에 의존 또는 종속의 관계가 되는 복문으로서, '그것두 삼촌이 사 준 거야?', '엄마 이거는 어떻게 되는 거야?', '이거 명수 먹는 거 맞어' 등을 예로 들 수 있다(이승복, 1994). 접속에 의한 복문과 내포에 의한 복문은 거의 같은 시기에 사용되기 시작하지만, 발달할수록 점차 내포에 의한 복문이 더 많아진다.

세 단어 시기에 아동은 주변세계에 대한 인지적인 표상과 주변세계를 묘사하는 언어적 체계를 가지고 언어놀이를 즐길 수 있으며, 아동의 언어사용은 매우 창의적이다. 그러나 점차 연령이 증가하여 5, 6세가 되면 아동언어의 창의적 특성이 줄어들기 시작하고, 성인이 사용하는 구문형태를 거의 완전하게 사용할 수 있게 된다.

화용론의 발달 아동의 언어발달은 음운론, 의미, 문법의 측면에서 언어구조의 사용이 어떻게 발달하는가를 살펴볼 수 있다. 그러나 의사소통을 하기 위해서는 이러한 언어구조의 습득 이외에 의사소통의 효율성에 영향을 미치는 화용론적 발달도 언어발달에서 매우 중요하다.

화용론적 발달은 언어이전시기부터 시작된다. 영아는 말을 하기 훨씬 이전에 성인이 하는 말의 억양에 맞추어 움직이거나, 다른 사람이 말을 중단하면 소리를 냄으로써 그 사람이 자신과 의사소통을 하고 싶은 마음을 가지도록 한다. 그리고 점차 영아는 특정 사물을 가르키거나 또는 그 사물을 성인에게 들고 와서 그 사물에 대한 의사소통을 가능하게 하기도 한다.

아동이 다른 사람들과 의사소통하는 대부분의 대화는 '지금, 여기서(here and now)'에 관한 것이다. 대화는 짤막하고, 대화를 주고 받는 횟수도 그리 많지 않다. 그리고 아동이 하는 대화의 30% 정도는 새로운 행동을 시작하기 위한 것이고, 다른 사람의 행동에 대한 반응으로 하는 대화는 60% 정도이다. 그러나 2~3세경에 아동은 의사소통을 위한 대화기술들을 이해하게 되고, 대화의 맥락도 고려하게 되어 점차 다른 사람과 원활한 의사소통이 가능하게 된다.

2세경부터 유아는 효율적인 의사소통을 위해 언어뿐만 아니라 상대방의 나이, 성, 사회적 지위 또는 상황조건에 맞추어 자신의 언어표현을 조정할 수 있게 된다. 2세경의 아동은 어머니에게 말할 때와 동생에게 말할 때 서로 다른 표현을 사용하며(Dunn, 1988), 또래나 성인에게 말할 때보다 동생에게 말할 때 쉬운 낱말과 짧은 문장을 사용하려고 노력한다(Shatz & Gelman, 1973). 이러한 연구결과들은 아동이 대상과 상황에 맞게 의사소통을 해 나가는 능력은 2세경부터 이미 발달됨을 보여주는 것이다.

2세경에는 아동이 다른 사람과 대화를 주고받는 기술(turn-taking)도 발달한다. 24~30개월경에 아동은 대화의 상대방에게 반응을 보이거나 어떤 주제에 대해 함께 대화를 나눌 수 있다. 3~4세경에 아동은 대화 상대방과 공유하는 부분을 이해할 수 있어, 상대방이 알고 있다고 여겨지는 부분은 설명하려고 하지 않는다. 그 후 만 5세경에 50% 정도의 아동이 상대방과 12번 정도 대화를 주고받을 수 있게 되어 원활한 의사소통이 가능하다.

만 3세경에 아동은 대화 상대방에 맞추어 말할 수 있게 되어, 듣는 이의 관점에서 가장 중요한 내용을 먼저 말하는 능력을 획득하고, 상대방의 나이나 역할에 맞추어 대화할 수 있으며, 간접적인 요청을 하기도 한다. 4, 5세가 되면 간접적인 표현을 사용할 수 있고, 상대방의 관점이나 역할을 점점 더 이해한다.

5세 이후에 아동은 자신이 실제 의도했던 것과는 다소 다른 표현을 할 수도 있고, 설명을 하거나 자신의 행동이나 말을 정당화하려는 의도를 표현하기 시작한다.

제 9 장

성격의 발달

1. 성격의 정의
2. 성격형성의 요인
3. 유아성격검사
4. 성격의 지도

제9장
성격의 발달

1. 성격의 정의

인간의 발달이란 각 발달단계를 거치는 동안에 발달적인 각 측면이 독립적으로 발달하는 것이 아니라 상호간에 서로 관련을 가지면서 하나의 전체로서 발달해 가는 것이다. 인간은 사회 속에서 환경과의 상호작용으로 개인의 독특한 일관성과 통일성 있는 행동경향을 형성해 간다. 이와 같이 형성되어진 독특한 총체적 행동유형으로서의 특색을 성격(personality)이라고 할 수 있다.

성격에 대한 정의는 학자마다 조금씩 달리하고 있다. Hall과 Lindzey(1957)는 "성격에 대한 보편적인 정의는 존재하지 않는다"고 말한 바와 같이 모든 심리학자들은 각자의 입장에 서서 개인의 성격에 대한 정의를 내리고 있기 때문에 한 마디로 단정을 내리기가 어렵다.

Allport(1937)는 문헌조사를 통하여 여러 가지 범주로 분류되는 인성의 정의를 거의 50가지나 뽑아내었다. 그는 성격의 본질을 개인이 특성을 총괄적으로 드러내는 것이라 하여 "성격이란 참다운 그 사람 됨(personality is what a man really is)"이라고 보았다. 또한 그는 "성격이란 환경에 대한 개체의 독특한 적응을 결정지어 주는 개체 내에 있어서 심리적 · 생리적인 역동적 체제"라고 정의하였다(이상로, 이관용 역, 1985). 이러한 성격은 많은 요인들에 의해 상호작용하는 가운데서 형성 · 발달해 나간다.

2. 성격형성의 요인

1) 생물학적 요인

유전 성격형성에 있어서 유전적 요인이 어떻게 영향을 주고 있는가를 알기는 어렵다. 그러나 쌍생아 연구방법은 이 문제의 해명에 중요한 단서를 주고 있다.

이는 Buss와 Plomin(1975)의 쌍생아 연구에서 잘 나타나고 있는데 즉, 유전적으로 동일한 특성을 지닌 일란성 쌍생아의 경우 정서, 활동성, 사회성이 이란성 쌍생아보다 두드러지게 상관이 높다는 것이 밝혀졌다. 이러한 사실은 성인을 대상으로 한 Loehlin과 Nichols(1976)의 연구에서도 뒷받침되고 있다. 또한 생후 2~3개월에서 2세에 걸친 어린이들에 대한 종단적인 관찰결과, 조기에 나타난 어떤 '고유의 반응'은 지속되기 쉽다는 것을 제시해 주는 연구도 있다(김정규, 1986).

얼굴 생김새, 눈동자의 색, 피부색, 머리털, 체격 등 신체적인 특징은 거의 유전적 영향을 받으며, 근시나 색맹처럼 어떤 신체 부분의 결손 역시 유전적 영향으로 명확히 판정할 수 있다. 그러나 성격면에서의 유전적 요인은 그 식별에 한계가 있다. '성격이 닮았다'는 말 속에는 유전요인 못지않은 환경의 영향이 작용하고 있기 때문이다. 또한 우리가 흔히 유전이라고 말하는 범주 안에는 내분비선, 신경조직, 체격, 외모 등과 같은 생물학적 요인도 내포되어 있어, 이 요인 역시 성격발달에 영향을 미치고 있음이 차츰 해명되고 있다.

이와 같이 유전적인 요인에 의해서 나타나는 성격특성에 차이가 발견되면서부터 최근에 와서는 유전적 요인에 의한 성격발달에 관한 연구가 활발해지기 시작했다(최경숙, 1991).

기질 활동수준, 흥분상태와 능동성 같은 경향 등을 여러 학자들은 기질적 특성이라 부른다.

기질(temperament)에 관한 최초의 연구는 Thomas 등(1956)에 의해서 시작된 뉴욕의 종단적 연구(NYLS)이다. 133명의 영아들을 대상으로 출발한 이 연구는 근래에 성인 초기까지 관찰한 보고서가 나와 있다.

기질이 어떤 심리적 특성인가에 대해서는 다음의 두 가지 문제를 둘러싸고 학자들간에 이견이 있다. 첫째, 아동의 기질은 선천적으로 결정되는가 또는 후천적 경험에 의해 형성되는가, 둘째, 아동의 기질은 지속적인가 또는 변화하는가의 문제이다.

기질의 차이가 비교적 일찍부터 나타나며, 이란성 쌍생아에 비해 일란성 쌍생아의 기질이 더욱 유사하다는 사실을 바탕으로 흔히 기질은 선천적으로 결정되는 것으로 생각되어 왔다(Buss & plomin, 1986; Thomas & Chess, 1984). 그러나 아동의 기질형성에 환경이 강력한 영향력을 미친다는 주장도 제기되고 있어 현재로서는 이 문제에 대해 단정적인 결론을 내리기 어렵다(Bates, 1987).

지금까지의 연구결과를 종합하면 기질은 생득적이며, 지속적인 특성이 강하다는 주장이 우세하다. 그럼에도 불구하고 기질의 형성과 변화에 미치는 환경의 영향을 간과해서는 안 될 것 같다.

Thomas와 Chess(1984)는 다음과 같은 세 가지 기질 유형을 분류하였다.

① 순한 아이

순한 아이(easy child)는 수면, 음식섭취, 배설 등의 일상생활습관에 있어서 대체로 규칙적이며, 반응강도는 보통이다. 새로운 음식을 잘 받아들이고, 낯선 대상에게도 스스럼 없이 잘 접근하며, 환경의 변화에 대한 적응력도 높다. 대체로 평온하고 행복한 정서가 지배적이다. 중류층 아이의 약 40%가 이 유형에 속한다.

② 까다로운 아이

까다로운 아이(difficult child)는 순한 아이와 정 반대이다. 생활습관은 불규칙적이며 예측하기 어렵고, 환경으로부터의 자극이나 욕구좌절에 대한 반응강도는 강하다. 새로운 음식을 받아들이는 속도는 늦고, 낯선 사람에게 의심을 보이며, 환경의 변화에 대한 적응도 늦다. 크게 울거나 웃는 등 강한 정서가 자주 나타나며, 부정적인 정서도 자주 보인다. 약 10%의 영아가 이 유형에 속한다.

③ 더딘 아이

더딘 아이(slow to warm up child)는 상황의 변화에 대한 적응력이 늦고 낯선 사람이나 사물에 부정적인 반응을 보이는 점에서 까다로운 아이와 유사하다. 그러나 까다로운 아이와 달리 활동이 적고 반응강도 또한 약하다. 수면, 음식섭취 등의 생활습관은 까다로운 아이보다 규칙적이지만, 순한 아이보다는 불규칙하다. 전체 아동의 약 15%가 이 유형에 속하는 것으로 보고되고 있다.

Thomas 등(1968)의 초기의 종단적 연구에서 영아기에 까다로운 기질로 분류된 아이는 다른 기질의 아이에 비해 보다 많은 문제행동을 보이는 것으로 밝혀졌다. 이처럼 영아기의 기질이 문제행동 경향과 상관이 있다는 주장은 근래에도 많은 연구결과에 의해 입증을 받고 있다(Bates, 1987; Bates et al., 1985).

우리 나라에서도 아동의 기질과 관련 변인들 간의 관계에 대한 많은 연구들이 이루어지고 있다. 영아의 기질과 지능 간의 관계를 분석하여 활동수준이 낮은 아동이 지능이 낮다는 결과를 얻은 박혜원 등(1994)의 연구, 까다로운 기질 경향성이 유치원 생활의 적응도를 낮춘다는 연구(원영미, 1990)는 대표적인 예이다. 특히 '조화의 적합성' 측면에서 부모가 유아의 기질에 만족할수록 자녀 만족도가 높으며, 아동의 자기능력에 대한 긍정적 지각도 높다(진예봉, 1993; 최영희, 1994)는 연구결과들을 찾아볼 수 있다.

2) 사회문화적 요인

어린이의 성격형성은 살고 있는 그 사회문화적 환경 즉, 정치형태, 경제형태, 과학의 진보정도 등에 의해서 영향을 받는다.

각 사회의 문화에는 그 사회 구성원들이 인정하는 행동양식이 있으며 독특한 특징과 가치를 지니고 있다. 이를 어린이들에게 학습하게 해야 한다.

뉴기니아의 산간에 사는 Arapesh 족은 평화적이면서도 우호적이며, 또 순진하고 협동적이다. 그러나 선견과 양심이 결여되어 있다. 이것은 타 종족의 침략을 받을 위험은 적고, 빈곤하여도 의지가 되는 생활이 계속되기 때문이다. 반면 그린랜드에 사는 Eskimo 족은 격렬한 개인주의자이며, 자신을 믿는 마음이 강하다. 이것은 생활조건이 엄하고 강한 사람만이 생존할 수 있으며, 몸이 약하다든가 장애가 있어 활동할 수 없는 사람은 자살하든가 살해당하고 말기 때문이라고 볼 수 있다.

미국 문화와 일본 문화 속에 살고 있는 어린이도 성격상으로 문화적 차이를 나타낸다. 즉, 미국 어린이는 대체로 보아 독립적이며 자기주장이 강하고 적극적이다. 반면, 일본 어린이는 집단지향적이고 다른 사람과의 관계 속에서 상호의존적이며 수동적인 경향이 있다. 이것은 유아기를 통해서 사회관계에서 상호의존을 증가시키는 방향으로 격려받기 때문이다(김정규, 1986).

이와 같이 그 문화에 적합한 가치, 행동 그리고 태도를 습득하면서 그 문화의 존속을 돕는 성격이 차츰 형성되어 가는 것이다.

3) 가정환경적 요인

사회경제적 요인 인간이 태어나고 성장해 가는 환경으로서 가정이 어린이의 성격형성에 매우 큰 영향을 미친다는 사실은 두말할 나위가 없다. 가정환경 중 사회경제적 조건 역시 자녀의 성격형성에 영향을 미친다. 학자에 따라 다소의 견해 차이는 있으나 대체로 다음과 같이 지적되고 있다(Hoffmon, 1970; Maccoby, 1980; Zussman, 1978).

① 상류가정

상류계층은 대체로 세습적인 자리를 누리며 권위 있는 생활을 하려 한다. 안정된 사회적 · 경제적 지위로 인한 자신감, 만족감을 갖는 이들은, 대체로 자녀의 성적에는 비교적 무관심하며 취미생활, 건강 등에 유의하기를 바란다.

이들 자녀들은 풍부한 경제적 혜택에 의해 신체발달은 물론 자기의 능력과 포부와 취미를 마음껏 신장시킬 수 있는 기회를 갖게 된다. 그러나 한편 외면상 행복해 보이는 이들도 친자관계가 표면적이기 쉬우므로 정신적으로는 고독하며, 건강하지 못하고 신경질, 의뢰심, 주의산만 등 박약한 성격으로 형성되기 쉽다.

② 중류가정

중류계층은 모든 것이 안정되어 있고, 정력적이며 활기찬 사람들로 구성된다. 대체로 민주적으로 가정이 운영되며, 세습적인 기반이 없기 때문에 자녀의 장래는 자녀 자신의 능력에 달려 있다. 따라서 교육열이 왕성하며 우수한 학업성적을 요구하고, 출세주의를 표방하며, 진학 제일주의여서 대체로 실용적인 학문을 선택시킨다.

생활태도는 비교적 건전하고 근면하며, 풍족치 못한 생활여건 때문에 취미 생활은 다양하지 않으나, 이들은 대체로 종교에 대해선 신봉적이다. 중류가정에서는 자녀에게 여러 가지 꽉 짜여진 일과표를 강요하는 수가 있다. 어느 나라나 성공한 사람은 대개 중류가정 출신들이 많은 편이다.

③ 하류가정

하류계층은 불안정하기 때문에 자녀를 교육시킬 여유나 관심조차 없고, 자녀가 생계의 수단이 되는 경우가 많다.

하류층의 자녀들은 신체와 지능의 발달이 늦고 학업성적도 나쁘다. 또 주거의 협소, 비개성적인 생활, 문화생활의 결핍, 현실적 자극의 과잉 등으로 인하여 이들 자녀의 성격은 완고성, 불안감, 열등감, 비공상성, 거부성, 화를 잘 내는 특성 등을 지니기 쉽고 종교에 대해서는 무관심하며, 사회적 참여를 의식적으로 기피하는 경향이 있다.

부모의 양육태도 가정의 분위기가 어린이의 성격형성과 행동에 미치는 영향은 크다. 특히, 부모의 양육태도는 어린이의 성격형성에 절대적인 영향을 미친다.

1910년 이래 Freud로부터 시작해서 여러 심리학자들은 아동의 성격과 사회적 발달에서 부모의 역할에 관하여 많은 관심을 보여 왔다.

부모의 양육태도를 처음으로 이론화한 사람은 Symonds(1949)인데, 그는 부모의 양육태도를 과보호적, 우세적, 거부적, 복종적으로 분류하였다. Heyns(1958) 역시 Symonds처럼 양육태도를 분류하고 있다.

Symonds의 이론은 어머니의 양육태도를 체계화하려 했다는 점에서 공헌한 바 있으나, 어머니의 양육태도를 정상적인 규정에 의거 설명하는 데는 실패하였다. 즉, 어머니의 양육태도가 부정적으로만 설명되었고 일상생활에서 일어날 수 있는 건전한 태도에 대해서는 언급이 없었기 때문이다.

정상적인 부모의 양육태도를 장기적으로 연구한 Schaefer(1959)는 Symonds와 다른 이론모형을 발표하였다. 그는 신생아기부터 초기 청년기에 이르는 동안의 발달과 부모의 양육태도를 함께 연구하였다. 30여 년 동안의 기록에 의거 어머니의 양육행동을 두 개의 축 즉, 사랑-적의, 자율-통제의 축으로 분류하였다(이현섭, 1987).

그러나 최근에 Baumrind(1967; 1973)는 '자녀에 대한 부모의 양육방식과 어린이의 사회적 능력과의 관계'에 대하여 95개의 가정으로부터 유아원에 다니는 아동 103명을 대상으로 연구하였다. 그 결과 3가지의 부모 양육방식을 발견하였는데, 권위적인 형, 권위주의적인 형, 허용적인 형으로 분류하였다. 그 유형을 살펴보면 다음과 같다.

① 권위적인 부모들(authoritative parents)은 자녀들의 활동을 합리적으로 이끌어 가며, 대화를 충분히 한다. 그들은 자녀를 지도하는 데 있어서 자신감을 갖고 있으며 동시에 자녀의 의견 그리고 독특한 성격을 존중한다. 또한 그들은 자녀의 독립적인 결정을 존중하고 애정을 표시하지만, 한정된 범위 내에서 벌을 주기도

하고 지속적인 기준을 일관성 있게 지켜나간다. 통제와 격려를 조화롭게 사용한 이들의 자녀들은 사랑받고 있다는 것을 알고 자신에게 무엇이 요구되는지 또한 알며 안정감을 느낀다.

따라서 이러한 상황하의 어린이들은 자신감과 자제심, 확고함, 탐구심 그리고 만족감을 갖게 된다.

② 권위주의적인 부모들(authoritarian parents)은 자녀의 행동과 태도를 통제하려고 하나 합리적이지 못하고 강압적이다. 즉, 절대적인 기준이나 정해진 틀에 자녀를 끼워 맞추려고 한다. 뿐만 아니라, 절대적인 복종에 가치를 두고 자녀가 부모의 기준에 반대되는 행동을 했을 때는 강하게 벌을 준다. 그들은 자녀에게 온정적이고 애정적이며 동정적인 면을 적게 보인다. 이러한 부모들의 자녀들은 자기 자신을 다소 신뢰하나, 불만이 많고 불안정하며 위축되며 불신하는 경향이 있다.

③ 허용적인 부모들(permissive parents)은 요구를 거의 하지 않고 자녀들이 가능한 스스로 활동해 나가는 것을 허용한다. 그들은 가정을 이끌어 나가는 데 조직적이거나 효과적인 면이 없고, 어린이를 훈육하고 보상을 주는 데 일관성이 없으며, 어린이에게 성숙한 행동을 거의 요구하지 않고, 독립성이나 자기신뢰의 훈련에 관심을 보이지 않는다. 따라서 이러한 부모 밑에서 자란 어린이는 유아원에서도 미성숙하고 독립성, 탐구성, 자기신뢰, 자기통제가 결여되어 있다.

권위적인 가정에서 자란 아동은 기대에 응하는 시기를 알고, 그러한 기대를 판단하는 방법을 배우며, 어떤 일을 할 때 부모가 못마땅해 하거나 다른 불쾌한 결과도 감수할 만할 가치가 있다고 생각되는 시기를 포착할 줄 알게 된다. 또한 맡은 일을 잘 해 나가고 가족구성원으로서의 의무를 잘 수행하고, 오락에도 능동적으로 참여하며, 목적을 형성해가는 방법을 배우게 된다. 자녀들은 또한 책임을 다하고, 성공함으로써 얻어지는 만족감을 경험하게 된다. 그러나 권위주의적인 가정에서 자란 아동은 벌이나 가책과 같은 것에 의해 너무나 엄격하게 통제되기 때문에, 부모의 반응을 지나치게 두려워해서 어떤 행동에 대한 의식적인 선택을 잘 하지 못한다. 허용적인 가정에서 자란 아동은 별로 지도를 받지 않기 때문에 자기가 한 행동이 옳은지에 대해 불확실하고 불안하게 된다(이영, 조연순 역, 1992).

부모의 양육태도가 아동의 성격형성에 커다란 영향을 미친다는 사실은 많은 학자들의 연구에 의해서 밝혀졌다. 지금까지의 연구결과들을 종합해 보면, 부모의 양육태도가 기본적으로 수용적 · 허용적이며, 애정이 있고, 합리적이고 민주적일 때 아동의 성격은 바람직한 특성(적극적, 자주적, 우호적, 정서안정 등)과 결부되기 쉽다. 반면에 부모의 양육태도가 거부적이며, 방임적이거나 과보호 또는 기대과잉일 때 아동의 성격은 불건전한 행동적 특성(적응곤란, 신경증적, 공격적, 반항적, 의존적, 정서불안정 등)과 결부되기 쉽다. 그리고 부모의 양육태도가 일관성이 없어서 때로는 수용적이고, 때로는 거부적일 때 아동들은 정서불안과 자신감을 상실한다.

출생순위 출생순위에 따라 성격특성이 다르다는 점에는 많은 학자들이 동의하고 있다.

Adler(1927)는 유아가 경쟁심을 키우고 자신감을 갖는 데는 형제간의 경쟁의식이 중요한 역할을 한다는 것을 시사하고 있다. 그에 따르면 무력한 존재로 이 세상에 태어나는 인간은 생태적으로 열등감을 가지고 있으며, 이 열등감을 극복하려는 심리적 기제로서 우위를 향한 추구를 가지고 있다고 한다. 우위로 향한 추구는 개인이 갖는 열등감의 종류와 수준에 의존하는 바, 출생순위가 늦은 차자(또는 차녀)는 형(또는 언니)보다 상대적으로 우위로 향한 추구가 강한 경향을 띠게 된다고 한다. 이러한 경향성이 장자와 차자 간의 차이를 낳게 된다고 한다.

그러나 출생순위에 따라 성격적 특성이 상이하게 형성되는 것은 Adler가 말하는 생태적인 열등감이나 우위로 향한 추구와 같은 개인의 내재적 · 심리적 기제 외에도, 가족구성원간에 조성되는 대인관계의 역동에 의해서 좌우되는 바가 크다.

출생순위에 따른 성격특성을 살펴보면 다음과 같다(서봉연 외, 1985).

① 맏이(the oldest child) : 맏아이는 아기가 없었던 집에 처음으로 생긴 아기이므로 부모는 물론, 주위 모든 사람의 관심과 사랑이 지극하다. 맏이로서 온 집안식구의 위함을 받으며 동생들을 지배하면서 항상 한 단 위에 서 있기 때문에, 맏아이는 흔히 유아독존적인 자만심과 권위적인 성격이 되기 쉽다. 그러나 부모가 집을 비울 때는 종종 부모대역으로서 동생들을 통솔하고 보살펴야 하는 위치에 놓이므로, 이러한 경험이 맏아이로 하여금 포용력이 있고 지배적이고 책임감이 강한 성격을 길러주는 한편, 내심으로는 걱정이 많은 소심한 성격을 만들기도 한다. 또 맏아이는 부모의 경험부족으로 인해서 자신 없고 불안한 육아태도로 양육하기 때문에, 때로는 불안정하고 인내력이 결여된 성격을 형성하기도 한다.

② 중간(the middle child) : 둘째 혹은 셋째 아이는 육아경험이 풍부해진 부모가 자신있게 키우지만, 자녀 수가 늘어나므로 첫 아이 때처럼 한 아이에게만 정성을 기울일 수 없게 된다. 그러나 부모가 잘 돌보아 주지 못하는 가운데서도 둘째나 셋째 아이는 형들을 보고 스스로 많은 것을 배우고 익힌다. 그러므로 둘째나 셋째 아이는 독립적이고 개인주의적인 성격을 형성해 나간다. 그리고 아래 위의 형제들과 어울리는 쉬운 위치에서 자라나기 때문에 성장 후에도 사교적인 성격이 되기 쉽다. 그리고 관찰학습의 모델이 있어 여러 가지 학습이 용이한 이점으로 인해서 영리하고, 성장 후에 성공하는 비율도 높다고 한다.

③ 막내(the youngest child) : 막내아이는 동생 없이 오랫동안 가족 내에서 가장 어린 사람으로 머물러 있게 되고, 주위의 사람들이 항상 돌보아 주기 때문에, 의존적이며 이기적이고 책임감이 결여되기 쉽다.

④ 외동(the only child) : 외동아이는 형제가 없이 홀로 자라므로 사회성 발달이 다소 늦어질 수는 있으나, 형제간의 경쟁심이나 질투심으로 인해 성격이 삐뚤어지게 성장할 가능성은 적다. 그러나 대개 외동아이는 자기중심적이고 의존적이며 유아적인 성격특성을 지니기 쉽다.

출생순위가 아동에게 미치는 영향은 형제들의 성과 연령에 따라서 또한 다르다. 형제가 같은 성이면서도 동시에 연령차가 두 살 미만일 때는 어떤 특성에 있어서도 형제간의 차이가 적으나, 연령차가 네 살 이상이거나 형제의 성이 다를 때에는 행동이나 태도면에 차이가 크다.

예를 들어, 자기보다 네 살이나 어린 남동생이 있는 여아는 네 살 어린 여동생이 있는 남아보다 책임감이 강하고 공격적이다. 대체로 남자형제가 있는 어린이는 여자형제가 있는 어린이보다 더 남성적인 특징을 지닌다.

또한 같은 여아일지라도 여자형제가 있는 어린이와 남자형제가 있는 어린이를 비교해 볼 때, 남자형제가 있는 여아가 더 야심적이고 공격적이며, 지적 발달도 앞서는 경향이 있다. 이러한 특성들은 동일시 과정이나 형제간에서 생길 수 있는 모방에 의한 효과라 할 수 있다.

그러나 이와 같은 여러 특징은 차츰 핵가족화됨에 따라 변화해 가고 있다고 하겠으며, 문화양식이나 육아방식도 크게 변해 가고 있어서 계속 연구해 볼 필요가 있는 문제이다.

3. 유아성격검사

현재까지 개발된 검사들은 중 · 고등학교 학생부터 성인수준의 성인용으로 작성되어 있으며, 어린 아동부터 성인까지의 광범위한 연령층을 위한 검사는 그 수가 매우 적은 실정이다. 현재 사용되고 있는 아동용 성격검사들은 그림에 반응하게 하는 투사적 검사들이 대부분이다.

피진단자가 자기 자신의 성격을 어떻게 인지하고 있는가를 조사하기 위해서 미리 준비해 둔 다수의 질문에 대해 1대 1의 회답을 하게 하여, 그 반응구조를 분석하고 개인의 성격을 이해하려는 방법을 자기진단에 의한 질문지법이라고 한다. 질문지는 성격에 관한 넓은 범위에 걸친 사항에 서로 관련되어 다루어진다. 복수의 성격특성을 동시에 측정하여 특성 간의 상대관계를 나타내려 한 것을 성격목록(personality inventory)이라고 부른다. 성격목록은 측정적이라기보다는 진단적인 의미를 가지고 있다.

현재 우리 나라에서 아동을 위한 표준화된 성격검사로는 다음과 같은 것들이 있다(박아청, 1995).

1) 그림좌절검사

그림좌절검사는 그림을 제시하고 비어 있는 곳에 반응을 하게 한 다음, 그 결과에 의해 성격을 진단하는 방법이다. 김재은과 김태련(1964)이 'Rosenzweig Picture Frustration Test' 를 우리 나라에 맞게 표준화한 것이 있으며, 최근에 김태련(1987)이 아동용을 개발한 것이 있다. 이 검사는 본래 욕구불만이론으로 유명한 미국의 Rosenweing에 의해서 1945년에 만들어진 것이다.

2) 인성검사

이 검사는 정범모가 제작한 것으로 성격을 기술적인 입장에서 측정하려는 것이 목적이다. 이 검사의 모체가 되고 있는 '길포드-짐머먼 기질검사' 가 측정하고 있는 요인은 이 검사보다 적다. 검사는 초등학교용, 중 · 고등학교용이 따로 마련되어 있으며, 측정요인은 초등학교 6개, 중 · 고등학교는 8개이다. 초등학교용의 요인은 활동성, 충동성, 지배성, 사려성, 안정성 및 사회성이다.

3) 간이정신 진단검사

이 검사는 중앙적성출판부(1984)에서 나온 것으로 아동에서 성인까지를 대상으로 실시할 수 있다. 측정내용은 9개 증상차원(신체화, 강박증, 대인예민성, 우울, 불안, 적대감, 공포불안, 편집증, 정신증)과 부가적 문항 등 90개 문항으로 구성되어 있다.

4) 성격차원검사

Eysenck의 특성이론에 입각하여 Eysenck와 이현수(1985)에 의해 공동제작된 것으로 강인성, 외향성-내향성, 정서성 그리고 허위성 혹은 사회적 욕망성과 같은 네 가지 중요 성격차원적 요인을 측정하는 형식으로 된 성격검사이다.

5) 유아성격검사

이 검사는 송인섭(1993)이 제작한 것으로서 유아(4～7세)들의 성격을 측정하기 위해 제작된 카드형식의 검사이다. 이 검사카드는 여러 가지 성격특성을 간결하게 나타내는 문항과 이를 잘 나타내 주는 원색 그림으로 구성되어 있으며, 전체가 5개의 하위영역(학문성, 사회성, 가족성, 정서성, 타당성)으로 이루어져 있다.

6) 한국판 아동용 회화통각검사(CAT)

벨락 부처(1952)가 주제통각검사(TAT)와 같은 취지로 만든 것을 토대로 김태련 등이 제작한 검사이다. 이 CAT를 이론적으로 보면 TAT와 흡사하며, 다만 아동이 인간보다 동물에 대해서 자기 자신을 더 동일시한다는 착상에서 자극화의 등장인물이 모두 동물로 되어 있다는 것이 특징이다.

이 외에도 로르샤하 성격진단법, TAT 성격진단법, BGT 성격진단법을 활용한 검사(이상로, 변창진, 이희도) 등이 있다.

4. 성격의 지도

사람은 누구나 현재 자기가 속해 있는 사회적 · 문화적 환경에 적응하는 것이 무엇보다 중요하다. 즉, 아동들은 가정, 학교, 지역사회에서 자기 자신의 위치를 인식하여 환경에 적응하는 일이 중요하다. 적응이란 개인과 환경과의 관계를 나타내는 개념으로서 일률적으로 정의를 내리기는 어렵지만, 개인이 대인관계에 있어서나 사회의 규범에 대하여 적절하고 조화 있는 행동을 하여 정상적인 사회생활을 하고 자기 자신도 만족하는 경우를 적응이라고 할 수 있다.

바람직한 인성형성을 위한 지도는 가정, 학교, 지역사회에서 어린이의 적응능력을 돕기 위한 심리적 특성 즉, 사회성, 책임감, 안정감, 관용성, 자신감, 준법성, 성취동기, 태도 등이 조화적으로 발달할 수 있도록 지도를 해야 한다.

Shaffer(1936)는 전일적이고 통합적인 인성형성의 조건을 다음과 같이 들고 있다.

① 의, 식, 주 등 일체의 기본적 습관의 규칙을 길러야 한다.
② 적절한 지도와 건설적인 지도를 해야 한다.
③ 지나치게 억압적인 훈련을 삼가야 한다.
④ 우유부단하고 갈등을 자아내는 지도는 바람직한 인성을 형성하지 못하게 한다.
⑤ 바람직한 적응을 하기 위하여 강제적이며 조급하게 서두르는 식의 지도방법은 통합적인 인성형성에 지장을 가져온다.
⑥ 부모가 신경질적이면 자녀도 역시 부적응행동의 소유자로 만들게 된다.
⑦ 가정이나 학교의 분위기가 화목하지 못하고 조화를 이루지 못하면 분위기의 영향을 받아 바람직한 인성이 형성될 수 없다.
⑧ 가정이 파괴되고 불우하면 바람직한 이성을 형성할 수 없다.
⑨ 억제하고 금지하는 일이 중심이 되는 지도방법이나 생활의 양은 문제를 전체적으로 보고 원만히 해결하지 못하게 한다.
⑩ 모든 행동에 있어서 정서적으로 적응을 잘 하지 못하면 일을 건설적으로 하려는 의욕과 태도를 기를 수 없다.

현대사회가 원하고 있는 아동상은 전인(whole child, well-balanced child)이다. 즉, 신체적 · 지적 · 정서적 · 사회적인 면에서 치우침 없는 통합(integrity)된 인격을 지닌 아동이다. 이를 위해 성격형성의 결정적 시기인 유년기에 조장해야 할 성격특성은 다음과 같다(Hurlock, 1956).

① 명랑성 : 어떠한 환경에서도 명랑한 태도는 기분 좋은 특성이다. 명랑성은 불필요한 억제와 좌절감을 회피시키는 데 도움을 준다. 건강한 어린이는 잘 웃고 장난이 심하고 즐거운 표정을 지닌다. 기분좋고 건강한 상태, 명랑하고 긍정적인 인생관을 가진 사람과의 접촉, 불필요하게 행동을 제약하거나 좌절시키지 않도록 돕는 것이 명랑성 배양에 도움이 된다.

② 자신감 : 항상 결점을 발견하려 들거나 비판을 하는 분위기 속에서는 자신감이란 결코 형성될 수가 없다. 따라서 꾸짖기보다는 자주 칭찬을 하는 것이 자신감 배양의 가장 좋은 방법이다. 그리고 자기 능력을 겨루어 봄으로써 자기 자신을 평가해 보는 기회를 갖도록 해준다. 이 경우 능력에 겨운 일이나 자기보다 나은 아동 틈에서만 비교당하는 것은 오히려 좌절감에 빠지게 한다. 또 아동으로 하여금 무슨 일이든 스스로 하도록 훈련해야 한다. 독립심은 자신감을 촉진시킨다.

③ 용기 : 아동을 어리고 약한 존재로만 여기고 아동 주변에서 안전을 위해 언제나 돌보는 부모는 자녀를 위축시킨다. 자녀에 대해 자신있는 태도를 갖고, 부모로부터 일정한 거리를 두고 지켜보면서 아이의 실수나 실패에 대해 '모든 것은 잘 되어갈 것' 이라는 격려의 자세를 가질 때 용기를 배울 것이다.

④ 열성 : 무슨 일에 무기력하지 않고 열중할 수 있는 특성으로 어릴 때부터 자유로운 의사표시의 기회, 귀찮아 하거나 의견을 억압치 말고 허용하는 분위기, 스스로 일을 처리해 보는 경험, 비록 단순한 체험일지라도 그것을 자기가 계획하고 실행했을 때 그 체험담을 잘 들어주는 것 등은 활력 있는 성격을 기르는 데 도움이 된다.

⑤ 동정심 : 동정심이란 충분한 관심과 따뜻한 마음으로 타인의 입장을 자기 것으로 느낄 수 있는 능력이며, 따라서 동정심의 발달은 상상력을 전제로 한다. 아동은 이기적인 성향과 한정된 상상력 때문에 타인에 대해 동정하는 능력이 어느 연령까지는 없다. 그러나 유아 초기에 서서히 동정심의 성향을 촉진시킬 수 있다. 이를테면 아끼는 장난감을 잃었거나 자기집 개가 차에 치었을 때 어떻게 느끼느냐 등의 질문이라든가 동화를 들려주는 것은 상상력을 기르는 데 도움이 된다.

⑥ 이타심 : 어린이는 원래 이기적인 특성이 강하다고 했으나 이기성은 좋은 인격 특질이 될 수 없으므로 성장과 더불어 차츰 이타심을 길러야 한다. 자기의 아끼는 장난감 등을 나누어 갖는 것, 이러한 것을 불행한 친구에게 나누어 주는 것, 남을 돕는 기회 등을 통해 타인에의 관심을 배운다. 이타적인 태도의 가치를

느낄 수 있도록 칭찬과 상으로써 이러한 행동을 인정하고 격려해 준다.

⑦ 자기주장 : 자기주장은 독립성과도 연관이 있는데, 3세경에 싹트는 이 특성은 자기가 입고 싶은 옷을 주장한다든가, 부모의 말을 듣지 않는 등 까다롭게 구는 태도로 나타난다. 아동들에게 합리적으로 자기주장을 할 수 있도록 격려하는 가정의 분위기는 자신감, 자율감 등을 배양하게 된다. 여러 가지 중에서 하나를 선택하는 기회와 어떤 문제 등에 대해 자기의견을 표현하는 훈련 등은 자기주장의 능력을 함양한다.

⑧ 침착성 : 침착성은 흥분이나 신경질 등을 견제해 준다. 무슨 일에나 서두르지 않고 차근차근 순서를 따라 실행하는 버릇, 감정을 마구 표현하지 않는 자기억제력을 훈련해야 한다. 어린 시절을 도시보다 시골에서 보내는 것이 침착성 배양을 위해 좋으며, 자연접촉은 감정순화를 위해 매우 유익하다. 또 침착한 사람과의 접촉, 주택 내에서 조용한 부분에 아동실을 제공해 주는 것도 유익하다.

⑨ 협동심 : 어릴 때부터 가사 등 가족일에 참여시키고, 온 가족이 함께 일하는 분위기를 즐겁게 체험시키는 것은 협동성을 배양하는 관문이다. 형제간에 서로 도와주는 일, 마을청소 등 이웃사회를 위해 봉사하는 일에 부모 따라 참여해 보는 것 등은 협동심 배양에 도움이 된다.

⑩ 유머 감각 : 명랑하고 밝고 여유 있는 인생관을 가진 가족 틈에서 자라난 어린이는 적당한 유머 감각을 가질 수 있다. 다른 성격 특질처럼 유머 감각도 개발돼야 하기 때문에, 재미있는 장면에서 웃고 있는 사람들과 함께 있을 때 아동도 이를 모방할 수 있다.

⑪ 합리적인 자기평가 : 지나친 자기만족(자긍심) 혹은 자기불만족(자기비하)은 건강한 성격의 특질이 아니다. 어떤 아동이 잘난 체하면서 스스로 만족해 한다면 다른 아이들로부터 미움을 받을 것이다. 반대로 자기불만족은 자기가 잘못하는 것에 항상 투덜거리기 때문에 다른 아동들에게 인기가 없게 된다. 가족들이 아동을 덮어놓고 치켜올리는 일이나 반대로 항상 잘못을 비판하기만 하는 경우, 아동은 자기가치감에의 정당한 인식을 할 수 없게 된다. 아동은 행복하기 위해서는 다른 사람들의 사랑과 존경을 받을 가치가 있는 존재로 받아들여지고, 그들의 애정을 받으며, 성취로부터 오는 만족을 얻어야 한다.

제 10장

정서발달

1. 정서의 정의
2. 정서의 분류
3. 정서의 분화과정
4. 유아정서의 특징
5. 정서의 발달요인
6. 정서유형의 발달
7. 정서발달의 지도

제10장
정서발달

1. 정서의 정의

정서(emotion)의 어원은 라틴어 'emovere(뒤흔들다, 교란시키다, 휘젓는다)'에서 비롯되었다. 따라서 정서란 흥분되고 뒤흔들려서 교란된 상태라든가, 반응의 일시적인 혼란의 상태 또는 흥분된 상태를 기술하기 위한 심리학적 용어라 할 수 있다(김재은, 1984).

20세기 초까지 정서는 감정(feeling)과 동일한 것으로, 또는 혼동되어 사용되었다. 감정이란 불안, 분노, 사랑 등과 같이 여러 다른 용어들로 사용되고 있어서 이를 일정한 범주로 분류하고 통합할 필요가 생기게 되었다. 그러므로 현재 정서는 여러 가지 감정들을 포괄하는 상위개념으로 사용되고 있다. 즉, 정서는 감정보다는 보다 격화된 상태이며 포괄적인 정의적 경험을 말한다. Jersild(1957)는 정서를 '뒤흔들려진 상태(a state of being moved)'라고 하였다.

정서란 가슴이 두근거린다 등과 같은 생리적 현상뿐만 아니라 미소와 같이 눈에 보이는 행위까지 광범위하게 나타내는 감정을 말한다. 정서에는 긍정적인 정서와 부정적 정서가 있을 수 있는데, 긍정적 정서에는 행복, 기쁨 등이 있으며, 부정적 정서에는 분노, 공포 등이 있다. 영아기 정서의 주요 기능은 생존을 위한 방편이 되며 의사전달의 수단이 된다고 볼 수 있다(Santrock, 1994).

정서는 어린이가 태어나면서부터 어린이의 행동에 작용하며 일생 동안 행동의 기저를 이루는 매우 중요한 구실을 한다. 어린이의 신체적, 운동적, 지적, 사회적 성격의 모든 발달에 크게 영향을 미친다는 많은 연구결과가 밝혀지고 있다. 어린이의 정서에 대한 이들 연구를 요약하면 아래와 같다.

① 정서는 생리적 반응(심장의 고동, 혈압과 동공의 변화, 피부의 수축, 근육의 긴장

등)을 수반한다. 이러한 생리적 변화를 해소시키는 과정을 통해서 정서적 순화가 가능한 것이다. 그러나 이러한 순화작용이 여의치 않을 때는 손톱을 물어 뜯거나 엄지손가락을 빠는 등 신경질적인 버릇이 생길 수 있다.

② 정서는 지적 활동을 방해한다. 집중, 기억, 추리, 학습 그 밖의 다른 지적인 활동은 불쾌한 정서에 의해 방해를 받는다. 즉, 어린이가 정서적으로 혼란되면 그는 지적 능력수준 이하로 떨어진다. 그러므로 어린이가 분노, 좌절, 질투, 슬픔과 같은 괴로운 상태에 계속 놓이게 된다면 학업성적이 떨어지게 되는 것은 당연하다.

③ 정서는 매일의 경험에 즐거움을 더해 준다. 기쁨이나 만족이 아니고 분노나 공포 같은 정서일지라도 너무 심하지만 않다면 어린이를 자극시킴으로써 생활을 활기 있게 한다. 특히 호기심, 애정, 기쁨과 같은 정서는 아이들에게 심신의 모든 긴장을 풀어주기 때문에 가장 좋은 천연의 약이 될 수도 있다.

④ 정서는 어린이의 인생관에 영향을 미친다. 어린이가 자라서 일상생활에서의 그의 역할과 사회집단에서의 자기 위치를 어떻게 보는가 하는 것은 그 어린이가 겪었던 성장과정에서의 호기심, 공포, 애정, 만족 등의 정서적 경험에 의해 영향을 받게 된다. 즉, 이러한 정서를 통해 어린이는 사회규범과 기대에 순응하기 위한 행동의 적응양식을 배운다. 따라서 사회적으로 즐겁고 조화로운 상호관계를 장려하게 되어 사회화 경험으로서 중요한 역할을 한다.

⑤ 정서적 표현의 반복은 습관으로 발전한다. 유아기에 만족스러웠던 정서의 표현은 되풀이되며, 때로는 습성으로 발전되기도 한다. 예컨대, 원하는 것을 얻기 위해서는 짜증을 내는 것이 가장 빠르고 쉬운 방법이라는 것을 알게 된 어린이는 커가면서 어떤 장벽에 부딪칠 때마다 짜증을 내는 습관이 생기는 것이다. 그러므로 어릴 때부터 좌절에 대응하는 방법을 보다 사회적으로 승인될 수 있는 것으로 학습시키지 않는다면 이런 버릇은 성장한 후에 조절하기가 어렵게 될 것이다.

이상에서 살펴본 바와 같이, 정서는 인지적 요소와 생물학적 요소로 구성된 개념으로 개인이 외부적 자극을 인지하고 주관적인 경험을 함으로써 이를 신체적, 생리적으로 반응하는 상태를 일컫기도 한다(임규혁, 이차숙, 1987, 187). 즉, 정서는 생물학적인 것이어서 외부로부터의 도움 없이 발달되기도 하지만, 타인과의 관계와 상호작용을 통해 정서를 어떻게 사용해야 하는지를 배우게 된다.

최근 지능은 인간이 현대사회에서 성공적으로 적응하는 데 필요한 여러 가지 능력을 보장해 주지 못한다는 것이 인식되면서 이성능력과 비교되는 개념으로 정서지능 또는 감성지수(EQ : emotional quotient)라는 개념이 소개되었고, 자신과 타인에 대한 정서의 인식이나 통제 및 자기동기화 능력의 중요성이 강조되고 있다.

2. 정서의 분류

정서의 분류는 학자에 따라 다르나, K. Lewin의 장이론에 입각해서 분류하면 다음과 같다(교육출판사, 1981).

① 욕구의 성질을 가진 것 즉, 적극적 유의성으로 표현되는 것(애정, 기쁨, 호기심)
② 소극적 유의성으로서 표현되는 것(공포, 혐오)
③ 욕구추구과정에서 부딪치는 장애에 대한 저항으로서 표현되는 것(분노, 질투)
④ 욕구충족(목표달성)에 의한 긴장해소로서 표현되는 것(기쁨, 유쾌, 만족)
⑤ 목표달성이 어렵거나 실패했을 때 나타나는 것(슬픔, 근심, 우울, 불안)

이러한 분류는 절대적인 것은 아니며, 어디까지나 역동적인 장(場)의 성질에 따라 분류한 것이다. 따라서 어떤 경우에 어떤 형태로 정서가 표현되는가 하는 것은 그 때의 개체 내적 조건과 환경적 조건에 의존하는 것이다.

3. 정서의 분화과정

정서는 감각발달과 유사하게 매우 어린 시기에 분화된다. 언어능력을 갖지 못한 어린 아기들은 다양한 정서를 사용하여 그들의 욕구를 표현함으로써 양육자로부터 보살핌을 받으면서 생존할 수 있다.

Bridges(1931)에 의하면 출생 당시의 정서반응은 다만 흥분이라고 표현할 수 밖에 없는 미분화상태에서 차츰 특수한 정서반응으로 생후 2년 동안에 대부분 분화, 발달한다고 한다.

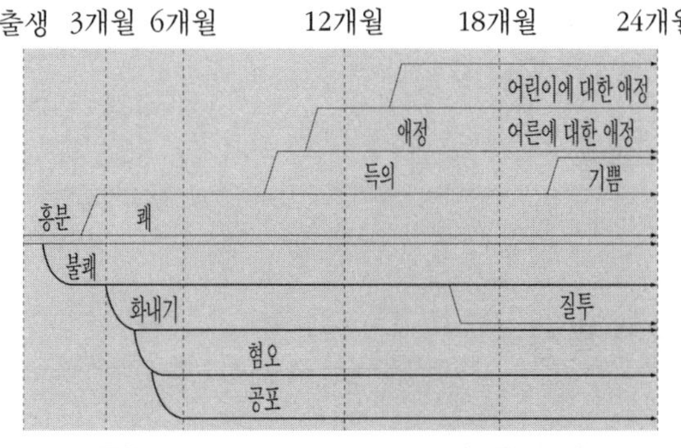

〈그림 10-1〉 Bridges(1931)의 정서분화

전체적으로는 쾌정서보다는 불쾌정서가 더 빨리 나타난다. 3개월이 되기 조금 전부터 불쾌의 정서반응이 분명해지다가 약 3개월 정도가 되면 쾌정서까지 분명히 다르게 반응하여 쾌 또는 불쾌의 두 가지 정서로 분화되고, 6개월이 되면 불쾌정서의 표현은 공포, 혐오, 분노로 분화되며, 18개월에 이르면 질투까지 할 수 있을 정도로 발달된다.

한편 쾌정서는 1년이 지나서야 득의(elation)와 애정의 두 가지 반응으로 분화된다. 생후 18개월이 되면 애정반응이 다시 성인에 대한 반응과 어린이에 대한 반응으로 분화되어 나타나고, 24개월경에는 기쁨의 정서가 분화된다.

그 후 계속해서 분화하여 5세가 되면 불안, 수치, 실망, 선망 등과 같은 반응이 불쾌정서 개념에서 분화되어 나타나는 것으로 알려져 있다. 따라서 만 5세가 되면 유아에게 있어 거의 모든 정서가 분화된다고 할 수 있는데, 한 가지 놀라운 사실은 성인들이 사용하는 모든 정서가 이 시기에 이미 형성된다는 것이다.

최근에 Bridges(1932)의 문제점을 보완하여 연구한 Sroufe(1979)는 출생시 신생아는 생리적 미소와 고통의 정서를 지니고 있으며, 다음과 같은 순서로 정서발달이 이루어진다고 주장하였다.

3개월 : 사회적 미소와 격노 4개월 : 웃음
$4\frac{1}{2}$개월 : 조심 7개월 : 노여움
9개월 : 공포 18개월 : 수치
36개월 : 죄책감

또한 Izard(1979)는 출생시에 신생아는 혐오, 고통, 경악, 흥미 그리고 생물학적 미소를 지니고 있으며, Sroufe와는 다른 차이가 있는 정서발달순서를 제시하였다.

$1\frac{1}{2}$~3개월 : 사회적 미소 2~3개월 : 놀람
3~5개월 : 격노, 노여움 4~5개월 : 웃음, 수치
5~9개월 : 공포 12~15개월 : 죄책감
12~18개월 : 수줍음 15~18개월 : 경멸

4. 유아정서의 특징

유아기 정서의 일반적인 특징을 들어보면 다음과 같다(Hurlock, 1956).

1) 정서는 지속시간이 짧다. 유아의 정서는 보통 2~3분 계속되다가 갑자기 종식된다. 성인과 달리 유아는 그 정서를 외적 동작에 남김 없이 표출하기 때문이다. 성장하여 감에 따라 정서의 외적 동작에 대한 표출에 사회적 제약이 가해지므로 정서는 기분으로 바뀌져 완만하게 표출된다.
2) 정서는 강렬하다. 유아는 하찮은 일에도 중대한 상황에서와 똑같은 강한 정서적 반응을 나타낸다. 이 점은 사춘기에 있어서도 비슷하여 사소한 욕구불만에도 강한 정서반응을 나타낸다.
3) 정서는 변하기 쉽다. 유아는 웃다가도 갑자기 울고, 화를 내다가도 웃는다. 그 원인은 유아는 거리낌 없이 솔직히 정서를 표현함으로써 울적한 정서가 쉽게 분화한다. 또 지적인 미성숙과 경험의 부족으로 주변의 상황에 대해 완전히 이해를 하지 못하는 데다가, 주의집중력이 부족해서 쉽게 다른 데로 관심을 돌리기 때문이다.
4) 정서반응이 자주 나타난다. 유아는 여러 감정의 표출이 매우 빠르고 짧지만 자주 나타난다. 그러나 자라면서 부모의 인정을 못 받게 되거나 벌을 받는 것은 자기의 정서를 섣불리 표현했기 때문이라는 것을 알게 되어 표현을 억제하게 되고, 점차 부모에게 인정받는 방향으로 정서반응을 조절하게 된다.

5. 정서의 발달요인

정서의 발달은 어디까지나 성숙과 학습이란 두 요인에 기인하는 것이며, 그 어느 한쪽에만 기인하는 것은 아니다. 다음에서 유아의 정서발달에 영향을 주는 요인을 성숙과 학습의 면에서 살펴보기로 한다.

1) 성숙

성숙은 정서발달의 내적 요인으로서, 유아의 연령증가와 더불어 단순하던 정서가 분화, 복잡해지는 것을 알 수 있다. 뇌의 성숙이나 내분비선의 발달은 정서발달을 촉진시키는 데 있어 필수요건이다.

정서의 발달에 있어서 성숙의 역할을 연구한 Gesell(1929)은 통풍이나 조명이 잘 안 되나 해를 주지 않는 작은 방에 아기를 격리해서 정서의 분화과정을 연구하였다. 그 결과 생후 10주까지는 불쾌가 나타나지 않았는데 20주경에는 어느 정도의 불쾌와 불안을 나타냈으며, 30주경에는 심한 불쾌와 불안 때문에 많이 울었다고 한다. 이것을 근거로 하여 Gesell은 공포는 성숙에 따른 정서반응이라고 보고 했다.

Jones와 Jones(1928) 등은 뱀에 대한 공포의 발달을 보기 위하여, 51명의 영아에게 뱀을 보여주고 그 반응을 조사하였다. 2세까지의 유아는 뱀을 보고도 태연하였으며 아무런 공포도 보이지 않았다. 그런데 3세에서 3세 반쯤 된 유아들은 뱀이 움직이는 것을 보고 곁에 가서 만지고 싶어하는 듯하면서도 선뜻 다가서지 않고 경계하는 빛을 보였다. 만 4세 이상의 유아는 즉시 뱀을 피하며 분명히 공포반응을 나타냈다고 한다.

Goodenough(1932)는 출생하면서부터 소경이면서 귀머거리인 10세 소녀의 정서반응 연구를 위한 영화를 제작하였다. 이 소녀는 선천적인 결함 때문에 학습 할 기회를 갖지 못했음에도 불구하고 정상인 아동의 정서와 유사한 환희, 분노, 공포 등의 정서를 나타내 보였다. 그 결과는 학습의 결과가 아니라는 것을 입증하였다.

이와 같은 현상은 어떤 정서에 있어서도 각기 정서가 나타나는 데는 안으로부터 나타나는 성숙이라는 것이 매우 강력하게 작용하고 있음을 알 수 있다. 따라서 일정한 연령에 가까워지면 어떤 일정한 정서가 나타나는 것은 대부분이 성숙의 작용이라고 할 수 있다.

2) 학습

정서는 성숙에 의해서만 발달하는 것이 아니라 여러 가지 경험 즉, 학습에 의해서도 정서의 표출양상과 그 발달양상이 달라지는 것이다.

대체적으로 정서발달을 규정하는 학습은 다음 두 가지 종류로 구별할 수 있다.

첫째는 조건화에 의한 학습이다. Watson(1921)은 생후 11개월이 되는 자기 아들 Albert에게 그 때까지 겁을 내지 않았던 흰쥐를 보임과 동시에 망치로 큰 소리를 냈더니, Albert는 그 소리에 놀라 손을 움츠리고 뒤로 자빠졌다. Watson이 이러한 실험을 7회 되풀이하였더니, Albert는 흰쥐만 보면 겁을 내고 울었다고 한다. 이것은 처음에는 아무것도 아니었던 쥐를 큰 소리와 함께 경험했기 때문에, 큰 소리라는 공포의 대상과 결합되어서 드디어 무서움을 갖게 되었다고 한다. 이것을 조건화라고 한다. 이와 같은 조건화는 정서분화의 여러 가지 경우에 나타나는 것이다.

둘째는 모방에 의한 학습이다. 유아는 어떤 특수한 사물이나 사태에 대한 타인의 정서적 반응을 관찰하여 이를 모방함으로써 정서적 반응을 학습하게 된다. Hugman(1932)은 유아의 공포에 대하여 연구하였는데, 어머니와 유아 간에 공포심을 일으키는 대상의 유사성은 0.667의 높은 상관을 보였다. 이것은 유아가 어머니의 공포를 모방한 것을 의미한다고 해석하고 있다.

이상에서 언급했듯이 유아의 정서가 성숙과 학습의 요인에 의해 발달되는 것이라고 설명을 하고 있으나, 그 어느 이론만으로는 충분하지 않을 만큼 유아의 정서는 복잡한 반응이다.

6. 정서유형의 발달

Watson(1919)은 기본 정서로 공포, 분노, 애정을 들고 있으며, Hurlock(1956)은 유아에게서 나타나는 공통적인 정서의 유형을 공포, 분노, 슬픔, 애정, 기쁨, 질투, 호기심의 일곱 가지로 분류하고 있다.

이상의 분류를 참고하여 유아의 기본적인 정서로서 공포, 분노, 질투의 세 가지를 먼저 살펴보고 그 밖의 울음, 애정, 호기심의 발달에 관해서도 살펴보기로 한다.

1) 공포

공포(fear)는 환경으로부터의 자극에 대응할 수 없어서 자아의 존재에 위기를 당했을 때에 일어나는 방어성 정서이다. 공포는 아동이 가장 많이 경험하는 정서이며 아동의 심리발달에 중대한 영향을 미친다. 공포는 가벼운 불안감에서부터 신체적인 무기력에 이르기까지 그 영향의 정도가 다양하고, 대체로 사회적 부적응을 가져오게 된다.

Gesell(1929)에 의하면 공포의 정서는 1세가 지난 유아들에게서 나타나며, 이들은 갑자기 큰 소리를 듣거나 신기한 물건을 보거나 신기한 상황에서 공포를 느끼게 되며, 어머니가 눈 앞에서 사라지는 것을 제일 두려워한다. 2세가 되면서 유아들은 특히 청각적 반응에 민감해지고, 또한 청각적인 것에서 공포를 많이 느끼며, 어두운 곳을 두려워한다. 3세가 되면 주로 시각적 공포를 많이 느끼게 되어 개, 고양이 등과 같은 것을 무서워한다. 4세가 되면 이유 없이 많은 공포를 느끼며 이 시기에 공포심이 가장 심해진다. 그러나 5세가 되면 별로 무서움을 타지 않게 되고, 동물에 대해서도 더 이상 겁을 내지 않는다. 6세경이 되면 다시 공포심이 많아진다. 이 시기에 유아의 상상력이 발달하기 때문에 도깨비, 유령, 괴물 등을 무서워하기 때문이다. 때로는 낮에 느끼는 공포가 무의식 속으로 억압되기도 하는데, 대개 4~6세 사이에 악몽을 많이 경험한다고 한다.

유아들은 성장하면서 접촉하는 세계가 넓어지고 인지구조가 발달하므로 그 공포의 대상도 함께 증가하게 된다. 이전에는 느끼지 못했던 대상에 대해서 심한 공포를 느끼게 되는데, 이는 유아들의 인지발달과 과거의 경험을 반영하는 것이라 할 수 있겠다. 이 밖에도 유아의 공포반응이 증가하는 원인으로 조건화, 모방, 암시의 영향, 불행한 경험 등을 들 수 있다.

유아들은 연령과 함께 무서움이 변한다는 것을 Jersild와 Holmes(1960)가 조사한 공포발달을 보면 다음과 같다(그림 10-2).

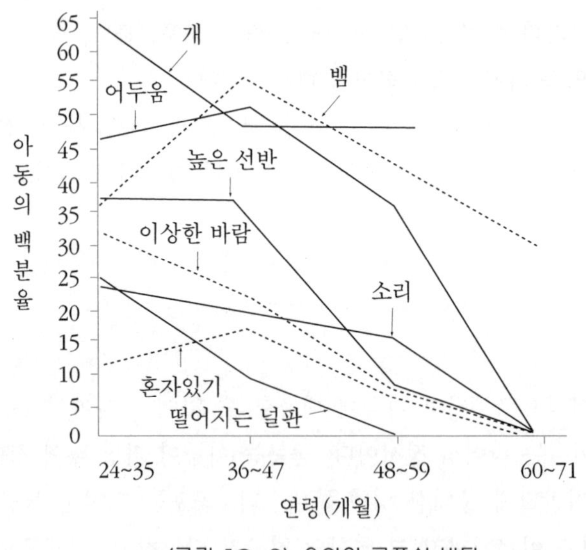

〈그림 10-2〉 유아의 공포심 발달

유아가 공포심이 강하면 행동이 위축되어 정서생활이 어렵고 다른 행동발달에 지장을 미친다. 쉽게 교정하기가 어렵고 오래 잠재하여 정서불안의 요인이 되고, 심하면 겁을 잘 내는 공포증(phobia)을 갖게 될 수도 있다. 그러므로 유아의 공포는 빨리 제거해 주고 교정을 하여 정상발육에 지장이 없도록 하여야 한다.

Bridges(1932)는 공포를 제거하는 방법으로 다음 세 가지를 들고 있다.

첫째로는 우스갯소리나 농담을 섞어서 웃으면서 그 무서움을 풀어가는 방법으로 농담, 웃음을 통해서 무섭지 않다는 암시를 주는 것이다. 둘째로는 유아가 무서워하는 것이 결코 무서운 것이 아니라는 것을 잘 설명함으로써 알려주는 방법이다. 셋째는 이야기를 통해서 그 이야기 속에 아이가 무서워하는 대상을 집어넣어서 비유를 통해서나 이야기 줄거리를 통해서 무서워할 필요가 없다는 것을 강조하는 방법이 있다.

2) 분노

분노(anger)는 욕구추구를 위한 행동이 어떤 장애에 저지당하거나 어떤 일을 강요당했을 때, 그에 저항하기 위해서 유발된 감정상태이다. 그러나 일반적으로는 당장의 욕구불만에서 비롯되는 경우가 대부분이다. 따라서 분노는 소극적이고 부정적인 불쾌정서의 계열에 속하는 정서반응이라고 정의할 수 있다.

Goodenough(1932)에 의하면, 특히 나이가 어린 유아들은 자기의 요구가 저지당한 대상에 대해서 직접 화를 내는 것이 아니라 울어버리기와 발을 동동거린다. 나이가 들어감에 따라 이 같은 행동은 줄어들고 방해받는 대상에 직접 대항하거나 화를 낸다. 화내는 행동은 2~3세가 절정으로 그 이후에는 반항으로 나타난다. 4세가 지나면 때리거나 발로 차거나 하는 행동이 조금 나타나지만, 3세 이전처럼 무조건 무리하게 떼를 쓰는 일은 줄어든다. 그러나 욕심이 많아진다. 5세가 지나면서는 분노가 줄어들어 안정되는 경향이 있다.

어린이의 분노는 대개 다음과 같은 조건에 의해서 조장된다(김재은, 1984).

첫째, 어린이의 건강상태를 들 수 있다. 즉, 병중에 있거나 병에 걸리려고 할 때는 노하기 쉽다.

둘째, 어린이의 신체 컨디션이다. 피로할 때, 공복일 때, 수면부족일 때는 노하기 쉽다. 식사시간 직전이나 저녁 무렵에 아이들이 노하기를 잘 하는 것은 바로 이 때문이다.

셋째, 어린이의 일반적 감정상태이다. 강한 자극을 받았을 때, 흥분하고 있을 때, 불쾌한 일이 있은 뒤, 무서운 일이 있은 뒤에 아이들은 노하기 쉽다.

넷째, 활동이 불충분한 상태이다. 즉, 활동량이 적어서 에너지가 남아 돌아가는 아이들은 노하기 쉽다.

다섯째, 주위환경과 분위기의 영향을 들 수 있다. 무엇이든 주위 어른이나 연장자에게 눌려서만 자라난 아이들은 자기 요구를 충족시킬 수가 없기 때문에 노하기 쉬워지고 또 그것 때문에 반항적인 아이가 되기 쉽다.

여섯째, 모방의 영향이다. 부모가 화를 잘 내고 짜증을 잘 내면 그것을 모방함으로써 아이들도 노하기 쉬운 성격을 갖게 되기 쉽다.

어린이의 분노표출은 결국 어릴 때 부모의 육아방식과 관계가 있기 때문에 유아기에 특히 이에 대한 적절한 처치를 강구해야 한다. 그리고 신체의 컨디션을 조사해서 이를 바로잡아 주고, 충분히 휴식을 취하게 하며, 충분히 놀면서 활동하게 하고, 무익한 자극을 피하고, 흥분을 시키지 말며, 또한 부모 자신이 침착한 행동을 취하는 것 등 화내기의 불필요한 폭발을 피할 수 있도록 하는 고려가 뒤따라야 한다.

3) 질투

질투(jealousy)의 정서는 분노의 특수한 경우라고 생각할 수 있다. 지금까지 자기에게만 기울어져 있던 주위의 애정이 자기만이 아니고 다른 사람에게 향해질 때 유발되는 감정이다.

질투는 약 1세 반경에 나타난다. 질투 역시 불쾌의 정서 계열에 속하는 것으로, 공포나 분노와는 달리 어떤 신체적, 생리적 상황이나 행동상의 관계로 인해 발생하는 것이 아니라, 자신을 타인과 비교함으로 생기는 정서반응이다.

질투는 흔히 어머니가 동생을 출산함으로써 자기에 대한 어머니의 사랑이 동생에게로 옮겨질 때부터 시작된다. 자라서 유치원에 다닐 무렵쯤 되면 집에서는 어머니가 자기만을 귀여워해 주고 칭찬해 주지만, 유치원의 선생님은 자기만이 아닌 다른 아이들도 마찬가지로 귀여워해 준다는 사실을 알고 질투를 느끼게 된다.

질투감정을 가지기 시작한 유아들은 최소한 두 가지 반응으로 그 감정을 표출하게 되는데, 하나는 질투반응과 거의 동시에 공격반응을 보이고, 다른 하나는 퇴행적 행동을 나타내 보인다. 즉, 어리광을 부리거나, 손가락을 빨거나, 오줌을 싼다든가 하는 따위의 행동을 하는 수가 있다. 그러므로 질투란 앞에서도 언급했듯이 신체적 · 생리적 상황이나 자신의 행동 자체와의 관계에서 오는 문제가 아니라 지적 · 사회적 발달 즉, 인간관계의 발달에서 생겨나는 행동이며 정서반응이라고 할 수 있다.

질투의 개인차를 보면 남아보다 여아가 질투를 많이 일으키고 또 형이 아우보다 질투를 많이 일으킨다. 그리고 형제가 많을 경우보다도 두 형제인 경우에 질투를 심하게 나타낸다. 유아는 동생과의 연령차가 적을 경우에 질투를 많이 나타낸다. 특히 외아들, 외딸은 질투심이 강하다고 한다.

어린이들이 가정과 학교생활에서 질투를 나타내는 것은 일반적 현상이며, 별로 이상한 행동은 아니다. 그러나 질투를 자주 경험하게 되면 어린이의 심신발달에 악영향을 주기 때문에 질투의 원인을 제거해서 부당한 질투가 일어나지 않도록 다음과 같은 점을 유의해서 지도해야 할 것이다(교육출판사, 1981).

① 편애하지 않고 공평성을 유지한다.
② 지나친 경쟁이나 서열을 매기는 일은 되도록 피한다.
③ 학급의 리더를 중심으로 한 전제적 분위기를 사전에 방지하고, 친화적 분위기 조성에 노력한다.
④ 어린이와 따뜻한 대화를 나눔으로써 부모나 교사의 애정을 재확인시킨다.
⑤ 서로 경쟁하는 아이와 직접 비교하여 말하지 않는다.

4) 울음

울음(crying)은 불쾌정서의 표현으로서 어린이에게는 매우 중요한 표현방법이다. 이 정서는 어느 특정상황하에서 특정의미만을 내포하는 것이 아니라 여러 가지의 의미를 내포하게 된다. 일반적으로 어릴 때는 주로 신체로부터 오는 고통 즉, 아플 때, 배고플 때, 잠이 오려는 경우에 울음을 많이 표현하지만 어린이가 성장할수록 그러한 울음들은 점차 사회적 의미를 가지고 표현한다.

Gesell은 관찰을 통해 연령별 울음의 특징을 다음과 같이 설명하고 있다(이정덕, 1992).

① 1세 반~2세 : 큰 소리로 운다. 특히 2세아는 무섭고 불안한 자극을 받으면 무조건 운다.
② 2세 반 : 우발적으로 떼를 잘 쓴다.
③ 3세 : 우는 것과 떼쓰는 것이 줄어든다.
④ 4세 : 잘 울긴 하나 큰 소리로 떼를 쓰기보다는 보채기를 잘 한다.
⑤ 5~6세 : 우는 일이 줄어들 뿐 아니라 참을성이 생겨, 소리를 내지 않고 눈물만 흘리거나 혹은 소리를 죽여가며 운다.
⑥ 7세 : 우는 일은 적어지나 기분이 나쁜 화난 표정을 짓는 일이 많으며, 울 때는 제법 슬프게 운다.
⑦ 8세 : 우는 일이 줄어들고 감정이 풍부해지며, 눈물을 쉽게 흘리는 경향이

있다.

⑧ 9세 : 웬만한 일에는 울지 않으며, 놀림을 당했을 때, 억울한 일을 당했을 때 울 정도이다.

⑨ 10세 : 우는 태도가 거의 성인과 같은 수준에 달한다.

어린이의 울음은 상당히 많은 의미를 내포하고 있어, 그 울음의 의미를 잘 알아차려서 처치해 가는 것이 필요하다. 울음이 정당한 것이면 그 요구를 채워 주도록 도와주는 것이 좋고, 그것이 정당한 것이 아니면 내버려 두는 것이 좋다. 어린이가 요구를 관철시키기 위한 수단이 되지 않도록 하기 위해서는 부모들이 유아를 다룰 때에 상당히 세련된 지도가 필요하다. 그러기 위해서는 일관성 있는 양육태도가 필요하다.

5) 애정

애정(affection)은 인간적 유대의 기본을 이루는 것이며 상호적인 것이다. 어릴 때부터 젖을 먹이고, 기저귀를 갈아 주고, 업어 주고, 껴안아 주는 것으로 부모는 자녀에 대한 친밀한 애정을 느끼게 된다. 그리고 이 애정을 받게 되는 아기는 부모에 대한 애정이 싹트게 된다. 이렇게 부모와 자녀가 친밀한 접촉을 하는 동안 그 교류의 결과로서 우러나오는 것이 애정이라고 할 수 있다. 따라서 애정의 기초적인 발달은 대개 친밀한 접촉을 하는 어머니로부터 싹이 튼다고 볼 수 있다. 그리고 언제나 생활을 같이 하는 가족 사이에 흐르는 애정 속에 아이들이 생활하고 있을 때 아이와 가족원 사이에 차츰 짙은 애정이 움트고 길러져서, 이것이 서로 교류하게 되는 것이다. 그러나 근원적으로 일찍이 애정을 경험하지 못한 아기는 애정을 느끼지 못할 뿐 아니라 커서도 애정을 나눌 줄 모르는 어른이 될 가능성이 많다. 그리고 이 애정은 부모 또는 어른과의 피부접촉이나 언어를 매개로 한 소통을 통해서 경험하고 또 나눌 수 있게 된다.

제일 처음 어머니에게서 애정을 느낀 어린이는 점차 가족구성원들에게로 확장시켜 나가고 이어 또래, 장난감, 동물 등에 일반화시켜 나간다. 이와 같이 애정은 상호적인 것이기 때문에 애정의 형과 질은 상호 접촉하는 방법, 깊이, 강도에 따라서 달라지게 된다.

애정의 발달정도를 살펴본다면 먼저 1세 반경에는 응석으로써 그 애정을 표시하고, 2세가 되면 유아는 안아 주고 볼을 만져 주며, 귀여워해 주고 하는 등의 행동을 자진해서 원하게 된다. 또한 인형이나 장난감 등을 가지고 놀며 귀여워해 주는 행동을 나타내기 시작한다. 3세경이 되면 또래 집단들과 서로 애정어린 행동을 하게 되고, 엄마를 기쁘게 해 드리는 것을 좋아하게 된다. 4~5세가 되면 애정의 강도는 점차 강렬해진다. 이와 같이 하여 유아기의 애정은 점차 자라나게 되는 것이다.

Bowlby(1969)는 그의 연구에서, 보호시설에 수용되어 있는 유아들이 일반가정에서 자란 아이들보다 정서적 발달이 지체됨은 물론이거니와 신체적 발육도 상당히 뒤떨어지며 기타 질병, 언어발달, 학업성적 그리고 대인관계에 있어서도 많은 문제가 있다고 지적했다. 뿐만 아니라 유아가 성장한 후에 사회에 진출한다 하더라도 잘 적응하지 못하고 반사회적 성격 또는 비행으로 이끌려 가는 경우가 상당히 많다고 보고하고 있다. 이것은 일찍이 애정을 경험하지 못한 어린이는 애정을 느끼지 못할 뿐 아니라 애정을 나눌 줄 모르는 어른이 될 가능성이 많다는 것을 입증해 준다(서봉연 외, 1983).

애정은 인간관계의 소산이며, 풍부한 애정은 안정감의 기반이 된다. 따라서 애정은 어린이의 건전한 성장발달에 중요한 의의를 가진다. 그러나 어린이에 대한 애정결핍이나 애정과잉은 바람직한 인성형성을 저해할 뿐만 아니라 문제행동의 원천이 된다는 점을 유념해야 한다.

6) 호기심

호기심은 즐거운 정서적 상태로서, 건강하고 기분이 좋은 상태의 어린이일수록 강하다. 이러한 호기심은 주위의 사물을 관찰하고 여러 가지 현상을 파악하는 등 많은 지식을 습득하는 원천이 된다. 성인들은 가능하면 어린이의 호기심을 충족시키고 많은 것을 배우도록 협조해야 하지만 무제한으로 방치하면 위험한 때가 많다. 예컨대, 뜨거운 난로나 다리미에 접근한다든지, 성냥, 칼, 송곳 등을 장난감으로 안고 가지고 놀려고 할 때에는 그대로 방치해 두어서는 안 된다. 또 남의 물건에 함부로 손을 댄다든가 하는 일도 허용해서는 안 된다. 성인들은 철저히 감독을 하면서도 자유로운 영역을 확대시켜 줌으로써 어린이로 하여금 스스로 알아보고, 의문을 풀고, 또 다음 단계로 들어가 알아보는 태도를 갖게 해 줄 필요가 있다(주정일, 1979).

첫돌 전후의 어린이는 무엇을 뚫어지게 들여다 보거나 만져보거나 핥아보기를 좋아한다. 이 때의 어린이는 무엇이든 집었다 하면 입으로 가져가기 쉽다. 2세 가량 되면 보는 것마다 무엇이냐고 묻는 버릇이 있다. 이 때 귀찮게 여기지 말고 그 때마다 친절한 태도로 대답해 주어야 어휘도 늘고 지능도 발달한다. 이것은 3~4세까지 계속되며 덧붙여 왜, 어디서, 누가, 어떻게, 얼마 등의 질문이 쏟아져 나온다. 이 때는 어린이 스스로 생각하고 실험할 수 있도록 유도해 줄 필요도 있다. Hurlock(1959)은 이 시기를 질문연령(questioning age)이라고 일컬으면서, 2~3세 사이에 시작되어 6세 때에는 그 절정에 도달한다고 한다. 5~6세 이후에는 삼단논법을 써서 사물의 이치와 귀결을 설명해 줄 수도 있다. 학교에 입학한 후에는 모르는 것은 스스로 책에서 찾아보도록 도와주어야 하며, 또 그러한 버릇을 갖게 해 줄 필요가 있다.

7. 정서발달의 지도

앞에서 고찰한 바와 마찬가지로 영유아기의 정서발달은 일생을 통해 인간의 정신생활에 근저를 이룬다. 모든 정서는 행동으로 옮길 만한 독자적인 준비성을 갖추고 있으며, 각각의 정서들은 인간으로 하여금 인류의 삶에서 반복되어 온 도전을 올바르게 처리하도록 이끌어 왔던 방향성을 제시한다(Goleman, 1995). 그러므로 이 시기의 정서발달의 지도는 아주 중요하다고 할 수 있다.

정서발달의 지도를 통해 영유아들에게 길러 줄 능력으로 Saarni(1990)는 11가지를 제시하고 있는데, 사회문화적인 상황을 더욱 강조하고 있다. 이 능력들을 살펴보면 다음과 같다.

① 자신의 정서적 상태를 인식할 수 있고, 여러 개의 감정이 동시에 공존할 수 있다는 것을 이해할 수 있는 능력
② 타인의 행동과 그 문화에서 문화적으로 의미 있는 신호를 보고서 타인의 감정을 인식하고 구분할 수 있는 능력
③ 자신의 문화권에서 수용되는 정서나 정서적 표현에 대한 언어를 사용할 수 있는 능력
④ 다른 사람의 감정적 경험에 동참할 수 있는 감정이입의 능력
⑤ 겉으로 표현되는 것과 반대일 수도 있는 내부의 정서적 상태에 대해 이해할 수 있는 능력
⑥ 사회문화적으로 수용되는 방법으로 감정을 표현할 수 있는 능력
⑦ 타인의 정서적 상태에 대한 결론을 내릴 때, 그 개인에 대한 정보를 고려하

고 그것을 적용시켜 결론을 내릴 수 있는 능력

⑧ 자신의 감정을 표현하는 방법이 타인에게 영향을 줄 수 있다는 것을 알고, 타인에게 표현하는 방략을 선택하는 데 고려할 수 있는 능력

⑨ 부정적 감정이 생겼을 때 긍정적이고 효율적인 방법을 써서 극복할 수 있는 능력

⑩ 정서적 자기-효능감(emotional self-efficiency) 조성

⑪ 가까운 사람과의 관계는 정서적 친밀감과 믿음으로 규정지어진다는 것을 아는 능력

또한 Goleman(1995)은 정서지능(emotional intelligence)을 자기인식(self-awareness), 자기조절(self-management), 자기동기화(self-motivation), 감정이입(empathy), 대인관계 기술(social skill) 등의 다섯 가지 구성요소로 규정하고 있는바 그 내용은 다음 표와 같다.

〈표 10-1〉 Goleman의 정서지능의 구성요소

정서지능의 구성요소	내 용
자기인식(self-awareness)	자신이 느끼는 감정을 재빨리 인식하고 알아차리는 능력으로, 정서지능의 초석이 된다.
자기조절(self-management) (자신의 정서 다루기)	자기조절은 인식된 자신의 감정을 적절하게 처리하고 변화시킬 수 있는 능력이다.
자기동기화(self-motivation)	어려움을 참아 내어 자신의 성취를 위해 노력할 수 있는 능력이다. 예를 들어 만족지연과 낙관성 등을 말한다.
감정이입(empathy) (공감)	타인이 느끼는 감정을 자신의 것처럼 느끼고, 타인의 감정을 읽어내는 능력이다.
대인관계 기술(social skill)	인식한 타인의 감정에 적절하게 대처할 수 있는 능력을 말하며, 적절한 정서표현력을 말한다.

이상에서 살펴본 바와 같이, 정서는 모든 인간행동의 동기유발제 역할을 하므로 영유아의 정서발달을 도와주는 것은 영유아의 전인적 발달을 도와주는 기초를 마련해 주는 것이다. 또한 정서교육은 감정을 무제한적으로 표현하도록 하는 것이 아니라, 적절한 감정의 표현방법을 배우고, 타인의 감정에도 민감하고 적절하게 반응하는 방법을 배우는 것을 의미한다. 그러나 지능교육과 달리 정서교육 또는 감성교육은 기준의 획일화나 방법이 경직되면 훨씬 더 위험하다. 정서는 개인마다 차이가 있을 뿐만 아니라 정서적 경험이 가진 주관성도 인정해야 하기 때문이다. 즉, 정서적 경험은 이성적 · 지적 경험에 비해 주관적 경험이 훨씬 강하기

때문이다. 같은 경험을 해도 개인마다 느낌의 정도는 차이가 있기 마련이며, 지나친 객관적 비교의 대상이 될 수 없다는 점도 인정해야 할 것이다. 점점 더 많은 수의 영유아들이 어릴 때부터 다양한 형태의 영유아 교육기관에 다니는 현실을 감안할 때, 영유아 교육기관에서 영유아들의 정서발달의 지도를 위해 적극적인 노력을 해야 할 것이다(이현섭 외, 1997).

제11장

사회성 발달

1. 사회성의 정의
2. 사회성의 발달과정
3. 사회적 행동의 발달

제11장
사회성 발달

1. 사회성의 정의

인간은 출생과 동시에 타인과 접촉하려는 사회적 욕구 내지 공동생활을 유지하려는 성향이 있다는 뜻으로 해석될 수 있다. 이와 같이 타인과 더불어 공동생활을 하려는 성향을 사회성(sociability)이라고 한다. 이러한 사회적 욕구 및 성향은 유아가 나이가 들어감에 따라 차츰 인간관계를 확대하고 심화해서 타인과 집단에 대하여 상호의존하는 동시에, 개인적으로는 자기를 자립하고 자기를 주장해서 사회적 환경에 적응할 수 있는 행동양식과 습관을 형성하게 한다.

아무것도 모르는 유아가 그 사회에 어울려 살아갈 수 있도록 행동, 가치관, 지식 등을 습득케 하는 과정을 사회화(socialization)라고 한다(민영순, 1982). 즉, 사회화 과정은 사회 안에서 개인이 사회의 규범에 따라 행동하면서 그 문화에 동화하고 그 전통을 지키며 사회적 상황에 적응해서 사회적 집단의 일원으로 발달하는 과정을 말한다. 이러한 사회화 과정은 사회적 상호작용에 의해서 일어난다. 그리고 사회화 과정은 단순한 의존적 상태에서 독립하는 과정이다. 독립한다는 것은 고립을 뜻하는 것이 아니고 자족성 · 자립성이 된다는 것이다. 즉, 타인(부모, 형제, 또래 등)과의 공동생활을 통해서 타인을 인식하고 그 입장을 이해해서 자기의 존재를 자각하고 독자성을 확립한다는 뜻이다.

사회성은 다음과 같은 세 가지의 의미가 포함되어 있다(依田新, 澤轉慶輔 편, 1977).

첫째, 사회성은 사회적 행동 즉, 타인 혹은 집단, 공공의 사물, 사건, 습관(제도)과의 관계 속에서 이루어지는 행동이 사회화되어 있는 정도를 의미한다. 어린이의 행동의 많은 부분이 사회적으로 인정되는 것일 때는 사회성이 발달되어 있다고 하고, 그렇지 못할 경우에는 사회성이 그다지 발달되어 있지 않다고 한다.

둘째, 사회성은 사회적 참여의 정도를 의미한다. 어린이가 방 한쪽에 앉아서 놀이만을 주로 하거나 다른 아이들이 노는 것을 보고만 있는다면 사회적 참여의 정도가 낮은 것이며, 사회성 발달이 늦다고 말할 수 있다. 반면에 다른 아이들에게 인기가 있거나, 다른 아이와의 접촉에 흥미를 보이며 잘 놀고, 집단활동에 관심을 가지고 있는 어린이는 사회성이 발달되어 있다고 말할 수 있다.

셋째, 사회성은 인격의 특성을 의미한다. 상황이 변해도 계속 남 앞에 나타나려하지 않으며, 발언을 하지 않는 어린이는 사회성 발달이 늦은 것이다.

요약하면, 사회성이란 유아가 사회 속에서 다른 사람들과 어울려서 점차 폭넓고 깊은 인간관계를 가지고 사회생활에 적응하는 성질이라고 할 수 있다. 어린이가 성장 발달해 간다는 점은 곧 한 사람의 사회인으로 커가고 있다는 것을 뜻한다. 인간의 인간다운 특징이 타인과의 상호관계 속에서 더불어 형성된다고 볼 때, 사회성의 발달은 인간발달의 핵심이라고 할 수 있다. 그러므로 어린이로 하여금 사회적 행동의 발달과정을 통하여 타인 및 그 밖의 모든 것을 포함하는 그의 사회적 환경에 잘 어울리는 적절한 적응의 능력을 획득할 수 있도록 지도하는 일은 매우 중요한 일이다.

2. 사회성의 발달과정

1) 사회성 발달의 기초

사회성 발달은 표현행동(expressive behavior)이 나타나는 영아기에서부터 시작된다. 표현행동이란 외부세계와의 의사전달로서 자신의 욕구, 호기심 등을 표시하는 행동을 말한다. 이러한 표현행동에는 울기, 응시하기, 미소짓기, 옹알이, 모방하기 등이 있다. 이러한 행동은 6개월쯤이 되면 주위 사람에게 애착관계를 형성하거나 혹은 사람으로부터 이탈하여 어떤 특수한 패턴으로 분화된다. 그러다가 2세경이 되면 외부세계에 대한 전반적인 태도로 통합되어 간다(서봉연, 이순형, 1985; 유안진, 1992).

울기 영아 초기에는 주로 배가 고프거나 아플 때 또는 자리가 불편할 때, 울음(crying)으로써 표현하는데, 점차 이들 경우에도 울음에 차이를 나타내기 시작한다. 즉, 배가 고플 때는 울음소리를 더 크게 내고 또 리드미컬하게 운다. 그러나 갑작스럽고 불규칙한 울음소리는 아픔을 나타낸다.

Bell과 Ainsworth(1972)의 연구를 보면, 아기가 3개월쯤 되면 엄마가 그들을 안아 줄 때보다 혼자 있을 때 더 많이 우는데, 9~12개월쯤이 되면 혼자 있을 때보다 엄마가 보이지만 자신을 안아 주지 않을 때 더 많이 울었다고 한다. 그리고 1세경이 되면 울음은 사회적인 의사전달의 한 수단으로 발달되어 간다. 이러한 과정을 통해서 영아는 주위 사람들의 주의와 관심을 자신에게로 유도하고 타인과의 관심을 갖게 된다.

응시하기 신생아도 어떤 사물에 초점을 맞추고 눈으로 따라갈 수 있고, 생후 4주 정도만 되면 사물보다 사람의 얼굴을 응시하기(gazing)를 더 좋아한다. 그러나 생후 4~5개월경이 되어서 지각변별이 가능하게 되면 타인보다 엄마의 얼굴을 더 잘, 더 오래 쳐다보게 된다.

이렇게 사람의 얼굴을 쳐다보는 것, 특히 눈과 눈이 마주치는 것은 새로운 관계를 형성하는 데 큰 역할을 한다. 대부분의 어머니들이 아기들과 눈이 마주치면서부터 아기에게 더 강한 애정을 느끼게 된다고 보고하고 있다. 이 때부터 아기를 한 대상으로서가 아니라, 인간으로서 대하게 된다고 한다. 영아는 이렇게 응시하는 표현을 통하여 주위 사람들의 주의와 관심을 끌게 하고, 타인과의 관계도 형성하게 된다.

미소짓기 영아의 미소(smiling)는 반사적 미소(reflexive smiling), 무선별적인 사회적 미소(unselective social smiling) 그리고 선별적 미소(selective smiling)로 그 변화의 양상이 비교적 뚜렷한 세 단계로 발달해 간다.

신생아는 흔히 배냇짓이라고 하여 웃는 듯한 표정을 보인다. 그러다가 점차 자기의 내적 상태에 따라 자발적으로 웃음을 보이나, 1개월 정도까지는 반사적 미소이고, 영아의 웃음은 대개 순간적이며 여자 목소리처럼 고음이다. 4~6주가 되면 웃음소리는 좀더 극적으로 바뀌어지고, 오랫동안 미소를 지으며 눈을 치켜 뜨는 등 얼굴표현도 짓게 된다. 사물보다 사람을 쳐다보기를 더 좋아하면서 사람과 눈이 마주치게 되면 사회적 미소를 보내는데, 처음 몇 달 간은 처음 보는 사람에게도 미소짓는 무선별적인 사회적 미소를 보이지만, 5~6개월경이 되면 얼굴을 식별해서 미소를 짓게 되는 선별적인 사회적 미소를 보인다. 이렇게 영아는 사회적 미소를 통하여 사회적 관계를 형성해 간다.

옹알이 옹알이는 자발적인 반응을 보이는 영아의 표현행동이다. 이 옹알이는 다른 사람에게서 반응을 유발시킬 수 있을 때 특히 더 그러하다. 대부분의 물체는 영아가 옹알이를 해도 소리로서 응답을 주지 못한다. 그러나 돌보아 주는 어머니는 영아가 옹알이를 하면 웃음을 띠면서 응답을 한다. 그러면 영아는 다시 중얼거리고 어머니는 또 되풀이한다.

이와 같이 영아의 옹알이는 단순한 소리가 아니라, 아기가 주위에 대한 사회적 흥미를 표시하거나 다른 사람의 주의를 끌고 애정을 받고자 하는 일종의 사회적 신호인 것이다. 이러한 신호에 대해서 주위의 사람들이 적절히 대응해 주면 언어 발달을 자극할 뿐만 아니라 대인관계의 형성, 특히 어머니와의 초기의 애착관계를 형성하는 데 긍정적인 효과를 가져온다. 그런데 이와 반대로 영아의 옹알이의 의미를 이해하지 못하고 주위에서 아무런 반응을 보이지 않을 때에는 대인관계 형성을 저해하게 된다. 심한 경우에는 사람을 기피하는 자폐증 경향을 유발하여 사회성 발달을 저해하고, 나아가서는 성격장애와 인지적 장애를 가져올 수도 있다.

모방하기 모방(imitation)은 영아가 성인이 되는 것을 학습하는 데 가장 중요한 기제가 된다. 영아는 사회적 기능(social skills)을 능동적으로 학습하지는 못하지만, 생후 1년쯤 되면 모방행동을 통하여 사회적 상호관계를 긴밀히 형성할 수 있다.

영아의 모방은 모방적 옹알이에서 시작하여 타인의 여러 가지 행동을 모방하게 되어 가는데, 영아가 보는 것, 들은 것 등을 모방해 간다. 도리도리, 짝자꿍 등의 여러 가지 아기놀이 등도 부모 · 영아 간의 상호관계를 즐겁고 긴밀하게 형성해 주는 모방행동이다. 또 영아는 이런 모방행동으로써 자신이 기분좋은 것을 나타내고, 타인의 관심과 주의, 애정을 요구하게 된다.

모방행동은 사회적 관심의 표현이 되므로 사회적 반응을 유발시키는 데 매우 효과적이다. 따라서 미소의 발달과는 달리 모방행동은 무선택적인 모방단계를 거치지 않으며, 영아와 친근한 사람 즉, 영아가 애착을 느끼는 사람에게 선택적으로 지향하게 된다. 그러므로 모방행동은 상호간의 애착을 강화해 주는 작용을 하게 되어 애착행동으로 발달되어 간다.

2) 애착형성과 발달

애착행동 애착행동(attachment)이란 용어는 Bowlby(1958)가 영아와 어머니와의 유대관계를 설명하면서 최초로 사용한 개념이다. 그는 애착을 동물행동이론에 입각하여 설명하면서, 애착이란 한 개인이 자신과 가장 가까운 사람에 대해서 느끼는 강한 감정적 유대관계를 뜻한다고 했다(Bowlby, 1958; Ainsworth et al., 1978). 애착은 근본적으로 선택적인 특성을 갖고 있어서 극히 소수의 제한된 대상에 한하여 형성되며, 애착이 형성된 대상에 대해서는 가까이 다가가고 싶고, 근접해 있고 싶은 욕구를 갖게 된다.

대부분의 영아가 6~8개월이 되면 이런 선택적인 애착관계를 형성하게 되는데, 대부분의 경우 엄마가 그 대상이 되지만, 간혹 아버지에게 애착을 보이는 영아도 있다. 애착의 대상이 나중에는 형이나 누나 또는 할머니, 할아버지, 집안 친지들에게도 확대되기도 한다.

애정의 정도는 돌 전후에 절정에 달하다가 18개월이 되면 대개는 많은 사람들에게로 분산되어 간다. 그러나 아기가 최초로 애착을 형성하게 되는 사람은 18~24개월경부터 아기의 성격 발달에 결정적으로 중요한 영향을 미치게 된다.

애착의 형성과정 애착발달은 영아가 태어난 직후부터 시작된다. 이러한 초기 애착형성과정은 크게 세 단계로 나누어 볼 수 있다(Hertherington & Parke, 1993).

애착형성의 첫번째 단계는, 영아가 사람을 비롯한 사회적 대상을 선호하면서 특정대상을 구별하지 않고 모든 대상에게 애착을 보이는 단계이다. 대체로 출생 후 2주간이 이 단계에 속한다.

두번째 단계는, 영아가 어머니와 타인을 구분하면서 시작되며, 본격적인 애착이 형성되는 6~8개월까지 지속된다. 영아는 냄새, 음성, 안는 방법, 얼굴모습 등 여러 감각 및 지각적 단서들을 통합하여 어머니를 알게 된다. 이 기간에 어머니도 마찬가지로 아기의 독특성을 알게 되고 영아에게 맞도록 보살피는 방식을 조정하게 된다. 이 과정에서 상호적 애착의 기초가 형성되나, 애착대상과 떨어지는 데 대한 저항은 보이지 않는다.

마지막 과정인 세번째 단계에서, 영아는 비로소 특정대상에 대한 강한 집착을 보이며, 애착대상과 떨어질 때에는 격리불안을 나타낸다. 애착대상 외에 다른 사람에 대한 낯가림(stranger anxiety)도 이 기간 동안에 서서히 나타나기 시작한다

(송명자, 1995).

낯가림은 영아가 자신에게 친숙한 애착 대상에 대해 형성해 놓은 도식과 어긋나는 대상에 대해 나타내는 불안 또는 공포반응이다. 낯가림은 6개월경에 시작되어 2세경까지 지속된다(Bowlby, 1969; Schaffer, 1966).

이에 관해서 예비지식이 없는 부모에게는 영아의 이러한 불안반응이 놀라운 사건이 되기도 한다. 그러므로 부모는 영아가 생후 6개월을 전후하여 이와 같은 낯선 사람에 대한 불안을 갖게 된다는 사실을 알아두면, 영아의 고통을 경감시켜 줄 수가 있다.

성현란(1978)의 연구에 의하면, 우리 나라 영아들 경우에는 5개월 된 영아의 35%, 6개월 된 영아의 63%, 7개월 된 영아의 69%가 낯가림을 하며, 8개월부터 모든 영아가 낯가림을 한다고 한다. 영아에게 익숙치 않은 사람일지라도 가끔씩 접촉할 기회를 갖게 하고 또 접촉빈도를 서서히 증가시켜 가면 영아의 불안을 해소시킬 수가 있다. 즉, 평소에 사회적 접촉이 빈번하면 낯선 사람에 대한 당황감도 적어진다.

격리불안(separation anxiety)은 낯선 사람에게 경계하는 낯가림이 시작되어 낯선 사람을 경계하게 되면서 영아가 애착을 형성한 사람과의 격리에 불안을 느끼게 되는 것을 말한다. 이 격리불안은 낯선 이에 대한 불안반응이 사라지기 시작하는 13~18개월경에 나타난다. 이 때는 걸을 수 있기 때문에 엄마에게서 멀어지면 엄마를 찾아가려고 한다.

우리 나라 유아의 경우 격리불안이 시작되는 시기와 절정기는 각각 7개월과 12개월로 서구와 일치하나, 사라지는 시기는 4세로서 서구의 2세경에 비하면 격리불안이 오래 지속되는 것으로 보고되고 있다(정영숙, 1976; 차재호, 1985).

애착의 유형 유아가 나타내는 애착에는 개인차가 있다고 한다(Ainsworth et al., 1978). 즉, 어머니가 유아에게 주는 자극의 양, 반응의 민감성과 안정성 등 어머니와 유아 간의 상호작용 양상에 따라 상이한 애착유형이 나타나게 된다.

Ainsworth(1978)는 영아가 출생해서 만 1년이 넘는 54주까지 매 3주마다 한 번에 네 시간씩 실험실에서 영아와 어머니가 상호작용하는 양상을 관찰하였다. 관찰이 끝난 직후부터 그는 자신이 고안해 낸 '낯선 상황검사(strange situation test)'로서 애착의 특성을 측정하였다(표 11-1). 그녀는 여러 상황에서 엄마와 영아의 반응 즉, 탐색활동, 낯선 이에 대한 반응, 엄마와 헤어질 때의 반응, 특히 엄마와 다시 만났을 때 유아가 나타내는 행동을 기록하여 분석한 결과 애착의 유형을 다음 세 가지로 구분할 수 있었다.

〈표 11-1〉 낯선 상황검사의 일화

계열번호	등장인물	지속시간	행동기술
1	어머니, 아기와 관찰자	30초	관찰자가 어머니와 아기를 장난감과 여러 가지 놀이기구들이 있는 실험실에 인도한 후 남겨 두고 나간다.
2	어머니와 아기	3분	어머니는 아기가 방안을 탐색하도록 내버려 둔다. 아이가 아무것도 하지 않을 때는 2분이 지난 후 놀이를 하도록 고무한다.
3	낯선이, 어머니와 아기	3분	낯선 이가 들어온다. 최초의 1분은 침묵, 두번째 1분은 낯선 이가 어머니와 대화, 세번째 1분은 낯선 이가 아기에게 접근. 3분이 다 지난 후 어머니가 가만히 방을 나간다.
4	낯선이와 아기	3분 또는 보다 짧게	첫번째 격리계열. 낯선 이의 행동은 아기의 행동에 맞추어 조정한다.
5	어머니와 아기	3분 또는 보다 길게	첫번째 재회계열. 어머니가 아기를 반기거나 달랜 후, 아기가 다시 놀이를 하도록 도와준다. 그런 다음 어머니가 '안녕'이라고 말하며 방을 나간다.
6	아기 혼자	3분 또는 보다 짧게	두번째 격리계열.
7	낯선이와 아기	3분 또는 보다 짧게	두번째 격리의 계속. 낯선 이가 들어와서 아동의 행동에 맞추어 행동한다.
8	어머니와 아기	3분	두번째 재회계열. 어머니가 들어와서 아기를 반기고 안아 준다. 그 사이에 낯선 이는 가만히 방을 나간다.

① 안정된 애착유형(secure attachment)

이 유형의 영아는 낯선 상황에서 어머니가 있는 동안에는 이따금 어머니에게 가까이 가서 몸을 대보며, 어머니가 떠났다가 들어오면 열렬하게 반긴다. 어머니만 있으면 두려움 없이 낯선 상황을 탐색하며, 낯선 장난감에 호기심을 보이거나 가지고 논다. 이 유형의 어머니는 영아의 요구에 민감하게 반응하고, 아기 스스로 노는 것을 충분히 허용해 준다. 1세 된 영아의 약 70% 정도가 이 유형에 속한다.

② 불안정한 회피 애착유형(insecure-avoidant attachment)

이 유형의 영아는 어머니가 떠나도 별 동요를 보이지 않으며, 어머니가 들어와도 다가가려 하지 않고 무시한다. 어머니는 아기의 요구에 무감각하며, 아기와의 신체적인 접촉이 적고, 화가 나 있거나 초조하며, 거부하듯이 영아를 다룬다. 전체 영아의 약 20%가 이 유형에 속한다.

③ 불안정한 저항 애착유형(insecure-resistant attachment)

이 유형의 영아는 일반적으로 어머니의 접촉시도에 저항하는 경향이 높다. 어머니가 곁에 있어도 잘 울고 보채지만, 어머니가 떠나면 극심한 불안을 보인다. 어머니가 돌아오면 화를 내지만, 불안정한 회피유형과는 달리 어머니 곁에 머물러 있으려고 한다. 어머니와의 접촉에 관심이 없거나 또는 다가가서 안겼다가는 이내 화난 듯이 밀어내는 양극적 반응을 보인다. 이 유형의 어머니는 아기의 요구에 무감각하고 아기를 다루는 방식이 어색하지만, 화가 나 있거나 아기를 거부하는 느낌은 없다. 1세 된 영아의 약 10%가 이 유형에 해당된다.

Ainsworth의 낯선 상황검사에서 우리 나라 영아의 애착유형을 분석한 연구결과를 보면, 홍계옥과 정옥분(1995)은 안정된 애착유형이 61.8%, 불안정한 회피유형이 25%, 나머지 유형이 약 11.2%로서 서구 아동과 유사한 비율을 보여주고 있다. 그러나 박응임(1995)과 김민정(1990)의 연구에서는 안정된 애착유형이 약 80%, 73.5%로 보고하고 있어, 안정된 애착유형이 서구 아동에 비해 훨씬 높은 것으로 나타났다(송명자, 1995).

④ 애착유형의 지속성

Londervill과 Main(1981)에 의하면 안전하게 애착한 유아는 그렇지 않은 유아보다 12개월경에 어머니 말에 더 순종하며, 21개월경에는 낯선 여자에게 더 잘 협조하는 경향이 있다. 게다가 12~18개월경에 안전하게 애착하는 유아는 그렇지 않은 유아보다 2세경에 호기심이 훨씬 더 많고 또래에게 더 사교적이었으며, 3세경에는 낯선 어른과 게임에서 경쟁하면서도 편안해 했다(Lutkenhaus, Grossman, & Grossman, 1985; Pastor, 1981).

Waterer 등(1979)은 학령 전 시기의 애착특성과 사회적 · 지적 행동 간의 관계를 연구하였다. 그들은 우선 15개월경에 유아들의 애착특성을 측정한 후, 3세 반경에 유치원에서 행동을 관찰했다. 그 결과 15개월경에 어머니에게 안전하게 애착한 유아들은 유치원에서 주도적 역할을 수행했다. 그들은 종종 게임을 이끌었으며, 대체로 또래 아동의 욕구 및 감정에 민감하게 반응하여 매우 인기가 있었다. 따라서 이 아동들은 호기심이 많고 독립적이며 배우려는 열정이 강했다.

대조적으로 15개월 때 불안정하게 애착한 유아들은 사회적으로나 정서적으로 움츠려 들었으며, 다른 아동과 잘 섞여서 놀지 못했다. 이들은 호기심과 배우려는 관심이 적었고, 목표추구행동이 미약했다. 유아기 때 안전하게 애착한 아동들은 4~5세경에 그렇지 못했던 아동들보다 여전히 호기심이 더 많았고 또래에게 더 반응적이며 어른에게 덜 의존했다(Arend, Gove, & Sroufe, 1979; Sroufe Fox & Pancake, 1983).

독일에서 이루어진 연구에서도 실험대상 중 약 78%의 유아가 1세 이전에 애착유형을 6세에도 그대로 지속하고 있는 것으로 밝히고 있다(Wartner & Grossman, 1987).

애착유형의 지속성과 관련하여 애착유형이 세대간 전달된다는 연구결과가 있어 주목을 끈다(Main et al., 1985; Aninsworth & Eichberg, 1992). 이들 연구에서는 어린 아기를 둔 젊은 부모에게 자신의 어린 시절 애착형성양상을 회고하게 하여 진단하고, 이들 젊은 부모와 아기 간의 애착유형을 실험실에서 관찰하여 비교하였다. 이 연구결과 두 세대간의 애착양상간에 .62에 이르는 높은 상관이 있음을 발견하였다. 이러한 결과는 어린 시절 부모와 가졌던 애착경험이 성인기까지 지속하여 부모로서의 자녀양육행동에 영향을 미치며, 이는 나아가 자신과 자녀와의 애착관계형성에 기여하는 것으로 해석될 수 있다. 그러나 현재로는 이러한 인과적 설명의 타당성 여부는 더 많은 검토를 필요로 하는 것으로 보인다.

3. 사회적 행동의 발달

1) 친사회적 행동

친사회적 행동의 발달 사회적 행동은 친사회적 행동(prosocial behavior)과 반사회적 행동(antisocial behavior)으로 분류할 수 있다. 친사회적 행동은 타인을 돕거나 도우려는 어떤 행위를 포함하는 폭넓은 개념으로 이타행동, 도움행동 등 여러 가지 이름으로 불리어져 왔다. 반사회적 행동으로는 비협력적, 반항적, 공격적, 적대적 행동 등을 들 수 있다.

친사회적 행동이란 타인과의 관계에 있어서 사회적으로 바람직한 행동을 뜻하고, 그 범주에 돕기(helping), 나누기(sharing), 협동하기(cooperation), 위로하기(comforting), 이타행동(altruistic behavior), 도덕적 행동 등을 포함한다.

친사회적 행동은 타인들에 대한 감정이입적 관심에 의해서 자극된다. 유아도 다른 사람이 느끼는 감정을 함께 느낄 수 있다. 감정이입(empathy)은 다른 사람의 감정상태를 대리적으로 경험하는 것으로서 친사회적 행동을 매개하는 중요한 요인일 뿐만 아니라, 감정이입과 친사회적 행동의 관계는 경험적 연구에서 큰 지지를 받았다.

타인에 대한 감정이입적 이해를 할 수 있는 능력은 매우 일찍 발달하기 때문에 신생아들도 감정이입의 능력을 지니고 있어 한 신생아가 울기 시작하면 다른 신생아들도 따라서 울기 시작한다. 18개월 된 유아도 다른 아이가 넘어지는 것을 보면 울거나 겁이 나서 손가락을 빠는 행동을 한다. 이러한 반응을 원초적 감정이입이라고 부른다. 이러한 반응은 다른 사람의 상황에 대한 이해를 바탕으로 한다기 보다는 조건화에 의한 반응으로서 설명될 수 있다. 대개 만 4세가 될 때까지는 의미 있는 정도의 이타성은 나타내지 못하나, 그 수준은 13세 정도까지 꾸준히 증가한다(홍순정, 1989).

감정이입 외에 이타적 행동에 영향을 주는 요소로서 기분(mood)을 들 수 있다. 어린이들이 행복하다고 생각하거나, 기분이나 분위기가 좋을 때, 어떤 과제에서 성공했을 때 상대방의 요구에 더 잘 응해 주거나 도와주려는 경향이 있다(Moore, Underwood, & Rosenhan, 1973).

다른 사람의 역할을 조망하는 훈련도 이타적 행동을 위한 훈련으로 사용되고 있다. 대부분의 연구결과들은 상호 호혜적 역할 조망 훈련을 받은 어린이들이 그렇지 않은 어린이들보다 다른 사람을 더 도와주는 경향이 있음을 보고하고 있다(Staub, 1971). 또한 책임감을 부여하는 것도 바람직한 결과를 가져온다. 반대로 어린이들 사이의 경쟁을 조장하는 것은 이타적인 행동을 감소하게 한다.

친사회적 행동이 연령의 증가와 더불어 점차 명백히 증가하는 경향은 아동이 성장함에 따라 협조의 가치와 필요성 및 방법을 이해하는 인지적 능력이 발달하기 때문인 것으로 보인다(Knight et al,. 1987). 그러나 성인이 관찰하고 있다는 것을 의식하지 않는 일상의 자연적인 상황에서는 친사회적 행동이 연령에 따라 증가하지 않는다는 연구보고도 있다(Redke-Yarrow et al., 1983).

친사회적 행동에 관련된 요인 아동의 친사회적 행동을 조장하는 데에는 여러 가지 요인들이 관여한다. 가족환경에서의 부모의 온정적인 양육태도, 행위의 옳고 그름을 판단하는 자기도식, 이타적 행동에 대한 강화와 모델링 등에 대한 설명이 있다.

유아의 친사회적 행동발달에 중요한 역할을 하는 사람은 부모이다. 따라서 부모의 양육방식이 중요하나 부모의 양육방식에 관련된 연구를 살펴보면, 이타적인 경향의 유아들은 대체로 그들 부모가 Baumrind(1967)가 연구한 권위적인 양육 형태를 보인다. 부모들은 이타적 행동들을 연습할 기회를 제공해 주고, 유아의 수행에 있어서 부모 자신의 힘을 행사하는 양육을 극소화하였다. 이에 반해 단지 힘만을 행사하는 부정적이고 절대적인 부모의 양육태도는 이타적 행동과는 부정적 연관을 갖는다. 많은 실험연구에서 이타적 행동을 요구하는 부모가 아동의 이타적 행동을 강화한다는 연구결과를 제시하고 있다.

Waxler, Yarrow와 King(1979)의 연구에서 보면, 엄마가 아동의 행동결과에 대해 설명해 주고 규칙을 분명하게 진술해 줄 때 아동은 다른 사람에게 좀더 조력적이고 공감적으로 반응한다는 것을 알 수 있다.

일반적으로 자신이 이타적이라고 생각하는 사람들은 실제로 이타적 행동을 하는 경향이 높다(Baron & Byne, 1991). 자신의 이타적 성향에 대한 판단과 이타적 행동 간의 상관이 높다는 것은 이타적 특성에 관한 자아개념 또는 자기도식(self-schema)과 친사회적 행동이 밀접하게 관련되어 있음을 뜻한다.

5세와 8세 아동을 대상으로 아동의 이타적 자기도식을 활용하여 친사회적 행동을 증진시킨 연구는 연령에 따른 아동의 자기도식과 이타성과의 관계를 보여주는 흥미있는 연구이다(Grusee & Redler, 1980). 이 연구에서는 먼저 아동에게 또래와 연필을 나누어 갖거나 힘든 일을 도와주는 등의 친사회적 행동을 실험집단과 통제집단으로 나누어 시켰다. 연구결과에서 8세 아동은 이타적 자기도식을 강화함으로써 친사회적 행동을 크게 증가시킬 수 있었으나, 5세 아동은 그 효과가 상대적으로 빈약하였다. 이러한 결과는 아동의 이타적 자기도식이 8세경에 행동을 통제할 만큼 형성될 수 있음을 보여주는 것이다. 이는 친사회적 추론과 자기도식이 밀접하게 관련되어 있음을 반영한다(Froming et al., 1995).

강화(reinforcement)는 친사회적 행동을 증진시키는 데 효과가 있다. 이타적 행동이 나타날 때마다 칭찬과 격려를 해 주면 이타성이 크게 증가하는 것을 볼 수 있다. 강화를 이용하여 아동기 친사회적 행동을 촉진시키기 위한 프로그램들이 개발되어 사용되고 있는 것은 이러한 이유 때문이다(Kohler & Fowler, 1985; Mills & Grusec, 1989).

Bandura(1977)와 같은 사회학습 이론가들은 친사회적 행동은 적당한 모델의 행동을 모방(imitation)함으로써 쉽게 영향을 받을 수 있다는 것을 보여주었다. 많은 실험에서 모델이 유아의 기증하려는 행동, 어려움을 당하고 있는 사람을 돕는 행동, 협동심 그리고 다른 사람들의 감정에 대한 그들의 관심 등에도 영향을 준다는 것을 보여주었다(Staub, 1971).

아동이 일상생활에서 목격하는 부모의 행동이나 TV 프로그램 속의 주인공들의 이타적 행동은 모든 연령수준 아동의 친사회적 행동을 촉진하는 데 효과가 있는 것으로 알려져 왔다. 그러나 보다 최근에 초등학교 아동을 대상으로 태국에서 이루어진 연구에 의하면, TV나 책 속에 주인공의 이타적 행동은 아동의 친사회적 행동을 증진시키는 데 효과가 없는 반면에 부모, 교사, 또래가 실제로 일상생활에서 보여주는 이타적 행동만이 모방학습효과가 있었다. 이러한 연구결과는 아동의 이타성 발달에 있어서 주변에 있는 실제 모델의 중요성을 보여주는 것이다(Pienyat & Pongsama, 1995).

2) 공격성의 발달

공격성의 의미 공격성의 정의는 학자들마다 다양하다. 일반적으로 공격성(aggression)이란 생명체에 대해 의도적으로 해를 가하려는 사회적으로 바람직하지 않은 행동을 의미한다(Shaffer, 1993). 공격적인 행동의 기원에 대해서는 많은 심리학적 이론들이 제시되고 있다. Lorenz(1974) 등의 비교행동학자들은 모든 동물이 공격적으로 행동할 잠재력을 갖고 있는 것으로 미루어 공격적 행동에 대한 선천적 경향 즉, 싸우고자 하는 선천적 본능이 있음에 틀림없다고 믿었다. 아동은 공격성이 진화론적으로 보아서 중요한 의미를 갖는다고 해석하였다.

Freud(1953) 역시 공격성은 선천적이며 본능으로부터 나온다고 믿었다. 그는 인간의 본성을 리비도(libido)라는 긍정적 에너지 외에 죽음과 파괴를 지향하는 공격적 본능인 타나토스(thanatos)를 가정한 데에서 볼 수 있듯이, 일부 학자들은 공격성을 인간 본능의 일부로 간주하고 있다.

또, 어떤 학자들은 공격성은 욕구좌절에서 기인한다고 주장하는 반면에, 인간의 모든 욕구가 충족된다 해도 공격적 행동은 결코 완전히 사라지지는 않는다는 반론을 제기하는 학자들도 있다. 특히, 발달심리학자들은 공격성의 보편적 기원보다는 개인차의 발달에 관해서 더 많은 관심을 갖는다. 이처럼 공격성의 심리적 근원에 대해서는 여러 가지 다른 설명들이 이루어지고 있다.

Feshbach(1970)와 Rule(1974)은 의도된 공격행위를 공격성의 목적에 따라 도구적 공격성(instrumental aggression)과 적대적 공격성(hostile aggression)으로 구분하고 있다. 도구적 공격성이란 자신의 욕구를 충족시키거나 다른 목적을 이루기 위한 수단으로 공격행동이 일어나는 것을 말하며, 적대적 공격성은 공격행동의 목적 그 자체가 타인에게 해를 입히는 것이다.

어린이들의 공격성의 대부분은 수단적인 공격행동을 한다. 주로 자신들이 가지고 놀기를 원하는 장난감을 갖기 위해 밀고 당기는 등의 행동이다. 어린이들은 분노나 다른 사람을 해칠 의도가 있는 적대적 공격은 많지 않은 것으로 나타나고 있다.

그러나 Rule과 Nesdale(1976)은 공격성을 분노적 공격과 비분노적 공격으로 구분하였다. 즉, 분노적 공격성은 좌절이나 상처 같은 기피자극 때문에 분노를 느낄 때 일어나는 반면, 원하는 물리적 보상을 얻지 못했을 때는 비분노적 공격성이 일어나기 쉽다.

요약하면, 도구적인 공격과 적대적인 공격 간의 구분은 선명하지가 않다. 설사 개념상으로는 구분된다 하더라도 두 개념간에는 공통점이 있고, 피해자와 공격자에게 무엇으로든지 중요한 결과를 가져온다는 점에 유의해야 한다.

공격성의 발달과정 생후 1년경이 지나면 유아들은 그 또래와 함께 있을 때 도구적인 공격성을 나타내기 시작한다(Eron et al., 1983). 그들 대부분의 관심은 장난감과 소유물에 있고, 또래에게 공격적 행동을 보이게 된다. 가끔 성인이나 나이가 많은 아동에게 공격적이 되기도 하나 이것은 그리 많지 않다.

Maccoby(1980)는 생후 2년 동안의 유아는 화를 내고 가끔 휘두르기도 하지만 진정한 의미의 공격성은 아직 나타내지 않는다고 했다. 2세반~3세경에는 분명한 공격행동이 나타나며, 주로 신체적인 공격행동을 보인다. 이 때의 신체적 공격의 대부분은 수단적 공격으로서 유아가 원하는 장난감을 얻는 것을 중심으로 공격적인 행동에 집중하지만, 다른 일도 첨가된다. 즉, 공격자는 자신의 목표물에 초점을 두면서 위협적인 몸짓을 한다. 2~3세 사이의 유아들은 때리고, 밀치는 등 물리적 공격성을 주로 보이지만, 3~6세에는 놀리고, 흉보고, 욕하며, 상대방을 위협하고, 모욕을 가하는 것과 같은 언어적 공격성으로 바뀌게 된다. 물리적 공격성이 언어적 공격성으로 바뀌는 이유는 부모들의 제재와 더불어 난폭한 행동이 자신의 목적을 달성하는 데 적합한 도구적 수단이 되지 못한다는 것을 어린 아동들도 깨닫기 때문이다(Emmerich, 1966; Hartup, 1974).

3~6세 사이에 아동의 공격성은 대체로 도구적이지만, 6세를 전후해서 급격하게 적대적 공격성으로 그 성격이 변화한다. 이러한 변화가 나타나는 원인은 대체로 상대방의 의도에 대한 아동의 잘못된 귀인판단에 있는 것으로 보고 있다. 5~6세경에 아동에게 역할수행능력이 생기면서 타인의 의도나 동기를 추론할 수 있

게 되면, 타인의 우연한 공격적 행동의 원인을 고의로 해를 가하게 했다는 공격적 의도로 추론하는 경향이 높아진다. 따라서 5~6세경부터 적대적 공격성이 증가하게 된다(Hartup, 1974).

학령 전 아동은 상대방을 가해하려는 공격행동이 교훈을 가르치려는 공격행동(예, 사랑의 매)보다 더 나쁘다는 것을 인식한다(Rule et al., 1974). 그러나 아동은 초등학생에 비해 가해자의 적대적 의도를 추론하는 데 있어 훨씬 더 미숙하다. Dodge 등(1984)의 연구에서는 유치원생, 초등학교 2학년생, 4학년생에게 한 아동의 의도를 다음과 같이 기술하고 아동의 의도를 판단해 보라고 하였다. 한 아동이 또래 아동이 쌓던 블록 탑을 실수로 무너뜨리거나, 적대적 의도로 무너뜨리거나, 친사회적 의도로 도와주려다 무너뜨린 경우, 결과는 분명하였다. 행위자의 진정한 의도를 정확히 판별한 유치원생은 42%, 2학년생은 57%, 4학년생은 72%였다.

공격성은 지속적이다. 2세경에 공격적인 아동은 5세에도 공격적이며, 6~10세 사이의 신체적 · 언어적 공격행동의 양은 청년기 공격성 정도를 예언해 주는 지표가 된다(Cairns et al., 1989). 또한 10세에 공격적인 아동은 성인 초기 가족관계에서 보다 많은 갈등을 갖는다는 보고도 있다(Caspi et al., 1987). 이러한 문제는 앞으로 더 연구되어야 할 과제임이 분명하다.

공격성에 관련된 요인

① 남녀의 차이

어느 문화, 어느 연령층을 불구하고 대체로 남성이 여성보다 더 공격적이다. 많은 연구에 따르면, 소년이 소녀보다 신체적인 공격뿐만 아니라 언어적 공격에 있어서도 더 우세하다(Feshbach, 1970; Maccoby & Jacklin, 1974).

공격성에 있어서 성차를 유발하는 요인은 생물학적 요인뿐만 아니라 사회적 학습요인도 내포한다는 여러 연구도 있다. 그 중 Maccoby와 Jacklin(1974, 1980)은 특히 생물학적 요인을 강조하였다. 이들은 사회적 학습경험의 중요성을 부정하지는 않았지만, 적어도 다음의 네 가지 이유를 더 중요한 결정원인으로 주장하였다. 첫째, 거의 모든 문화권에서 남성은 여성보다 더 공격적이다. 둘째, 공격의 성차는 매우 일찍부터 나타나므로(약 2세경), 그것이 사회학습이나 부모의 자녀양육방식에 기인한다고 보기는 어렵다. 셋째, 계통발생(phylogeny)적으로 인간과 가장 밀접한 종족(비비원숭이와 침팬지)에서는 수컷이 암컷보다 더 공격적인 경향이 있다. 넷째, 동물과 인간 모두에게서 남성 호르몬(테스트스테론)과 공격행동 간에 관련성이 있다는 증거가 있다. 이러한 관찰이 생물학적 요인의 중요성을 시사한다 하더라도 우리는 결코 사회적 영향력을 소홀히 할 수 없다.

사회적 요인의 주장자들은 부모와 다른 사회화 대행자들이 공격의 성차에 영향을 미치고 있다고 주장한다. 성인은 남성이 여성보다 더 능동적이고 주장적이기를 기대한다. 부모는 유아기 · 학령 전 시기 · 초등학교 시기에 걸쳐 내내 딸보다는 아들과 신체적으로 활발한 놀이나 엎치락뒤치락하는 놀이를 더 많이 한다. 또한 자녀의 성별에 따라 사 주는 장난감도 다르다. 아들에게는 공격적 행동와 관련된 기관총 · 탱크 등과 같은 파괴를 상징하는 장난감을 사 준다. 반면 딸에게는 인형, 접시 세트와 같은 양육적이며 보살피는 역할의 선택을 촉진하는 장난감을 사 준다. 게다가, 아버지는 아들보다는 딸이 싸울 경우 저지하는 경향이 더 크다(Block, 1978). 즉, 공격의 성차를 일으키는 주요한 사회적 원인은 성유형화 과정과 사회적 학습 때문이다(최순영, 김수정 편, 1995).

② 가족의 영향

아동의 공격성 발달에 가족과 생활환경은 중요한 영향을 미친다. 부모의 양육방식이 자녀의 공격행동을 형성하는 데 중요한 역할을 한다고 가정한 연구들에 의하면, 부모가 자녀의 공격행동에 대해 세력행사적 훈육(특히 체벌)을 일관성 없이 사용하며 냉담하고 거부적일 때, 자녀는 적대적이며 공격적으로 성장하기 쉽다(Eron, 1982; Olweus, 1980; Darke & Slaby, 1983).

부모가 냉담하고 거부적이라면 자녀의 정서적 욕구를 좌절시키고 타인에게 무관심한 모델을 보여줄 수 있기 때문이다. 또한 허용적인 부모는 자녀의 공격적 분출을 간과함으로써 호전적 행동을 정당화시키며, 자녀의 공격충동을 통제할 기회를 잃기 쉽다. 즉, 부모의 심한 체벌도 높은 공격성과 관련이 있었고, 높은 허용성도 높은 공격성과 관련이 있었다(Sears, Maccoby, & Levin, 1957).

Olweus(1980)는 13~16세 된 아동을 둔 스웨덴 부모들과 면담을 통하여 자녀의 양육방식을 알아보는 한편 소년들의 기질적 특징도 조사하였다. 그리고 급우들의 평정으로써 각 소년의 공격성을 측정하였다. 그 결과 그는 아동의 공격성에 영향을 미치는 네 가지 요인을 순서대로 다음과 같이 나열하였다. 첫째, 공격행동에 대한 어머니의 허용성, 둘째, 아동에 대한 어머니의 냉담하고 거부적인 태도, 셋째, 아동의 활동적이며 충동적인 기질, 넷째, 부모의 세력행사적 훈육방식. 즉, 부모로부터 사랑과 관심을 거의 받지 못했거나, 자유분방하고, 어떠한 제약없이 공격적으로 행동하는 아동은 장차 공격적인 청소년이 되기 쉽다는 것이다.

Patterson(1976, 1979, 1982)은 3세에서 13세 6개월 사이의 공격성이 높은 아동과 정상아동의 가정을 관찰한 결과, 공격성이 높은 아동의 부모는 정상아동의 부모에 비해 체벌을 가하는 등 아동의 행동을 강압적으로 통제하려는 경향이 높다는 사실을 발견하였다. 이러한 부모의 강압적 행동은 아동의 공격성을 높이며, 나아가 부모의 강압적 통제를 강화하는 악순환을 반복하게 된다. 형제관계에서도 마찬가지로 상호 강압적이며 적의적인 대치양식은 서로의 공격성을 촉진하게 된다(Patterson, 1986).

가정의 정서적 분위기가 자녀의 공격행동에 영향을 미친다는 많은 연구가 있다(Johnson & Lobitz, 1974; Porter & O' Leary, 1980). 가정에서 부모의 싸움을 늘 접하는 아동이 정서적으로 불안하고, 형제자매나 또래 아동과 공격적인 상호작용을 할 가능성이 높다.

또한 부부싸움을 해결하기 위해 신체적 공격에 의존하는 부모라면 자녀에게도 유사한 방법을 사용하기 쉬울 것이다. 신체적으로 학대받은 아동은 형제자매 간의 갈등과 또래간의 갈등을 해결하기 위해 강압적인 방법에 의존하기 쉽다.

가정에서 부모의 양육방식, 가족간의 상호작용형태, 부모의 공격성에 대한 태도 등이 아동들의 공격적 행동에 영향을 주게 된다. 이 외에도 사회의 이념체계, 유치원이나 학교환경, 교사의 태도 역시 영향을 미치게 된다.

3) 성역할의 발달과 성차

성역할의 의미 성역할(gender role)이란 남성과 여성에 따라 각기 달리 기대되는 행동양식을 의미한다. 아동이 자신의 성역할을 인식하고 이에 적합하게 행동하고자 하는 경향은 아동기 사회화의 중요한 부분이다. 아동이 자신에게 기대되는 성역할을 이해하기 위해서는 먼저 자신의 성에 대한 정확한 이해가 선행되어야 한다. 따라서 성역할이라는 개념 속에는 성역할 고정관념, 성역할 동일시 및 성역할 선호의 하위개념이 포함된다.

성역할 정체감이란 개인이 자아 속에 남성적 역할이나 여성적 역할과 연합된 특성을 수용하는 정도를 의미한다. 1960년대까지 성역할 특성은 선천적인 생물학적 요인에 의해 이미 결정되는 것이므로, 이를 명료하게 구분짓는 것이 현명한 발달과정이라고 믿었다. 그러나 1960년대 이후에 일어나기 시작한 여성운동은 당시까지 당연한 것으로 받아들여 왔던 성역할 구분과 성차에 관한 생각들이 사회적이며 문화적인 편견에 기인된 것이라는 강한 회의와 저항을 가져다 주는 계기가 되었다. 이와 때를 같이 하여 최근에 와서 남성적 성역할과 여성적 성역할을 조합해서 지니고 있는 개인이 있다는 것이 밝혀졌다. 이와 같이 남성과 여성의 특성을 공유한 사람을 양성성(androgeny) 소유자라고 부른다.

아동은 이처럼 우리의 성에 적합하다고 규정된 행동, 의견, 감정 속에서 성장하며 성유형화(sextyping) 과정을 통해 적절한 성역할을 습득하게 된다. 아동들은 이러한 관념을 매우 일찍 발달시키며, 이렇게 획득한 성역할 형태는 일생 동안 지속된다(Hetherington, 1970).

성역할의 발달이론

① 정신분석이론

Freud(1933)의 정신분석이론에 의하면 남자와 여자의 근원적인 차이는 그의 심리성적 발달의 제3단계(남근기)에서의 동일시과정에 의해 아동의 성유형이 형성되는 것으로 본다.

3~6세경이 되면 남아는 어머니에 대한 오이디프스 콤플렉스적인 애착을 극복하고, 경쟁상대인 아버지로부터 느끼는 거세불안(castration anxiety)을 감소시키기 위해 아버지를 동일시하게 된다. 이러한 동일시과정을 거쳐 남아의 남성적 성특성이 발달한다.

Freud 이론에서 동일시기제에 의해 여아의 성유형을 설명하는 것은 쉽지 않다. 여아는 거세불안이 없으며, 어머니에 대한 두려움과 경쟁심 또한 적다. 따라서 여아의 성유형은 오이디푸스적 애착을 쏟는 아버지의 애정을 유지하고 아버지를 기쁘게 하기 위해 여성화하려는 과정에서 형성되는 것으로 보고 있다. 이처럼 남아와 여아 모두 성역할 발달과정에는 아버지의 역할이 절대적으로 중요성을 갖는다(Huston, 1983; Lamb, 1981; Shaffer, 1993).

성역할의 발달에 대한 이러한 이론은 최근에 반론이 제기되기도 한다. 즉, 이성 부모에 대한 성적 매력을 갖게 된다는 것에 대해서는 동의하지 않으며, 또한 동성의 부모가 없는 가정에서 자라는 아동도 성역할의 발달이 된다는 것으로 반대의견이 제시된다.

② 사회학습이론

사회학습이론에 따르면(Bandura, 1977; Mischel, 1970), 성역할은 아동이 속한 사회적 환경 내에서 경험하는 다양한 학습의 결과로서 성역할과 성역할행동은 다른 모든 행동과 마찬가지로 강화와 모방을 통해서 발달된다.

부모, 교사 또는 친구가 아동의 성에 적합한 행동은 강화하고 성에 적합하지 않은 행동은 벌을 줌으로써 직접학습이 이루어진다. 아동은 또한 관찰을 통해 많은 성역할행동을 학습한다. 즉, 아동은 부모, 형제, 교사, 친구 또는 다양한 형태의 대중매체를 통해서 자신의 성에 적합한 행동을 학습하게 된다.

사회학습이론의 중요한 원리는 강화, 벌, 모델링 그리고 동일시이며, 이들에 의한 직접적인 훈련이다. 아동이 행동을 자신의 성에 적합한지 않은지 분류하는 하나의 방법으로는 관찰학습이 있다. 아동은 남성과 여성을 관찰함으로써 남성에 적합한 행동과 여성에 적합한 행동을 기억하며(Perry & Bussey, 1979), 같은 성에 적합한 것으로 기억한 행동을 모방하게 된다. 또한 성역할 발달을 돕는 중요한 요인으로 강화를 들고 있는데, 아동이 단순히 모델의 행동을 관찰함으로써 새로운 행동을 학습할 수도 있지만 그 행동을 실제 수행할 가능성은 후에 그 모델이 행한 행동에 대해 어떤 강화를 받는가에 달려 있다.

Bandura(1977)의 관찰학습이론에서는 아동이 6~7세경에 성 정체성을 획득하게 되면 동성과의 유사성으로 인해 동성 모델에 더 많은 주의를 기울이며, 동성의 행동을 모방하게 된다고 설명한다. Kagan(1964)의 지각된 유사성 가설에서는 부모와의 유사성을 성역할 발달의 주요 요인으로 강조한다. 5~6세경부터 아동은 일상생활에서 동성의 부모에게서 신체적 특징의 유사성을 비롯하여 행동 · 사고방식 등 여러 심리적 특성의 유사성을 느끼고, 자신이 유사하다고 지각하는 특성들을 모방하게 된다. 이 때 다른 사람들이 아동과 부모의 유사성을 지적하는 것은 관찰학습을 대폭 강화시켜 주는 기능을 한다.

③ 인지발달이론

Kohlberg(1966, 1969)의 인지발달이론에 의하면 아동은 동일시를 통해 성역할이 발달되는 것이 아니라 아동이 자신의 신체적 현실을 인정하는 데서 성역할 발달이 시작된다고 보았다. 즉, '나는 남자다', '나는 여자다' 라는 인지적 판단을 내린 후 자신과 동성인 사람의 행동을 모방한다는 것이다.

인지발달이론에서는 아동의 성역할 발달은 세 단계를 거친다고 보았다. 즉, 성 정체성(gender identity), 성 안정성(gender stability) 그리고 성 항상성(gender constancy)이다. 3세경에 유아는 최초로 자신을 남자 또는 여자로 범주화하는 능력인 성 정체성을 발달시키게 된다. 이처럼 자신의 성을 명료화한 후 4세경이 되면, 남아는 자라서 남자 어른이 되며, 여아는 자라서 여자 어른이 된다는 성 안정성에 대한 인식이 시작된다. 5~6세경에 아동은 의복, 머리모양, 또는 행동이 달라지더라도 성은 결코 변화하지 않는다는 성의 불변적 특성인 성 항상성을 획득하게 된다. 초등학교 입학 전에 서서히 발달하던 성유형 개념들은 입학할 무렵 구체적 조작사고의 획득과 더불어 완성된다(Kohlberg & Ullian, 1978).

성차의 발달 성차에 관한 연구는 Maccoby와 Jacklin(1974)에 의해 획기적인 시도가 이루어졌다. 이들은 성차의 심리학에 관한 방대한 양의 문헌을 비판적으로 요약하고 분석하였다. 그 결과 일반적인 통념 속에 성차가 있다고 믿어왔으나, 과학적 연구결과 입증되지 않은 측면이 8개 있었고, 성차가 있다고 확실한 결론을 내리기에는 연구결과가 불충분하고 애매모호한 것이 7개 측면이었고, 단지 4개의 측면—언어능력, 시각, 공간능력, 수학능력, 공격적 행동—에서만 성차가 입증되었다고 밝혔다.

Maccoby와 Jacklin(1974)의 연구는 성차에 대한 사회적 통념의 그릇됨을 밝힘으로써 여성과 남성에 대한 새로운 이해를 도모할 근거를 마련하였다는 점에서 그 공적을 널리 인정받고 있다. 물론 그 이후에 아동의 연구에 대해 약간의 비판과 수정이 가해지기도 하였으나, 성차에 관한 일반적인 통념이 사실과 확실히 부합하지 않는다는 데는 의견을 같이하고 있다(임정빈, 정혜정, 1997).

이상에서 언급한 성차의 발달에 있어서 생물학적 요인의 영향을 배제할 수 없지만, 환경적 요인이 크게 작용한다. 아기가 갓 태어났을 때부터 부모가 남아와 여아를 다루는 방식에서부터 차이가 있다. 2세경부터 부모들은 아동에게 사다 주는 장난감, 입히는 옷, 권장하는 놀이형태 등 여러 영역에서 성차를 크게 부각시키게 된다. 유아교육기관의 교사들도 마찬가지로 남아에게는 보다 남성적인 놀이나 활동을, 여아에게는 여성적 활동을 제공하고 강화한다.

TV 광고 등 각종 매체 또한 성차를 촉진하는 기능을 한다. 일반적으로 매체들은 전통적이며 고정적인 성유형을 보여주는 경향이 있다. TV를 많이 보는 아동일수록 성역할 고정관념이 높은 경향이 있다는 보고는 매체의 성차 촉진기능을 입증하는 것이다. 또한 동화나 이야기책의 내용 또한 성차를 촉진하는 경향이 있다(송명자, 1995).

〈표 11-2〉 성차에 관한 Maccoby와 Jacklin의 연구결과 요약

성차가 입증되지 않은 측면	연구결과가 불충분한 측면	성차가 입증된 측면
• 여아가 남아보다 더 사교적이다. • 여아가 남아보다 제안을 많이 한다. • 여아가 남아보다 자존심이 더 강하다. • 여아는 기계적 암기학습과 단순한 반복작업을 잘하고, 남아는 더 높은 수준의 인지적 사고를 잘한다. • 남아가 여아보다 더 분석적이다. • 여아는 성취동기가 부족하다. • 여아는 청각적인 경향이 크고, 남아는 시각적 경향이 크다.	• 촉각에 대한 민감성 • 공포, 불안, 겁 • 활동수준 • 경쟁심 • 지배성 • 순종 • 양육성과 모성적 행동	• 여아의 언어능력이 더 높다. • 남아의 시각, 공간능력이 더 월등하다. • 남아의 수학능력이 더 월등하다. • 남아가 더 공격적이다.

양성성 전통적으로 성역할 발달에 관한 연구들은 남자는 남성적인 것이, 여자는 여성적인 것이 심리적으로 건강하다고 생각해 왔다. 그러나 1970년대 초부터 많은 학자들이 이러한 전통적인 성역할 구분은 현대사회에 더 이상 적합하지 않을 뿐만 아니라, 나아가서 인간의 잠재력을 충분히 발휘하는 데에 장애요인이 된다고 주장한다.

양성성이란 그리스어로 남성을 일컫는 앤드로(andro)와 여성을 일컫는 진(gyn)으로 구성된 용어이며, 하나의 유기체 내에 남성적 특성 및 여성적 특성이 함께 존재하는 것을 의미한다. 양성성은 한 개인이 남성성과 여성성을 동시에 가질 수 있기 때문에 상황에 따라서 남성적 특성 및 여성적 특성의 역할을 융통성 있게 잘 수행할 수 있는 보다 효율적인 성역할 개념이다.

이러한 관점에서 Bem(1978)은 성역할을 연구하는 주요 목적이 성역할 고정관념이라는 감옥으로부터 인간성을 해방시키고 문화적으로 규정된 여성성과 남성성이라는 구속으로부터 자유로운 정신건강을 발달시켜야 한다는 양성성(androgeny)의 개념을 제시하였다. 종래의 심리학자들이 남성성과 여성성을 단일차원의 양극

으로 생각했던 것과 달리, Bem은 남성과 여성 모두 양성의 특성을 공유할 수 있다고 보고, 이를 다음 〈표 11-3〉과 같은 네 개의 성역할 유형으로 구분하였다.

〈표 11-3〉 Bem의 성역할 유형

		여성성	
		높음	낮음
남성성	높음	양성적	남성적 유형
	낮음	여성적 유형	미분화

남성에게는 남성적 성유형을, 여성에게는 여성적 성유형을 이상적인 발달로 생각하던 종래의 이론과 달리, Bem은 양성적 유형을 성역할 발달의 중요한 지표로 제시하였다. 양성성의 개념은 많은 문화권에서 성역할 고정관념을 타파하는 데 기여하고 있다.

유아기 때는 성역할에 대한 엄격한 규칙을 만들고 있는 과정의 초기 단계에 있기 때문에 남성적, 여성적 그리고 양성적이라는 확고한 결론을 내리기가 어려울지 모른다. 그러나 사춘기의 양성성에 관한 연구는 점차 많아지고 있어 이 분야의 연구가 국내외에서 활발하게 이루어졌는데, 많은 연구결과 양성적인 사람이 성유형화된 사람보다 자존감, 자아실현, 성취동기, 결혼만족도가 높고, 도덕성 발달과 자아발달이 보다 높은 수준에 있으며, 정신적으로 더 건강한 것으로 나타났다 (Major, Carnevale, & Deaux, 1981; Massad, 1981; Spence, 1982).

그러나 Jones(1978) 등은 일련의 연구를 통하여 개인의 적응력에 결정적인 역할을 하는 것은 양성성이 아니라 남성성이라고 밝히면서 Bem 등의 주장을 부정하는 비판도 제기되고 있어 현재로서는 단정적인 결론을 내리기 어렵다. 따라서 아동을 포함하여 이 분야에 관해 앞으로 더 많은 연구가 이루어져야 할 것으로 보인다.

제12장

도덕성 발달

제12장
도덕성 발달

1. 자아 및 사회인지의 발달

1) 자아인지의 발달

자아인지(self-cognition)란 자신의 내재적 특성에 대한 인지를 말한다(송명자, 1997). 이러한 자아인지의 시작은 자신의 외적인 모습을 지각하고 다른 대상과 다르다는 것을 인지하는 데에서 시작한다. Harter(1983)는 영아가 5~8개월이 되면 거울 속의 자기 모습에 관심을 갖기 시작하며 15~18개월이 되면 자기 얼굴에 묻은 얼룩을 거울을 통해 털어내고 만질 수 있으며 자기 얼굴이 담긴 사진을 다른 사람들의 얼굴이 담긴 사진들 중에서 구분해 낼 수 있게 된다고 했다.

일단 영아가 자기인식을 하게되면 과거 경험에 의해 자신의 성격이나 외모 등의 특성으로 자아를 표상하는 자기도식(Self Shemes)을 만들어 간다. 이러한 자기개념은 처음에는 자신의 키나 외모와 같은 신체적 자기에서 '나는 노래도 잘 해요' 등 활동적 자기 그리고 '나는 부끄러움이 많아요' 라는 심리적 자기에 대한 인식으로 발달해 간다. 〈표 12-1〉에는 연령에 따른 자아인지의 발달내용이 나타나 있다.

〈표 12-1〉 연령에 따른 자아인지의 발달

연령	자아인지의 발달내용	인지발달
4개월	대상과 자기 자신이 다른 존재임을 알게 됨	
6개월	초보적인 신체적 자아인식이 시작됨	
15개월	거울 속의 자신을 알아차리기 시작함	
18개월	자신의 사진을 알아봄	표상의 시작
2세	남자와 여자 등 간단한 범주적 자아가 형성됨	
3세	외현적 특성을 말하기 시작함	언어의 시작
3.5세	생각과 감정을 감출 수 있음	
6세	'나는 노래를 못해요' 등 세분화된 범주적 자아가 형성됨 공적 자아와 개인적 자아를 구분함	구체적 조작의 시작

송명자(1997, pp.262-264)

〈그림 12-1〉 만 18개월이 지나면 유아들은 거울 속에 있는 자신을 알아본다

아동이 자신의 일을 스스로 할 수 있는 만 2세경부터 자존감(self-esteem)이 생겨난다. 부모가 아동의 과제행동에 관심을 가지고 애정을 표현할 때 또는 또래와 비교하여 긍정적인 평가를 내릴 때 자존감이 형성되기 시작하여 8세경이 되면 비교적 안정된 자존감을 갖게 된다. 특정 과제를 수행할 수 있는 자신의 능력에 대한 평가인 자기효능감(self-efficacy : Bandura, 1977)역시 자존감에 영향을 주며 취학 아동에게 있어 자기효능감이 높은 아동은 높은 성취 기대를 가지고 적절한 난이도가 있는 학습과제에 도전하는 태도를 갖는다. 그러나 아동 중기나 후기에 이

르면 계속된 반복적인 학업 실패가 누적되어 자신이 무능하다고 믿게 되는 부정적 자아인지인 학습된 무력감(learned helplessness)이 나타나기도 한다. 〈표 12-2〉에는 과제성취에 대한 효능감과 무력감의 귀인유형이 나타나 있다.

〈표 12-2〉 과제성취에 대한 효능감과 무력감의 귀인유형

	성공귀인	실패귀인	성공기대	목적	상위인지	자기조정	노력
효능감	능력	노력부족	높음	과제해결 자체	가능	가능	꾸준함
무력감	운수	능력부족	낮음	학점이나 성적	곤란	곤란	게을함

2) 자기통제력의 발달

3세경이 지나면 부모로부터 예컨대 '장난감을 만지지 말라' 고 지시를 받은 행동에 따른 유혹을 억제하려고 노력한다. 5~6세경에 이르면 그 장난감으로부터 멀리하려고 하는 자기이탈 방략을 사용하거나 '나는 장난감을 만지면 안 돼' 라고 스스로 소리를 내기도 한다. 그러나 이러한 일종의 유혹저항능력은 다른 또래 아이나 성인들 스스로가 그 지시를 어기는 것을 보면 일시에 무너지게 된다. 또한 Luria(1982)는 3세~5세의 유아는 부모가 큰 소리로 지시하면 지시내용을 이해하지 못한 상태에서 충동적으로 반응한다고 하며 이 기간이 충동단계에서 의미단계로의 이행기라고 하였다. 이 결과는 성인들의 고착된 언어적 통제는 유아에게 공포감을 주어 충동적으로 반응함을 보여주는 것이다.

윤재동(1984)은 5세~11세 아동은 연령이 증가할수록 컨닝을 많이 한다고 하였으나 김상윤(1998)의 연구에서는 같은 연령범위의 아동들의 정직성검사에서 연령이 증가할수록 정직성이 증가하는 것으로 나타났다. 이는 실험에서 사용한 검사도구가 학교점수와 상관이 없음을 아동들이 알게 되면서 나타난 현상으로 정직성은 과제가 자신의 이익에 직결되며 심각한 것으로 지각될 때 유발되는 긴장과 불안에 반비례하는 것임을 알 수 있다. 그런 의미에서 부모가 자녀에게 애정을 주고 자율성을 존중할수록 스스로 유혹에 저항하는 능력이 높다(마송희, 1979)고 하겠다.

모호한 과제를 맞이하여 충분한 시간을 갖고 신중하게 생각하여 판단하는 능력은 형식적 학교교육이 시작되는 초기 아동기에서 대단히 중요한 능력이다. Kagan의 '같은 도형찾기' 검사(김상윤, 1998)는 아동들에게 비슷한 도형들 속에

섞여 있는 보기와 동일한 도형을 찾도록 하여 틀리든 맞든 처음 반응할 때까지의 시간 즉, 평균 초발 반응시간을 초단위로 재고 그 다음으로는 틀린 오류수를 모두 합하여 각각 평균을 구한 것이다. 아동의 반응시간과 오류수로 숙고형 및 충동형 인지양식을 구분하였다. 아동들은 나이가 들면서 충동형에서 숙고형으로 되어감을 확인한 바 있다.

3) 사회인지의 발달

사회인지(social cognition)란 자기, 타인 및 사회적 관계 등에 대한 이해와 판단을 가리킨다. 이와는 대조적으로 자연이나 그 법칙에 대한 물리적 인지가 있다. Piaget의 인지발달론에서는 물리적 인지가 먼저 있고 난 후 사회인지가 발달한다고 보지만 사회학습이론에서는 사회인지의 대상인 사람은 자연물과는 달리 자신의 마음을 숨길 수도 있고 상호작용할 수 있는 대상이므로 물리적 인지와는 근본적으로 다르다고 보며 어린 아이도 감정이입이 가능한 것을 보면 사회인지가 오히려 물리적 인지보다 더 일찍 발달한다(Hoffman, 1982)고 본다.

감정이입의 발달 감정이입(empathy)은 다른 사회인지에 비해 가장 먼저 나타나는 현상이다. Hoffman(1982)은 감정이입의 단계를 다음 〈표 12-3〉과 같이 구분한 바 있다.

〈표 12-3〉 Hoffman이 설정한 감정이입의 단계

1단계(1세 이전) : 미분화적 감정이입
타인의 감정표현에 자신의 감정을 맞춘다.
ex)아이 우는 소리가 나면 따라 운다.

2단계(1세~2세) : 자아중심적 감정이입
자기에게 위로가 되었던 수단으로 다른 사람을 위로하려 한다.
ex)울고 있는 아이에게 자기가 좋아하는 곰인형을 가져다 준다.

3단계(2세~3세) : 타인의 감정에 대한 감정이입
타인의 고통에 대해 타인지향으로 반응한다.
ex) 그 친구가 원하는 장난감을 준다.

4단계(3세 이후) : 타인의 일반적인 상황에 대한 감정이입
타인의 일반적인 상황을 이해하여 함께 고통을 느낀다.
ex) 자신이 이겼지만 상대방의 기분을 생각하여 지나치게 기뻐하지 않는다.

마음의 이론 Piaget는 7세 이전의 아동은 맞은 편 자리에서의 공간조망을 제대로 추측하지 못하듯이 타인의 감정이나 의도를 조망하기 어렵다고 했다. Wellman(1990)은 다음의 설문을 아동들에게 물어보고 구한 그들의 반응을 분석하여 3세 아동은 상대방의 마음을 인지하는 능력이 부족하다고 했다.

"꼬마는 찬장에 딸기가 있는 것을 보고 밖으로 놀러 나갔습니다. 꼬마가 없는 사이에 어머니가 딸기를 냉장고에 옮겨 넣었습니다. 밖에서 놀다가 돌아온 꼬마는 딸기를 어디서 찾을까요?"

이상의 질문에 대부분의 3세 아동들은 '냉장고에서 찾을 것이다' 라고 대답하였다. '찬장에서 찾을 것이라고 대답할 수 있는 타인의 관점에 대한 이해' 즉, '마음의 이론' (theory of mind)이 생겨나는 것은 4세~5세가 되면 가능하다고 했다. 이러한 연구결과는 Piaget가 생각했던 것보다 아동의 사회인지발달이 더 빠르다는 사실을 입증하는 것이다.

조망수용능력의 발달 Selman(1976)은 간단한 예화를 아동들에게 들려준 다음 이에 따른 반응을 기초로 아동의 타인에 대한 조망수용능력(social perspective taking)의 발달을 보다 세분한 바 있다. 그 중에 아동기에 해당되는 단계로는 다음과 같다.

"나무에 잘 올라가는 한 꼬마가 있다. 그런데 하루는 잘못하여 나무에서 떨어졌다. 아버지가 이것을 보고 다음부터는 나무에 올라가지 말라고 하셨다. 어느날 친구의 고양이가 나무에 올라가서 가지에 걸려 내려오지 못하고 있었다. 그 꼬마는 나무에 올라가 친구의 고양이를 데리고 왔다"

이상의 이야기에 대한 아동의 반응을 기초로 Selman이 구분한 조망수용능력의 발달단계들이 〈표 12-4〉에 있다.

〈표 12-4〉 Selman의 조망수용능력의 발달단계

0수준 : **미분화적 조망수용**(3세~6세) 자신과 다른 사람의 생각이 다르다는 것을 알지만 흔히 양자를 혼동한다. ex) 고양이를 구한 것은 잘한 일이다.
1수준 : **사회정보적 조망수용**(4세~9세) 사람들은 자신이 알고 있는 정보로 판단함을 안다. ex) 고양이를 구하려고 나무에 올라간 것을 알면 아버지가 화를 낼 것이다.
2수준 : **자기숙고적 조망수용**(7세~12세) 서로가 상대방의 입장에서 판단할 수 있다. ex) 아버지는 그 꼬마가 나무에 올라간 이유를 알고 있을 것이다.
3수준 : **제3자의 조망수용** 자신과 상대의 상호조망을 제3자의 관점에서 볼 수 있다. ex) 꼬마는 자기가 고양이를 구하려 한 것을 알면 아버지가 화내지 않을 것임을 안다.

권위와 우정의 발달 Damon(1977)은 또래간의 권위의 개념발달에 대해 알아보기 위해 야구경기를 할 때 누가 주장이 되어야 하는지 질문을 하여 아동기에서 확인되는 권위에 대한 수준을 구분하였으며 Selman(1981)은 우정의 개념발달단계를 두었다. 〈표 12-5〉에는 연령별 권위와 우정에 대한 개념발달단계들이 나타나 있다.

〈표 12-5〉 연령별 권위와 우정에 대한 개념발달단계

연령	권위의 개념		우정의 개념
6세 이전	키나 힘 같은 신체적인 속성으로 권위를 인정하며 자신의 욕구를 성취시켜 주면 복종한다.	7세 이전	일시적이지만 가까이 있으면서 함께 노는 것
6세-7세	사회적 재능이나 능력으로 권위를 인정하며 자신을 돌봐준 대가로 복종을 한다.	4세~9세	친구가 무엇을 좋아하고 싫어하는지 알고 친구가 필요로 하는 것을 충족시켜주는 것
9세 이후	특정한 상황에 관련된 경험과 권위를 인정하며 상호협동에 의한 자발적인 복종을 한다.	6세~12세	서로가 좋아할 수 있도록 조정하여 통합하는 것

이러한 대인관계에서 갈등이 생기면 개인의 사회인지수준에 따라 여러 가지 반응들이 나타날 것이다. 이러한 도덕적인 문제에 대처해나가는 행동특성들에 대한 연구들이 이미 오래 전부터 있어 왔다.

2. 도덕성의 발달

도덕성은 학문의 영역이나 문화에 따라 다르게 정의되어 왔다. 예컨대 정신분석학에서는 도덕성을 양심이나 죄책감으로 해석하는가 하면 사회학에서는 사회인습의 내면화로 보기도 한다. 전통적으로 동양에서는 인습준수 등의 행동적 특성을 중시하는 데 비해 서양에서는 비판적 판단력을 중시하는 편이기도 하다.

1) 도덕성 발달에 대한 세 가지 주요 입장

프랑스의 사회학자 E. Durkheim은 그의 '도덕교육(1925)'이라는 저서에서 도덕가치의 상대성을 중시하여 도덕은 하나만 있을 수 없으며 사회의 유형만큼 많은 수가 존재할 뿐만 아니라 사회가 변화함에 따라 도덕도 변할 것이라고 했다. 특히 Durkheim은 개인이 속한 가정의 도덕도 국가의 도덕에 종속되는 일방적 위계관계를 통해서만 상호갈등을 극복할 수 있다고 주장함으로서 개인적인 관념, 감정, 관습, 양심 등은 자신이 속한 사회에 의해 내면화된 것으로 본다.

그런데 도덕성을 사회에 의해 일방적으로 내면화되는 단순한 습관적 행위로 보기 보다는 지성의 작용에 의한 결과로 간주하는 개인적, 심리적 입장을 들 수 있다. 즉, 예견된 결과를 고려해서 행동을 조정하고 통제해 가는 데서 가치가 형성되는 것이며 이 때 목적을 고려하고 이를 향한 행동을 할 수 있는 자유가 도덕성의 근거가 된다는 것이다(Dewey, 1925). 따라서 이러한 개인주의적 도덕성에서 말하는 도덕개념이란 어떤 규범을 단순히 수동적으로 지키는 것이 아니고 구체적 상황에서 자신과 자신이 처한 환경과의 관계를 고려하여 결과를 예견하면서 내리는 가치판단과정이기 때문에 이러한 상황을 탐구하며 반성적 사고를 할 수 있는 능력이 부족한 사람에게는 보다 상위의 도덕적 행위를 기대할 수 없게 된다. 이러한 도덕적 행위가 판단능력과 힘으로서의 자유의 기초 위에서 이루어지는 판단형식의 수준에 달려 있는 것이라면 아동의 도덕판단발달에 관한 연구는 그들의 도덕성 이해에 대단히 중요한 단서들을 제공해 줄 것이다.

개인의 도덕성의 발달은 크게 정서적 측면, 인지적 측면 그리고 행동적 측면의 세 가지 요소에 대한 심리적 연구를 통해 발전되어 왔다. 정신분석이론은 도덕발달의 정서적 측면에 관심을 기울이며, 인지구조발달이론은 개인의 인지적 발달과 관련한 도덕성의 판단능력에 초점을 두고 있으며, 학습이론은 주로 행동적 측면에서의 도덕성 발달에 관해 주로 연구하여 왔다.

정신분석학적 입장 Freud(1933)에 의하면 인격 세 가지 요소 중 자아는 욕구를 만족시킬 수 있는 현실적 수단이 있을 때까지 원본능을 억제하는 일을 하며 맨 나중에 발달하는 초자아는 부모의 가르침에 의하여 원본능의 충동이나 자아가 사용하는 수단들이 수용할 만한 것인지를 결정하는 일을 한다. 유아들은 원본능에 의해 지배받기 때문에 쾌락추구적이다. 유아들의 초자아가 형성되기 위해서는 부모들이 바람직한 행동은 보상하고 그렇지 못한 행동에 대해서는 벌을 주어야 한다. 그러나 단순히 벌을 주는 것 이상의 심리적 과정이 작용한다고 주장한다. 그 중에서 가장 독특한 개념은 동일시(同一視 : Identification)이다. 유아기 동안 남아는 어머니에 대한 애정과 아버지에 대한 경쟁적 적개심으로 이루어지는 오이디푸스 콤플렉스(Oedipus complex)를, 여자아이는 아버지에 대한 애정과 어머니에 대한 적개심으로 이루어지는 엘렉트라 콤플렉스(Electra complex)를 경험하게 되고 이러한 경험은 아동들이 자기와 같은 성의 부모를 동일시함으로써 해결되는데 이 과정에서 아동들은 부모가 갖는 도덕적 규범도 함께 내면화한다고 주장한다. 그 후 Erikson(1963)은 정신분석학의 입장을 따르면서도 자아의 기능을 초자아의 기능과 동등시함으로써 자아의 기능을 강조하였으며 자아와 사회와의 상호작용을 중시하였다.

학습이론적 입장 전통적인 학습이론에서는 도덕성은 사회적으로 바람직한 습관들이 자극과 반응의 결합이라는 방법을 통해 상과 벌 또는 반복을 통해 학습되는 것으로 설명하였다. 그러나 Bandura(1977)는 새로운 행동의 학습이 직접적인 보상이나 연습 없이도 단 한 번 관찰함으로서도 일어날 수 있다는 사회학습이론을 주장하였다. 사회학습이론에서는 아동의 직접적인 경험 없이도 다른 사람이 비행의 결과로 벌을 받는 모습을 관찰함으로써 얻게 되는 대리학습의 효과에 대해 관심을 갖는다. Bandura는 아동이 이러한 모방의 과정을 통하여 결과적으로 자기보상을 경험하게 되면 스스로 자신의 행위를 통제하게 된다고 보았다. 그러나 모방의 과정은 정신분석학에서 말하는 동일시 과정과 몇 가지 점에서 구분된다. 즉, 동일시 과정은 특정 장면을 떠나서도 가능하지만 모방과정은 그 장면의 특정한 행동에 국한된다. 둘째, 동일시 과정은 모방에 비해 지속적이며 모방의 대상이 없을 때에도 일어난다. 따라서 모방은 그 대상을 분명히 하는 점에서 무의식적 기제와 연결되어 설명되는 동일시와는 다르다.

귀인이론 아동의 특정 행동에 대해 교사나 부모는 그것을 비도덕적인 것으로 평가할 수도 있고 혹은 장난스럽고 명랑한 성격 탓이라고 해석할 수도 있다. 아동의 입장에서도 부모로부터 받은 꾸중이나 벌이 자기의 잘못에 대한 당연한 결과라고 해석할 수도 있는가 하면 경우에 따라서는 대단히 부당한 것으로 받아들여져서 부모에 대한 불만이 쌓여져 갈 수 있는 것이다. 귀인이론은 도덕성의 내면화 과정에서 일어날 수 있는 아동의 심리적 과정을 제대로 설명해 줄 수 있을 것이다

Festinger와 Freedman(1964)는 아동에게 주어지는 압력이 아동 자신에게 향하기 보다는 도덕적 규범과 관련하여 설득력 있게 주어진다면 아동들은 자신의 순종을 외부적 압력 때문이라고 여기기 보다는 자신의 의지부족 때문으로 생각하는 경향이 있다고하여 귀인이론(attribution theory)을 적용하였다. 이 이론에 따르면 아동이 부모의 훈육을 받는 상황에서 정서적으로 고조되어 있을 때에는 벌이 강하면 벌에, 설명이 충분하면 비행 자체나 결과되는 문제점들에 귀인하게 된다고 설명하였다. 따라서 충분한 설명과 가벼운 벌은 도덕적 내면화에 도움이 된다고 했다.

정보처리이론 Hoffman(1984)은 도덕적 내면화에 대한 정보처리적 접근을 다음과 같이 제시한 바있다. 예컨대 도덕교육에서 사용되는 타이름이나 설득(induction)이 갖는 역할을 다음 〈표 12-6〉과 같이 정보처리이론으로 분석한 바 있다.

〈표 12-6〉 설득이 도덕교육에 갖는 정보처리이론적 의미

① 아동으로 하여금 특정행동의 원인을 자기의 잘못으로 보기보다 그 행동의 결과가 타인에게 미치는 결과에 주의(注意)를 기울이게 한다.

② 너무 적은 각성은 부모를 무시하게 하며 너무 많은 각성은 공포와 불안을 야기하며 효율적인 설득내용의 전달이나 자신의 행위결과에 대한 주의집중을 방해할 수 있으므로 적절한 각성(覺醒)을 유지한다.

③ 설득적 정보는 타인에게 해를 끼치는 것에 대한 도덕적 규범에 대한 지식(知識)을 갖게 한다.

④ 설득적 정보를 통해 공감이나 죄책감, 친사회적 동기(動機) 등을 유발하게 된다.

⑤ 설득적 정보의 인지적 요소는 의미있게 조직되어 기억(記憶)에 입력되고 활성화되고 조정되어 이전에 훈육을 통해 수용된 유사한 정보들에 통합된다.

⑥ 친사회적 정서(情緖)들은 인지적으로 생성된 정보들에 부합되어 내적 동기의 기초를 마련한다.

⑦ 아동이 정보처리과정에서 능동적 활동(活動)을 취함으로서 훈육을 통해 수용한 내용들에서 결과적으로 도덕적 인지와 정서를 경험하게 될 것이다.

이상의 정보처리과정적 접근에서는 개인이 수용하는 정보를 하나의 도덕인격 속에 통합하여 새로운 상황에 적용하는 과정에서 아동이 이미 갖고 있는 인지구조적 수준의 중요성이 부각되고 있다.

아동이 사회 및 도덕적 상황을 맞이하여 능동적으로 대처해 나가는 힘이 결국 그들의 인지적 판단능력에 달려 있고 이러한 능력이 발달해 가는 것이라면 이러한 판단능력의 구조적 발달과정에 대한 규명이 있어야 할 것이다. 이러한 점에서 Piaget와 Kohlberg의 발견들은 많은 시사점을 제공해 준다.

2) Piaget의 도덕발달이론

Piaget(1932)는 아동이 도덕상황을 판단함에 있어 처음에는 무조건적인 복종을 선한 것이라 보며 어떤 사태가 발생하게 된 동기나 원인보다는 결과적으로 들어난 것을 중시한다고 보았다. 아동이 이러한 직관적 도덕성을 벗어나기 위해서는 먼저 자기중심적 사고를 벗어나야 하며 이를 위해서 아동은 객관적 현실을 내면화하는 소

위 조작의 과정을 거쳐야 한다고 본다. 이처럼 아동들의 도덕성이 처음에는 직관적인 것에서 출발하여 차츰 조작적이고 반성적인 특성으로 대치되어 간다고 보는 것이다. 아동의 인지적 특성이 처음에는 자기중심적이어서 성인들이 구사하는 성숙된 도덕판단을 이해하기 어렵겠지만 아동의 인지적 성숙이 일어나면서 이러한 가르침을 이해하게 될 뿐만 아니라 자신도 점차 성숙된 판단을 하게 된다는 것이다.

직관적 도덕성은 아동이 초등학교에 입학하게 되면서 그 부적절성이 본격적으로 들어나게 된다. 이 시기의 아동들 중 여전히 직관적 도덕성을 많이 구사하는 경향이 있음은 흔히 가정에서의 부모의 양육방침에 기인하는 경우가 많다. 예컨대 엄격하게 훈련받은 아동보다 융통성 있게 길러진 아동들이 도덕판단수준이 높으며 Leahy(1981)의 연구에서는 어머니가 사용한 벌의 정도가 많을 수록 그들의 자녀가 의도에 바탕을 둔 도덕판단이 적었음을 확인한 바 있다. 따라서 이러한 연구결과들은 아동의 도덕판단수준을 향상시키기 위해 무조건적인 복종을 강화하기 보다 도덕 사태를 이해시키며 서로의 입장에서 판단할 수 있는 기회를 제공하는 것이 중요함을 시사하는 것이다.

아동들에게 놀이규칙을 만드는 일에 참여시키거나 도덕판단에서 의도를 고려하게끔 언어적 변별과 토의적 훈련을 시킨 결과 직관적 도덕판단을 벗어나도록 하는 데에 효과가 있었다. 아동이 사용하는 도덕판단의 수준이 증가함에 따라 어머니가 자녀를 지도하는 방식이 달라져야 한다. 특히 아동의 직관적 도덕성을 벗어날 수 있도록 도움을 줄 수 있는 부모나 교사의 영향은 아동기의 범위 안에서 이루어지지만 그 이후가 되면 그 영향력은 크게 감소한다(Suls et al., 1978).

일찍이 Piaget(1932)는 아동의 직관적 도덕성인 도덕실재론을 구분해 내기 위하여 여러 가지 질문들을 고안하였다. 그는 놀이규칙, 도둑질, 거짓말, 정의감 등에 관련되는 도덕적 사태에 대한 아동의 언어적 판단을 분석하여 아동의 연령이 증가함에 따른 그들의 도덕판단의 특성을 기술한 바 있다. Piaget는 아동은 자기중심성 때문에 외부세계와 내부세계를 혼동하며 꿈이나 환상의 세계를 현실과 구분하지 못한다고 본다. 과거와 현재를 구별하지 못하며 지금 현재 그에게 주어진 것을 그 자신이 이미 알고 있었던 것처럼 혼동한다. 그리고 자신의 관점이 가능한 여러 가지 다름 관점 중의 하나인 줄을 깨닫지 못한다. 따라서 타인들 앞에서 자신의 입장을 합리화시킬 수도 없고 합리화시키지 못해도 양심의 가책 같은 것을 느끼지 않는다고 보았다. Piaget는 이러한 자기중심성 때문에 또한 아동은 자아정체성을 성인이 주는 규칙에 복종하는 데서 발견함으로써 게임의 규칙을 그의 인지에 충분히 내면화 시키지 못하고 있다. Piaget가 고안한 질문을 예로 들면 다음과 같다.

규칙의 상대성 공기놀이를 하는 아동들에게 자기만의 새로운 규칙을 만들 수 있는지를 물어보고 그 규칙을 절대로 바꿀 수 없다고 생각하고 무조건 지켜야 하는 것으로 보는 도덕실재론(moral realism)이 유아들에게 있음을 확인하였다.

이에 비해 나이든 아동들은 규칙이란 놀이를 하는 또래들끼리 만든 것이므로 서로의 의견에 따라 합의가 이루어지면 얼마든지 바뀌어질 수 있다고 생각하는 도덕상대론(moral relativism)이 있다고 하였다.

동기와 결과 아동들은 부주의하여 물건을 깨뜨리는 등의 잘못을 자주 저지른다. 이런 과실을 판단할 때 아동들은 흔히 그 동기보다는 결과를 고려하는 경향이 있다.

> ① 어린 소년 '존'이 방에 있다. 그는 저녁식사를 하라는 말을 듣는다. 그는 식당으로 들어간다. 그러나 출입문 뒤에 의자가 있으며, 그 의자 위에 컵 15개가 놓여 있는 넓은 쟁반이 있다. '존'은 문 뒤에 있는 그것을 보지 못하고 들어가다 그 컵들을 다 깨뜨렸다.

> ② 이름이 '헨리'라고 하는 어린 소년은 어느날 어머니가 외출한 틈을 타 찬장에서 잼을 꺼내 먹으려고 올라갔으나 높은 곳에 있어서 손이 닿지 않았다. 그러나 그것을 꺼내려 하다가 옆에 있던 컵 한 개를 깨뜨렸다.

나이 어린 아동들은 컵 이야기에서 '존'이 더 잘못했다고 반응을 하는데, 여기서 자기중심적 아동들이 대상의 손상에 따라 규칙을 해석함을 확인하였다. Piaget는 이러한 객관적 책임을 중시하는 아동의 평균연령이 7세임을 알았다.

이러한 경향은 남의 물건을 훔치는 일을 판단할 때에도 나타난다. 예컨대 저녁을 굶은 가난한 친구를 돕기 위해 커다란 빵을 훔친 아이와 자기 옷을 멋지게 꾸미려고 작은 리본을 훔친 아이 중에서 누가 더 나쁘냐고 물으면 어린 유아들은 빵이 리본보다 크기 때문에 또는 더 비싸기 때문에 빵을 훔친 아이가 더 나쁘다고 대답한다.

거짓말의 개념 어린 유아들은 실수로 틀린 말이나 욕설과 같은 나쁜 말을 모두 거짓말이라고 생각한다. 예컨대 '1+1=3'이라고 대답한 것은 거짓말이라고 한다. 또한 매우 과장되게 말한 것은 사실과 다르다는 것이 쉽게 들어나므로 더 나쁜 거짓말이 된다.

예컨대 어린 유아들은 '학교에서 시험을 친 일이 없는데도 좋은 성적을 받았다고 한 아이' 보다 '큰 개를 보고 소만큼 커다란 개를 보았다고 한 아이' 를 더 나쁘다고 대답한다. 학교에서 좋은 성적을 받았다는 그럴듯한 거짓말보다 소만큼 큰 개를 보았다고 터무니없는 거짓말을 더 나쁘게 생각하기 때문이다. 거기다가 큰 개를 보았다고 하여 어머니를 놀라게 만든 아이는 좋은 성적을 받았다고 말하여 어머니를 기쁘게 한 아이보다 더 나쁘다고 생각한다.

골탕을 먹일려고 엉터리로 길을 가르쳐 주었는데도 그 사람이 길을 결과적으로 찾게 되었다면 잘못된 일이 아니고, 반대로 길을 제대로 가르쳐 주었는데도 그 사람이 길을 잃게 되었다면 그것은 잘못된 것이라고 판단하여 거짓말을 판단하는 데에도 동기보다 결과를 더 중시한다. 그 밖에 어린 유아들은 거짓말을 친구들에게 하는 것보다 어른에게 하면 더 나쁘고 들키지 않은 거짓말보다 들킨 거짓말이 더 나쁘다고 생각하는 경향이 있다.

벌의 개념 나이 어린 유아들은 잘못을 저질렀을 때 그 잘못을 징벌하기 위한 속죄적인 벌(expiatory punishment)을 더 좋은 벌로 보는 대신 나이 든 아동들은 잘못에 합리적인 이유가 있는 상응적인 벌(punishment by reciprocity)을 공정하게 본다. 따라서 어린 유아들은 잘못에 대해 처벌을 받으면 효과가 있는 것으로 보지만 나이든 아동들은 자신의 잘못에 대해 처벌을 받는 것보다 설명을 듣는 것이 더 효과적인 것으로 본다.

또한 잘못을 저지른 아이가 누군지 모를 때 어린 유아들은 단체벌을 받아야 한다고 보는 반면 나이 든 아동들은 누가 그랬는지 알면서도 말을 하지 않으면 단체벌을 줄 수 있지만 누가 그랬는지 모른다면 단체벌은 공정하지 않다고 주장한다.

또한 어린 유아들은 잘못을 저지르면 벌이 저절로 내려진다는 내재적 정의(immanent justice)의 개념을 갖고 있다. 예컨대, 과수원에서 사과를 훔치고 달아나다가 썩은 다리가 무너져 개울에 빠졌다는 이야기에서 만약 사과를 훔치지 않고 그 썩은 다리로 달려간다면 그 다리가 무너졌을까라고 물으면 어린 유아들은 사과를 훔치지 않았으면 그 다리는 무너지지 않을 것이라고 대답하는 반면 나이 든 아동들은 썩은 다리가 무너지는 것은 사과를 훔친 것과 상관이 없다고 믿는다.

분배 정의 만약 뱃놀이를 하다가 막내동생이 받은 빵을 실수로 강물에 빠뜨렸다면 어떻게 해야 할까 라는 물음에 어린 아동은 무조건 벌을 받아야 한다고 생각한다. 그리고 어머니께서 막내에게 빵을 주라고 하면 주어야 한다. 그러나 그 다음 단계인 양적인 평등에 기초하는 공평성(equality)의 단계에서는 모두 똑같이 빵을 한 개씩 나누어야 한다고 생각한다. 마지막으로 공정성(equity)의 단계에서는 보다 성숙된 생각을 한다. 즉, 막내는 어리니까 빵을 그냥 한 개 주어야 한다는 것이다. 이와 같이 상대방의 입장을 고려하는 공정성의 판단을 하게 되는 것은 대략 9세~12세가 되어서야 가능하다.

Piaget가 사용했던 질문들〈표 12-7〉을 가지고 우리 나라 아동 195명을 대상으로 구한 반응들을 연령별로 비교한 결과 〈표 12-8〉가 각각 아래에 나타나 있다.

〈표 12-7〉 유아의 도덕판단검사 질문의 내용

① 모르고 문을 열다가 컵을 15개 깬 아이와 어머니 몰래 과자를 꺼내 먹으려다 컵 한 개 깬 아이 중 누가 더 나쁜가?

② 방청소를 하다가 꽃병을 깬 아이와 방안에서 장난치다가 꽃병을 쏟은 아이 중 누가 더 나쁜가?

③ 남의 가게에 들어가 곰인형 1개 훔친 아이와 곰인형 5개를 훔친 아이 중 누가 더 나쁜가?

④ 길가에 앉아 있는 거지에게 1000원을 준 부잣집 아이와 100원을 준 가난한 집의 아이 중 누가 더 착한가?

⑤ 어른에게 거짓말을 한 아이와 친구 아이에게 거짓말을 한 아이 중 누가 더 나쁜가?

⑥ 거짓말을 하다가 들킨 아이와 거짓말을 하고 들키지 않은 아이 중 누가 더 나쁜가?

⑦ 1 더하기 1을 3이라고 말하는 것은 거짓말인가?

⑧ 학교에서 집에 돌아오면서 길가에 있는 커다란 개를 보고는 집에 와서 어머니에게 소만한 개를 보았다고 하여 어머니를 놀라게 한 아이와 학교에서 착한 일을 하지 않았는 데도 어머니에게 학교에서 착한 일을 하여 선생님의 칭찬을 받았다고 말하여 어머니를 기쁘게 한 아이 중 누가 더 나쁜가?

⑨ 어떤 아이가 남의 사과밭에 들어가서 사과를 훔쳐 달아나면서 개울을 건너다 다리가 무너져 물에 빠졌다. 만약 이 아이가 사과를 훔치지 않았다면 그 다리가 무너졌을까?

⑩ 선생님이 칼을 가지고 장난을 치지 말라고 말씀하셨다. 그런데도 어떤 아이가 칼을 가지고 장난을 치다가 손을 다쳐 피가 났다. 만약 선생님께서 그런 말씀을 안 하셨다면 손을 다쳤겠는가?

(김상윤, 1983)

이상의 질문에 대해 결과보다는 동기를 고려하는 백분율을 각 연령별로 나타낸 것이 〈표 12-8〉에 나타나 있다.

〈표 12-8〉 연령별 각 과제에 따른 도덕상대론의 백분율

대상	(N)	연령 과제	①	②	③	④	⑤	⑥	⑦	⑧	⑨	⑩	평균
유아	(79)	5.7세	20	16	12	13	9	10	16	27	7	7	14%
초2년	(86)	7.5세	42	33	16	31	15	32	36	43	20	24	29%
초4년	(30)	10.0세	46	41	21	43	22	39	39	46	39	38	37%

위의 〈표 12-8〉을 통하여 과제별로 그 통과시기가 다소 차이가 있지만 아동이 초등학교 취학을 전후하여 직관적 도덕성이 현저히 감소함을 알 수 있다. 참고로 연령과 도덕판단수준과의 상관관계는 .403(p<.01)으로 나타났다. 이러한 도덕성의 발달이 아동의 지능발달에 영향을 받는 것은 사실이나 전적으로 인지적 발달에 포함되는 것은 아니며 또한 아동이 그러한 능력을 갖고 있다 해도 그대로 도덕판단에 적용하지 못할 수도 있다.

Piaget(1932)는 아동들이 타율적인 도덕실재론자에서 자율적인 도덕상대론자로 발달해 나가기 위해서는 상호협조와 이해의 분위기가 필요하며 일방적 복종관계로부터 상호협조관계에로의 이행이 선행되어야 한다고 했다.

특히 이러한 도덕성의 발달은 인지적 발달의 결과로 간주되므로 도덕실재론을 벗어나기 위해서는 먼저 자기중심적 사고를 벗어나야 하며 이를 위해서 아동은 객관적 현상를 내면화하는 조작 즉, 가역적 사고가 가능해야 한다고 본다. 자기중심적 사고를 가진 아동이 의무감을 느끼지 못하는 것은 아니며 부모의 '...하지 말라' 는 가르침에 대해 이미 어떤 도덕적 양심이 생기기 시작하는 것은 사실이다. 그러나 아동들이 이러한 가르침의 근본을 이해할 만큼 인지적으로 성숙하지 못했다고 보며 따라서 타인의 관점에서 판단하는 것이 불가능하다고 주장한다.

이상의 Piaget의 도덕발달연구는 다음 몇 가지 점에서 한계점을 갖는다. 즉, 도덕판단에 관련된 변인이 행위자의 의도나 동기 그리고 행위결과의 심각성 정도에 제한되어 있으며 연구대상이 주로 유아들과 아동에 제한되어 있어 타율적 단계와 자율적 단계로 두 단계로 구분한다는 점이다(Rest, 1983). 인지구조에 대한 강조를 도덕성 발달의 개념 속에 본격적으로 도입하여 뚜렷히 구분되는 여섯 단계로 된 도덕성의 인지구조적 발달이론을 20여 년 간에 걸쳐 종단적 연구를 통해 전개시켜 나간 것은 Kohlberg의 공로라고 하겠다.

3) Kohlberg의 도덕발달이론

Kohlberg(1981)는 도덕화의 과정에도 논리수학적 단계와 동일한 도덕단계의 계열이 있다고 주장하면서 보다 평형된 상태를 향한 인지구조적 재조직은 유기체와 환경 간의 상호작용의 과정에서도 일어날 수 있기 때문에 논리의 영역에서 Piaget가 생각하는 발달의 심리학적 이론은 규범적 논리의 이론과 밀접히 관련되어 있다고 생각한다.

각 수준과 단계 Kohlberg는 도덕적 딜레마를 듣고 반응하는 피험자들의 도덕판단유형들을 3개의 수준과 이에 따른 여섯 개의 단계로 구분하였다. 즉 인습이전수준에는 벌과 복종의 단계 1과 수단과 교환의 단계 2를 포함하고 인습수준에는 인정과 동조성의 단계 3과 법과 질서의 단계 4를 포함하고 인습이후수준에는 사회계약의 단계 5와 보편적 도덕양심인 단계 6을 포함시켰다.

이 중에서 단계 2는 단계 1과는 대조적으로 각 개인간의 교환과 분배에 있어 양적 공평성을 중시하며 이 단계 이상의 아동들은 Piaget의 논리적 상호성 또는 가역성의 과제 해결이 가능하다. 그러나 아직도 선악에 대한 변별이나 평가가 없으며 불공평성에 대해서도 적극적인 태도를 취하지 못한다. 단계 3은 상호 역할 수용이 가능해지며 사회적 승인이 중시된다. 단계 1이 '복종'으로, 단계 2가 '무엇을 보답받기 위해' 하는 것처럼 단계 3은 '돕기 위해' 한다. 승인이나 전형적 역할이론 그 자체에 의존하며 흔히 동정적 판단으로 나아간다. 따라서 옳고 그른 것에 대한 판단이 부족하여 여러 가지 승인과 전형적 역할간의 갈등을 만나면 혼란에 빠져 결정할 수가 없어 단계 1, 2의 사고에 의존하게 된다. 단계 4는 단계 3에서 발달했다기 보다 단계 1에서 발달해 나온 것처럼 보이지만 단계 4의 아동은 대부분 단계 3의 사고를 할 줄 안다. 그러나, 단계 3처럼 '주위사람들의 행동이 언제나 옳은 것'이라고는 생각지 않으며 법이나 사회질서를 적극적으로 유지하려는 태도가 다른 어느 단계보다도 더 강하다.

Kohlberg이론에 있어서의 발달의 의미 Kohlberg는 도덕발달을 단계상의 진보적 이동으로 보고 이 때의 단계란 '어떤 사실에 관해 일관된 방식으로 사고하는 것으로 가치를 규정하는 방법과 가치를 부여하는 이유'라고 정의하였다. 각 단계들은 독특한 특성을 가지며 이 특성은 이에 대응하는 단계의 지적 판단형식과 병행한다고 본다. 따라서 도덕판단의 각 단계는 앞의 단계에서 나타나지 않은 일련의 새로운 논리적 조작을 필수로 한다. 즉, 단계는 구조적 전체로서 기능하며 다양한 환경조건 아래서도 불변의 순서 및 계열을 가진다. 그리고 보다 높은 단계는 낮은 단계를 보다 높은 수준에서 재통합되는 구성요소로서 포함하기 때문에 낮은 단계에 있는 사람들은 실제로 낮은 단계를 사용하고 있으나 그보다 높은 단계를 선호하는 경향이 있다.

단계간의 이행기제 Kohlberg와 Turiel(1971)은 도덕적 판단의 변화과정에 대한 선행연구를 종합하여 도덕적 사고발달의 현저한 이행기가 두 번 있음을 밝혔다. 첫째는 10~13세로 인습 이전에서 인습수준에로의 이행기이며 두번째는 15~19세로 이 때는 인습에서 인습 이후 수준에로의 이행기이다. 이러한 이행기의 식별은 도덕적 사고의 발달에 있어서 단계간의 이행이 일어나는 결정기를 식별하는 데 의미가 있다. Turiel은 어떤 단계에서 오랫동안 머물게 되면 그 단계에 굳어져 이행이 어려우며 반대로 이 시기에 적절한 자극이 제시되면 다음 단계로의 이행이 쉬워진다고 하여 이 시기의 교육적 의의를 강조했다. Turiel(1973)은 도덕적 사고가 어떤 단계에서 그 다음 단계로 이행하는 데에는 다음 4가지 절차를 거친다고 보았다.

첫째, 개인이 현재 가지고 있는 사고양식이 문제해결에 부적절함을 깨닫는다.
둘째, 새로운 사고양식을 구성하려 한다.
셋째, 새로운 사고양식에 대해 단순한 직관적인 이해밖에 하지 못함으로써 이전의 것과 갈등이 생기어 이것이 이행의 동기로 기능한다.
넷째, 마침내 이전의 것이 새 사고양식에 종속되고 나아가 이들 양자가 새로운 사고양식으로 통합됨으로써 다음 단계로의 이행이 이루어진다.

도덕성의 단계들이 계열성을 갖는다면 자신의 것보다 나은 도덕성을 만날 때 이를 선호하게 될 것이며 따라서 상위의 단계를 사용할 수 있는 기회를 통하여 발달시키려는 노력이 주어질 때 결과적으로 상향 이행해 갈 것이다. 다시 말해서 도덕성의 발달단계가 일정한 순서를 형성한다면 현재 단계의 도덕사고보다 바로 윗 단계의 추론을 제공받게 될 때 가장 큰 영향을 받아 단계이행에 도움이 될 것이라는 가정이 설정되고 실제로 이를 입증하는 연구들이 계속되어졌다. 그 중 객관식 검사는 주관식 검사의 결과 보다 한 단계 정도 위의 답을 선호하는 것이 확인되었다.

객관식 도덕판단 발달검사 Rest(1979)는 도덕판단 발달단계를 측정할 수 있는 객관식 척도(DIT : Defining Issues Test)를 개발하여 비록 자발적으로 생성해 내지는 못해도 남의 도덕판단이나 정당화를 이해할 수 있는 능력을 점수로 구함으로써 도덕판단 발달의 수준을 보다 용이하게 비교할 수 있는 방법이 가능하게 되었다. 김상윤(1989b)이 DIT를 국내 초등학교 4학년 아동들로부터 성인에 이르기까지 실시할 수 있도록 번안한 것의 일부가 다음 〈표 12-9〉에 있다.

〈표 12-9〉 객관식 도덕판단 발달검사

다음 중 나의 생각과 가장 비슷한 것을 골라 그 번호를 까맣게 칠하시오.

이야기 1

민수는 캠핑이 무척 가고 싶어 아버지께 말씀드렸더니 자기 힘으로 저금하면 허락하겠다고 약속하셨다. 민수는 신문배달을 하여 필요한 4만원을 모아서 캠핑을 갈 수 있게 되었다. 그러나 캠핑을 가기 하루 전에 아버지께서 마음을 바꾸어 회사에서 낚시를 가는데, 급히 필요하니 민수가 저금한 4만원을 달라고 말씀하셨다.

① 민수는 아버지께서 시키는 대로 해야 한다. (단계1)
② 어른인 아버지가 약속을 깬 것이 더 나쁘다. (단계2)
③ 아버지가 그런 부탁을 할 때는 무슨 이유가 있었을 것이다. (단계3)

이야기 2

민수는 딱 잘라 거절하기가 겁이 나서 저금한 돈이 만원밖에 안 된다고 말씀드리고 캠핑대장이 자기는 공짜로 보내준다고 거짓말을 한 다음 만원만 아버지께 드리고 3만원을 가지고 캠핑을 떠났다. 이 사실을 알고 있는 민수의 형은 어떻게 해야 하는가?

① 빨리 이야기 안하면 아버지께 더 큰 벌을 받을 것이다. (단계1)
② 잘못을 저지른 사람은 자기 스스로 이야기해야 한다.
그것은 자기가 한 잘못이기 때문이다. (단계2)
③ 부모님께 말씀드리도록 형은 동생을 말로 타일러야 한다. (단계3)

이야기 3

미국 어느 마을에 한 여인이 '암'으로 죽어가고 있었다. 이 여인을 살릴 수 있는 특효약이 있었으나 그 약을 만든 의사는 재료값의 10배가 넘는 2천 달러나 요구했다. 가난한 그 여자의 남편 톰씨는 여기저기 돈을 마련하려 다녔으나 겨우 반밖에 구할 수 없었다. 그래서 그 약사에게 조금만 더 싸게 해달라고 애걸하였으나 거절당하고 말았다. 생각하다 못한 톰씨는 밤중에 그 약방을 부수고 들어가 약을 훔쳤다.

① 약을 일단 훔치면 다른 어려움이 닥칠 때마다 또 훔치게 되어 장차 교도소에 들어가게 된다. (단계1)

② 약값을 재료값의 10배나 요구했으니 톰씨가 그럴 만도 하다. (단계2)
③ 톰씨는 남편된 도리로서 아내를 살리기 위해서 최선을 다했다. (단계3)
④ 이런 난처한 일이 사회에서는 수없이 많다. 그 때마다 자기들 마음대로 하면 사회질서가 어지럽게 된다. (단계4)
⑤ 인간의 생명은 그 무엇과도 바꿀 수 없이 중요하다.
자기 아내가 아니더라도 그것은 별 문제가 되지 않는다. (단계5)

다음 〈그림 12-12〉에는 한국의 아동과 성인 600명을 대상으로 이상의 객관식 도덕판단 발달검사의 결과를 구한 것(김상윤, 1988)이 나타나 있다.

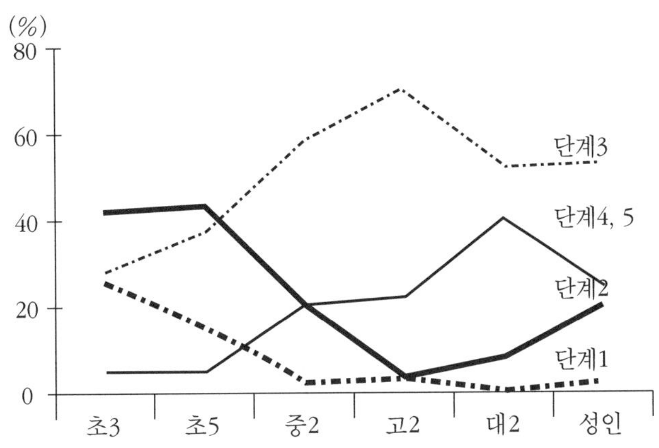

〈그림 12-2〉 한국인의 연령 집단별 도덕단계 백분율

위의 〈그림 12-2〉에서 단계 1과 단계 2는 초등학교 5학년 이후가 되면 감소하지만 단계 2는 성인의 집단에서 다시 나타남을 보여준다. 단계 3은 중학교 2학년 이후 성인에 이르기까지 우리 나라 사람들의 주된 도덕성임을 알 수 있다. 단계 4의 경우 중학교 2학년 이후에 나타나기 시작하여 대학생에서 가장 높은 비율을 보이며 일반 성인의 경우보다 더 높은 것으로 나타났다.

4) 도덕판단과 행동

도덕판단과 행동 간의 상관관계 인지적 도덕성의 발달에 관련되는 요인으로 사회경제계층, 교육환경, 지능, 학업성적 등을 들 수 있으며, 이들 변인들은 도덕성의 수준과 대체로 정적 상관을 가지는 것으로 나타났다. 그러나 성차의 변인에 대해서는 대체로 도덕발달에 영향을 미치지 않는 것으로 나타나고 있다(Walker,

1984).

도덕판단과 관련되는 가장 중요한 변인은 역시 도덕행동일 것이다. 도덕적 지식이 많거나 도덕판단수준이 높은 만큼 도덕행동도 언제나 비례하여 증가하는 것은 아니다. 이들 도덕개념과 행위 간의 관계를 알아보고자 한 최초의 본격적인 연구는 약 1만 명의 아동을 대상으로 Hartshorn과 May(1928-1930)가 실시한 것이었다. 그들은 실험을 통하여 과제의 종류나 상황에 따라 부정행위의 정도가 달라지며 여러가지 도덕적 지식과 부정행위 간 상관계수의 중앙치는 r=.22에 불과했음을 밝혔다(Kohlberg, 1981). 이 연구에서 아동들의 부정행위를 검사하기 위하여 사용된 검사도구는 작은 동그라미를 20개 그려놓은 종이를 아동들에게 주고는 동그라미들 속에 차례로 숫자를 적도록 하는 것이였다. 이 과제를 눈을 감고 하는 것은 거의 불가능한 것이기 때문에 동그라미 한가운데에 숫자를 모두 적어 놓은 것은 거짓말을 한 셈이 된다.

그러나 Kohlberg(1981)는 이와 같은 부정직성은 유혹을 물리치는 정도가 약하기 때문이라기보다는 자기가 옳다고 생각하는 도덕판단의 질이 낮기 때문이라고 해석하였다. 예컨대 Kohlberg의 6살 된 아들은 사람들이 남의 물건을 훔치지 않는 이유가 그들이 경찰을 두려워하기 때문이라고 말하고 경찰이 없는 데도 훔치지 않는 것은 일종의 바보짓이라고 반문한다. 만약 이 아동이 남의 물건을 훔친다면 그것은 그의 도덕판단의 수준이 낮기 때문이지 그가 유혹을 물리치는 인내심이 부족해서 그런 것은 아니라고 보았다. 그런 점에서 Kohlberg는 도덕수준이 높을수록 정직성과 같은 바람직한 도덕행위는 점차 증가할 것이라고 믿었다.

그러나 이러한 상관관계 역시 도덕상황이나 도덕 사태의 구체적인 내용에 따라 다르며 도덕행위의 종류, 피험자의 연령 등의 변인에 따라 일정하지가 않다. 예컨대, Eisenberg-Berg 등(1979)은 친사회적 사고와 행위 간의 상관이 취학 전 아동에서는 .30~.40대에 이르지만 아동 후기에 이르러서는 유의한 상관이 없어진다고 했다. Rest(1979)의 척도로 초등학교 4학년 아동을 2년간 종단연구한 결과(김상윤, 1989a) 4학년 아동들이 보여준 단계 4의 점수는 교사가 평정한 준법성 득점과 부적 상관을 보인 반면 2년 후 6학년이 되어서 보여준 단계 4의 점수는 교사가 평정한 준법성 득점과 정적 상관을 보인 것으로 나타났다. 이러한 결과는 무조건 높은 단계의 도덕성 점수가 모든 연령의 아동들이 갖는 준법성을 예언하는 것이 아니라 자신들이 이해하는 도덕판단수준이 또래 아동들이 이해하는 평균적 단계보다 한 단계정도 더 위의 것을 이해하는 아동들이 보다 바람직한 도덕행위를 보여줄 가능성이 높음을 시사하는 것이다.

도덕행위의 검사척도 아동들의 도덕행위는 부모나 교사들이 평정할 수도 있으나 실험적 조건에서 간단히 할 수 있는 검사법을 사용할 수 있다. 〈표 12-11〉에는 유아들에게 집단적으로 실시할 수 있는 **정직성 검사**의 방법이 나타나 있다.

〈표 12-10〉 정직성 검사의 실시방법

A4 용지에 지름 4cm의 동그라미를 4개씩 두 줄로 일정한 간격으로 나란히 그린 것 〈그림 12-3〉을 복사하여 종이 뒷면에 유아들의 이름을 미리 적고 해당 유아에게 한 장씩 나누어 준 다음 맨 왼쪽 위에 있는 동그라미 한가운데 싸인펜으로 점을 교사의 시범에 따라 찍도록 한다. 그리고 유아들이 모두 점을 찍은지 확인한 다음 이제는 눈을 감고 나머지 동그라미 7개의 가운데에 점을 찍도록 하는 것이다. 구체적인 실시한 방법은 먼저 유아들의 자리를 서로 마주 볼 수 없도록 모두 앞을 향하여 앉힌 다음 맨 앞에서 교사가 검사에 관한 방법을 설명해 준다. 이 때 지시문은 아래와 같다. "여러분, 오늘은 선생님과 함께 동그라미에 점찍기를 해봅시다." "여러분 앞에 있는 종이에 동그라미들이 있지요, 싸인펜으로 첫번째 동그라미 가운데에 점을 하나 찍어 보세요." "어디 선생님이 한 번 볼까요?"(전부 확인한다.) "예, 참 잘했군요. 그럼, 이제는 눈을 감고 하겠어요." "눈을 뜨고 하면 나쁜 아이에요. 정직한 아이는 눈을 감고 합니다." "여러분 눈을 감고 할 수 있겠어요?"(대답을 확인한다.) "선생님도 시작하면 돌아서서 눈을 감고 하겠어요." "자, 그럼 이제부터 시작하겠어요. 시-작."

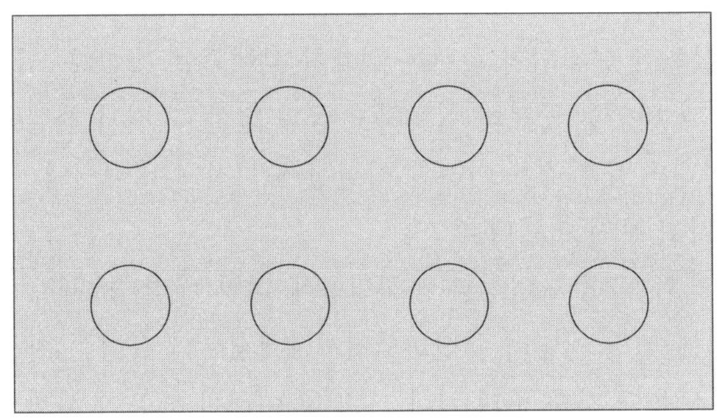

〈그림 12-3〉 아동들에게 배부한 종이와 그림

이상의 지시를 통하여 30명 중 단 1명만이 정직하게 한 반면 나머지 29명은 모두 눈을 뜨고 한 것으로 나타나 다음 날 다시 실시하였다. 다음 날 좀더 호소를 하여 두번째 실시한 결과 30명 중 17명이 정직하게 눈을 감고 한 것으로 나타났다. 이러한 결과에 대한 해석은 본 장 앞부분(p.219)에서 설명되어 있다. 한편 Piaget의 도덕상대론 즉, 결과보다 동기를 중시하는 정도와 유아들의 정직성 간에는 유의한 상관(r=.367, p<.05)이 있었으며 보존개념의 형성 정도와 정직성 간에도 유의한 상관(r=.414, p<.05)이 있었다.

유아의 자기중심적 특성과 규칙개념의 실천 유아들에게는 규칙이란 성인들의 가르침에 연결되어 있는 것이며 그런 점에서 그 규칙은 권위를 갖는다. 따라서 그들이 실제적 상황에서는 심각하게 여기지 않는 것이라 해도 성인들에 의해 질문을 당하게 될 경우에는 더 나쁜 것으로 반응하는 것이 보다 자연스러운 현상이라고 하겠다. 3~4세 되는 유아들이 가상적 도덕일탈행위를 실제적 도덕일탈행위보다 더 나쁜 것으로 판단하였음을 밝힌 Smetana 등(1993)의 연구는 바로 이러한 유아들의 특성을 반영하고 있는 것이다.

Piaget(1932)는 규칙에 대한 도덕판단과 실천의 발달을 각각 구분하여 설명한 바 있다. 2세경의 유아는 구슬놀이에서 어떠한 규칙도 없었지마는 그 후로 큰 아이들의 놀이를 관찰하고 모방하는 중에 규칙을 의식하게 되고 고정불변의 것으로 간주하게 된다고 보았다. 그러나 아직도 게임의 활동 안에서 다른 사람과의 관련을 맺지는 못한다. 그런 점에서 자기중심적 놀이의 단계는 2세 이전의 개인적 놀이와 5세 이후의 사회적 놀이 사이의 전환기라고 볼 수 있다. 말하자면 2세 이후에서 5세에 이르기까지 유아는 자기중심적 놀이와 규칙의 절대화가 공존하는 갈등현상(홍순정, 1989) 속에 놓이게 되며 결과적으로 이러한 규칙들에 대한 존경심이 그 규칙의 실천과 연결되지 못하는 한계를 보여주는 것이다. 이러한 자기중심적 사고는 자신과 타인을 구분하지 못하고 꿈과 현실, 거짓과 진실을 구분하지 못하며 과거와 현재의 구별조차 어려워 사실상 도덕적 의미에서의 규칙에 대한 개념이 형성되었다고 보기 어렵다.

그러나 만 3세가 되면 도덕성과 사회인습에 대한 변별(Smetana 등, 1990)이 있으며 차츰 규칙에 대한 개념이 내면화되면서 4세경부터 유아는 친구와 교제가 활발히 일어나고 싸움도 자주 하게 된다. 그리고 이러한 싸움이 사회성 발달을 촉진하게 되는 주요한 매개가 된다. 이 시기에는 부모보다 또래와 지내는 시간이 더 많아짐(Ellis et al., 1981)으로 부모와 함께 지낼 때에는 그렇게 심각하지 않았던 도덕적인 문제들이 발생하게 되고 이러한 상황을 해결하는 데 유용한 사회규칙의 개념을 구성하게 되는 것이다. 그러나 이와 같은 또래관계가 부모나 교사와 같은 성인들로부터의 언어적 가르침에 비하여 보다 공정하고 실제적인 도덕개념들을 배우는 데 유리하지만 그만큼 더 많은 다툼이나 갈등(Hinde et al., 1985)이 일어날 수도 있다.

아동의 다툼 장면과 성인의 개입 유아들의 놀이 장면에서 흔히 일어나는 다툼에도 연령에 따라 서로 다른 유형이 발견된다. 처음에는 유아들의 싸움이 장난감과 같은 물건에 대한 소유권 쟁탈에 관한 것이 많다가 그 다음으로 의견의 대립이 많아지는 것이 그것이다. 이러한 의견대립은 유아의 규칙개념의 발달의 첫 단계라고 보아야 한다. 이전까지 유아는 타인과 관련되어 있는 듯 보여도 실상은 타인이 자신의 말을 들어주기를 기대하지도 않는 역설적인 대화인 소위 집단독백에 갖혀 있다. 그러나 이러한 단계를 지나면서 유아는 빈번한 갈등을 경험하게 된다. 실제로 유아들은 성인이 화를 낼 때에는 소극적인 대응(예: 멀리 피함, 무시함, 그대로 받아들임)을 취하는 데 비해 같은 또래가 화를 낼 때에는 적극적인 대응(예: 보복함, 고함을 지름, 어른의 도움을 구함)을 취한다고 한다(Karniol et al., 1987). Patterson(1976)도 유아들의 공격행동은 그로 인한 피해자로서의 또래가 터뜨리는 울음 같은 반응에는 더욱 촉발되지만 보복이나 교사에게 호소하는 등의 반응에는 중단된다고 했다. 이처럼 유아들의 사회적 상호작용에 개입하는 성인들의 대응유형은 나름대로 영향을 미치게 된다. 그러나 이러한 성인들의 개입이 적절치 못할 때에는 유아들의 규칙개념발달에 오히려 방해(Piaget, 1932; 김상윤, 1983)가 될 수도 있다. 〈표 12-11〉에는 아동의 다툼 장면과 성인의 개입에 관한 관찰 예가 나타나 있다.

〈표 12-11〉 아동의 다툼 장면과 성인의 개입에 관한 관찰 예

공격 유발자: 남 4세
공격 대상자: 남 4세
공격 유형(블록을 내리침): 놀이적 공격
공격 내용(장난감): 소유
대응 유형(야! 그러지 마라): 거부
(우리 엄마한테 일러준다): 권위
(장난감 던지면 안 된데): 규칙
성인의 개입 유형(남을 때리면 안 돼): 도덕

김상윤(1994)의 연구에서 연령집단별 공격 유발의 분포에서는 3세 집단에서는 이기적 공격성이 놀이적 공격성에 비해 더 많았으나 5세 집단에서는 두 유형의

공격성간에 차이가 없이 모두 고르게 나타났다. 이러한 결과는 3세의 유아들이 아직도 개인적 놀이기를 벗어나지 못함(Piaget, 1932)에 기인하는 것으로 보인다. 즉, 만 3세에서 만 5세에 이르는 동안 여전히 상대방보다는 장난감과 같은 자기 소유물에 집중하는 공격성이 유지되고 있지만 한편으로 연령의 증가와 함께 사회적 놀이에 참여함으로서 상대방과의 사회적 상호작용에 관심이 점차 증가되고 있음을 알 수 있다.

연령집단별 공격 내용의 분포를 비교해 보면 3세아에서는 장난감 같은 물건, 자리와 같은 공간 또는 차례와 같이 소유에 관한 것이 대부분을 차지하고 있는 반면 5세 유아들은 신체적인 것과 심리적인 것이 모두 소유에 관한 것과 대등하게 그 빈도가 증가되었다. 이는 개인적 놀이기에서의 주된 관심이 비인격적인 것이었는 데 비해 사회적 놀이기로 넘어가는 자기중심적 놀이기(Piaget, 1932)에서는 사회적 상호작용에로의 주된 관심이 이행하고 있음을 보여준다고 하겠다.

끝으로 공격 유발행위에 대한 공격 대상 유아의 대응 유형과 이러한 갈등에 개입하는 성인의 해결유형을 사회 도덕적 차원에서 바람직한 대응인 적극적 대응과 사회 도덕적 차원에서 바람직한 것은 아니지만 자기주장적 내지 자기방어적 의미가 큰 보복적 대응 및 사회 도덕적으로 바람직하지도 않고 자기주장적 의미도 약한 소극적 대응으로 구분하였다. 여기서 3세 유아들은 세 가지 대응을 보였으나 5세 유아에서는 보복적 대응이 거의 4배에 달할 만큼 증가되었다.

이러한 보복적 대응의 증가는 Kohlberg의 도덕발달의 2단계에 관련되는 것으로 자기중심적 놀이기를 벗어나게 하는 중요한 특성으로 볼 수 있다. 이러한 유아의 사회도덕적 개념의 발달에 비하여 교사의 개입유형은 3세 유아들에서나 5세 유아들 모두에게 공히 적극적 대응만 적용하는 것이 특이할 만하다. 공격행위에 대한 대응 즉, 반격은 적어도 3세 유아들에게는 실제적 수준에 비해 한 단계 높은 것으로 볼 때 흔히 부모들이 자녀들에게 공격을 받으면 이에 대응하라고 가르치는 것(홍순정, 1989)은 만 3세 정도의 유아들에게는 나름대로 교육적 의미가 있을 것이다. 반면에 5세 유아들에게는 본 연구에서 확인되었듯이 사회 도덕적 가치에 기초를 둔 적극적 대응을 적용하는 것이 적절한 것으로 보인다.

5) 도덕발달이론의 교육적 적용

정신분석학 Freud(1933)에 의하면 초자아는 억압된 부모에 대한 공격성이 안으로 투사되어 동일시되는 과정에서 형성되는 것이다. 따라서 초자아의 강도는 억압된 공격성에 비례할 것이며 엄격한 양육방식이 초자아를 형성하는 데 도움이 될 것이다. 그러나 Sears 등(1957)의 연구에서 체벌을 자주 사용하는 부모의 아동에 비해 체벌을 자주 사용하지 않는 부모의 아동이 두 배 이상의 강한 양심을 가지고 있었다. 이에 비해 Baumrind(1967)는 애정적이면서도 제한을 가하는 양육방식이 아동의 책임감과 자율성을 높힐 수 있다고 했다. 정신분석학적 설명이 초기 아동의 억압에 관련되어 있으며 그것이 무의식적 과정 내지 병리적 현상에 초점이 주어진다는 점에서 실증적 연구의 어려움이 따르지만 비합리성을 근본적으로 배제할 수 없는 도덕성의 교육에 있어 그 이론의 가치가 인정되어져야 할 것이며 실제로 부당한 압박에서 완전히 자유로울 수 없는 아동들의 이해와 교육에 활용할 가치가 여전히 있는 것으로 보인다.

사회학습이론 사회학습이론은 관찰자로서의 개인이 모방대상을 그대로 복사하듯이 내면화하는 것으로 보지는 않는다. 예컨대 관찰자로서의 아동은 모방대상의 특성으로, 자기를 돌봐주는 사람, 자기에게 권력을 행사할 수 있는 사람, 같은 성(性)인 사람, 존경하는 사람 등을 모방하는 경향이 있고 자신의 특성으로 과거에 강화를 받은 경험이 있거나 자존심이 낮거나, 특정 과제의 수행능력이 부족하거나 불안하고 불확실한 장면에 놓일 때일수록 더 잘 모방하는 경향이 있다(Bandura, 1977). 그리고 인지발달적 관점에서는 관찰자가 자신의 인지구조에 따라 모방대상을 해석하고 그 해석한 대로 내면화하는 과정을 인정해야 한다.

따라서 모방의 과정을 교육에 적용하는 점에서 동일한 모방대상이라도 관찰자의 과거경험이나, 현재의 욕구, 인지적 구조, 모방의 상황에 대한 인지 등을 감안해야 할 것이다. 예컨대, 수업 중 장난을 치는 여러 학생 중 한 학생만 나무랄 때 나머지 학생들에게 주는 대리적 벌의 효과와 수업 중 정답을 맞힌 여러 학생 중 한 학생만 칭찬할 때 나머지 학생들에게 주는 대리적 상의 효과는 다를 것이다.

귀인 및 정보처리이론 Hoffman(1984)은 벌과 애정철회의 방법보다 애정과 설득적 훈련이 도덕판단에서 의도를 사용하는 정도와 밀접한 관계가 있다고 했다.이러한 주장은 부모의 훈육을 아동이 해석함에 있어 바람직한 귀인을 염두에 둔 것이다. 실제로 아동이 비행을 저질렀을 때 흔히 이를 발견한 부모나 교사는 먼저 정서적으로 흥분되어 화가 나게 되고 결과적으로 타이름이나 설득과 같은 의미 있고 유용한 교육이 이루어지지 못할 때가 흔히 있을 수 있다. 이럴 경우 아동은 벌의 의미를 어디에 귀인해야 할지 어려움을 당하는 것이다. 정보처리이론은 이러한 과정을 귀인이론에 비해 좀더 구체적으로 세분화시킨 점에서 포괄적이라고 하겠다. 예컨대 도덕적 훈육의 정도가 너무 적으면 주의집중이 일어나지 않을 것이며 너무 크면 불안을 야기하게 될 것이다.

인지발달이론 인지발달이론은 아동이 스스로 도덕적 원리의 이해를 포함하는 보다 높은 발달단계를 획득하게 된다는 점에서 자발적이며 민주적인 교육방식을 중시한다. 이러한 도덕교육관에 비추어 볼 때 단순한 강화나 모방에 의한 학습이론은 도덕적 규범에 따르는 동조적 행위를 유발할 수 있으나 근본적인 사고나 판단의 변화로 볼 수는 없는 것이며 또한 도덕규범을 직접 가르치거나 주입시키는 종래의 도덕교육방법은 도덕성의 근본적인 발달을 가져올 수 없다고 본다.

Piaget(1932)는 아동이 부모보다는 형제나 친구들 속에서 협조와 상호감정이입에 대한 욕구를 발달시킬 수 있으며 복종이 아닌 상호성의 도덕성이 형성된다고 했다. 이에 비해 Kohlberg는 인지적인 갈등을 자극할 수 있는 사회적 상호작용을 통하여 많은 역할을 획득하거나 타자의 견해를 접할 수 있는 역할수용(role taking)이나 자신의 판단보다 한 단계 윗 수준의 도덕적 논의를 접하는 것이 도덕성 변화에 가장 큰 효과를 가져올 것이라고 본다.

그러나 도덕발달의 촉진 못지않게 오히려 지체나 지연의 예방이 교육적으로 대단히 중요하다. 특히 발달의 이행기에 일어나는 지행불일치와 같은 수평적 격차(décalage)를 극복해 나감으로써 자기 연령에 해당되는 단계를 건강하게 통과하는 것이 중요하다. 아동의 인지적 보존개념이 양에서 먼저 생기고 그 다음 무게와 부피의 개념에 확장되듯이 아동의 도덕판단의 발달은 궁극적으로는 자아발달(ego development)에까지 연장되어 전체적으로 온전한 도덕인격을 도모하는 것이 도덕교육의 진정한 목적이 되어야 한다는 것이다. 따라서 교실 내에서 이루어지는 토의식 교육방법을 넘어서 사회체제의 변화 예컨대, 정의공동체(just community)의 운영방침을 도입한 실험학교를 운영하는 노력 등은 도덕교육의 타당성을 한층 높히는 것으로 보인다.

영역구분이론 초기의 영역구분이론에 따르면 도덕성의 개념이 비교적 이른 나이의 아동에게서도 존재하기 때문에 아동이 갖고 있는 도덕성을 잘 보존해 주는 것이 교육의 목적이 되어야 할 것이다. 그러나 양 영역이 구분되어 있음에도 다시 서로 영향을 주고 받는 것이라면 이러한 분화 후의 통합과정에 대한 이해가 중요하게 된다. 이들의 주장대로는 사회적 판단, 사회적 행위, 문화내용 등이 서로 나란히 분리되어 있는 것이 아니라 상호관련되어 있음을 인정한다면 이왕의 도덕적 개념과 사회인습적 개념들을 구분한 것은 이러한 개념들간의 상호관계를 파악하기 위한 기초가 될 것이다.

이러한 영역지침 가운데 가장 중요한 문제로서 개인이 특정 사태를 도덕적인 것으로 해석하는지 아니면 사회인습적인 것으로 해석하는지에 대한 영역인식의 문제(Turiel, 1984; 송명자 등, 1988)가 제기되고 있다. 이러한 영역인식이 발달해 가는 과정을 아는 것이 중요하다. 이와 같이 개인의 결정과 행동 및 추리의 영역들이 단순히 고정적인 관계를 갖는 것이 아니며 개인이 당면한 상황들은 다양한 모습을 띠고 있어 여러 가지 사회판단 영역의 조화를 통하여 상호맥락의 변수들과 상호작용하는 것이다.

특히, 영역구분이 잘 되지 않는 영역 중복이나 혼동현상에 대한 이해가 있어야 한다. Turiel 등(1987)이 이들을 이차적 현상으로 개념화한 것은 일단 이 현상을 발달의 양상으로 볼 수 있게 하는 개연성을 제공한 셈이었다. 그는 이 현상이 최초에는 인습적 성격을 띠던 것이 결과적으로 타인에 대한 도덕적 의미를 갖게 되는 것을 가리켰다. 예컨대 줄서기, 차례 기다리기 등은 명백하게 사회질서를 위한 인습적인 문제이지만 이러한 것을 어기게 될 때는 결과적으로 타인의 권리를 침해하는 도덕적 문제가 되는 것이다. 이는 아동의 도덕교육에 주는 시사점이 크다. 아동들에게 이 행위의 결과가 어떻게 될 것인지를 설명해 주면서 가르치는 것과 우선 습관부터 몸에 배이게 하는 방법에서 만약 후자의 양육방식을 취했다면 이 아동은 우선 이러한 사태를 인습적인 것으로 시작하게 될 것이 분명하다. 실제로 많은 아동들이 이와 같은 교육을 받는다는 사실을 인정한다면 '이차적 현상'이라는 개념은 아동이 '발달하면서' 처음에는 몰랐던 도덕적 의미를 깨닫게 되는 현상을 설명하는 데 적용할 수 있을 것이다.

제13장

창의성 발달

1. 창의성의 정의
2. 창의성의 발달단계
3. 창의성의 측정
4. 창의성 발달에 관련 요인

제13장
창의성 발달

1. 창의성의 정의

창의성은 독창적이면서 유용한(appropriate) 일을 해내는 능력이다(Berk, 1997). 이러한 창의성은 하나의 목적을 위해 서로 분리되어 있는 아이디어들을 모으는가 하면 장애를 극복하기 위한 노력을 통해 발전해가는 것이다.

일찍이 Guilford(1950)는 창의성을 확산적 사고(divergent thinking)로 보고 문제에 대한 민감성, 사고의 유창성, 융통성 및 독창성 그리고 동일한 대상을 새로운 목적을 위해 사용하는 재정의성과 주어진 문제를 세분하고 명료히 하는 정교성 등이 포함된다고 했다. 창의성에 대한 이와 같은 인지적 측면 외에 성격적인 특성을 강조하는 입장도 있다. 다음 〈표 13-1〉에는 창의성에 대한 이론가들과 그들이 내리는 창의성에 대한 관점들이 요약되어 있다.

〈표 13-1〉 창의성의 이론가들에 의한 창의성의 정의

이 론	대표적인 이론가들	정 의
정신분석학	Freud	창의성은 현실로부터 억압받은 정신에너지가 무의식 과정에서 만족되는 상상이다.
인본주의	Maslow, Rogers	창의성은 건강한 성격을 소유한 사람이 살아가는 일상적 삶의 한 부분이다.
행동주의와 연합주의이론	Skinner, Mednick	창의성은 거리가 먼 자극과 반응의 연합이다.
인지이론	Guilford	창의성은 정보처리과정으로 유추될 수 있는 확산적 사고과정이다.
체계이론	Gardner, Csikszentmihalyi	창의성은 개인의 인지과정, 성격특성 요소들과 환경의 여러 영역들간의 복잡한 상호작용의 결과이다.

이들 가운데 인지적인 측면을 강조하는 Guilford는 수렴적 사고가 과제에 대한 한 개의 답만을 찾는다면 확산적 사고는 과제에 대한 여러 가지 가능성들을 찾아내는 것으로 보았다. 이러한 관점에서의 창의성이 높은 아동은 지능이 높은 아동과 마찬가지로 언어, 그림, 일상문제 등의 검사 문항에서도 높은 점수를 받을 것이다. 예컨대 창의성 검사 중 신문지와 같은 일상용품 등을 가지고 사용 가능한 용도를 모두 적도록 하는 것이 있다. 창의성 점수란 이들 반응에서 아이디어의 개수, 사용된 범주들, 독창성 등을 기초로 점수를 매긴 것이다. 이러한 방법은 표준화된 창의성 척도에 의해 아동들간의 창의성을 손쉽게 비교할 수 있지만 여기서의 점수란 창의성의 질에 관련되는 여러 가지 요소들 중 극히 일부에 지나지 않으므로 일상적인 생활에서의 창의성을 예측하지 못하는 한계성이 있다. 따라서 성격특성이나 동기 요인, 환경적 조건 등을 모두 고려하는 보다 폭넓은 관점(Berk, 1997)이 요구되었다.

1) 창의성에 대한 다면적인 견해

최근에는 창의성이 생기려면 여러 가지 요소들이 모여야 된다고 본다. Sternberg와 Lubort(1995) 등이 소개하는 창의성의 투자이론(investment theory)에 의하면 창의성의 정도는 〈표 13-2〉에 나타난 여러 가지 인지, 성격, 동기, 환경적 자원 등이 얼마나 적절하냐에 달려 있다는 것이다.

〈표 13-2〉 창의성에 필요한 자원들

자원	내 용
인지	문제의 발견과 정의, 확산적 및 수렴적 사고, 통찰과정, 아이디어 평가, 지식
성격	혁신적 사고방식, 모호성을 참는 태도, 꾸준함, 지적 모험심, 확신에 찬 용기
동기	외적 동기보다는 과제중심의 내적 동기
환경	이상의 자원들을 허용하는 여건

Sternberg & Lubort(1995)의 요약

창의성을 결정화시키기 위해서는 이들 중 어떤 것이 충분하면 다른 것에 도움을 줄 수는 있겠지만 어느 한 요소라도 최소한의 수준이 반드시 마련되어져야 한다는 것이다. 이러한 다면적인 견해에서는 창의성이 생득적인 것도 아니고 소수의 엘리트들에만 주어진 것도 아니므로 어릴 때부터 이를 촉진시켜 주면 얼마든지 다양한 폭의 창의성을 발달시킬 수 있다고 본다. 구체적으로 인지적, 성격적,

동기적 및 환경적 자원들의 내용은 다음과 같다.

인지적 자원 어떤 분야에서 창의적인 결실을 맺기 위해서는 여러 가지 높은 수준의 인지적 기능의 도움이 있어야 한다. 문제해결에 앞서 현재의 지식과의 차이점, 새로운 지식을 만들어야 하는 필요성, 현재의 절차가 갖는 단점에 대한 인식 등의 문제 발견이 있어야 한다. 일단 문제가 발견되면 모호한 상태를 보다 구체적으로 묘사하여 명확한 문제 정의를 내려야 한다. Moore(1985)는 보다 많은 대상들을 탐색하고 문제발견과 정의에 깊이 투자한 아동일수록 보다 유창하고 독창적인 글을 쓸 수 있었다고 했다.

확산적 사고가 새로운 문제해결 방식을 가져오게 하는 핵심적인 도구이기는 하지만 별 효과 없는 대안들은 과감하게 버림으로써 다시 수렴적 사고를 구사하는 것이 바람직하다. 일정한 선택의 범위 내에서도 창의적인 사람은 여러 가지 요소들을 연결하고 재구조화시킬 수 있는 통찰적 과정을 거친다. 이러한 재구조화는 "뱃 속에서 불이 났어요"라고 말하여 신체적 고통과 뜨거운 불을 연결시키는 유아들의 은유(metaphor)에서도 찾아볼 수 있다. 그 밖에 여러 가지 아이디어들을 평가하는 인지적 능력도 창의적 문제해결에 필요하다.

끝으로 새로운 아이디어들을 인식하고 이해하는 데에는 과제와 관련된 해당영역의 지식이 필요하다. 흔히 동일한 문제를 다른 영역에서 해결하게 되면 그 성취도가 떨어지는 것은 특정영역에 대한 지식이 창의성 성취에 중요한 것임을 보여주는 것이다.

성격적 자원 성격 특성들은 창의성의 인지적 요소들이 적용하여 결실을 맺기까지의 과정을 촉진하는 역할을 한다(Sternberg & Lubort, 1995). 우선 아동은 혁신적 사고방식을 가져야 한다. 창의적인 사고는 새로운 방식으로 사물을 볼 수 있을 뿐만 아니라 그렇게 보고 싶어한다. 그들은 이미 정해진 과제들을 수행하기 위해 문제들을 혁신적으로 재구조화할 수 있도록 허용하는 활동을 좋아한다.

또한 창의적인 목적에 도달하기 위해서는 불확실한 기간이 있다. 이 기간 동안 포기하거나 최선을 다하지 않을 가능성이 있기 때문에 장애를 맞이한 아동에게 인내와 꾸준함이 있어야 한다. 자신의 아이디어가 새로운 것일수록 자신을 의심스러워할 때가 종종 있으며 교사와 또래들의 비판을 받으면 더욱 그렇다. 판단의 독립성과 높은 자존감이 필요하다. 그러기 위해서는 다른 사람들의 눈치를 벗어나 결과가 보장되지 않은 문제에도 도전할 수 있는 확신과 용기가 있어야 한다.

동기적 자원 창의성의 동기는 목적보다는 과제를 지향해야 한다. 과제에 대한 동기란 높은 기준에 도달하고자 하는 내적 욕구나 과제 자체에 관심을 두고 몰두하는 것을 가리킨다. 이에 비해 목적지향 동기는 점수와 같은 외적 보상을 목적으로 하기 때문에 과제에 대한 관심이 적어져 결과적으로 성취를 제대로 하지 못하게 된다.

경쟁이나 상과 같은 외적 동기가 언제나 창의성에 부정적 영향을 주는 것은 아니다. 그것이 사회적으로 가치 있는 것이라는 것을 일러주어 해당 과제에 착수하게 할 수는 있지만 그러나 보상이 지나치게 강조되면 외적 보상에만 관심을 갖게 되어 결과적으로 창의성을 해칠 수가 있다.

복잡하고 모호한 것을 피하지 않고 도전하려는 동기가 창의성과 관계가 있다. 아동들 특히 유아들은 성인에 비하여 열등한 지식과 지능을 보상이라도 하듯 매사에 호기심이 많고 열심이며 적극적이다. 그러나 유아는 자기 방식대로 세상을 보기 때문에 다른 사람의 말이나 글을 이해하거나 자신의 생각을 제대로 표현하는데 어려움이 많다.

그런 점에서 아동들에게는 외부에서 부과되는 요구나 금지 또는 상벌이 없이도 이미 그들이 갖고 있는 강력한 내발적 동기를 활성화시켜야 한다. 이들에게는 어떤 활동에 몰두하는 그 자체가 곧 상이 되기 때문이다.

어린 아동들도 공놀이를 할 때에 공이나 상대방의 모습보다는 공을 받고 다시 보내는 그 활동 자체에 주의를 기울이고 반응(Dewey, 1916)하듯이 아동들은 능동적으로 대상을 조작하고 변형하며 다시 재구성하는 상호작용의 과정 자체를 즐거워한다.

환경적 자원 아동들의 지적인 호기심이나 개성을 존중하고 그들의 창의적인 잠재력을 일찍 발견하여 학교교육 외에도 유익한 경험을 제공하거나 훌륭한 교사 곁에서 심부름도 하고 배울수 있는 기회를 만들어 주는 것이 좋다.

많은 과제를 주기보다 교사에게 질문을 하도록 유도하기도 하고 한 가지 문제를 오랫동안 생각해 보게 하여 아이디어를 떠올릴 시간을 허용하는 교실분위기도 창의성을 기르는 좋은 환경이 된다. 이미 가지고 있는 지식을 융통성 있게 또는 독창적으로 사용하도록 용기를 주며 모호성을 참고 모험적으로 접근하기 위해서는 여러 가지 문제해결을 시도해 볼 수 있도록 매력적 과제를 풍부하게 제공해 주는 것이 필요하다.

2. 창의성의 발달단계

창의성은 흡수와 생성이라는 양극 사이에 여러 가지 하위 특성들을 계열적으로 순서지울 수 있을 것이다. 물론 이러한 계열은 어린 아동이 성장하면서부터 형식적 교육과 훈련을 받은 후에 직업 현장에서 생산적인 일에 종사할 때까지의 과정을 나타내기도 하지만 미시적으로는 한 개인이 어느 시점에서 문제를 발견하고 해결해 나가는 과정으로 볼 수도 있다.

〈표 13-3〉에는 이러한 창의성의 여러 하위 특성들의 계열성이 인지적 활동과 정의로 구분하여 나타나 있다.

〈표 13-3〉 창의성의 여러 하위 특성들의 계열성

	흡수의 단계		조작의 단계		생산의 단계
인지적 활동	민감성 →	유창성 →	융통성 →	정교성 →	독창성
정의적 태도	호기심	→	집중성	→	확신감

아동의 창의성과 성인의 창의성을 개관적으로 비교하기는 어렵다. 예컨대 지식이나 기술 또는 추상적인 개념을 요하는 분야에서는 성인의 창의성이 높겠지만 사물을 있는 그대로 직관함으로써 풍부하게 경험하는 면에서는 일정한 개념이나 선입감 등에 묶여 있는 성인들이 아동에 비해 불리할 것이기 때문이다. 여기서는 인지적 발달단계에 기초한 창의성의 발달단계를 살펴보고자 한다.

창의성의 발달을 인지와 성격의 조화적 활동으로 본 Gowan(1972)은 Erikson과 Piaget의 발달단계를 결합하여 창의성의 발달단계를 설정하였다. 다만 중요한 차이가 있다면 Paiget의 형식적 조작기 다음에 창조성의 단계를 하나 더 둔 점이다. 이러한 생각은 형식적 조작기 이후 종교적 내지 미적 양식의 발달을 제안한 바 있는 Baldwin의 관점을 연상케 한다. 이들의 제안들을 종합하여 〈표 13-4〉와 같은 창의성의 발달단계들을 생각해 볼 수 있다.

〈표 13-4〉 Erikson과 Piaget의 발달단계와 관련지운 창의성의 발달단계

1수준: 자기중심의 미분화된 표상의 수준(아동기 이전) 단계1: 신뢰감 형성과 감각운동적 활동 단계2: 자율적 태도와 전조작적 활동
2수준: 과제중심의 분화된 상상의 수준(아동기) 단계3: 선도적 태도와 직관적 활동 단계4: 근면한 태도와 구체적 조작
3수준: 관념중심의 통합된 창조의 수준(아동기 이후) 단계5: 정체감 형성과 형식적 조작 단계6: 친밀한 사회성과 미적 창의적 활동

Piaget는 영아기에서부터 사물과 사람 등에 대한 경험을 마음 속에서 재현하는 표상이 일어난다고 했다. 단순한 표상이 지배적인 수준에서는 2세 반경부터 모방놀이가 시작되고 3~4세가 지나면 상상의 요소가 포함되지만 아직은 실재와 상상을 구분하지 못하여 '무엇이나 다 어떤 것이 될 수 있다'는 원리에 따른다(김재은, 1990). Piaget(1926)는 이러한 사고를 자기중심적 사고 이전에 있는 자폐적 사고로 보았다. 이러한 자폐적 사고는 일종의 잠재적 의식으로 현실 적응보다는 미분화된 상상과 꿈에 관련되어 있다는 것이다. 꿈은 그 날의 이루지 못한 생각이나 억압된 충동으로 짜여진 것들로 구성되어 있다. 진정한 의사소통이 어려운 이러한 사고형태는 놀이를 통해서나마 조금씩 사회성을 띠게 된다. 따라서 놀이는 자신의 경험을 끊임없이 재구성해 감으로써 결과적으로 아동의 사고발달에 매우 중요한 역할을 한다. 4~5세가 되면 현실적인 감각이나 조건이 생기기 시작하여 놀이 가운데이지만 실제적인 의미가 조금씩 생겨난다. 이 때부터는 현실에 대한 지식과 경험이 많아져 표상의 범위가 커지고 결과적으로 상상력이 발달하게 된다. 이 시기에 동화 속의 주인공의 입장을 생각하거나 그림을 구성하고 색깔을 사용할 때 종이로 장난감을 만들 때 풀이나 돌멩이 등 자연물의 소재를 가지고 놀 때 상상력이 창조성을 띠기 시작한다. 이렇게 표상된 심상들은 아직도 실재의 단순한 복사에 지나지 않지만 장차 아동기에 들어서 보다 수준높은 상상놀이 등을 통하여 아동들의 정신세계를 더욱 풍부하게 하는 기능을 갖는다.

자폐적 사고를 벗어나게 되면서 유아의 상상은 점차 활기를 띠게 되지만 여전히 자기중심적 사고의 틀에 갇혀 있다. 이처럼 자기중심성에 놓여 있는 유아는 모든 사람이 자기가 생각하는 대로 생각하고 전 세계가 자기 감정과 욕망을 함께 공

유한다고 가정한다. 해와 달은 자기가 걸어갈 때 그를 따라 온다고 생각하고 큰 산은 키가 큰 사람이 올라가기 위해 크고, 작은 산은 키가 작은 어린이를 위해 작다고 생각한다. 생명이 없는 대상에게 생명을 부여하는 물활론적 사고도 있다. 돌멩이는 움직이니까 살아 있고 연필은 쓰니까 생명이 있는 것이다. 놀이나 작업 장면에서 규칙이나 조직을 파괴하기도 하고 복구하기도 함으로써 자신을 신과 동일시하기도 한다. 이러한 사고는 성인들이 볼 때 창조적으로 보일 수 있으나 진정한 인과관계가 형성되기 이전의 미분화적 상상과 인과관계가 형성되고 난 후에 분화가 된 상상은 구분될 수 있다. Piaget와 같이 창의적 상상은 아동의 놀이에서부터 생겨난다고 본 Vygotsky 역시 아동의 상상적 놀이는 성인의 것에 비하여 빈약하며 단순하고 덜 확산적인 사고에 머물고 있다고 보았다. Karmiloff-Smith(1990)가 아동들에게 집과 동물 그리고 사람을 재미있게 그려보라고 했을 때 5세 이전의 유아들은 그림의 크기를 변형시키거나 어떤 요소를 생략할 수는 있어도 새로운 요소를 첨가하거나 다른 범주의 요소와 바꾸지는 못했다. 물론 3세의 유아가 동일한 사람의 그림을 여러 개 그릴 때 서로 다르게 그릴 수 있으나 그것은 대상을 그리는 기술의 능력이 부족하기 때문이지 창의성 때문은 아닌 것이다. 재미있는 그림 그리기에서 말의 몸에 사람의 얼굴을 그리는 것과 같이 전혀 다른 범주의 요소를 첨가하는 것은 10세가 지나서야 가능하다는 것이다.

〈그림 13-1〉 요소 생략을 한 5세아의 그림과 범주간 요소를 삽입한 10세아의 그림(오른쪽)

아동기에 들어서면서 자기중심성을 벗어나게 되면 진정한 개념에 기초한 언어능력이 발달하고 성인과의 대화나 교육을 통하여 진정한 대화나 상호작용이 가능해진다. 성인의 창의성은 새로운 예술작품이나 과학적 결론을 얻기 위해 특별한 사회적 조건하에서 아이디어들을 변경하고 결합하는 의도된 의식적 사고과정인 것이다. Vygotsky는 청소년기에서부터 그 이전까지는 분리되어 있던 상상과 사고라는 두 흐름이 다시 만나 추상적 개념을 다룰 수 있게 되면서 오히려 성인 보다 능동적이고 의욕적인 창의성이 발달되기 시작한다고 보았다. 주로 모방적이던 아동기의 창의성에서 이제는 의도적으로 사용되며 통제되는 성숙된 창의성이 가능해진다. 이러한 창의성의 발달은 내적 언어, 형식적 교육, 여러 가지 개념들의 영향을 받는다. 특히 수준 높은 언어의 구사는 현재에는 존재하지 않는 대상들의 표상을 용이하게 하며 의사전달을 가능하게 해 줌으로써 창의성의 발달에 중요한 역할을 한다.

3. 창의성의 측정

1) Starkweather의 유아용 창의성 검사

Starkweather(1971)는 유아의 그림 그리기를 비롯한 독창성 척도를 개발하였다. 그가 제작한 검사에는 '비일상적 용도말하기' 및 '도형의 모양을 보고 생각나는 이름말하기' 등이 포함되어 있다. 그러나 이 검사에서 유용성, 융통성, 독창성 및 정교성 간의 구분은 하지 않았다. 그 후 Moran 등(1983)은 Starkweather의 연구결과에 입각한 연구를 계속하였다. 〈그림 13-2〉에는 Starkweather의 유아용 창의성 검사 중 독창성을 재는 문항인 '도형보고 생각나는 이름말하기'의 대표적인 두 가지 예가 나타나 있다.

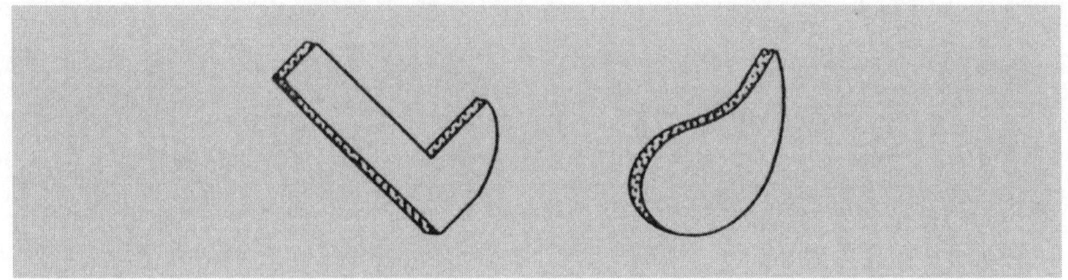

〈그림 13-2〉Starkweather의 유아용 창의성 검사의 '도형보고 생각나는 이름말하기'

2) Torrance의 창의성 검사

Torrance(1974)는 그림검사와 언어검사를 개발하였으며 그 후에도 동작검사(1981)를 개발하여 유아들에게 적용하고 있다. Torrance는 유아들의 창의성에 도움이 되는 특성들을 다음과 같이 나열하였다. 즉, 오랫동안 주의집중하는 것, 전체를 보는 능력, 사물을 다른 각도에서 보는 것, 수업 전에 먼저 탐구하기, 침묵과 망설임의 사용, 사물을 가까이 보기, 자신의 수준으로 어려운 과제를 풀기 위해 환상을 사용하기, 이야기나 노래만들기 등이다.

1972년에 나온 Torrance의 창의성 검사는 그 대상이 5세에서 25세까지이며 현재 창의성 검사로서 가장 널리 사용되고 있다(임선하, 1998). 이 검사는 창의적 사고기능의 네 영역인 유창성, 독창성, 융통성 그리고 정교성을 측정하도록 되어 있으며 언어검사와 도형검사가 있다. 검사에 소요되는 시간은 각각 30분과 45분이며 집단검사가 가능하다. 이들 검사에는 질문하기, 상상하기 등으로 구성되어 있으며 예컨대, 달걀모양의 타원형을 제시해 주면서 이 바탕 그림을 가지고 그림을 하나 그리고 특이한 제목을 붙이고 관련된 재미있는 이야기를 만들어 보기, 미완성된 그림을 주면서 다른 사람이 생각해 내지 못한 독특한 그림을 완성하기 등이 포함되어 있다. 〈그림 13-3〉은 가상적인 사건에 대한 상상을 적어보도록 할 때 제시하는 보기 그림의 예이다.

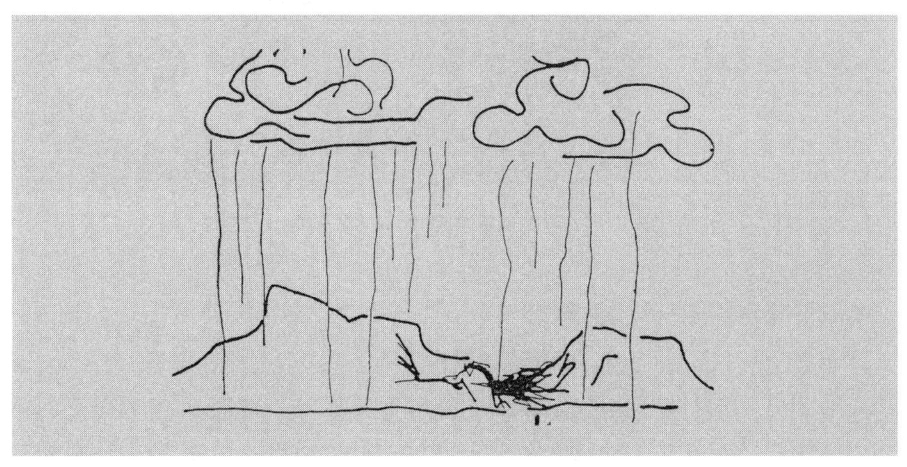

〈그림 13-3〉 Torrance의 창의성 검사의 가상적인 사건 상상하기 (예, 구름에서 줄이 내려온다면)

3) 칠교판 창의성 검사

우리 나라의 전통놀이기구인 칠교판(Tangram)을 이용한 간단한 창의성 검사법(김상윤, 1998)이 있다. 칠교판은 정사각형을 7조각으로 나눈 것으로 큰 이등변 삼각형 2개, 중간 크기의 이등변 삼각형 1개, 작은 이등변 삼각형 2개, 정사각형 1

개, 평행사변형 1개로 구성된다. 칠교판을 가지고 노는 방법에는 일정한 모양을 끼워 맞추는 것과 새로운 모양을 구성하는 것으로 구분되는데 창의성 검사는 후자의 활동을 재는 것이다.

초등학생과 대학생의 칠교판 및 용도검사 반응과의 관계에서 칠교판 창의성 검사의 득점은 창의성의 하위 특성인 용도검사의 득점과는 유의미한 상관이 있었다. 만 5세에서 대학생에 이르는 연령집단을 대상으로 한 연구(김상윤, 1997)에서 6세 유아의 유창성 득점이 다른 연령에 비해 높았으나 남녀간에는 유의미한 차이가 없었다.

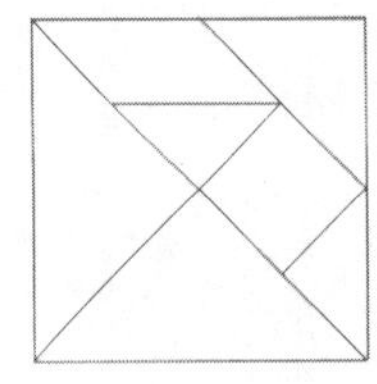

〈그림 13-4〉 칠교판 7조각의 그림과 칠교판으로 여러 가지 모양을 만드는 모습

칠교판 창의성 검사의 실시방법

칠교판 7조각은 한 변이 11cm인 정사각형의 종이나 나무판(두께는 약 4mm)을 그림과 같이 잘라서 만든다. 7개의 조각을 아동에게 모두 주면서 '이것들로 아무것이나 만들어 보세요' 라고 한 후 시작시간을 잰다. 아동이 어떤 모양을 다 만들면 '그것이 무엇인가요?' 라고 이름을 물은 다음 '또 다른 것을 만들어 보세요' 라고 말한다. 이 때 아동에게 방해가 되지 않는 범위 내에서 그 모양들을 채점용지 뒷면 여백에 작게 그린다. 만약 조각을 세우거나 겹치면 그렇게 하지 말도록 지시한다. 아동이 더 이상 할 수 없다고 하거나 하기 싫어할 때까지 계속한다. 반응이 끝나면 전체 반응시간을 잰다. 혹 30분을 넘으면 검사를 중단하고 '30분 이상' 이라고 적는다.

칠교판 창의성 검사의 하위 특성별 평균치(± 표준편차)와 계산법

집중성(16 ± 6)점 : 전체반응시간(분)을 가리킨다.

유창성(26 ± 7)점 : 반응갯수와 이름수를 합한 것이다. 형용사 등도 포함한다.

정교성(58 ± 36)점 : 전체 반응에 사용된 모든 조각의 수를 합한 것이다.

융통성(8 ± 4)점 : 범주표에서 제시된 범주의 수를 가리킨다.

독창성(4 ± 4)점 : 범주표에서 제시된 평범반응에 속하지 않은 희귀반응의 수.

이상에서 융통성과 독창성의 기준이 되는 반응범주표가 〈표 13-5〉에 나타나 있다.

〈표 13-5〉 칠교판 창의성 검사의 반응범주표

범주	평범반응(2,000개 중 5개 이상 나온 흔한 반응)
1. 사람류 및 신체일부:	사람, 로봇, 얼굴, 외계인, 도깨비, 인형, 귀신, 입
2. 해양동물:	물고기, 오징어, 거북이, 상어, 고래
3. 포유류:	개, 여우, 토끼
4. 날짐승:	새, 오리, 독수리
5. 벌레:	나비
6. 식물:	나무(트리), 꽃, 버섯
7. 경치 및 자연현상:	산, 불
8. 음식물:	사탕, 아이스크림
9. 건축물 및 장소:	집, 성, 탑, 미끄럼틀, 놀이기구, 아파트, 텐트
10. 가구 및 연장:	상자, 의자, 책상, 주전자, 가위, 우산
11. 문구류:편지봉투, 책	
12. 가전제품:	시계, 텔레비전
13. 의류 및 장식품:	리본, 다이아몬드, 모자, 보석, 트로피
14. 장난감 및 탈 것:	배, 로켓, 비행기, 자동차, 우주선, 총, 탱크, 바람개비, 잠수함, 기차
15. 추상 모양:	네모, 화살표, 세모, 하트

칠교판 검사의 반응 예가 〈그림 13-5〉에 나타나 있다.

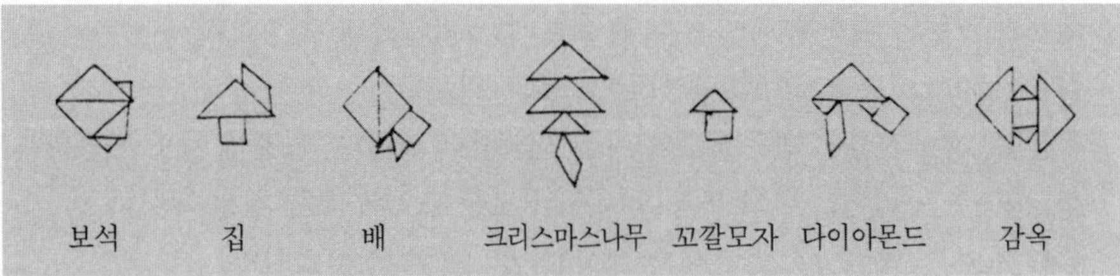

〈그림 13-5〉 만 7세 된 남아의 칠교판검사의 반응 예

4. 창의성 발달에 관련 요인

1) 민감성의 훈련

유아들의 창의성을 발달시키기 위해서는 그들의 창의성의 발달수준에 알맞는 교육이 필요하다. 흔히 독창적인 작품을 내기 위해 과도하게 기능중심의 교육을 하는 것은 장기적으로 볼 때 도움이 되지 못한다. 창의성의 기본이 되는 호기심과 탐구심을 먼저 기르는 동시에 풍부한 이미지를 체험시켜 주는 것이 필요하다.

3, 4세 아동들은 간단한 도형을 보고 그 자리에서 그리게 할 때 그 도형의 중요한 특성들을 무시한 전혀 다른 그림을 그리지만(김상윤, 1988) 5, 6세가 되면 어느 정도 주의집중이 가능하여 목적의식을 가지고 일정한 과제를 해결할 수 있게 된다. 이 시기의 아동은 의미 없는 상상의 재구성만 있을 뿐이다. 자유화를 그릴 때 처음에 아동들은 종이 위에다 선을 차례로 그리다가도 한두 가지 물감들을 뒤섞다가 이내 아무렇게나 하여 그림을 망치고 만다. 그러나 교육을 통해 이러한 유혹을 극복하고 어떤 의미를 전달하고자 하는 기능을 배우게 되면 의미전달이 더 중시되면서 처음의 상상력을 제한하게 된다. 상실된 처음의 직관력을 회복하기 위해 Edwards는 그의 저서 『오른쪽 두뇌로 그림그리기』중에서 피카소가 선으로 그린 작곡가 스트라빈스키의 소묘(그림 13-6)를 소개하고 이 그림을 거꾸로 세워 놓고 묘사하도록 한다. 그림을 시작할 때는 반드시 종이의 위에서부터 시작하고 그림의 선을 그대로 따라서 그리되 한 선을 그리고 나면 가장 가까운 선으로 옮기고 하면서 조각 그림 맞추기 식으로 연결해 나간다. 부분들의 이름에는 신경을 쓸 필요도 없다. 그저 선이 어디서 구부러지고 어떤 모양을 만들고, 어떤 각을 이루는지만 생각한다. 한 번 앉은 자리에서 그림을 끝내고 그림이 끝날 때까지는 절대로 그림을 바로 돌려보지 말아야 한다.

〈그림 13-6〉 거꾸로 된 '피카소'의 스트라빈스키 소묘

예컨대, 어른들의 그림수준이 아동들의 것보다 크게 낫지 못하는 것은 그림 속에 이미지 대신 개념이 들어가기 때문이다. 나뭇잎이나 풀 한 포기를 보고 세밀화를 그리게 하면 어른들 보다 아동들이 더 잘 그리는 것이나 두 가지 종류의 풀을 보고 서로 다른 점을 말하게 했을 때 아동들이 대학생들보다 더 많은 지적을 하는 데에서도 이러한 사실을 확인할 수 있다.

아이들은 물론 어른들도 우리 주변에 흔한 사물들 그 중에서도 특히 자연물에 대한 지식이 너무 빈곤하다. 이러한 관점에서 아동들에게 미술교육을 하는 가장 중요한 이유는 우리 주변의 여러 가지 사물들에 대한 애착을 가지고 그 대상을 자세히 보게 하는 훈련을 기르는 것이 되어야 한다. 미술교육에서는 사물을 그대로 그리는 것은 사진을 찍는 것과 같은 것이니 예술적 가치가 없다고 볼 수 있지만 적어도 창의성을 기르기 위해서는 우선 사실을 그대로 보는 훈련이 필요하다. 물론 그려야 할 대상은 석고상뿐만이 아니라 살아 있는 벌레도 훌륭한 대상이 될 수 있다. 그런 점에서 '살아 있는 그림그리기(그림 13-7)' 에 대한 이오덕의 글을 소개하고자 한다.

〈그림 13-7〉 초등학교 4년생의 세밀화(이호철 '살아있는 그림그리기' p.119)

> "...그림이란 느낌이 들어가고 꿈이 나타나야 재미가 있고 산 그림이 되지"하고 말이다. 마치 글쓰기에서 삶을 떠난 상상을 써야 좋은 글이 된다고 말하는 것과 똑같이. 그러나 아이들에게(어른들도 그렇지만 더구나 아이들에게) 사물이 중요하고 현실이 중요하고 삶이 모든 창조의 근원이 되고 뿌리가 된다는 것은, 백 가지 이론을 말할 필요가 없이 바로 이 그림을 보면 너무나 환히 알 수 있다... 창조의 열쇠란 바로 이것이다. 세상에서 진리를 찾는 방법을 말하면 제 눈으로 보고, 손으로 만지고, 냄새를 맡고, 땀 흘려 일하고... 이보다 더 확실한 방법이 어디 있겠는가?..."
>
> (이호철; 1996, p.212)

우리가 대상을 자세히 그리면서 그 대상에 대한 지식이 많아질 뿐 아니라 애착심도 증가하게 된다. 아동을 둘러싸고 있는 세상만사에 대한 만남이 일찍 있을수록 풍부한 이미지를 체험하여 자기 것으로 만들 수 있는 것이고 이것은 장차 창의성을 발휘할 수 있는 재료들이 될 수 있는 것이다.

2) 직관적 사고의 존중

시각적 이미지들의 기초를 제공해 주는 그림이나 조각은 여러 가지 표상적 과정을 통하여 풍부한 기하학적인 정보들을 다룬다. 그 밖에 시각적 이미지의 조작은 융통성이 많고 신속하므로 이미지를 통하여 새로운 형태를 보거나(Shepard, 1978) 결합하기가 용이하다. 실제로 Slee(1980)는 분리되어 있는 조각들의 이미지로서 인접성이나 공통성이라는 장(場 : Gestalt)의 법칙에 따라 짧은 시간 안에 새로운 형태를 만들어 낼 수 있음을 증명해 보인 바 있다.

Sperry(1973)가 분리된 뇌(split-brain)의 개념을 소개한 후 Levy(1974)는 양 뇌의 처리방식이 서로 다르며 특히 좌뇌는 우뇌가 받아들이는 빠르고 종합적인 것들을 감당하기에 역부족이라고 했다. 좋은 아이디어는 좌뇌의 분석과 우뇌의 직관의 상호작용의 결과임에도 교육자들은 언어적이고 분석적인 훈련만으로도 천재가 길러지기를 바라고 있을 뿐이다. 이와 같이 시각적 및 공간적 이미지를 잘 다루는 오른쪽 두뇌의 정보처리과정에서 우리는 직관력과 순간적인 통찰력으로 갑자기 어느 한순간 모든 것이 한꺼번에 이해될 때가 있다. 논리적인 방법으로 이해되는 것이 아니다. 이러한 경우에 사람들은 무의식적으로 "아하! 이제 알겠다"고 소리를 지른다. 몽상가이며 고안가이고, 예술가인 오른쪽 두뇌는 학교조직에 서로 잘 적응하지 못하고 별로 배우지도 못한다. 학교에는 물론 약간의 미술, 음악, 작문 등의 시간이 있지만 실제로 상상력을 길러주는 시간과는 다르다.

Bruner는 직관적 사고는 분석적인 인지과정에 의존함이 없이 어떤 문제의 의미, 의의 또는 구조를 파악하는 행위라 정의하고 명백히 계획된 단계를 따라 전개되는 것이 아니라, 전체 문제사태의 포괄적인 지각을 기초로 하여 전개된다고 했다. 분석적 사고가 산술적(algorithm)이라면 이는 발견적(heuristic)이라고 하여 산술법의 해결방법이 알려져 있지 않을 경우에 발견법을 쓸 수 있다고 하여 그 장점을 들었다. 어려운 문제에 아동들이 답을 쉽게 말하는 경우가 있다. 이럴 때 그 과정을 제대로 설명하지 못하는 것을 나무라는 대신 일단 아동의 답을 인정해 주고 격려해 줌으로써 아동들의 직관력을 향상시키는 데 도움을 줄 수 있을 것이다.

3) 동화의 기능

Bettelheim(1976)은 상징적 놀이를 통해 아동들의 초기 갈등을 재경험하고 이의 극복을 도울 수 있다고 했다. 동화의 세계는 환상으로 구성되어 있다. 그들의 환상은 꿈과 상상력이 이루어 낸 것으로 현실에서 해방시켜 잠시 쉬게 해 줄 뿐만 아니라 현실을 극복할 수 있는 용기를 주기도 한다. 여기는 인간, 동물, 수목, 천체가 아무런 경계가 없이 한데 어울리는 이미지의 세계이다. 아동들은 모든 사물의 이름을 배우기 이전에 그 사물들의 이미지를 흡수하고 생성하고 있다. 언어보다 이미지를 쉽게 다루는 아동들은 장난감 하나만 있으면 상상을 타고 환상의 세계를 마음대로 날아다닐 수 있다. 장난감은 마음 속으로 표상되어 생명력을 얻고 상상의 재료가 된다. 환상은 현실의 절박한 어려움에 기인할 때도 많다. 흥부전에 넘쳐나는 가난과 굶주림의 타령은 흥부의 꿈으로 전개되는 것이다.

동화는 아동의 내면에 있는 원망, 불안, 요구, 압박 등의 무의식에 직접 작용을 하여 대리만족의 효과를 낸다. 어머니들은 늘 어린이에 대해서 여러 가지 행위를 금지하고 내키지 않는 일을 시키고 요구하기에 어린이들은 어머니를 미워하기도 한다. 그러나 어머니를 미워하자니 죄악감이 일게 된다. 이 때문에 어린이들이 미움의 대상을 바꾸어 놓은 것이 계모이며 마귀 할멈이다. 많은 어린이들은 자기 부모가 정말 자기를 낳은 아버지와 어머니인지 또는 갑작스레 부모와 헤어져서 혼자가 되지 않을까 하는 불안과 심적 압박이 있다.

미움과 사랑으로 부모와의 헤어지고 싶어하는 무의식적 욕구와 혼자 남게 된다는 현실적 두려움이 마음 속에 공존한다. 동화는 아동들의 미묘한 감정을 다루어 아동들은 마치 신데렐라가 된 것처럼 주인공과 동일시함으로써 그 위기를 극복해 가는 지혜를 배우기도 한다. 『미운 오리새끼』, 『헨젤과 그레텔』, 『콩쥐 팥쥐』, 『인어공주』, 『개구리 왕자』 등이 바로 그러한 위기들을 다루고 있다. 이러한 역동적인 과정에서도 아동들은 처음의 이미지를 그대로 두기보다는 그것을 변형시키며 깨뜨려 부수고 먼저 것보다 좀더 다르고 아름다운 것을 만들려고 한다. 아동들은 이러한 동화를 듣기만 하기 보다 더 흥미롭게 이어나가기를 좋아한다. 동화의 결론을 단정적으로 내리지 않고 열어두어 아동들의 상상력을 길러주는 것이 바람직하다.

또한 동화는 기성세대들의 선입감을 벗어나게 해 주는 기능을 갖는다. 생 떽쥐베리의 『어린 왕자』는 다음과 같은 구절로 시작한다.

> '...하지만 내 그림은 모자가 아닌 것이다. 그것은 보아구렁이가 코끼리를 소화시키고 있는 것이다. 내가 그 보아구렁이의 속을 그려보이자. 어른들은 그제사 그림을 알아보았다. 어른들은 언제나 설명을 해 주어야 한다. 나의 둘째 그림은 다음과 같다...'

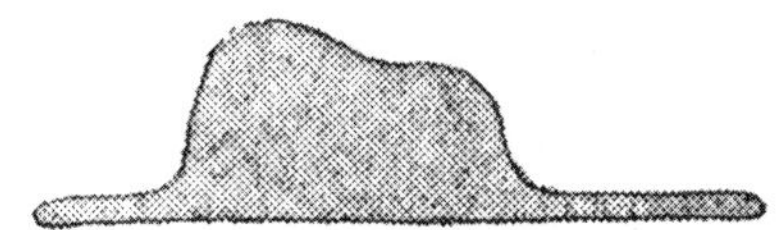

〈그림 13-8〉 '어린 왕자'에 나오는 왼쪽의 그림이 모자로 보이는가?

4) 장난감의 역할

Froebel은 신성의 본질은 창조에 있으며 아동은 이러한 활동충동, 표현충동, 창조충동을 타고난다고 보았다(곽노의, 1992). 유아기의 활동충동은 아동기의 조형충동으로 발전하여 유아는 놀이를 하지만 아동은 놀이를 만든다고 했다. 그는 놀이의 도덕적 가치를 중시하여 놀이는 기쁨과 자유와 만족, 자기 자신의 평안과 세계와의 화합을 만들어 내며 모든 자발성과 선의 원천은 놀이 속에 있고 또 놀이로부터 나온다고 하였다.

Froebel의 교육이론은 아동의 창조성을 기르고 육성하는 일이다. 아동은 부단한 창조를 통하여 신의 정신을 표현하며 자신의 내면세계를 외부로 나타내어야 한다. 따라서 놀이의 대상이 되는 장난감은 중요한 상징적 의미들을 갖는다. 예컨대, 공은 신의 본성을 상징하며 해, 달, 별 같은 천체에서 물방울, 점에 이르기까지를 상징한다. 공을 아동에게 먼저 주는 것은 지구과학자들에게 지구의를 주는 것과 마찬가지 이유라고 한다.

Froebel은 복잡하거나 이미 완성된 장난감보다 단순하면서도 기본적인 형태를 가진 것이 아동의 창조성을 기르는 데 적합하다고 했다. 그런 의미에서 간단한 모양의 공을 비롯하여 나무토막, 실, 종이, 물, 흙 등은 훌륭한 창의성 육성 도구들이 된다.

Montessori 역시 아동들을 위한 교구개발에 많은 기여를 했으나 다음과 같은 몇 가지 점에서 Froebel의 교육방법에 차이가 있다.

〈표 13-6〉Montessori 와 Froebel의 교육방법 비교

Montessori	Froebel
반복적이고 자기 교정적인 연습을 중시 비현실적인 동화듣기를 반대함	동화나 우화 그리고 환상극 등의 구성적이고 상상적인 활동중시
음식제공, 동식물돌보기, 가사돌보기 등 실제적인 일의 개인적 경험만을 중시	집단이 함께 해결할 일, 조직적 게임, 역할놀이 등 사회성 훈련을 중시
교구는 심리적 훈련과 기술 습득을 위해 의도적으로 고안된 것	은물은 놀이와 작업활동의 재료로 고안되어 아동의 잠재적 개념을 상징적으로 끌어냄
지도자는 아동들이 자신의 활동을 선택할 수 있도록 교구들을 제공할 뿐	교사는 이야기 나누기, 노래부르기, 집단놀이 등을 조직하는 역할을 한다.

〈그림 13-9〉에는 Froebel의 은물과 Montessori의 교구가 나타나 있다.

〈그림 13-9〉 Froebel의 은물(왼쪽)과 Montessori의 교구

5) 놀이의 역할

놀이는 현실적인 목적을 떠나 나름대로 정한 규칙의 범위 안에서 장난감 등을 가지고 또래들과 함께 즐기는 자발적인 자유활동이다. Piaget는 인지발달이 동화(assimilation)와 조절(accomodation)이라는 두 가지 주요한 기제를 통하여 일어난다고 보았다. 여기서 동화란 새로운 경험을 자기가 이미 가지고 있는 인지구조에 맞추어 받아들이는 것이며 조절이란 이와 반대로 자신의 인지구조를 새로운 경험에 맞추어가는 것이다. 그런 의미에서 놀이(play)가 동화에 해당되는 것이라면 모방(imitation)은 조절에 관련된다고 하겠다. 이처럼 놀이가 모방과는 달리 외적 환경을 기존의 도식으로 자유롭게 구성하는 조절활동에 관련되지만 또한 모방의 요소를 갖고 있으므로 결과적으로 아동은 놀이를 통하여 동화와 조절의 새로운 통합인 인지적 발달을 가져올 수 있는 것이다. 정신분석학에서는 놀이를 통하여 현실적인 위협을 받지 않고도 원본능과 초자아 간의 갈등을 극복할 수 있는 기회를 제공해 주게 되며 결과적으로 아동은 놀이를 통하여 자아의 기능을 강화시켜나갈 수 있는 것으로 보아 놀이의 역할을 중시한다. 다음 〈표 13-7〉에는 인지적 놀이발달의 범주별 계열이 나타나 있다.

〈표 13-7〉 인지적 놀이발달의 범주별 계열

놀이유형	연령	정의	예
기능놀이	1세~2세	단순하고 반복적인 동작	방을 뛰어다닌다 별 목적 없이 진흙덩이를 주무린다.
구성놀이	3세~6세	무엇을 지어 내거나 구성함	장난감 블럭으로 집을 만든다. 그림을 그리거나 퍼즐을 짜맞춘다.
모방놀이	3세~7세	일상의 상상적인 역할을 함	집, 학교, 경찰 등의 소꿉놀이를 한다. 동화나 텔레비전 주인공 역할을 한다.
규칙놀이	6세~11세	규칙이 있는 놀이를 함	구슬, 고무줄, 돌차기 놀이 등을 한다.

(Berk, 1997, p.584)

놀이는 야외에서 할 수도 있다. 이러한 야외놀이는 아동 자신의 신체적 기능에 대한 인지를 높여줄 뿐만 아니라 타인과 자연생태에 대한 이해를 증대하는 효과를 갖는다. 특히 도시화된 오늘날 아동들은 생태에 대한 경험이 점점 줄어들고 있다. 자연의 여러 가지 생태적 환경은 아동들에게 다양한 이미지를 제공해 주는 보물창고와 같다. 물과 흙 또는 불과 바람 등의 무생물에서부터 개미 잠자리 물고기 등의 생물에 이르기까지 아동들의 소중한 친구가 될 수 있다. 다음은 자연체험이 갖는 좋은 점들이다.

(1) 자연체험은 교사와 부모와의 수직적인 인간관계의 부담으로부터 벗어나게 해 준다. 자연환경 속에서 여러 가지 신기하고 호기심 있는 대상이나 상황을 만나면 또래들 중에서도 용기가 있고 힘이 있는 아동들이 선도하거나 다른 아동들을 도와줌으로써 협동놀이가 자연스럽게 이루어질 수 있다.

(2) 대상들의 크기가 다양하여 경외감의 원천이 되기도 하고 어떤 때는 아주 작은 벌레들 앞에서 주인의식을 느끼기도 한다. 작은 벌레들은 크기는 비록 작아도 나름대로 전체적인 삶과 생명을 다하여 만나기 때문에 이들을 통해 위기와 죽음, 도움과 파괴 등의 추상적인 개념을 체험하게 된다.

(3) 자연 속에서는 여러 가지 생태적인 존재들이 어떻게 조화롭게 살아가고 있는지 전체적이고 유기적인 관계를 이해하게 해 주며 자신들도 자연의 일부가 되어 나무 밑이나 덤불 속 심지어는 나무 위나 땅굴 속에 들어가 자신을 들어내지 않고 조용하고 후미진 곳에 앉아 숨거나 조용히 휴식하는 경험도 가질 수 있다.

(4) 작은 생물체들의 움직임에 민감한 아동들에게 생명에 대한 친근감을 갖게 해 주며 별자리나 소나기 등 여러 가지의 자연체험은 장차 생생한 문학적 소재가 되어준다. 어릴 때의 체험은 그리움이라는 좋은 감정을 동반하므로 세상에 대한 처음 이미지가 긍정적으로 형성됨으로 해서 세상에 대한 친근감을 갖게 해 준다.

(5) 톱, 칼, 노끈, 삽 등의 도구나 나무토막, 흙, 돌멩이 등의 자연소재들을 다루는 기능을 익히고 이들을 가지고 토끼집을 만든다거나 작은 우물을 파는 등 창의성을 발휘할 수 있는 여러 가지 창작활동을 자유롭게 할 수 있다.

(6) 다양한 감각적 체험에 생득적으로 준비되어 있는 아동들에게 감각의 계열성 예컨대 쓴맛 다음에 단맛을 가르침으로써 모든 감각의 소중함을 알게 해 주며 추위나 굶주림 또는 높은 곳에서 떨어질 때에도 어른에 비해 강한 그들에게 생태

계에 직접 노출시켜 줌으로써 이들을 극복하는 경험을 통해 장차 어른이 되어 겪게 될 어려움을 넉넉히 이겨낼 수 있게 해 준다.

(7) 빠르게 변하는 문화에 비해 자연은 시대가 변화해도 크게 달라지는 것이 없으며 또한 세계 어디나 공통점이 많으므로 어릴 때의 풍부한 자연체험은 세대 차이나 문화 차이를 극복하게 해 줄 뿐만 아니라 자연에 대한 애착심을 갖게 해 줌으로써 자연생태계가 파괴되는 일에 저항하며 이를 보전하기 위해 노력하는 일에 참여할 수 있는 동기를 마련해 준다.

6) 지능과 언어의 기능

창의성 교육은 유아들이 이미 가지고 있는 창의적 잠재력을 인지발달과 조화롭게 통합될 수 있는 환경을 제공하는 것이 되어야 할 것이다. 창의성 개발에 관한 연구는 주로 초등학교 아동에서부터 성인을 대상으로 이루어져 왔으나 수렴적 사고로 굳어지기 전 유아들에게 훈련을 시키는 것이 바람직하다. 물론 이 때의 창의성 교육은 이전에 가지고 있던 상상력이라는 잠재력을 합리성이 대치하는 것이라기보다 양자의 관계가 서로의 기능을 도와주는 것으로 발전시키는 지도가 필요할 것이다.

유아들이 성인들에 비해 자기방식에 따라 보다 능동적으로 질문하고 탐색하고 조작하고 실험한다(Milgram & Arael, 1981)는 사실을 인정한다면 아동의 조작 능력은 창의성의 주요한 요인이 될 수 있다. 창의성이 그 잠재력을 발휘하기 위해서는 어느 정도의 지능을 갖추어야 한다고 본 점에서 지능과 창의성은 서로 보완적인 관계임을 알 수 있다. Renzulli(1977)는 지능과 창의성의 관계에다 과제 집착력(task commitment)이 있어야 양자의 잠재력을 발휘할 수 있다고 했다.

Luria(1961)는 조작기 이전의 아동들은 암흑기에 해당하는 시기가 아니라 언어와 인지가 활발하게 발달하는 시기라고 주장하였다. 그는 취학전 아동들에게 놀이란 단순한 자극이 아니라, 창조적인 상상력의 표현이며 그림이나 조각들을 가지고 만드는 도형의 구성활동이나 이야기 등을 꾸며 나가는 언어의 구성활동을 통하여 이러한 상상력이 작용하고 발달하지만 이러한 활동을 멈추면 곧 소멸함을 밝힌 바 있다(김재은, 1990).

Vygotsky(1962)는 언어가 표상을 도와 대상의 심상을 쉽게 떠 올려주므로 언어의 발달이 상상력의 발달을 가능하게 한다고 보았다. 특히 언어를 구사할 수 있게 되면 남을 놀리거나 웃기는 말을 하거나 말을 지어내기를 좋아하는데, 이러한 말장난들은 언어적 창의성의 한 형태가 된다.

7) 창의성 훈련 프로그램

양동열(1997)은 창의적 잠재력을 기르는 노력을 〈그림 13-10〉에 잘 제시하였다. 이 그림에서 아래에 깔려있는 알맹이들은 창의적 아이디어들로서 허용적인 분위기(액체) 속에서 적절한 방법(막대기)으로 노력(휘젓기)을 가할 때 위로 떠오를 수 있다고 했다.

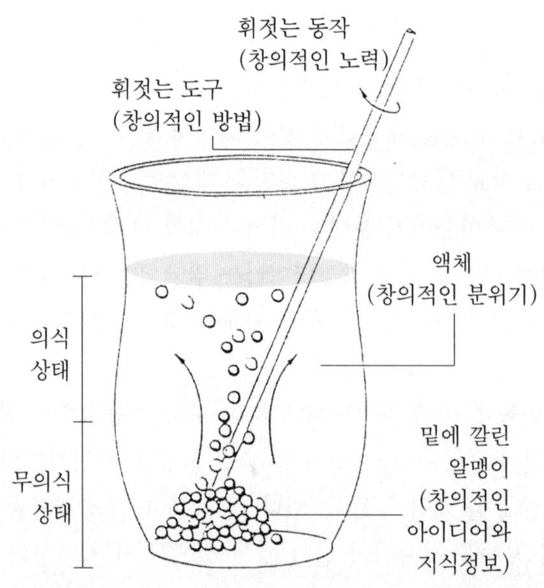

〈그림 13-10〉 창의적 과정의 모형도(양동열, 1997)

이러한 창의적인 잠재력은 꼭 영재아들에게만 있는 것이 아니라 모든 사람들에게 다 적용되는 것이다. 주임정(1994)은 학습부진아들에게 창의성 훈련 프로그램을 실시하여 그들의 프로그램 실시기간 동안 발표력과 특정 과제에 대하여 집중하는 시간을 증가시킬 수 있었다. 훈련 프로그램이 끝난 후에도 프로그램에 참여하였던 학습부진아들의 학습동기유발이 증대되어 수업에 대한 흥미뿐만 아니라 친구들이 자신들에 대하여 좋게 생각한다고 평가함으로써 긍정적 자아개념 형성에 효과가 있었음을 알 수 있다. 다음 〈표 13-8〉에는 그 프로그램의 주요 내용이 나와 있다.

〈표 13-8〉 초등학교 2학년 학습부진아들에게 실시했던 창의성 훈련 프로그램의 예

창의성 훈련 프로그램의 절차는 다음과 같다. 도입단계(5분 정도)는 훈련에 참여할 아동들과 교사간에 친밀감을 형성하고 허용적이고 자연스러운 분위기 속에서 훈련이 진행될 수 있도록 한다. 그 다음으로 훈련의 실시단계는 각 프로그램을 실시할 때 교사는 아동들의 모든 대답에 허용적으로 반응하고 칭찬과 격려를 해 준다. 정답은 없으며 말하는 모든 것이 여기서는 다 옳은 것이며 단지 옆 사람이 하는 대로 따라 하는 것은 좋지 않은 것이라고 일러준다.

㉮ 용도 검사(5분 정도)

교사가 아동들에게 "대부분의 사람들은 크레파스를 그림 그릴 때에만 사용하지만 잘 생각해 보면 다른 여러 가지 용도로 재미있고 특이하게 사용할 수 있습니다. 여러 가지 방법들을 가능한 많이 이야기해 보세요"라는 지시로 시작하며 "이젠 더 없어요 ...", "다음 것 합시다", "모르겠어요" 등의 반응이 나오면 적절하게 종결한다.

㉯ 가상적 이야기(5분 정도)

이상하고 신기한 일이 벌어졌을 때 그 결과가 어떻게 될까? 상상해 보는 것은 재미있는 일입니다. 다음과 같은 일이 벌어졌을 때 어떤 결과가 생길까 생각나는 것을 모두 이야기해 보세요.

가. 학교가 모두 없어진다면?
나. 모든 식물의 꽃이 피지 않는다면?
다. 사람들이 모두 말을 할 수 없다면?
라. 만약 어린 아기가 태어나서 바로 어른이 된다면?
마. 만약 입이 두 개라면?
바. 바닷물이 모두 사이다로 변한다면?
사. 내 키가 어디까지나 자라 버린다면?
아. 만약 구름을 타고 다닐 수 있다면?
자. 사람 다리가 바퀴처럼 생겼다면?
차. 내 몸이 다른 사람의 눈에 보이지 않는다면?

㉰ 그림보고 이야기하기(5분 정도)

한 장의 그림을 아동들에게 보여주면서 "여러분, 이 그림을 보면서 이야기를 만들어 보기로 해요. 동화책처럼 재미있고 신나게 이야기를 만들어 봅시다"라는 지시를 한다.

㉱ 주어진 밑 그림으로 그림 완성하기(5분 정도)

아동들에게 밑 그림이 그려진 종이 한 장씩을 나누어 준 다음 "이 그림에 연결해서 여러분이 그리고 싶은 것을 마음대로 그린 뒤에 그림의 이름을 선생님께 말 해 주세요"라는 지시를 한다.

마지막으로 정리단계(5분 정도)에서 교사들은 아동들에게 오늘 실시했던 프로그램에 대해 긍정적인 면을 강조하여 칭찬을 해 주고 다음에 만날 날짜와 시간을 정하고 헤어진다.

이러한 창의성 훈련 프로그램은 지진아들에게도 효과가 있음이 입증되었다. 가장 큰 변화는 자신들의 의견을 자유롭게 발표할 수 있게 되었다는 점이다. 그리고 프로그램이 진행될 동안 교사로부터 받았던 격려와 칭찬은 정규 학급에 돌아가서도 학업에 잘 적응할 수 있게 하는 데 효과가 있었다(주임정, 1994).

제14장

발달의 장애

Ⅰ. 신체 이상발달
  1. 청각장애
  2. 시각장애

Ⅱ. 지능 이상발달.
  1. 정신지체
  2. 학습장애아
  3. 영재아

Ⅲ. 정서 이상발달
  1. 주의력 결함 및 과잉행동장애
  2. 정신분열증 아동
  3. 자폐아동

제14장
발달의 장애

Ⅰ. 신체 이상발달

본 장에서는 신체적으로 이상을 가진 아동들의 신체적 손상은 무엇이며, 그 이상 발생요인은 무엇인가? 또 그 이상은 어떻게 나타나며, 그것이 발달에 어떤 영향을 미치는가 그리고 어떤 중재가 적절한 것인가를 고려해 보기로 한다.

1. 청각장애

1) 청각장애아의 개념

청각장애(hearing impairment)란 음을 느끼는 힘(소리의 크기와 강함)이 어떤 원인에 의해 그 기능을 손실하여 행동이나 정신기능의 발달을 저해할 정도로 영향을 미치는 것을 말한다.

김승국(1973)은 서울 거주 아동 중 0.24~0.3%의 아동이 청각장애를 가지고 있고, 청각장애 아동 중 0.13%에 해당되는 아동이 거의 듣지 못하며, 0.11~0.17%의 아동들은 듣기 곤란아로 많은 고충을 겪는다고 하였다.

청각장애는 겉으로 보기에는 신체적 결함은 보이지 않는다. 신생아의 경우도 청각장애의 증후를 찾기는 힘들며, 옹알이를 정상아와 다름없이 하기 때문에 진단하기가 곤란하다. 그러나 언어가 출현되는 시기가 되면 옹알이와는 달리 언어 획득에는 청각적 귀환(feedback)이 필요하므로 청각장애아의 언어는 정상아의 언어와 차이를 나타내게 된다.

청각장애의 주된 특성은 언어발달의 지체이며 듣기능력에 큰 어려움을 가진다. 이 때문에 사물의 특성을 지각하고 이해하며 사고하는 일이 지체된다. 언어가 발달에 영향을 미치므로 이들은 학업성취도 낮고 직업성취, 정서발달 등 모든 영역에서 문제를 갖고 있다고 본다.

언어발달시기에 습득방법이 정상아와 차이가 있으며, 정상아에 비해 3~4년의 발달지체현상을 보인다는 것이다(McConnell, 1973).

지적 면에서는 인지적 · 지각적인 기능화와 추리력의 질적인 면과 상상력 등에서 폭넓게 기능하기가 어렵다. 그러나 열등능력은 효과적인 교육과 경험지도를 통해서 향상을 가져올 수 있는 장애로 보고 있다.

2) 청각장애의 원인

① 유전적 염색체 결함
② 선천성 기형(출생장애)
③ 상해로 인한 고막의 파열
④ 소음에 시달린 경우나 만성중이염
⑤ 두개골 골절
⑥ 큰 굉음에 노출된 경우
⑦ 임신 중 비루스성 질환에 감염되었을 경우
⑧ 선천성 매독
⑨ 분만시 장해
⑩ 약물에 의한 중독성 난청 등이 원인으로 알려져 있다.

3) 청각장애의 유형

청각역치에 따라서 청각장애의 유형을 경도(輕度)난청, 중도(中度)난청, 고도(高度)난청으로 분류하였다.

① 경도(輕度)난청 : 청력손실이 30dB 이하로서 보통의 말소리를 4.6m, 속삭이는 소리를 0.5m 이상 떨어져서 청취 가능한 것
② 중도(中度)난청 : 청력손실이 31~50dB로서 말소리를 1.5m~4.5m, 속삭이는 소리를 0.5m 이하에서 청취 가능한 것
③ 고도(高度)난청 : 청력손실이 51~80dB로서 말소리를 0.2~1.5m에서 청취가

능한 것

4) 청각장애아의 심리적 특성

언어적 정보의 획득이 곤란하여 언어기능의 발달을 지체시키고, 사고하는 일, 추리하는 일 등 지적 행동에 영향을 미치기 쉽다. 그러나 유아기부터 시각적 언어 교육이 잘 되면 시각적으로 언어를 획득하게 되어 다소의 결함을 보충할 수 있다고 하였다. 청각장애아의 지능은 언어성 검사(verbal test)에서는 정상아에 비하여 낮지만, 동작성 검사(performance test)에서는 높은 경우를 보인다고 보고하고 있다.

후천적 청각장애아와 선천적 청각장애아를 비교 연구한 결과, 전자의 경우 지능구조는 언어, 공간, 수 등의 요인이 포함된 단순한 구조를 나타내 보이는 반면, 후자의 지능구조는 결여되어 있는 것으로 알려져 있다.

청각장애아는 의사소통 장애 때문에 사회적 경험이 제한되어 있고 사회적 적응, 정서적 행동들이 지체되어 있다. 또 언어의 제약으로 상호작용의 기회가 적어지고, 부정적인 측면의 인식과 반응을 보이며, 자기중심적인 경향을 보인다. 이들의 성격특성은 정상아에 비해 더 신경질적이며 내성적 · 외적 통제에 대해 더욱 자기중심적이며 성급하고 충동적인 반응을 보인다.

특징적인 주된 증상은 강한 의존심 때문에 사회성 발달에 문제가 있음을 보여준다. 따라서 청각장애의 중재는 3가지 측면에서 고려되어야 한다.

첫째는 의학적 중재, 둘째는 청각능력의 확대, 셋째는 교육적 중재이다. 의학적 중재는 청각장애를 시기별로 예방하고 또 치료를 도모한다. 즉, 청각장애가 출산전, 출산 과정, 출산 후에 예방책이 제시되고, 장애시기에 따라서 의료적 치료를 모색해야 한다.

청각장애아는 보청기 사용으로 장애를 보완할 수 있다. 보청기는 귀에 들어온 소리를 단순히 크게 만들어 주는 기계이다. 보청기를 사용할 때 소리는 5 내지 10dB 정도 증폭된다.

의사들은 보청기의 사용을 학령 전기까지 늦추지 않고 신생아기부터 실시하고 있다. 그러나 심한 청각장애를 가진 농아는 소리의 이해, 특히 언어의 이해를 위한 도움이 필요하다.

청각장애아에게 구두 언어만을 강조하기보다는 동시에 구화법, 수화법, 로체스터법, 종합적 의사소통법을 사용할 수 있다.

로체스터법은 구화법에 지문자(指文字)를 함께 사용하는 방법이다. 종합적 의사소통방법은 구화, 수화, 지문자 등의 의사소통수단을 개인의 특성에 알맞게 선택하여 혼용하는 방법이다.

청각장애가 심하지 않으면 일반학교에서 통합교육을 받고, 이들에게 교육프로그램 전문가가 특수한 서비스를 제공받을 수 있도록 하며, 개인 특성에 맞는 교육조치를 선택, 제공하면 열등능력은 효과적인 교육과 경험지도를 통해 향상시킬 수 있다고 한다.

2. 시각장애

1) 시각장애아의 개념

시력이 없거나 시력을 교정한 후에도 시력의 제한 때문에 학업을 성취하는 데 특별한 교육과정, 특수한 교육방법을 요구하는 아동을 말한다. 일반교육을 받기에 지장을 받을 정도의 시각장애(visual impairment)을 나타내며, 시각을 상실한 실명(失明)상태에서 약시(弱視)까지 포함된다.

엄밀히 말하면 광각(光覺)이 없어진 상태를 시사하는 것이지만, 넓은 의미로는 어느 정도는 보이지만 일상생활에 부자유를 느낄 정도까지도 포함된다.

Barraga(1976)는 시각장애아란 시각장애로 인해 학습경험의 제시방법과 학습에 사용될 자료의 특성을 아동에게 맞도록 변경시키지 않으면 회상학습의 성취가 곤란한 사람이라고 정의하고 있다.

이는 정상적인 환경에서 시각적 제한을 갖고 있어 보는 데 어려움이 있는 상태이다. 점자나 촉각 및 청각매체를 통하여 교육해야 할 아동은 교육적 맹이며, 약시아동은 기구의 도움이나 또는 도움 없이 보유시력을 활용하여 일반문자를 통해 교육할 수 있는 아동이다. 이와 같은 교육적 특성을 중심으로 하여 시각손상의 수준을 구분하면 다음과 같은 아동으로 분류할 수 있다(Genensky, 1970).

첫째, 특정의 보조기구를 사용하여 정안아동과 같이 시각적 과제를 대부분 수행할 수 있는 아동으로서, 일반 학급이나 리소스룸에 배치된다.

둘째, 시각적 과제를 수행함에 있어서 정안아동보다 더 많은 시간을 필요로 하며, 시각적 보조기구의 사용이나 과제의 수정을 통해서도 정확성이 부족한 아동이다. 약시의 수준에 해당된다.

셋째, 시각적 과제 가운데 규모가 큰 것도 수행이 어려우며, 세밀한 시각적 과제는 시각으로 전혀 수행할 수 없는 아동이다. 촉각이나 청각을 사용하여 학습을 해야 하는 아동으로 맹의 수준에 해당된다.

교육적 측면에서 시각장애를 정의할 때는 아동의 보유시력에 유의하고 아동의 연령, 시력손상시기, 성취수준, 지적 능력, 현재의 다른 장애상태, 시력손상의 원인, 정서상태 등의 요인을 고려하여 결정해야 한다(권기덕, 김동연, 김태욱, 1980).

2) 출현율과 분류

출현율 시각장애의 출현율은 나라마다 다양하다. 예를 들면, 개발도상국에서의 실명발생률은 의학적 조치가 유용하게 준비되어 있는 선진국에서보다 훨씬 높다고 한다(Vaughan & Asbury, 1986).

시각장애아의 수는 특수아동집단의 전체에 비하면 작은 집단이다. 미국의 경우는 학령기 아동의 0.1%를 시각장애아동의 수로 추정하고 있다.

1979년 경제개발협회의 실태조사에 의하면, 우리 나라 시각장애자의 출현율을 0.287%(맹 0.085%, 약시 0.202%)로 추정하며, 한국의 시각장애아 인구를 모두 9.91%(99,000명)로 계산하였다. 우리 나라 학령기 인구를 약 1,000만명(1985년 인구조사에서 10,341,599명)으로 보고 출현율 0.1%을 적용해 보면, 시각장애아는 약 10,000명이 있는 셈이다.

장애 정도에 따른 분류 Faye(1976)는 시각장애아를 장애 정도에 따라 5유형으로 분류하였다.

① 정상시력접근 집단 : 교정 렌즈나 읽기 보조기를 통해 특수한 훈련을 받지 않아도 정상적인 기능을 할 수 있는 아동
② 중도기능장애 집단 : 시각예민도가 중간 정도로 감소되었으나 시야의 손실은 없는 아동으로서 특수한 보조기기나 조명이 필요하다.
③ 중심시야감소 집단 : 중도의 시야손실이 발생하여 신체적 · 심리적으로 잘 대처하지 못할 가능성이 있으며, 법적 맹인으로서 특수한 서비스를 받을 권리가 부여된다.
④ 기능적 시력이 낮아서 중심시력이 낮을 가능성이 있는 집단 : 시야손실이 현저하고 신체적 적응에 문제가 따른다. 이 아동들은 표준적인 굴절이득이

거의 없거나 전혀 없다.

⑤ 맹 집단 : 독립적으로 기능할 수 있기 위해서는 교육 자활 또는 재활 서비스가 필요하다.

장애발생시기에 따른 분류 시각장애는 발생시기에 따라 분류한다. 눈의 상태는 시간이 지남에 따라 변하므로 장애발생연령은 중요한 요인이 된다. 대체로 5세 이후에 시각장애를 초래한 아동들은 시각기억을 발달시킬 수 있다고 말한다(Rogow, 1987).

① 선천성 시각장애 : 출생시나 출생 직후에 시각장애로 진단된 아동을 가리킨다.

② 후천성 시각장애 : 출생시에는 정상시력이었으나, 사고나 질병으로 시각장애가 발생한 경우를 들 수 있다.

교육상의 분류 교육상의 분류는 학습에 필요한 아동의 특수한 교육적 요구를 기초로 중도, 고도, 최고도로 분류한다.

① 중도 시각장애 : 일반학급이나 특별지도실에서 시각보조기기의 도움을 받으면 거의 교정될 수 있는 아동을 가리킨다.

② 고도 시각장애 : 시각보조기기의 도움을 받을 수 있고, 시각을 학습경로로 이용할 수 있는 아동이며, 약시에 해당된다.

③ 최고도 시각장애 : 시각을 교육수단으로 사용할 수 없으므로 촉각과 청각이 주요 학급경로이며, 맹에 해당된다.

3) 시각장애의 원인과 특성

원인 시각장애는 선천적(출생시 발생)일 수도 있고 후천적일 수도 있다. 거의 절반이 태아기 요인에 의해 장애가 되며, 본질상 거의 유전적인 요인에 의해 장애가 되고 있다고 한다(Cartwright & Ward, 1989).

시각장애는 눈의 결함과 신체적 질환의 원인 등으로 나누어 생각할 수 있다. 대표적인 형태로 굴절이상 및 백내장과 녹내장, 근육기능의 이상, 망막과 시신경이상, 후수정체 섬유증식증, 그 밖의 원인 등으로 나눌 수 있다.

한편, 미국 교육복지국에서는 시각장애의 원인 중에서 가장 흔한 것은 ① 산전의 원인 ② 전염병 ③ 상해 ④ 중독 ⑤ 종양 등으로 분류하고, 약 64%는 산전의 원인으로 인정하고 있다.

다른 요인으로서는 혈족 · 결혼 · 가계에 의해서, 임신 중 풍진 등의 바이러스성 질환, 출산시 외상, 영유아기 이후의 전염성 질환등의 원인으로 지적되고 있다. 질환 중에서 가장 흔한 것은 당뇨병, 매독, 녹내장, 각막염이다. 시각장애의 원인은 다양하며 사회와 시대에 따라 출현양상이 다르다 .

시각장애아는 완전히 치료되지 않지만 조기치료함으로써 발생가능한 많은 정서적 · 지적인 문제들을 감소시킬 수 있다.

일반적으로 경험의 범위와 다양성, 보행능력, 환경과의 상호작용에 제한성을 가진다. 또 생리적 변인이나 환경적 요인, 시간, 위협, 불안 등의 변인 때문에 개념형성에 지체를 가져오는 것으로 보인다.

언어측면에서 보면 선천맹아들은 시각적 모방이 제한되어 언어발달이 지연되고, 의미를 모르고 단어를 사용하는 경우가 많다.

특성 시각장애아의 성격적 특징으로서는 자기중심적, 사회적 미성숙, 강한 자의식, 고립, 수동성, 위축, 의존성과 같은 특성들이 종종 나타난다고 한다 (Tuttle, 1981).

이와 같은 행동들 중 어떤 것은 시각손상의 작용 때문에 일어나는 것인지도 모른다. 그러나 어떤 특성은 정상인들이 시각장애아를 대하는 태도 때문에 야기되는지도 모른다는 것이다.

이러한 상황은 유년기 초기에 시작되며 사회적 통합을 저해하는 행동유형을 초래할 수 있다. 정상인들은 시각장애아에 대하여 불쾌감정을 가지고 있는 경향이 있다.

호의적인 가족과 친구들에 의한 과보호와 일반대중들이 그들에 대해 갖는 공포감과 불쾌감은 시각장애아들을 의존적이고 내향적 특성을 갖게 한다고 보고되고 있다.

4) 시각장애아의 교육조치

장애아동으로 판별되면 최소한 제한된 환경에서 교육을 받을 수 있는 조치를 하고, 부모와 협의하여 최종적인 결정을 하여야 한다.

교육적 평가에서는 감각능력, 운동능력, 언어, 지능, 학업성취 등이 중요한 내용이며, 성격, 사회성숙도, 직업적 흥미와 적성 등을 함께 평가하여 교육계획을 수립하도록 해야 한다(DeMott, 1974).

교수학습의 지도원리를 제시하면 다음과 같다.

① 개인차에 근거를 둔 교수학습의 개별화
② 구체적 또는 대리경험의 제공
③ 통합된 경험의 제공이 요구
④ 의도적이고 체계적인 학습 프로그램 제공
⑤ 능동적인 학습활동을 위한 자발성의 강조

시각장애의 교육과정은 일반아동의 교육목적과 교육내용을 적용할 수 있는 일반교육과정이 있으며 시각장애를 보상하는 교육내용이 요구된다.

장애요육(療育)에 관련된 의사소통기능으로서의 점자 읽기와 쓰기, 시기능 훈련, 듣기훈련, 묵자타자기 교육이 포함되고, 보행훈련, 사회적 기능 등의 영역이 중요한 교육내용으로 제기되어야 한다.

Ⅱ. 지능 이상발달

지능의 이상발달에는 지능이 평균수준에 못 미쳐 학교수업과 사회적 적응에 문제를 가진 경우와, 반대로 지능이 아주 뛰어나 높은 성취를 보일 가능성을 보이는 두 상반되는 경우가 있다. 전자의 경우는 정신지체(mental retardation)와 학습장애(learning disability) 그리고 후자의 경우로 특수한 영재(giftedness)에 대하여 개괄하고자 한다.

1. 정신지체

1) 정신지체의 정의

1968년 미국 병리학회(The American Psychiatric Association)에서는 정신지체(mental retardation)를 발달시기 동안에 유발되는 증상으로서 학습, 사회적 적응 또는 성숙을 방해하는 일반지능의 유의한 저하로 정의하고, 1977년 미국 정신지체협회(The American Association of Mental Deficiency)는 정신지체란 발달과정에 나타나는 것으로서 적응행동에 결손을 보일 만큼 지능의 기능이 평균 이하로 저하되는 것으로 정의했다. 이 때 일반적으로 평균지능 미만의 지능저하란 특성과 18세 이전에 나타나는 부적응행동이 정신지체의 전형적 특성이라고 볼 수 있다. 따라서 정신지체란 적응행동에 결함이 있을 뿐만 아니라 일반지능이 평균수준에 훨씬 못 미치는 상태로서 이러한 현상이 발달기간 중에 나타나는 것을 말한다. 다시 말하면 IQ가 70 이하이고, 혼자 옷을 입거나 식사를 하지 못하며, 타인과 어울리거나 학교수업에 적응할 수 없는 상태이다. 그러나 학교생활을 잘 하는 아동은 IQ와 상관 없이 정신지체로 보지 않는다(Achenbach, 1982).

최근의 동향은 정신지체를 질병으로 보기보다는 하나의 증상으로 보고 있다. 다른 증상들처럼 이것도 변할 수 있다.

생활환경과 건강상태가 변하듯이 IQ도 높아지거나 낮아질 수 있다는 것이다. 지능은 아동기를 거치면서 30점~40점 정도 변할 수 있다고 한다. 지능이 낮은 아동은 낮은 수준에서 일생을 살아갈 가능성이 많다. 그러나 교육자와 부모는 낮은 지능이 불변하는 것이 아니라는 점을 이해해야 한다고 발달적 경향을 설명하고 있다(McCall, Applebaum, & Hogarty, 1973).

2) 정신지체의 분류

정신지체는 주로 지능지수에 의거하여 분류하고 있다. 측정된 지능지수에 의해서 분류하는 데에는 AAMD(American Association on Mental Deficiency : 미국 정신지체협회, 1983)에서 사용된 체계가 대체로 사용되고 있다.

① 극심한 장애(最重度) : 지능지수 20~25 이하

② 심각한 장애(重度) : 지능지수 20~25에서 35~40까지(보호가능)

③ 중도장애(中度) : 지능지수 35~40에서 50~55까지(훈련가능)

④ 경도장애(輕度) : 지능지수 50~55에서 70~75까지(교육가능)

지능지수만을 측정해서 정신지체아로 분류하고 그 범주에 해당되는 특수교육을 제공하는 것은 문제가 있다. 만약, 지능이 낮더라도 적응에 어려움이 없다면 그 아동을 정신지체로 범주화해서는 안 된다. 그럼에도 불구하고 정신지체를 분류하는 데 지능지수와 적응행동을 같이 조사해서 정신지체의 정도를 결정하는 연구는 드물다고 한다.

3) 정신지체아의 원인

AAMD에서는 정신지체의 원인을 9개의 일반적인 원인군으로 분류하고 있다 (Grossman, 1983). 이를 표로 제시해 보면 〈표 14-1〉과 같다.

〈표 14-1〉 정신지체의 원인군

유형	예
감염과 중독	풍진, 매독, 단순포진, 박테리아와 비루스 감염, 약, 독물, 담배, 카페인, 알코올, 납
외상 또는 신체적 원인	저산소증, 외상, 방사선 조사
신체대사와 영양장애	탄수화물 대사장애, 아미노산 장애, 내분비 이상 (갈락토스 혈증, 저혈당증) (페닐케토뇨증) (갑상선 이상)
출생 후 중증 뇌질환	신경섬유종증, 스터지-웨버병, 결정성 뇌경화증, 헌틴톤 무도병
원인불명의 출생 전 영향	무뇌증, 수도증, 아페르 증후군, 수막철수낭류
염색체 이상	다운증후군, 크레인, 펠터증후군
태아기에 발병	조산, 만산, 난산, 체중과다
정신병적 이상	정신 이상
환경적인 영향	심리사회적 불리한 조건, 감각기관 상실

한편, 정신지체아의 뇌손상이 일어나는 원인과 환경적 요소와 유전적 요소에 따른 분류를 제시해 보면 〈표 14-2〉와 같다.

〈표 14-2〉 정신지체아 뇌손상 원인의 환경적 · 유전적 요소 분류

선천성 → ← 후천성

내인성 → ← 외인성

부(정자)○ 수정 | 태아기 | 출생 | 유유아기

모(난자)○

유전	태아기의 뇌장애	출산시의 뇌장애	유유아기의 뇌장애
↑ 배종손상	감염	호르몬실조(조산)	중증황달
↑ 가족성	중독	체중미달	뇌염 ·
↑ 대사성질환	방사선조사	뇌외상	중독
↑ 유전성신생물	산소결핍	산소결핍	뇌외상
↑ 혈족결혼	영양불량	조기파수	영양장애
	대사장애	제재권락	백일해
	주혈원충	골반위분만	마진
	모자의혈액형불일치		
	임신중독증		
	혈행장애		
	성기출혈		

4) 정신지체아의 특성

정신지체아의 발생원인이 뇌의 손상에 있으므로 뇌의 기능저하는 다시 2차적 장애를 수반하게 된다. 이를 장애 때문에 정상인들과 다른 특성을 갖게 된다고 한다.

Rorschach 검사법과 BGT검사에서 나타난 정신지체아의 전반적 특성과 인지적 · 사회정서적 신체운동 및 학습상의 특징을 살펴보면 다음과 같다.

(1) 정신지체아의 전반적 특성

항목	특징	
	Rorschach 검사반응	BGT 반응
지적능력	1. 외부자극에 대한 지각의 불안정 2. 외부환경에 대한 적절한 반응능력의 결여 3. 지적 잠재능력의 빈약으로 효율성이 약함 4. 지적 기능수행 및 통제의 빈약 5. 지적 적응을 위한 합리적 결합성과 융통성 결여	지적 무능
주의력	• 주의 집중력 결여	주의집중력 결여
	1. 내적 욕구의 억압이 심함 2. 욕구표현에서 통제력의 결여 3. 성취욕구의 수준, 자기과시의 욕구 부족 4. 원대한 상표보다 직접적인 만족의 욕구에 지배되고 내면적 만족보다 본능적 충동에 지배됨	• 충동적임 • 외현적 공격성 있음
정서	1. 정서적으로 고갈 2. 외부환경에서 오는 정서적 자극에 대한 연속적이고 자연적인 반응의 곤란 3. 자기 자신의 정서나 감정수행 장면에서 적절히 수행하지 못함 4. 정서적 통합성을 갖지 못함 5. 정서적 통제의 곤란	
사회성	1. 의존심이 지나치게 많아 타인에 대하여 건전하게 반응하지 못함 2. 사회관계에 긴장이 심함 3. 질서 지키기에 결여자아	
자아	• 자아강도의 유연성 결여	

출처 : 김학수, 1971, 82-83

신체 및 운동발달 운동발달은 지적 발달이나 적응행동과 높은 상관이 있다. 일반적으로 운동발달은 연령이 증가함에 따라 수행(performance)에 변화를 보여 준다.

신체성장이란 신체부분의 외면적인 크기의 변화, 체격의 크기와 환경조건과의 상호작용, 기관근육조직과 그 신경계의 발달과 기능 등을 포괄해서 정의하고 있다. 정신지체아는 성장면에 있어서도 정상치(正常値)에서 일탈되어 있다고 볼 수 있다.

교육가능 정신지체아의 운동숙달 정도는 보통 지능을 가진 정상아보다 열등하며(Rarich & Widdop, 1970), 체육 프로그램은 그들의 운동숙달에 정적인 영향을 미친다는 연구보고도 있다(Soloman & Pargle, 1967). 그리고 교육가능 정신지체아의 신장과 체중은 정상아동과 비슷하다.

언어발달 말과 언어의 발달은 지적 발달과 높은 상관이 있기 때문에 정신지체아들이 정상인들보다 말과 언어에 더 많은 문제를 보이고 있다. 특히, 정신지체아들은 언어장애를 많이 가지고 있다고 한다(MacMillan, 1982).

정신지체아동의 언어와 일반아동의 언어 간의 차이는 양적인 것이라기보다 질적인 것이며, 어릴 때는 발달 속도에서 차이를 보이고 연령의 증가에 따라서 질적인 면의 차이를 보인다는 것이다.

언어발달은 지능이 낮을수록 언어장애가 심하다. Spreen(1965)은 경도 정신지체아동(EMR)의 40%, IQ 50～25(TMR)는 90%, IQ 25(CMR) 이하는 100%의 언어장애가 있다고 보고하고 있다.

따라서 정신지체아동의 언어발달촉진을 위해서는 조기훈련이 중요하며, 표출(表出)언어훈련에만 중점을 두지 말고 의미를 결부시킨 언어(개념화)훈련이 필요하다고 보아진다. 언어기능과 기술은 지체아동들이 사회에 완전히 통합되기 위해 극복해야 하는 가장 큰 장애물 중의 하나이다.

기억발달 일반적으로 정신지체아동들은 감각수용기를 통하여 들어온 정보가 짧은 기간 동안 머물러 있다가 사라지는 단기기억(short term memory) 분야에 어려움이 있다고 보고하고 있다(Cohen 1982).

정신지체아동과 정상아동에게 몇 분 간 낱말, 소리 또는 그림을 보여준 다음 그것을 기억하게 하였을 때, 정신지체아동들이 정상아동에 비해 성취도가 낮았다고 한다.

정신지체아동이 단기기억에서 실패하는 이유는 적절한 학습전략을 사용하지 못하기 때문이라고 보고 있다(Bray, 1979). 특히, 중재(mediation)전략, 조직화(organizing)전략을 만들어 내는 데 어려움이 있다는 것이다.

단기기억의 특징은 기억기간이 짧고, 기억의 양이 적으며, 기억을 오래 지속시키는 시연이나 정보화, 정보량의 축소, 상상력의 사용 등을 적절하게 사용하지 못하는 데서 일어나는 문제로 보며, 이것은 중추신경계의 절대적인 능력에 의하여 제한을 받는 것이라고 말할 수 있다.

기억을 돕는 방법은 정보량을 줄이며, 덩어리로 기억할 수 있게 학습자료를 구성하는 방법과 또 감각수용기를 통하여 들어온 자극이 쇠퇴하기 전에 다시 그 자극을 시연(rehearsal)함으로써 자극을 지속시키는 것과 기억에 들어온 정보를 정교화(elaboration)하는 방법이 있다.

주의집중 주의집중의 주요 구성요소인 주의집중, 지속시간, 주의집중의 범위와 초점 그리고 선택적 주의(중요한 자극특성의 변별)에 심한 곤란을 가진다.

정신지체아동은 다양한 자극에 주의집중하기 힘들고, 주의가 쉽게 산만해지며, 주의집중 지속시간이 짧다(Hagen & Huntsman, 1971). 주의집중장애는 정신지체아의 모든 학습문제에 영향을 미친다고 한다. 그러나 정신지체아동에게 의도적인 학습자극의 내용과 제시방법은 주의집중행동을 개선시킬 수 있다고 말한다(조인수, 1987).

정신지체아동의 주의력 결핍은 학습과제 수행과 심리적인 부적응현상 등 여러 가지 면에 영향을 미치는 것으로 지적되었다(Kirk & Gallagher, 1989).

정신지체아동들이 교사에게 주의집중만 잘 하면 학습지도에 거의 성공할 수 있다고 믿고 있다.

동기와 자아개념 정신지체아동들이 적극적으로 활동을 하지 않는 것은 동기가 부족하기 때문이라고 한다. Zigler(1974)에 의하면 정신지체아동이 도전적인 과제에 접근하기를 어려워하는 것은 성취능력의 부족과 자기 자신에 대한 부정적인 자아개념 때문이라고 단정하고 있다. 즉, 자신의 능력과 잠재성에 대해 부정적 자아개념을 가지는 것은 생활에서의 부적응과 중요한 상관관계를 가지는 것이 사실이다.

또 정상 또래들과 고립되고 사회적 경험으로부터 소외되므로 부정적 자아개념을 가진다. 부정적 자아개념은 가지고 태어나는 것이 아니라 사회적 관계 속에서 수용되지 못하기 때문에 형성되어진다고 보고 있다.

사회성 발달 사회성은 대인관계를 중심으로 한 집단생활에서 사회적 규범이나 습관 등에 적응해서 양호한 관계를 맺고 사회적 욕구를 유리하게 달성해 가는 성향을 말한다.사회성은 신체, 체력, 지적 능력에 의해서 구성되는 것이다. 특히, 양친, 친지, 지역사회 등의 동적인 생활환경에 의하여 크게 좌우되는 경향을 가진다.

2세경이 되면 부모로부터 친지에게로 흥미가 확대되며, 놀이를 통해서 사회적 감정이 발달한다. 4세에는 동정심, 4세~7세에는 경쟁심. 5세에는 협동의식을 갖게된다. 부모에게서 사회적 규범과 습관을 배우며 취학 이후에는 도덕적 판단이 발달되어 간다.

정신지체아동은 지능이 낮고, 교과학습에 큰 어려움이 있으며, 적응행동에 결함이 있는 아동이다. 대인관계에 어려움이 있고 여러 상황에서 부적응하는 것은 적응능력이 부족하기 때문으로 본다.

특별히 자기지향성, 책임감, 사회적 기술 등의 부족으로 인해 부적응행동을 나타내기 때문에 주위 사람들로부터 거절당하는 경우들을 가지기도 한다.

정신지체아의 사회적 특성을 종합해 보면 다음과 같은 내용들이 포함되어 있다.

① 나이 어린 놀이동무를 좋아한다.
② 반사회적 행동을 자주 보인다.
③ 문제행동을 잘 일으킨다.
④ 자신과 타인에 대한 책임감이 결여되어 있다.
⑤ 명예심, 자존심에 무감각하다.
⑥ 다른 사람에게 경계적 태도를 잘 보인다.
⑦ 모방은 잘 하는 편이다.
⑧ 자주 운다.
⑨ 미숙한 행동을 한다.
⑩ 거부적인 비판에 대해서는 민감하다.
⑪ 공격적 행동으로 타인의 주의를 집중시키려고 한다.
⑫ 비판을 받을 때 방어적 태도를 취한다.
⑬ 타인들로부터 호감을 받지 못한다는 의식을 가지고 있다.

5) 정신지체아를 위한 중재

정신지체아를 위한 중재에는 의학적 중재와 심리적 중재가 있다. 이 두 방법 중 이 장에서는 심리적 중재에 대해서만 살펴보고자 한다.

심리적 중재에는 심리치료적 중재와 행동수정치료 중재가 있다. 이에 대해 간단히 검토해 보자.

심리치료적 중재 정신지체아동들은 부정적인 자아개념 때문에 대인관계에 어려움이 많고 부모와 친구관계가 원만하지 못하다. 이런 문제들은 전통적인 심리치료방법을 통해서 정신지체증상을 다소 경감, 치유해 나갈 수 있다고 한다(Leland & Smith, 1972).

또 놀이치료, 집단치료를 통해서 정신지체의 심리치료가 보고되고 있다.

Mowatt(1970), Slivkin & Bernstein(1970)에 의하면, 집단적으로 각 아동의 요구수준에 맞는 심리치료를 제공하였을 때, 사회적 기술과 의사소통 기술이 향상되었고 낮은 불안수준을 보였다고 설명하고 있다. 그리고 고립감과 무력감도 다소 감소되었고, 친구들에 대한 동료의식도 증가하는 경향을 보였다고 보고하고 있다.

환경촉진 정신지체아동에게 풍요롭고 적절한 환경자극을 제공하면 발달에 촉진을 가져올 것이라는 가정은 연구에 의해서 검증되었다. 시설 수용아를 가정양육아로 변용시키고, 또 장기 시설수용을 단기 시설수용으로 변용시키고, 주위 사람들에게 장애아에 대한 인식과 반응방법을 달리하여 지도하였을 때 나타난 발달변화와, 환경을 바꾸었을 때 나타난 지체아동의 발달변화 가능성에 관한 Tizard(1964)의 연구는 유명하다.

Tizard는 시설체에 수용된 중증 지체아동에게 적절한 주의를 기울이고 사회적 자극을 제공하였을 때, 아동은 사회적 정서적으로 성숙하고 지능 및 대인관계 기술이 현저히 증가한다는 가정을 뒷받침하고 있다.

특수교육 종래는 정신지체아동을 특수학교나 특수학급에서 정상아와 분리시켜 가르쳐야 한다는 주장이었다. 그러나 최근의 동향은 정상아동과 함께 생활하고 교육받는 통합교육이 다시 조명되어서 오늘날 중요한 논제가 되고 있다.

Johnson(1962)에 의하면, 학교성취수준은 통합교육을 받은 아동이 더 높았고, 사회적응력은 특수교육을 받은 아동이 더 높았다고 밝히고 있다.

Goodman, Gottlieb & Budoff(1973)의 연구에서도 교육가능급 정신지체아의 자아개념도 통합교육보다 특수교육 반에 있는 경우에 더 긍정적이었다는 연구들을 보여주고 있다.

일반학급에서의 통합교육은 장애아의 독특한 교육적 욕구를 충족시키기 위해 가장 적절한 교육환경을 조성하고, 분리된 특수교육기관의 역할은 가능한 줄이고 일반학급에서 대부분의 시간을 지낸다. 즉, 장애아동 교육에 있어서 제한적 환경의 극소화(least restrictive environment)를 도모하는 것으로, 모든 장애아동이 정상에 가깝게 교육받고 정상적 생활경험이 마련되어야 한다는 정상화의 원리를 보장해 주면서 가장 적절하고 효과적인 교육경험을 아동을 위해 준비하는 교육이라고 생각한다.

Ganpel(1974)은 통합교육을 받은 아동이 보다 더 적절한 사회적응행동을 보였다는 연구결과를 보고하면서 통합교육의 효과를 시사하고 있다.

행동수정 Horner(1980), Van Biervliet, Spangler와 Marshall(1981)의 연구에서는 정신지체아동은 행동수정치료를 통해서 적응행동이 증가되고 불안감이 감소된다는 치료효과를 보여 주고 있다.

① 적응행동의 증가

Horner(1980)은 공공시설체에 살고 있는 9세~13세의 중증 정신지체 여아 5명은 심각한 부적응행동을 보였다고 한다. 아동에게 증상에 따라 적절한 장난감과 물건들을 제공하면서 바람직한 적응행동이 나타나면 강화를 제공하도록 교사를 훈련시켰다.

장난감과 강화를 많이 제공받은 아동은 반응양식이 분화되었고 부적응행동은 감소되었다는 연구들을 보여주었다. 아동에게 물리적 자극뿐 아니라 인적인 환경에 변화를 줌으로써 손상된 아동의 적응행동을 높일 수 있다고 결론을 지었다.

또 시설체에서 단체급식의 식사방법을 식탁에 앉아서 대접받고 기도하고 음식과 음료 제공을 가정형의 식사방법으로 택하였을 때, 이 실험집단의 사람들은 단체급식을 하는 사람들보다 더 오래 앉아서 식사를 하고 서로 적절하게 상호작용하며 원만한 의사소통을 보였다고 한다.

실험대상인 성인들은 단체급식 집단보다 더 정상적이고 보다 타인의 요구에 민감하게 반응하는 행동을 나타냈다고 분석하고 있다.

② 공포심의 감소

Matson(1981) 연구에서는 정신지체아의 대인공포를 행동수정방법으로 소멸시킬 수 있다는 점을 입증해 주고 있다. 8세~10세 정신지체 여아가 가족 이외의 성인에게는 극심한 공포경향을 나타낸다. 공포감 때문에 대인관계에 문제가 발생하고 외출시에도 문제를 나타내 보였다고 한다.

문제행동을 해결하기 위해 그 행동에 대한 적절한 반응을 어머니에게 교수시켜 딸이 모방할 모델이 되도록 했다.

Baker, Heifelz와 Murphy(1980)는 그 후 딸이 바람직한 행동을 했을 때는 적절한 강화를 제공하였고, 처치 후에 아동의 공포행동, 문제행동들은 감소를 나타냈다고 밝혔다. 그리고 6개월 후의 후속검사에서도 처치효과는 그대로 남아 있었다고 하는 설명 등이 있다.

이 연구결과를 보면, 지체아동의 정서장애치료에 부모가 적극적으로 참여하면 효율적으로 문제행동을 감소시킬 수 있다고 제시하고 있다.

2. 학습장애아

과거에는 학습장애아(learning disability)를 공격적인 아동, 주의집중력이 부족한 아동, 뇌손상아, 학습속도가 늦은 아동, 난독증, 지각력이 부족한 아동 정서적으로 불완전한 아동이 라고 표현해 왔다. 학습장애가 특수교육의 한 분야가 된 것은 가장 최근의 일이다.

본 장에서는 학습장애에 대한 정의, 학습장애의 분류 및 원인, 특성 그리고 요육적 중재를 살펴보고자 한다.

1) 학습장애아의 정의

정상지능을 갖고 대체로 적응능력이 있으면서 사회환경적 · 정서적 요인이 없는 데도 공부를 못 하는 아동으로, 읽기와 쓰기, 말하기, 셈하기 능력이 불완전하여 어려움을 나타내는 아동을 말한다.

정보를 받아 그것을 뇌에서 통합해 출력해 내는 과정에 문제가 있는 아동으로, 공간감각이 없어 글을 읽을 때 한 단어 한 줄을 빼고 읽거나 뒤에서부터 읽기도 하는 아동이다.

전체 학습장애아 중 80~90%가 읽기에 어려움을 겪고, 이어 쓰기장애와 말하기 장애가 가장 많다. 셈하기에 어려움을 겪는 아동은 전체 학습장애아의 10%쯤으로 알려지고 있다.

이러한 어려움이 극히 일부분의 과제에 한정되어 있을 때는 특정 학습장애(specific learning disability)라고 한다.

미국 전국 장애자 자문위원회에 의하면, 특정 학습장애아는 언어 즉, 구어 및 문어의 이해와 사용에 포함되는 기본적인 심리과정에서 한 가지 이상의 장애를 가진 아동을 의미하며, 이와 같은 기본적 심리과정상의 장애란 듣기, 말하기, 읽기, 쓰기, 철자 및 산수계산 등의 능력이 불완전하여 이 분야의 학습에 장애를 나타내고 있다고 말한다.

특정 학습장애에는 지각장애, 뇌손상, 미세뇌기능 장애, 난독증 및 발달상의 실어증 등이 포함된다고 한다.

그러나 주로 시각, 청각 및 운동장애, 정신지체, 정서장애 혹은 문화적 · 환경적 · 경제적 실조에 의한 학습문제 아동은 포함되지 않는다고 밝히고 있다.

2) 학습장애아의 분류

미국 연방정부의 보고서에서는 언어문제, 읽기 및 쓰기 · 수학문제 등 세 가지 유형의 문제를 들어 크게 두 집단으로 나누어, 하나를 기본적인 심리과정이라고 한 발달상 학습장애와, 취학연령 단계에 접한 학업상 학습장애로 분류하고 있다.

구체적으로 분류해 보면 다음과 같다.

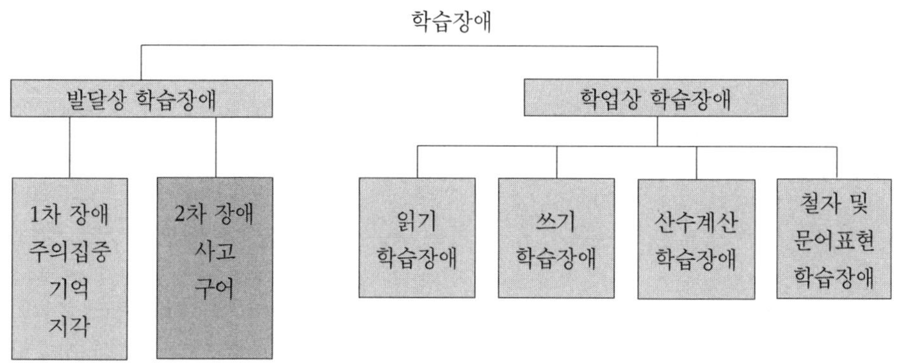

3) 학습장애아 진단

학습장애아를 진단하는 주 목적은 아동을 효율적으로 가르치는 데 필요한 정보를 수립, 분석하기 위해서이다. 정확하게 진단할 수 있어야만 학습장애아에게 적합한 교정 프로그램을 개발할 수 있다고 본다. 다음 〈 그림 14-1 〉은 학습장애아 진단과정을 제시하고 있다.

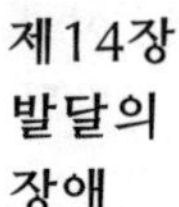

〈그림 14-1〉 학습장애아 진단과정의 개관

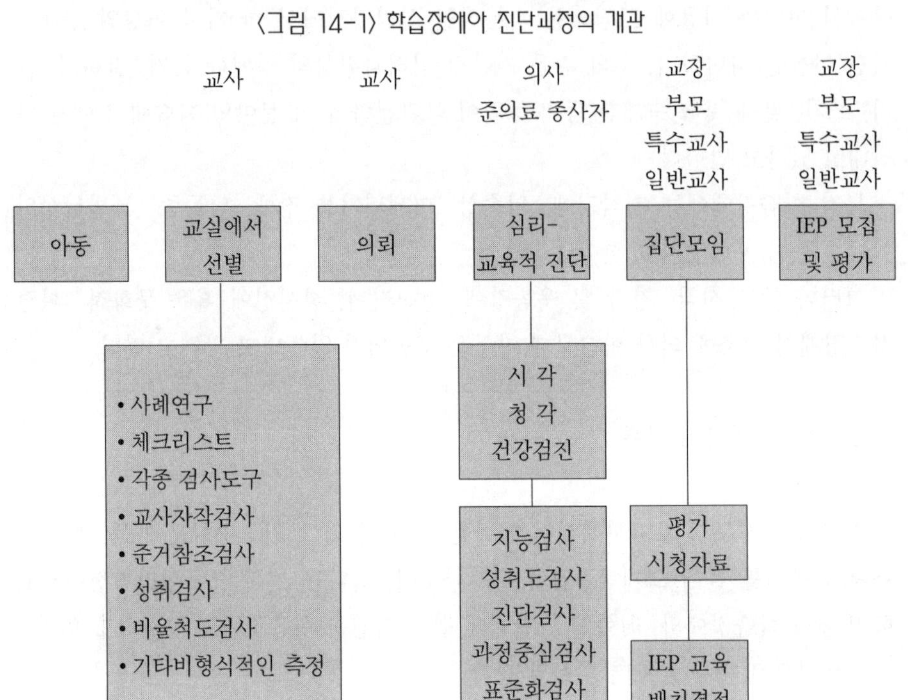

특정 학습장애 영역에서 가장 흔히 사용되는 진단검사의 종류는 ① 표준학업성취검사 ② 과정검사 ③ 비공식적 독서측정검사 ④ 준거-참조검사 ⑤ 행동적 평가가 있다.

표준학업성취검사 표준학업성취검사는 가장 공통적으로 사용되는 검사이다. 그 이유는 학업결손이 특정 학습장애아의 주 특성이기 때문이다. 표준화된 학력검사는 실시하기가 쉽고 비용도 적게 든다.

표준학업성취검사 중 많이 사용되는 검사가 독서검사와 산수검사이다.

과정검사 과정검사(process test)란 아동의 학업에 있어서 원인이라고 생각되는 심리적 처리과정의 평가를 하는 것이다. 처리란 아동이 감각으로 지각된 것을 어떻게 해석하고 의미있는 사용을 하느냐를 의미한다. 이 접근에서는 독서문제를 갖는 아동에게 단순히 독서문제만 다루지 않는 경우이다. 아동에게 결손된 특정한 심리적 처리과정을 판별하기 위해 검사 후에 교정이 계획된다. 그러므로 이 프로그램은 독서문제에 직접 초점을 두는 것이 아니라 내제하는 처리과정에 문제를 두고 있다.

비공식적 독서측정검사 교사들이 주로 사용하는 독서력 측정검사로 비공식적 독서측정검사가 있다.

이 검사는 교사 자신의 제작으로 교사가 각 아동에게 생각되는 점을 구체적으로 평가할 수 있는 장점이 있다. 면밀히 관찰하여 가르칠 때 초점을 어디에 두어야 하는지를 결정할 수 있게 한다.

준거-참조검사 준거-참조검사(criterion-referenced test)에서는 교사가 각 아동이 도달해야 할 준거를 설정한다. 따라서 교사는 아동을 준거에로 올리기 위하여 교수목표를 설정하고, 이 준거에 도달하지 못하면 교사는 그 이유를 분석하고 더 가르치고 다시 다른 검사를 실시한다. 이 과정은 아동이 준거에 도달할 때까지 계속한다.

행동적 평가 행동적 평가(behavioral assessment)는 매일 직접적으로 측정하는 것으로 직접적이고 지속적이며 정확하다. 이 검사는 적용성이 아주 높다.

4) 학습장애의 원인

학습장애의 원인들은 일반적으로 기질적, 유전적, 환경적 요인의 세 범주로 나누어 제기되고 있다.

기질적 · 생물학적 요인 뇌의 특정한 영역의 손상이 특정 학습장애의 특성인 여러 장애를 나타냄을 알 수 있다. 일부 특정 학습장애아동들이 뇌기능 이상으로 어려움을 겪고 있다는 것은 미세뇌기능 장애증세를 보인다는 것이다. 이러한 주장을 하는 사람들은 여러 행동적 특성(시각운동 협응이 잘 안됨, 과다행동)과 신경적 특성(비정상적 뇌파)이 위와 같은 점을 지지한다고 주장한다.

특정 학습장애의 원인으로 뇌상해에 대한 실증적 증거가 어렵게 되어 관심이 감소되자 가능한 다른 원인으로 생물학적 요인에 대한 관심이 증가되었다.

Feingold(1975)는 아동의 음식에 인공적 색소나 맛을 주는 것에 대해 언급을 하고 있다. 여러 종류의 과일과 야채에서 발견되는 살리신산염도 줄여야 한다고 한다. 이에 대한 확실한 증거는 없다. 몇몇의 선행연구들이 과다행동아동 중 특수한 음식 때문에 더 반응하는 소수의 아동들이 있다고 밝히고 있다.

유전적 요인 Bannatyne(1971)은 언어 읽기 및 철자 학습장애에 관한 연구를 검토한 뒤 난독증의 유전적 근거에 대한 결론을 내리고 있다.

Hermann(1959)은 읽기장애를 가진 일란성 쌍생아 12쌍과 이란성 쌍생아 33쌍을 비교한 결과, 일란성 쌍생아는 읽기장애를 더 많이 가지고 있다는 것을 발견하고 읽기장애가 유전된다는 가정을 부정적으로 입증하였다.

환경적 요인 부적절한 학습환경이 많은 학습장애아들의 학습과 행동문제에 영향을 준다는 것이다(Engelmann, 1977; Lovitt, 1978). 많은 학습장애학생들의 문제가 직접적이고 체계적인 교수에 의해 교정되었다고 보고하고 있다.

열등한 교수계획, 동기화가 낮은 활동, 부적절한 교수방법, 자료교육과정이 학습장애의 원인이 될 수 있다고 한다.

학습장애를 어떻게 규정, 설명할 것인가에 관하여는 아직도 이견(異見)이 많다.

5) 학습장애의 특성

특정 학습장애아동의 특성은 다양하다. 특정 학습장애아동에게서 공통적으로 나타내 보이는 것들을 Hewelt와 Forness(1974)는 다음과 같이 들고 있다.

① 과잉행동
② 지각운동 협응문제
③ 정서적 부조화
④ 글씨가 난잡하고 틀림이 많다
⑤ 주의집중력의 장애
⑥ 음독이 잘 안된다
⑦ 기억 및 사고의 장애
⑧ 소수점이 있는 수의 계산은 잘 못한다
⑨ 말하기, 듣기장애
⑩ 도형의 이해가 열악하다
⑪ 작문을 싫어하고 내용이 빈약하다

⑫ 구구단을 잘 외운다

6) 학습장애아 중재

의학계에서는 학습장애를 미세 대뇌기능 장애로 생각하고 교육 및 심리학계에서는 특정 학습능력의 결함으로 간주한다. 학습장애의 원인을 어떻게 간주하는가에 따라서 학습장애의 중재와 치료방법도 달리 제시된다고 본다.

본 장에서는 학습장애아에 대한 교육적 중재만 고려해 보기로 한다.

(1) 교육적 중재

① 행정적인 배치(administrative arrangements)

학습장애영역도 개인차가 심하므로 일반학급, 특수학교, 순회교사, 특수학급 등에서 아동상태에 따라 교육장소를 달리하여 교수하여야 한다. 초등학교 때부터 일찍 학습장애를 치료하는 것이 효과적이다.

학습장애가 심한 아동을 시간제 특수학교에서 수업한 후 다시 일반학교로 돌아오는 형태의 방식을 취하는 곳도 있다.

② 일반학급(regular classroom)

학습장애아동들이 일반학급에서 수업을 받고 부족한 부분은 특수학급에서 보충수업을 받고 있다. 학습장애아동들이 일반학급에서의 수업을 효율적으로 수행하기 위해서는 언어치료사와 같은 특수 전문가들의 협동이 필요하다.

③ 독립된 특수학급(self-contained classroom)

학습장애 정도가 심하여 일반학급 수업만으로 학업 및 행동기술 습득이 곤란한 아동은 독립된 특수학급으로 간다.

④ 자극감소학급(stimulus-reduced classroom)

시청각적 자극을 줄이기 위해 벽, 교실문, 비품 등을 가능한 한 같은 색 계열로 통일하고, 장식도 없고, 교사의 옷, 악세사리도 아동에게 자극을 제시하지 않도록 하여 아동의 주의가 산만하지 않도록 작은 교실에서 교사의 개별화 교수 프로그램에 따라 학습이 이루어지게 하는 방법이다.

⑤ 기숙제 학교

심각한 최중도 학습장애아동을 인권존중 차원에서 교육을 제공해야 한다는 철학을 기초로 하고 있다. 영원히 분리시키는 것이 아니라 일반학급에 환급할 수 있도록 2~3년에 걸쳐 학습기술을 발전시키도록 하는 것이 설립목적이다.

학습장애가 의심스러운 아동은 초등학교 3~4학년을 넘기기 전에 조기진단을 받아야 한다. 치료와 특수교육을 병행하고 부모가 잘 지도하면 2/3가량 호전된다고 한다. 학습장애는 병이지만 노력에 따라 극복할 수 있는 병이라고 이해하고 있다(김승태, 1995).

3. 영재아

영재교육이 특수교육에 포함되어야 발전할 수 있을 것이라 생각된다. 본 장에서는 영재(gifted/talented)들의 성장과 발달이 보통아동과는 다르므로 영재를 특수아동의 한 범위에 포함시켜 이상발달에서 살펴보기로 한다.

1) 영재아의 정의

영재아를 학문적 우수아(academically talented)로 간주하는 경향이 있다. 또한 학자에 따라서는 영재아를 IQ의 정도에 따라서 등급을 정하는 경우도 있다. 예를 들면 고도의 영재(high gifted)란 IQ가 160～170 이상으로, 인구 중에 0.03% 미만의 아동이 여기에 속한다. 뛰어난 영재는 다시 경도, 중도, 고도의 뛰어난 영재로 구분하고 있다(Silverman, 1986).

Marland(1972)는 뛰어난 능력을 갖고 높은 성취를 보일 가능성이 있는 자로, 자신과 사회에 기여하기 위해서 특별한 교육 프로그램이나 도움을 필요로 하는 사람이라고 정의하였다.

미국 공법(PL, 91~230)은 다음과 같이 6개의 영역으로 영재성을 구분하고 있다.

① 일반적인 지적 능력(general intellectual ability)
② 특정교과에 대한 능력(specific academic aptitude)
③ 창의적 사고능력(creative productive thinking)
④ 지도자적인 능력(leadership ability)

⑤ 예능분야의 능력(visual and performing arts)

⑥ 운동신경능력(psychomotor ability)

이상에서 높은 수준의 성취를 이룰 것으로 인정되는 자라고 법률로 정하고 있다.

Renzulli(1978)는 평균 이상의 지적 능력, 높은 창조성, 과제에 대한 집착력을 동시에 소유한 자를 영재아라고 정의하였다.

〈그림 14-2〉 Renzulli의 영재성 정의 모형

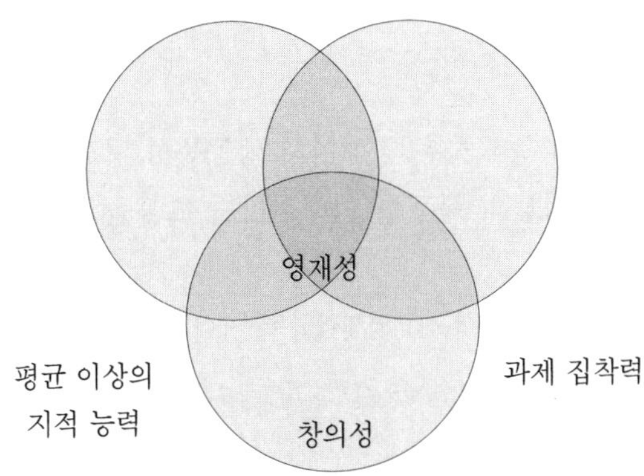

출처: Renzulli, J.(1978), What makes giftedness? Reexaming a definition. Phi Delta Kappan 60, 180-184

2) 영재아의 원인

유전적 요인과 생물학적 요인 Nicholos(1965)는 미국 전국에서 장학금을 받은 1,507쌍의 쌍생아를 대상으로 영재성의 유전적 영향에 관한 연구를 위하여 National Merit Scholarship Qualifying Test를 한 결과, 일란성 쌍생아간의 상관이 이란성 쌍생아간의 상관보다 유의하게 높게 나타났다고 한다.

그러한 연구결과는 지능의 뚜렷한 변산의 양이 유전에 의해 설명될 수 있음을 지지하고 있다.

Fisch(1976) 연구는 미네소타 대학병원에서 출생한 신생아 2,023명을 추적 연구한 결과, 지적으로 우수한 아동의 신체적 우수성, 머리, 신장, 체중이 보통 IQ의 아동보다 유의하게 크며, 신장과 체중이 4세 때부터 크다고 하였다.

사회적 · 문화적 요인 Terman(1947) 연구에 의하면, 영재아 1,528명을 대상으로 35년간의 지능에 대한 종단적 연구결과를 분석해 보면 대체로 대상자들의 사회경제적 수준이 높았고, 부모의 우수한 사회적 · 교육적 배경이 아동의 지적 우수성과 높은 상관이 있었다고 하였다.

Terman 연구와 다른 선행연구들은 사회경제적 수준의 차이를 감안하더라도 특정한 문화적 집단이나 인종집단(특히 유대인)에서 우수아를 더 많이 발견할 수 있었다고 한다. 이것은 특정 문화집단이나 아동집단이 특정한 영역에서의 성취에 높은 가치를 두고 있기 때문이라고 설명할 수 있다.

3) 영재아의 특성

Renzulli(1975)와 그의 동료들은 영재아의 행동특성 평정척도를 만들었다. 다음의 〈표 14-3〉으로 영재아들의 특성을 이해한다면 그들을 수용하고 그들의 능력을

〈표 14-3〉 영재아의 특성(점검항목)

영재아가 나타내는 경향	드물게	자주
1. 독특한 학습 스타일을 갖고 있다. (예 : 단계적으로 배우지 않고 한 번에 모든 것을 배운다)		
2. 대부분의 아동보다 빨리 배운다.		
3. 더 일찍 발달한다(예 : 걷기, 말하기, 읽기)		
4. 복합적인 질문을 하고 호기심이 높다.		
5. 복잡하고 자세한 설명을 한다.		
6. 빨리 관계를 파악한다.		
7. 정보를 새로운 방법으로 조직한다.		
8. 한 문제에 대하여 많은 해결책을 발견한다.		
9. 보통 이상의 좋은 기억력을 가진다.		
10. 추상적인 사고과정을 사용한다.		
11. 사실적인 자료에서 모호성을 찾아낸다(예 : 진-위 문제)		
12. 방대한 어휘력을 가진다.		
13. 자신을 잘 표현한다.		
14. 다양한 흥미를 가졌다.		
15. 문제를 해결하고 새로운 것을 발견하는 것을 즐긴다.		
16. 독립적으로 일하기 좋아한다.		
17. 또래보다 더 긴 주의집중력을 가진다.		
18. 흥미있는 영역을 끈질기에 파고든다.		
19. 상당히 발달된 유머감각이 있다.		
20. 완전주의자적 기질이 있다.		
21. 나이 많은 아이들이나 어른과 함께 있길 더 원한다.		
22. 아주 원기가 왕성하다.		
23. 강한 개인적인 가치를 드러낸다.		
24. 자신과 타인에 대하여 매우 민감하다.		
25. 높은 수준의 자의식을 보여준다.		

발휘하게 하는 데 도움이 될 것으로 보아진다.

이 특성들이 유전적 영향이냐 환경적 영향이냐 혹은 상호작용에 의한 영향이냐 하는 것이다.

Gallagher(1975) 연구에 의하면, 특성은 유전적 요소에 의해서 영향을 받지만 환경적 요소와 상호작용하여 결정되는 경향이라고 한 것을 기억해야 한다.

4) 영재아의 교육

영재아는 일반아에 비해 조기교육으로 학문적 성취를 일찍 달성한다(Bloom, 1985).

Sisk(1987)는 영재아의 교육내용 설계에서 고려되어야 할 원리를 다음과 같이 제시하고 있다.

① 철학, 심리학, 교육학 기초
② 사회, 국가, 세계적 교육목표와의 조화
③ 배타적 자세보다는 수용적 자세
④ 총체적 교육과정
⑤ 전인교육
⑥ 교육과정의 연계성에 중점을 두어야 한다

영재교육은 개인과 학부모의 필요에 의해서보다는 국가와 사회의 필요성에 의해 이루어져야 하고, 또 영재아의 잠재능력을 개발시켜 주기 위해서는 가르치는 것이 아니라 기른다는 측면에서 이해하고, 능동적이고 적극적인 자세로 지도하는 일이 대단히 중요하다고 보아진다.

영재아들에 대한 교육의 제도적 조치로는 영재학교에 입학, 속진, 조기입학, 월반, 학년단축, 상급과정이수 시험에 의한 수료 등의 방법을 실시하고 있다.

III. 정서 이상발달

1. 주의력 결함 및 과잉행동장애

주의력 결함 및 과잉행동장애(attention-deficit/hyperactivity disorder:ADHD)는 아동기의 가장 흔한 장애 중의 하나이며, 학령기 아동 중 약 3~5%의 높은 출현율을 나타낸다. 3~4세경부터 시작하여 평생 우세하게 나타나는 것으로 알려져 있다.

1) ADHD 정의

ADHD는 주의집중의 지속, 충동성, 과다한 활동성뿐 아니라 규칙관련 행동에 결함을 가지는 발달성 장애이다. 이러한 결함들은 명백히 아동의 정신연령에 비해 부적절하며, 아동기 초기에 시작되며, 여러 상황에서 전반적으로 나타나며, 일반적으로 만성적이고 계속 지속된다.

ADHD에 대해서는 연구자들의 관점에 따라 상이한 정의를 제시하고 있다.

여러 정의에서 강조하는 정도의 차이는 있지만 심한 부주의와 충동성, 과잉행동이 조기에 나타난다는 사실은 모두 공통적이다.

2) 행동특성 및 관련문제

과잉행동 과잉행동아동은 자리를 자주 이탈하고 뛰어다니고 팔과 다리를 끊임없이 움직이는 등 활동수준이 높은 경향을 보인다. 신체통제에 어려움을 느끼며 손가락 다리를 많이 움직이고 이상한 소리를 낸다. 분노, 좌절, 슬픔, 기쁨 등의 정서적인 반응도 일반아동들보다 더 빈번히 강하게 나타낸다.

과잉행동아동의 문제는 아동이 표출하는 행동의 절대적인 양이 아니라 활동수준을 환경의 요구에 맞추지 못하는 아동이라고 말하고 있다.

주의집중 결함 과잉행동은 양적 차원을 반영하고, 주의집중 결함은 자극이나 과제에 대한 반응의 질적 차원을 나타내는 것으로, 이것은 ADHD의 주된 특성으로 설명되고 있다.

ADHD 아동은 대체적으로 노력을 들이지 않는 과제에는 일반아동과 수행의 차이가 나타나지 않지만, 높은 수준의 주의집중, 기억을 요하는 과제에는 일반아동이나 학습장애아보다 수행이 떨어진다고 해석하고 있다(August, 1987).

ADHD 아동은 신기한 자극에는 주의집중을 하지만 신기성이 떨어지는 반복과제에는 계속 주의집중에 곤란을 느낀다.

지속적 주의집중의 어려움으로 장기간의 반복과 기계적인 암기를 요구하는 것에는 속도가 느리며, 철자도 맞춤법이 많이 틀리는 경우를 보이고 있다는 것이다(Zentall, 1993).

충동성 반응을 조정하기 어렵기 때문에 생각 없이 혹은 생각하기 전에 행동하는 경향성을 말한다.

ADHD 아동이 충동적인 것은 계획성에 문제가 있기 때문이다.

이야기를 읽어주고 그 줄거리를 기억하게 하는 자유회상은 일반아동에 비해 수행이 열등하지만, 이야기를 상기시키는 단서를 제공하면 열등하지 않은 것은 과제해결에 전략이 없는 계획결손 때문이라고 설명하고 있다.

공격성 ADHD 아동은 공격성을 야기시키며, 분노를 통제하지 못하고, 부적절한 행동을 그대로 표출한다. 놀이집단에서 또래들보다 3배나 공격적이고, 10배나 부정적인 말을 많이 하여 또래들로부터 거부당하는 것으로 밝혀지고 있다(Carisone, 1987).

친구관계에서의 어려움 ADHD 아동을 확인할 수 있는 가장 간편하고 타당한 방법 중의 하나가 친구관계를 살펴보는 것이라 할 수 있다. ADHD 아동은 주의집중 결함, 충동성으로 유아기부터 놀이를 통해 사회성을 발달시키는 데 어려움이 있고, 친구를 만들고 우정을 유지하는 상호작용의 기회를 상실하게 되고, 사회성 결함을 나타내게 된다.

ADHD 아동의 부모 중 80%가 자신의 아동이 또래들과 심각한 관계를 안고 있다고 하였으며, 일반아동의 부모는 10% 이하만이 관계유지에 문제가 있다고 하였다.

ADHD 아동은 친구와의 상호작용 양이 일반아동과 같으나, 질에 있어서는 부정적인 상호작용을 많이 하는 것으로 밝히고 있다.

교사와 부모가 관찰한 ADHD 아동의 사회적 문제는 싸우기, 타인을 방해하기, 다른 아동들을 억압하는 일 때문에 ADHD 아동이 또래들에게 더 많은 거절을 당하게 된다는 것이다.

기타 관련문제 ADHD 아동에게서 흔히 출현되는 문제들을 발달영역별로 제시하면 〈표 14-4〉와 같다.

〈표 14-4〉 발달영역별 문제

일반적 영역	특 정 문 제 점
행 동	짧은 주의집중시간, 산만성, 쉼 없음, 충동통제 결여, 파괴성, 소란
사 회	관계형성 곤란, 지시에 대한 불복종, 공격성, 도벽, 공손치 못한 말, 자기통제 결여, 사회적 문제해결능력 결여
인 지	부주의와 산만성, 평균보다 낮은 지능, 양심의 결여, 행동의 결과에 대한 인식부족
학 업	지능에 비해 낮은 성취, 학습장애
정 서	우울, 낮은 자존감, 흥분성, 미성숙된 정서통제, 좌절감, 쉽게 변화
신 체	유뇨증/유분증, 호흡기 질환 및 중이염, 알레르기 발생률이 높음, 미세한 신체이상, 중추신경계 반응둔화, 짧은 수면주기

출처 : Barkley, R.A.(1981), Hyperactive Children; A handbook for diagnosis and treatment, N.Y ; Guilford Press

3) 주의력 결함 및 과잉행동장애의 원인

ADHD의 원인으로 제기되고 있는 여러 요인 중 뇌기능장애, 유전적 요인, 임신과 출산, 생화학적 요인 그리고 환경적 요인을 살펴보고자 한다.

뇌기능장애 ADHD는 뇌의 특정부위 손상이나 기능장애의 결과로 생각되어져 왔다. 초기에는 대뇌손상으로 간주되어졌다.

ADHD와 뇌 관련변인과의 관련성이 입증되기 위해서는 체계적인 많은 연구가 요구된다.

유전 Morrison과 Steware(1973)는 과잉행동아동의 양부모를 조사 연구한 결과, 과잉행동아동의 친부모보다 양부모의 경우 ADHD 아동의 낮은 출현율을 나타내었다고 지적하고 있다. 이 연구에서 최소한 유전적 전이가 과잉행동의 발달에 밀접하게 관련되어 있다고 행각할 수 있다.

임신과 출산 관련요인 Pasamanik 등(1956)은 임신 중의 복잡한 문제들과 학습행동문제들 간의 관련성을 검증하였다. Werry 등(1986)은 과잉행동아동의 어머니들이 일반 정상아동의 어머니들보다 임신 · 출산기간 동안 복잡한 문제들을 더 많이 경험했다고 보고 하고 있다.

Waldrops 등(1971)은 취학 전 과잉행동 아동들간에 신체적 이상들이 증가하고 있음을 밝혀내고 임신과 출산 때 발견되지 않은 발달상의 일탈과 행동상의 일탈이 관련성을 가진다고 하였다.

Quinn과 Rapoport 등(1974)은 신체적 이상은 과잉행동아동의 행동심각성과 상관이 있고, 발병연령에 부적 상관이 있다고 설명하고 있다. 따라서 신체적 이상을 많이 보이는 아동일수록 행동장애를 일찍 보였고 행동장애를 대체적으로 심하게 나타낼 가능성이 높다고 주장했다.

생화학적 요인 David(1976)에 의하면, 과잉행동아동의 혈색과 소변 내에 납의 수치가 높은 것을 발견하고 강한 mental-chelating 작용제(몸에서 납을 제거시키는 약품)로 과잉행동 아동들을 치료했다고 한다.

그 결과, 납중독보다는 다른 요인으로 과잉행동을 보인다고 추정되는 아동들에 비해, 처음부터 혈중 납수치가 높았던 아동들의 혈중 납수치가 현저하게 낮아졌다. 혈중 납수치가 높았던 집단은 행동면에서 전체적인 개선이 나타났다고 보고했다.

Feingold(1975)는 아동의 과잉행동을 인스턴트 음식, 조미료와 착색제, 일상적인 음식물에서 자연적으로 발생하는 살리실산염의 영향에 따른 반작용으로 말할 수 있다는 것이다.

환경적 요인 Paternite(1976) 연구에 의하면, 양육환경이 ADHD 아동의 2차적 증상에 영향을 미치는 심각성이 더 높다고 보고하고 있다.

사회적 지위가 높은 과잉행동아동 집단은 사회경제적 지위환경이 낮은 과잉행동아동 집단에 비해 2차적 증상의 심각성이 낮았다는 보고와, 사회경제적 지위가 낮은 부모들은 사회경제적 지위환경이 높은 부모들보다 더 적대적이었고 일관성이 결여되었다는 보고도 있다.

Paternite와 Loney(1980)는 과잉행동소년 94명을 대상으로 이들의 증상과 가정환경을 비교하여 과잉행동과 가정환경과의 관련성을 제시하였다.

부모와 자녀의 관계는 공격성이나 행동문제와는 부적 상관이 있고, 친사회적 행동과는 정적 상관이 있다고 주장한다.

선행연구결과를 종합해 보면, 과잉행동에 대한 가정환경의 영향은 2차적 증상을 초래하는 중요한 요인이 될 수 있음을 시사하고 있다.

ADHD 아동의 평가방법 평가방법에는 문제행동을 양적으로 평가하는 과학적 방법과, 임상가의 경험과 직관, 통찰에 의한 경험적 방법을 들 수 있다. 아동평가는 임상적 경험과 과학적 방법을 병행하는 것이 바람직하다.

ADHD 아동에 대한 평가는 정보수집, 행동평가, 심리검사 등으로 구분할 수 있다.

① 정보수집 : 아동과 가족에 대한 배경자료, 아동에 대한 직 · 간접적인 관찰 및 아동과의 면접을 통해 얻을 수 있다.

② 행동평가 : 표준화된 행동평정척도를 사용하는 것이다.
평정척도는 ADHD 증상을 평가하고 부모의 특성 및 결혼만족도 등을 평가하는 데 유용하다.

③ 심리검사 : 표준화된 측정방식으로써 개인차 및 다른 상황에서 나타나는 개인의 반응차이를 평가하는 것이다.

4) 치료 및 교육적 접근방법

ADHD와 관련된 행동문제들은 매우 다양하고 중복적 · 만성적으로 나타나기 때문에 적용되는 치료와 중재기법이 매우 다양하다.

본 장에서는 일반적으로 널리 사용되며 효과적이라고 하는 약물치료, 부모상담 및 부모훈련, 학급 내 행동관리기법을 중심으로 살펴보고자 한다.

약물치료 ADHD의 치료와 관련해서 흥분성 약물의 사용은 많이 연구되어진 치료법이다.

약물치료를 받은 ADHD 아동 중 많은 아동이 부모나 교사들로부터 과제수행 촉진 및 행동개선에 향상을 가져왔다고 보고되고 있다.

부모상담과 부모훈련 ADHD 치료에 있어서 아동행동관리를 위한 부모상담과 훈련은 필수적이다.

ADHD 부모들은 치료에 앞서 만성적인 문제에 대해 대처하는 것을 배워야 한다. 장애자에 대한 특성, 원인, 과정, 예후, 처치에 대한 부모교육 및 상담을 Barkley (1989)는 ADHD를 생리학적인 기질적 양상에 의거해 설명하면서, 이들의 결함을 전문적으로 훈련된 양육기술과 전략을 통해 치료기법을 일관성 있게 적용할 때 문제행동은 다소 개선되어질 수 있다고 주장하고 있다.

학급 내에서의 교정방법 문제행동의 지도는 문제행동의 발생을 약화시키거나 근절시키기 위한 것이고 다음은 바람직한 행동을 많이 학습시키기 위한 것이다. 바람직한 행동이 조성되도록 유도하면서 문제행동을 체계적으로 규제하는 것이 필요하다고 생각된다.

① 소거(extinction)

소거는 사람의 행동이 주위로부터 관심을 받지 않으면 자연히 도태된다는 강화의 원리를 역 이용하여 아동이 문제행동을 보여도 설득과 꾸중하는 등의 관심을 보이지 않는 방법이다.

② 고립(time-out)

아동이 현재 즐기고 있는 상황으로부터 아동을 다른 곳으로 격리시키는 방법을 말한다.

③ 과잉정정(over correction)

특정행동을 지나칠 정도로 반복 연습시킴으로써 문제행동의 발생을 예방하는 지도방법이다.

④ 포만(satiation)

특정문제행동을 싫증이 날 정도로 많이 시키거나 강제로 시킴으로써 문제행동의 감소를 유도하는 방법이다.

⑤ 권리박탈(response cost)

아동과의 약속에서 아동이 약속을 이행하면 권리행사를 인정해 주고, 약속을 이행하지 않으면 권리행사를 제한하는 방법이다.

⑥ 조건부 운동(contingent exercise)

문제행동이 일어날 때마다 그 행동과 동작이 유사한 행동을 강제로 지칠 때 까지 운동시키는 방법을 통해 문제행동의 발생을 감소시키는 방법 등이 포함된다.

2. 정신분열증 아동

아동에게 정신분열증(schizophrenia)이 발생하는 비율이 낮다고 하지만, 특수아동을 언급할 때 빼놓을 수 없는 증상이다.

정신분열증은 인간의 황폐화 현상으로 그 장애는 어떤 장애보다도 심각하고 증상도 참담한 양상을 보이고 있다.

본 장에서는 보다 구체적으로 알아보고자 한다.

1) 정신분열증의 정의

정상적인 발달을 한 뒤에 심리적, 인지적, 정서적, 사회적 분열을 현저히 보이는 아동을 말한다.

청년기나 그 직전에 증세를 보이기 시작한다. 출현율은 1만 명당 3~4명 정도의 낮은 출현율을 보이고 있다(Lotter, 1967).

변화에 대한 저항, 언어장애는 거의 나타나지 않지만, 논리적 사고의 결여로 의사소통기능이 심하게 왜곡되어 있고, 위축 및 강박의식과 공포증을 나타내며, 과잉행동을 보이는 아동을 말한다. 현실에 대한 혼란으로 착각, 환각증세를 보이고 여아보다는 남아에게서 1 : 2 비율 경향을 보인다고 하였다(Miller, 1974).

2) 정신분열증의 원인

출산요인 Seidman(1983)과 White(1974)는 아동의 정신분열증은 아동이 태내 있을 때나 출생시에 입은 생리적 손상으로 유발된다고 보았다. 출산장애는 아동의 신경발달에 장애를 일으키며, 이러한 장애가 미세대뇌기능 장애의 원인이 되는 것으로 밝히고 있다.

이 연구는 출산 때의 문제가 아동의 신경에 문제를 일으켜 정신질환을 발생시키는 것에 관련된다는 사실을 의미 있게 보고하고 있다.

유전적 요인 여러 가족에서 5번째 염색체에 대한 지표와 정신분열증 사이에 연관이 있음이 보고되었으며, 특이한 인구군에서 정신분열증의 빈도는 〈표 14-5〉와 같다.

〈표 14-5〉 정신분열증의 빈도

인구	발생빈도(%)
일반 인구	1.0
한 정신분열병 환자의 쌍둥이 아닌 형제	8.0
한 정신분열병 부모의 자녀	12.0
한 정신분열병 환자의 이란성 쌍생아	12.0
두 정신분열병 부모의 자녀	40.0
한 정신분열병 환자의 일란성 쌍생아	47.0

(1) 사회심리학적 요인

① 개인에 관한 이론

• 정신분석학적 이론

정신분열병에서 주된 결함은 현실의 해석, 성, 공격심 등 내적 충동의 조절에 영향을 미치는 자아형성의 장애이다.

Freud는 정신분열증 환자는 자기애 및 자기붕괴의 단계로 퇴행된다고 하였다.

• 학습이론

정신분열증 환자는 정서적 문제를 가진 부모를 모방함으로써 비합리적인 반응과 사고방식을 학습하며, 사회적 훈련의 결핍은 대인관계의 장애를 가져온다.

② 가족에 관한 이론

리쯔 : 한 부모가 반대 성의 아이에게 극도로 밀착되는 분열, 한 부모가 우세한 권력투쟁의 치우친 관계

와인 : 거짓 상호적 또는 거짓 적개적인 언어적 의사소통을 사용함으로써 정서적 표현이 억압되는 가족

③ 사회적 이론

산업화와 도시화가 정신분열증의 병인에 내포된다.

3) 정신분열증의 진단과 증상

(1) 정신분열증의 진단기준(미국 정신의학회, 1994, DSM-IV)

① 다음과 같은 특징적 증상 중 적어도 2가지가 1개월간 나타나야 한다.
- 망상
- 환청
- 언어이상(예 : 엉뚱한 말, 지리멸렬함)
- 현저하게 이상한 행동
- 음성증상들

② 사춘기나 그 이전의 조기 발병시에는 대인관계, 직업적 학업성취에 일반적 기대 이하로 실패한다.

③ 기간 : 지속적 장애가 6개월 이상 지속되어야 한다.

(2) 증상

① 특징적 증상들
- 지각의 장애
- 사고의 장애
- 감정의 장애
- 판단력 장애, 생각을 통합하는 능력을 상실
- 행동상의 장애
- 의욕의 이상

② 초기 증상
- 신체 및 감각 이상감 표현
- 수면 양상의 변화
- 잘못된 믿음
- 개인적 습관의 변화
- 사회접촉 회피

③ 발병시기
- 스트레스 사건들
- 사회문화적 스트레스(빈곤, 가족 · 친척없음)
- 환경의 스트레스(지나친 과보호, 적대적 · 비판적 분위기)

4) 정신분열증의 정신사회적 재활치료

환자가 다시 가정, 학교, 직장에 복귀하여 사회생활을 할 수 있도록 돕는 모든 치료로서, 약물치료와 더불어 정신분열증 치료에 필수적인 치료를 말한다.

3. 자폐아동

1) 자폐아동(autistic children)의 정의

아동기의 심한 정서장애 중 가장 일반적인 것으로 사회적 관계의 결핍, 의사소통 능력의 결핍, 계속적인 강박행동, 변화에 대한 저항으로 특징지어지는 아동기의 증후군을 말한다.

2) 증상

Kauffman(1981)에 의하면, 타인에 대한 반응이 없고, 특이한 언어 패턴을 가지며 혹은 기능적 언어를 구사하지 못하고, 부적절한 행동을 나타내며, 생활적응력이 부족하며, 자기상해와 상동적인 반복행동을 보인다고 하였다.

극심한 고독 속에 있는 아동으로 환경적 사건이나 소리자극에 이상한 반응을 보인다고 한다.

3) 진단준거

Kanner(1943)는 자폐적 장애의 진단준거를 다음과 같이 제시하였다.

① 초기적 발생(생후 30개월 이전에 나타남)

② 대인관계에 심한 결함을 보이고 극단적인 자기격리상태에 있다.
③ 안기기 위한 예비동작을 취하지 못한다.
④ 언어발달의 심한 결함을 가진다.
⑤ 동일성이 유지되기를 바라는 불안하고 강박적인 욕구를 가지고 있 다.
⑥ 흥미와 활동이 유연하고 창의적이지 못하고, 제한적이고 반복적이다.
⑦ 음식, 큰소리, 움직이는 물체 등의 외부 자극에 대해 반응한다.
⑧ 신체적 외모는 정상이며, 인지적 잠재능력이 있으며, 진지한 것처럼 보인다.
⑨ 물체의 반복적 조작을 한다.
⑩ 기계적 암기능력은 우월한 경향을 가지고 있다.

4) 자폐아의 원인

환경적 원인, 기질적 원인 및 기질과 환경적 요소의 상호작용 등 세 요인으로 나누어서 설명하고 있다(홍강의, 1982).

환경적 원인설은 주로 유아기 발달에 가장 중요한 역할을 하는 어머니의 영향으로 설명하려는 시도이며, Bettelhein(1967)과 Szureck(1973)은 환경설을 주장하고 있다.

기질적 원인설은 자폐증이 중추신경발달의 이상 때문에 오는 것으로 보고 있다. 뇌의 기능과 구조상의 결함 때문이라고 설명하는 문헌적 연구가 최근에 많은 것을 볼 수 있다.

상호작용설은 기질적 요소와 환경적 요소가 상호작용하여 자폐증을 초래한다는 것이다. 이 설에는 두 가지 입장이 있다. 하나는 생물학적인 취약성이 있는 유아가 정신병리상 문제 있는 어머니를 가졌을 때 자폐증이 된다는 견해이고, 다른 입장은 특정한 기질적 뇌기능의 결함이 있는 아동에게 부모가 이를 보상하지 못했을 때 자폐증이 된다는 것이다.

홍강의(1982)는 기질적 · 환경적 요소의 상호작용설이 자폐증 원인으로 타당한 점을 입증하고 있다.

5) 자폐아의 치료방법

자폐아를 위한 치료방법의 일환으로 심리치료를 수년 간 다양하게 시도해 왔다.아직까지 절대적인 치료법이라고 평가되어 증명된 것이 없음에도 어떤 치료보다도 행동치료 접근이 효과적인 방법이 되고 있다고 한다.

행동치료 행동적 프로그램은 부모, 교사, 보호자들에게 자문과 상담을 하는 심리학자들과 심료치료가들이 고안한 것으로, 행동을 형성시키거나(배변훈련과 같은) 부적응행동(침뱉는 행동)을 감소시키는 방법이다.

부적응행동이 일어나게 하는 요인들을 제거해 주고, 적절한 행동이 일어나게 하는 요인들을 조장하고 보상해 줄 수 있는 요인을 찾는 방법이다.

사회적 기술훈련 사회적 기술훈련이란 자폐아를 사회적으로 상호작용 잘 할 수 있도록 돕는 광범위한 영역의 방법들을 말한다. 이 훈련방법은 자폐아들이 가장 곤란을 겪는 부분이기 때문에 교육과 치료에 있어서 가장 중요한 부분이라는 보고도 있다.

사회적 기술훈련은 자폐증을 가진 사람에게 전화를 거는 방법, 쇼핑하는 방법, 버스 내에서 행동하는 방법들을 포함한다.

이 기법에는 실제상황에서 직접 일 대 일로 가르치는 것 외에 역할극과 비디오를 통한 feedback 등이 있으며, 사회적 기술에서 감정이입, 다른 사람의 사고 및 감정에 대한 민감성은 교육하기 힘든 요인으로 알려져 있다.

음악치료 특수학교에서 일반적으로 실시하며 치료에 효과가 좋다고 말하고 있다.

자폐아들은 특별히 가르치지 않아도 한 번 들은 멜로디를 정확하게 반응하는 음악기술이 있다고 알려져 있다.

이와 같은 천재기술을 가진 자폐아는 전체 자폐증을 가진 아동 중 5% 미만이 되는 것으로 추론하고 있다.

대체적으로 자폐아들은 말보다 음악을 더 잘 이해하는 능력이 있고, 음악치료가 자폐아를 안정시키는 효과가 있다고 보고하고 있다.

말과 언어치료 학교뿐만 아니라 취학 전 아동을 위한 전문기관에서 사용되는 치료법으로서 상당한 효과가 나타나고 있다.

말을 못 하는 자폐아에게 말과 유사한 소리를 내도록 격려하고, 언어지체를 보이는 자폐아에게 언어교정지도, 완전한 형태의 문장으로 말할 수 있는 아동에게는 억양과 시간과 때, 장소에 따라 적합하게 말하는 화용론적 측면에서의 지도를 하는 것을 말한다.

껴안기 치료법 아동이 저항하면서 빠져 나가려고 몸부림해도 부모가 꼭 안고 있게 한다. 강제로 아동을 껴안는 기법을 사용하면 결국 저항을 포기한다. 이 기법을 통해 더욱 정상적인 사회적 관계를 의사소통할 수 있었다고 말한다.

이와 같은 강도 높은 신체적 사회적 접촉이 어떤 변화에 크게 작용할 수 있을 것이라는 것은 의심의 여지가 없다.

이상의 심리치료법들은 자폐증의 주요한 증상들을 치료하려는 임상치료자들에게 주목할 만한 것으로 알려지고 있다. 그러나 이 치료기법의 지지자들이 주장하는 결과에 대해서는 아직 개별적인 평가가 이루어지지 않았기 때문에 그 효과성을 평가하기는 어려움이 있음을 알 수 있으나, 장기적인 기법치료를 통하여 상당수가 사회적 적응을 할 만큼 회복되고 있다고 한다.

참고문헌

강봉규(1989). 교육심리학. 서울 : 교육과학사.

강위영 외 공저(1998). 아동의 이해와 심리행동 치료교육. 대구 : 대구대학교 출판부.

곽노의(1992). 프뢰벨의 유아교육이론 연구. 서울: 학민사.

구본권 외 공저(1993). 특수교육학. 서울 : 교육과학사.

권오식 · 황상민 역(1985). 아동의 기억발달(R. Kail, The development of memory in children). 서울: 중앙출판사.

김경린 역(199). 인지심리학(M. G. Wessells, Cognitive Psychology). 서울: 중앙적성출판사.

김경옥 외역(1997). 아동기발달. 서울 : 양서원.

김경중, 최인숙(1992). 유아발달심리, 서울 : 형성출판사.

김경중 외(1998). 아동발달심리. 서울 : 학지사.

김경희(1986). 아동심리학. 서울 : 박영사.

김경희(1995). 정서란 무엇인가. 서울 : 민음사.

김상윤(1983). 어머니의 엄격한 훈련이 미취학아동의 도덕판단발달에 미치는 영향. 동래여자전문대학 논문집, 314-333.

김상윤(1986). 도덕내용의 심각성에 대한 아동의 직관적 변별력. 교육학연구, 24, 1, 63-74.

김상윤(1988a). Bandura의 관찰학습론에 대한 Piaget의 비판적 관점. 고신대학논문집, 16.

김상윤(1988b). 아동과 성인의 도덕판단발달에 관련된 자타격차의 요인분석. 고신대학보, 8월 3일.

김상윤(1989a). 인지적 도덕발달이론에서 단계별 특성에 따른 도덕발달경향분석. 박사학위논문. 동아대학교.

김상윤(1989b). 아동의 인지적 도덕성 발달을 위한 인위적 노력의 재고. 고신대학논문집.

김상윤(1994). 놀이장면에서 관찰된 유아의 공격적 행동과 그 해결과정에 관한 연구. 유아교육논총, 4, 57-69.

김상윤(1997). 유아의 창의성검사도구로서의 칠교판. 춘계논문발표회 자료집. 한국심리학회산하 발달심리학회.

김상윤(1998). 아동심리검사법. 부산: 고신대학교출판부.

김승국(1993). 자폐아교육. 서울 : 양서원

김승태(1995). 학습장애. 서울 : 도서출판 신한.

김유미 역(1996). 아동의 심리발달. 서울 : 양서원.

김재은(1974). 한국가족의 심리. 서울 : 이대출판사.

김재은(1984). 유아의 발달심리. 서울 : 창지사.

김재은(1990). 아동의 인지발달. 서울: 창지사.

김정률 외(1998). 아동발달과 학습. 서울 : 교육출판사.

김행자(1993). 유아심리학. 서울 : 교문사.

대학교직과 교재편찬위원회(1985). 아동교육심리. 서울 : 교육출판사.

마송희(1979). 부모의 양육태도와 동료의 유혹에 대한 저항과의 관계연구. 이화여자대학교 대학원 석사학위논문.

참고문헌

민영순(1982). 발달심리학. 서울 : 교육출판사.

박경숙(1987). 자폐아의 감각통합 기능증진에 관한 연구. 이화대학교 대학원 박사학위논문.

박승희 역(1994). 정신지체. 서울 : 교육과학사.

박아청(1992). 성격심리학 : 인간의 심리학적 이해. 서울 : 교육과학사.

박영신 역(1995). 아동사고의 발달(R. S. Siegler, Children' s Thinking, 2nd ed.,). 미리내.

서봉연(1985). 발달의 기초(W. C. Crain 저). 서울: 중앙적성출판부.

서봉연 · 이순형(1985). 발달심리학, 서울 : 중앙적성출판사.

서봉연 · 곽금주 역(1994). 아동의 인지발달(R. L. Ault, Children' s Cognitive Development). 서울: 중앙적성출판사.

서봉연 · 송명자 역(1990). 인지발달-개정-(Flavell J. H., Cognitive Development, 2nd ed., 1985, Prentice-Hall) 서울 : 중앙적성출판사.

서봉연 · 이순형(1993). 발달심리학 - 아동발달. 서울: 중앙적성출판사.

서봉연 외(1985). 발달심리학. 서울 : 중앙적성출판사.

성현란(1978). 낯가림의 시작 시기에 관한 연구. 고려대학교 대학원 석사학위논문.

송명자(1987). 초기경험과 지적 발달. 교육심리연구, 창간호 7-40.

송명자(1995). 발달심리학. 서울 : 학지사.

송명자 · 조용하 · 설기문 · 이경숙(1988). 대학신입생의 도덕적 사태판단수준 및 개념과 양상의 분석. 학생연구 제17집. 동아대학교. 5-41.

송준만(1995). 특수아지도. 서울 : 한국방송통신대학교 출판부.

안영진(1993). 아동심리학. 서울 : 문음사.

양동열(1997). 과학동아, 8월.

여광웅 외 공저(1997). 교육심리학. 서울 : 양서원.

유안진(1992). 인간발달신강. 서울 : 문음사.

윤운성 · 정정옥(1998), 발달심리. 서울: 교육아카데미.

윤재동(1984). 유혹상황에서 아동의 정직행위에 관한 실험연구. 중앙대학교 대학원 석사학위논문.

依田新 · 澤田慶輔 편(1977). 아동심리학. 동경 : 동경대학출판회.

이기석(1977). 교육세대를 위한 소학전. 서울: 배영사.

이상로(1982). 성격과 행동의 지도. 서울 : 중앙적성출판사.

이상로 · 이관용 역(1985). 성격의 이론. 서울 : 중앙적성출판사.

이상로 · 이동화(1995). 발달의 가소성과 교육. 변창진, 송명자(편) 교육심리: 인지발달론적 접근. 서울: 교육과학사.

이성진(1997). 교육심리학서설. 서울 : 교육과학사.

이성진 외(1989). 아동발달. 한국방송통신대학교출판부.

이순형(1995). 특수아동의 발달과 지도. 서울 : 중앙적성출판사.

이승복(1994). 어린이를 위한 언어획득과 발달. 서울: 정민사.

이연섭 · 권경안 · 김성일(1979). 한국아동의 구문발달(I). 한국교육개발원.

이영 · 조연순 역(1992). 아동의 세계. 서울 : 양서원.

이정덕(1992). 아동발달학. 서울 : 수학사.

이정빈 · 정혜정(1997). 성역할과 여성. 서울 : 학지사.

이차숙 · 노명완(1994). 유아언어교육론. 서울 : 동문사.

이현섭(1987). 아동이 지각한 부모의 양육태도와 귀인과의 관계. 진주농전 논문집, 25집.

이현섭(1989). 부모의 사회경제적 지위와 자녀의 귀인성향과의 관계. 진주농전 논문집, 27집.

이현섭(1990). 도덕 및 인습사태에 있어서 일탈행동의 귀인경향 분석. 동아대학교 대학원 박사학위 논문.

이현섭 · 김순자(1997). 영 유아기 정서지능의 특성과 정서교육. 한국영유아보육학회, 제11집.

이현수(1989). 성격 및 개인차의 심리학. 서울 : 우성문화사.

이호철(1996). 살아있는 그림 그리기. 서울: 보리.

임선하(1998). 창의성에의 초대. 서울: 교보문고.

임인재(1989). 인간의 지적 능력탐구의 최근동향. 교육심리연구론. 서울 : 배명사.

장병림(1979). 아동심리학. 서울 : 법문사.

장휘숙(1995). 아동심리학. 서울 : 박영사.

전경원(1995). 특수한 영재교육. 서울 : 도서출판 서원.

전국교육대학 아동발달연구회(1981). 아동발달과 생활지도. 서울 : 교육출판사.

전윤식 · 제석봉 역(1984), 발달심리학. 서울 : 학문사.

조명한(1982). 한국아동의 언어획득연구: 책략모형. 서울대학교출판부.

조복희(1996). 유아발달. 서울 : 교육과학사.

조복희 외(1988). 인간발달. 서울 : 교문사.

조희숙 외(1994). 아동발달심리. 서울 : 학지사.

주정일(1991). 아동발달학. 서울 : 교문사.

최경숙(1991). 아동심리학. 서울 : 민음사.

최상진 · 최순영 역(1989). 인간의 사회적 발달. 서울 : 성원사.

최순영 · 김수정(1995). 인간의 사회적 · 성격적 발달. 서울 : 학지사.

추정선(1988). 사회경제적 지위 및 직업별 결정적 지능발달양상 분석. 동아대학교 대학원 박사학위논문.

하태현(1996). 인간지능이론과 연구의 최근동향과 과제. 교육심리연구. Vol. 10, No. 1, 127-161.

한국인간발달학회(1995). 육아의 심리. 서울 : 중앙적성출판사.

한범숙(1996). 교육심리학. 서울 : 교육과학사.

한순옥 역(1990). 아동의 성장과 발달. 서울 : 백록출판사.

홍순정(1989). 어린이의 사회도덕성발달. 서울: 창지사.

황정규(1984). 인간의 지능. 서울 : 민음사.

황정규(1996). 지능의 요인이론. 요소이론, 지능이론의 비교분석. 교육심리연구 Vol. 11, No. 1, 191-219.

Achenbach, T. M. (1982). *Developmental psychopathology* (2nd ed). New York: Wiley.

Adler, A. (1927). *Understanding Human Natuer, philadelphia*: Chilton.

Ainsworth. M. D. S,. Blehar, M. C., Water, E., & Wall, S. (1978). *Patterns of attachment*: A psychology study of the strange situation. Hillsdale, NJ: Erlbaum.

Allport, G. W. (1937). *pensonality*; A psychogical Interpretation. NY: Holt.

Allport. G. W. (1961). *Pattern and growth in personality*. NY: Holt, Rinehart and Winston.

Apgar, V. & Beck, J. (1974). Is my baby all right ?. New York: Pocket Books.

Ashley Montagu, M. F. (1954). Constitutional and Prenatal Factors in Infant and Child Health, in William E. Martin and Celia Burns Stendler (ed), *Readings in Child Development*. New York: Harcourt, Brace, 19.

Atkinson, R. C., & Shiffrin, R. M. (1968). Human memory: A proposed system and its control processes. In K. W. Spence & J. T. Spence (Eds.), *The psychology of learning and motivation: Advances in research and theory* (Vol.

2). Orlamdo, FL: Academic Press.

Baker, B. S., Heifely, L. J. & Murphy, D. J. (1980). Behavioral training for parents of mentally retarded children: one-year follow-up. *American Journal of Mental Deficiency, 85,* 31-38.

Bandura, A. (1977). *Social learning theory. Englewood Cliffs,* NJ : Prentice-Hall.

Bandura, A., Ross., & Ross, S. A. (1963). Vicarious reinforcement and imitative learning. *Journal of Abnormal and Social Psuchology, 67,* 601-607.

Barkeley, R. A. (1981). *Hyperactive Children: A handbook for diagnosis and treatment.* New York: Guilford Press.

Bates, J. E. (1987). *Temperament in infancy, Handbook infant development* (2nd ed.). NY: Wiley.

Baumrind, D. (1967). Child care practice anteceding three patterns of pre-school behavior. *Genetic Psychology Monographs, 75,* 43-88.

Baumrind, D. (1971). "Current patterns of parental authority". *Developmental psychology Monographs.*

Bel, R. Q., Aninsworth, M. D. S. (1972). "Infant arying and merternal responsivensess". *Child Development, 43,* 1171-1190.

Bem. S. L. (1978). Beyond androgyny: Some presumptuous prescriptions for a liberated sexual identity. In U. A. Sherman & F. L. Denmark (Eds.), The psychology of woman: *Future directions in research.* New York : Psychological Dimensions.

Berbaum. M. L. (1985). Explanation and prediction: Criteria for assessing the confluence model. *Child Development 56,* 781-784.

Berk, L. E. (1991). *Child development.* Allyn and Bacon.

Berk, L. E. (1994). *Child development* (3rd ed.). Boston: Allyn & Bacon.

Berk, L. E. (1997). *Child development* (4nd ed.). Boston: Allyn and Bacon.

Berk, L. E. (1997). *Child Development.* Boston: Allen & Bacon.

Berkowitz, L. (1965). "The concept of aggression drive: Some additional consideration". *Advances in Experimental Social Psychology, Vol. 2,* 301-329.

Bettelheim, B. (1976). *The Use of Enchantment: The Meaning and Importance of Fairy Tales.* New York: Free Press.

Bilbbo, M., Gill, W., Azizi, F., Blough, R., Fang, V., Rosenfild, R., Schumacher, G., Sleeper, K., Sonek, M., & wied, G. (1977). "Follow-up study of male and female offspring of DES-exposed mothers", Obstetrics and Gynecology, 49(1), 1-8.

Binet, A. & Simon, H. (1905). Application des methodes nouvelles au diagnostic du niveau intellectuel chez des enfants normaux et anormaux d' hospice et d' ecole primaire. *L' Ann Psychologique II,* 215-266.

Bloom, B. S. (1964). *Stability and change in human characteristic.* New York. Wiley.

Bornstein, M. H., & Teller, D. Y. (1982). Color vision. In P. Salapatek & L. B. Cohen (Eds.), *Handbook of infant perception.* New York: Academic Press.

Bowes, W. A. (1970). "Obstetrical medication and infant Outcome": *A reviw of the literature, Monographs of the society for Research in child Development,. 35(4),* 137. 3-23.

Bowlby. J. (1969). *Attachment and loss. Vol. 1 : Attachment*. London: Hogarth Press.

Brackbill, Y. (1979). Obstetriacl medication and infant behavior. In J. D. Osofsky (Ed.), *Handbook of infant development*. New York: Wiley.

Bray, N. W. (1970). Strategy production in the retarded, In N. R. Ellis (Ed.), Handbook of Mental Deficiency: *Psychological theory and research* (2nd ed). Hillsdale, NJ: Lawrence Erlbaun Associates.

Bridges, K. M. B. (1932). "Emotional development in early infancy". *Child Development*.

Brown, A. L., & Campione, J. C. (1972). Recognition memory for perceptually similar pictures in preschool children. *Journal of Experimental Psychology, 95,* 55-62.

Bruner, J. S. (1975). The ontogeny of speech acts. *Journal of Child Language,* 2, 1-19.

Buss, A. H. & Plimin, R. (1975). *A temperament theory of personality development*. NY: Wiley.

Cahan, E. D. (1994). The genetic psychologies of James Mark Baldwin and Jean Piaget. *Development Psychology, 20,* 1, 128-135.

Caldwell, B. M. (1963). "Mother－infant interachion in monomatric and polymatric families". *American Journal of Orthopsychiatry, 33,* 653～664.

Campos, J. J., Langer, A., & Krowitz, A. (1970). Cardiac responses on the visual cliff in prelocomotor human infants. *Science, 170,* 196-197.

Cartwright, G. P., Cartwright, C. A., & Ward, M. E. (1989). *Educating special learners* (3rd ed.). Belmont, CA: Wadsworth.

Carvwe, D. & Scheier, M. F. (1989). *Perspectives on personality* Boston: Allyn & Bacon.

Cattell, R. B. (1971). Abilities: *Their structure, growth and action*. Boston: HM

Chase, W. P. (1937). Color vision in infants. *Jouranl of Experimental Psychology, 20,* 203-222.

Chomsky, N. A. (1976). *Reflections on language*. London: Temple Smith.

Chow, B. F., & Blackwell, R. Q. (1970). Effect of Vaternal diet in rats on feed consumption of the offspring. *Journal of Nutrition, 100,* 1157-1163.

Cohen, R. L. (1982). Individual differences in short-team memory, In N. R. Ellis (Ed.), *International Review of Research in Mental Retardation, 11,* New York: Academic Press,

Craik, F. I. M., & Lockhart, R. S. (1972). Levels of processing: A framework for memory research. *Journal of Verbal Learning and Verbal Behavior, 11,* 671-684.

Damon, W. (1977). *The Social World of the Child*. San Francisco: Jossey-Bass.

Dearborm, W. E. (1921). "Intelligence and its measurement: A symposium". *Journal of Educational Psychololgy, 10,* 100-112

DeCasper, A. J., & Fifer, W. P. (1980). Of human bonding: Newborns prefer their mothers' voices. *Science, 208,* 1174-1176.

DeMott, R. (1974). Vistally impaired, In N. G. Haring (Ed.), *Babavior of exceptional children*: An introduction to special education, Columbus, Ohio:

Charles E. Merrill.

Despers, M. A. (1937). "favorable and unfavorable attitudes toward pregnancy in primaparae". *Journal of Genetic Psychology. 51.* 241-254.

Dewey, J. (1916). *Democracy and Education.* New York: The MacMillan Company.

Dewey, J. (1925). *Human Nature and Conduct.* New York: Henry Holt Press.

Dodge, K. A. (1980). "Social cognition and children' s aggressive behavior". *Child Development, 51,* 112-170.

Dodge, K. A. (1981). "Social competence and aggressive behavior in children". *The Midwestern psychological Assocal Association.* Detroit May. 1.

Dolland, J. Doob, L. W., Mill, N. E., Mowrer, O. H., & Sears, R. R. (1939). *Frustration* and aggression. New Haven: Yale university press.

Drage, J. S., kennedy, Co, Berendes, H., Schwartz, B. K., & Weiss, W. (1966). "Apgar Scord as index of infant Morbidity: A report from collaborative study of cerebral palsy", *Developmental Medicine and Child Neurology, 8,* 141-148.

Dunn, J. (1988). *The beginnings of social understanding.* Oxford: Basil Blackwell.

Durfee, J. T., & Lee, L. C. (1973). "Infant interaction in daycare setting" *Paper presented at the meeting of the American psychological Association.* Montreal, Canada August.

Durkheim, E. (1925). *Moral Education,* New York: The Free Press.

Eisenberg-Berg, N. (1979). Development of children's prosocial moral development. *Developmental Psychology, 2,* 128-137.

Elliott, J. Risk of Cancer (1979). dysplasia for DES daughters found "Very low". *Journal of American Medical Association, 241* (15), 1555.

Ellis, S., Rogoff, B., & Cromer, C. (1981). Age segregation in children's social interactions. *Developmental Psychology, 17,* 399-407.

Englemann, S. E. (1977). *Sequencing cognitive and academic tasks,* In R. D. Kneedler and S. G.Tarner (Eds), Changing perspectives in special education. Columbus, OH : Merrill

Entwisle, D. R. & Doering, S. G. (1981). *The first birth.* Baltimore, Maryland: Johns Hopkins University Press.

Ericson, A., kallen B., & westerholm, P.(1979). "Cigarette Smoking as an etiologic factor in dleftlip and palate". *American Journal of Obsteterics and Gymecology, 135.* 348-351.

Erikson, E. H. (1963). *Childhood and Society.* New York: Norton.

Erikson, E. H. (1963). "Eight Ages of Man", *In childhood and society.* New York: Norton, ch. 7, 247.

Fagan, J. F., III. (1973). Infant' s delayed recognition memory and forgetting. *Journal of Experimental Child Psychology, 16,* 424-450.

Fantz, R. L. (1961). The origins of form perception. *Scientific American, 204,* 66-72.

Feingold, B. (1975). *Why your child is hyperactive.* New York: Random House.

Feingold, B. F. (1975). Hyperkinesis and learning disability linked to artificial food flavors and colors. *American Journal of Nursing, 75,* 797-803.

Festinger, L., & Freedman, J. L. (1964).

Dissonance reduction and moral values. In P. Worchel and D. Byrne (Eds.), *Personality Change*. New York: Wiley.

Flavell, J. H., Beach, D. R., & Chinsky, J. M. (1966). Spontaneous verbal rehearsal in a memory task as a function of age. *Child Development, 37,* 283-299.

Flavell, J. H., Friedrichs, A. G., & Hoyt, J. D. (1970). Developmental changes in memorization processes. *Cognitive Psychology, 1,* 324-340.

Fleener, D. E., & Cairns, R. B (1970). "Attachment behaviors in human infants: Discriminative Vocalization on maternal separation". *Developmental Psychology, 2,* 215-223.

Fowler, W.(1983). *Potentials of Childhood I,* Lexington. MH: Lexington Books.

Fredeick Leboyer(1975). *Birth Without Violence, English Version by Alfred A.* Knoff. New York, 8-12.

Freud, S. (1933). *New Introductory Lectures on Psycho-Analysis*. London: The Hogarth Press.

Gallagher, J. J. (1975). *Teaching the gifted child* (2nd ed.). *Boston*: Allyn & Bacon.

Ganpel (1974). Comparison of classroom behavior of special-class, EMR, integnated EMR, low I.Q and non related children. *American Journal of mental of deficiency, 79, 16-21.*

Gardner, H. (1983). *Frames of mind*: The theory of multiple intelligence. New York: Basic Books

Gesell, A. (1929). The individual in infancy, in Murchison, C. (ed), *The foundation of experimental psychology*. Clark Univ. Press.

Gesell, A. (1943). *Infant and child in the culture of today*. New York : Harper.

Gibson, E. J. & Walk, R. D. (1960). The "visual cliff". *Scientific American, 202,* 64-71.

Goddard, M. M. (1912). *The Kallikak family* : A study in the heredity of Feeklemindedness. NY: Macmillan

Goleman, D. (1995). *Emotional intelligence*. Bantam Books.

Goodenougy, F. L. (1932). "Expression of the emotions in a blind-deaf child". *Journal of Abnormal and Social psychology, 27.*

Goodman, H., Gottlieb, J., & Harrison, R. H. (1973). Social acceptance of EMR's intergrated into a nongraded elementary school. *American Journal of Mental Deficiency, 76, 412-17*

Gottlieb, J. & Budoff, M. (1973). Social acceptability of retarded children in nongraded schools differing in architecture. *American Journal of Mental Deficiency, 78, 141-143*

Greenberg, M. & Morris, N. (1974). Engrossment: The newborn's impact upon the father. *American Journal of Orthopsychiatry, 44,* 520-231.

Guilford, J. P. (1950). Creativity. *American Psychologist, 5.*

Guilford, J. P. (1967). *The nature of human intelligence*. New York: McGraw-Hill

Hafan, J. W. & Huntsman, N. J. (1971). Selective attention in mental retardates, *Development Psychology, 5, 151-160.*

Hagmon, R. R. (1932). "A study of fears of children of preschool age". *Journal of Experimental Education, I.*

Handlon, B. H., & Gross, P. (1959). "The development of sharing behavior". *Journal of Abnormal & Social Psychology, 59,* 425-428

Harlow, H. F & Harlow, M. K. (1966).

Learning to love. American Scientist, 54(3), 244-272.

Harlow, M. F. & Zimmermann, R. R. (1959). "Affectional responses in the infant monkey" Science, No. 3373, 130, 421-432.

Hatherington, E. M. & Parke, R. D. (1993). *Child Psychology, 4th* (ed). McGreaw-Hill, Inc.

Haynes, H., White, B. L., & Held, R. (1965). Visual accommoration in human infants. *Science, 148,* 528-530.

Hazter, S. (1983). Developmental perspectives on the self-system. In E. M. Hetherington (Ed.), *Handbook of Child Psychology: Vol. 2*. New York: John Wiley.

Henneborn, W. J., & Cogan, R. (1975). The effect of husband participation on reported pain and the probability of medication during labour and birth. *Jouranl of Psychosomatic Research, 19,* 215-222.

Herber, R. & Garber, H. (1970). An *experiment in the prevention of cultural-family mental retardation*. Proceeding of second Congress of the International Association for the Scientific Study of Deficiency, August 25-September 2.

Hess, R. & Shipman, V. (1967). Cognitive elements in matural behavior, In J. Hill (Ed.), *Minnesota symposia on child psychology Vol.1,* Minneapolis: University of Minnesota Press.

Hewelt & Forness (1974). *The emotionally disturbed child in classroom*. Boston: Allyn & Bacon.

Hinde, R. A., Titmus, G., Easton, D., & Tamplin, A. (1985). Incidence of "friendship" and behavior with strong associates versus nonassociates in preschoolers. *Child Development, 56,* 234-245.

Hoffman, M. L. (1982). Development of prosocial motivation. In N. Eisenberg-Berg (Ed.), *Development of Prosocial Behavior*. New York: Academic Press.

Hoffman, M. L. (1984). Affective and cognitive process in moral internalization. In E. T. Higgins et al. (Eds.), *Advances in Social Cognitive Development*. New York: Cambridge University Press.

Hoffman, M. L., & Saltzstein, H. D. (1967). "Parent discipline and the child' s moral dovelopment". *Journal of Personality and Social Psychology, 5,* 456-57.

Hofsten, C. von. Developmental changes in the organization of prereaching movements. *Developmental Psychology, 20,* 378-388.

Hollenbeck, A. R., Gewirtz, J. L., Sebris, L., & Scanlon, J. W. (1984). Labor and delivery medication influences parent-infant interaction in the first post-partum month. *Infant Behavior and Development, 7,* 201-210.

Horner, R. D. (1980). The effects of an environmental enrichment program on the behavior of institutionalized profoundly retarded children. *Journal of Applied Behavior Analysis, 13,* 473-91.

Huesmann, L. R., Eron L. D., & Yarmel, P. W. (1987). "Intellectual functioning and aggression". *Jurnal of personality and social psychology, Vol. 52,* No. 1, 232-240.

Hughes, F. P., & Noppe, L. D. (1985). *Human development across the life span*. New York: West Publishing Co.

Hunt, J. Mcv. (1961). *Intelligence and experience*. New York: Ronald

Hurlock, E. B. (1956). *Child development*. NY: McGraw Hill.

Hurlock, E. B. (1959). *Adolesent development psychology*. New York: McGraw Hill Book Co.

Hurlock, E. B. (1972). *Child development, 3rd* (ed). NY: McGraw - Hill Inc.

Izard, C. E. (1978). *Human emotion*. NY: Plenum press.

Jensen, A. R. (1969). How much can we boast IQ and scholastic achievement? *Harvard Educational Review, 39,* 1-123.

Jensen, A. R. (1980). *Bias in mental testing*. New York: Free Press.

Jensen, A. R. (1985). *The nature of black-white difference on various psychometric tests*: Spearman's hypothesis, Behavioral and Brain Sciences 8, 193-263.

Jensen, K. (1932). Differential reactions to taste and temperature stimuli in newborn infants. *Genetic Psychology Monographs, 12,* 361-479.

Jersild, A. T. (1957). "Emotional development", *Educational Psychology*. ed by Skinner, 3rd (ed).

Johnson, G. O. (1962). The mentally handicapped - a paradox. *Exceptional Children, 29, 62-69.*

Jones, K. L., smith, D. W., Ulleland, C., & Streissguth, A. P. (1973). "Pattern of malformation in offsping of chronid alcoholic mothers", Lancet, 1. (7815), 1267-121.

Jonov, A. (1973). *The feeling Child*. New York: Simon Schuster, 32.

Jonson, S. M., & Lobitz, C. K. (1974). The personal and marital adjustment of parents as related to observed child deviance and parenting behavior. *Journal of Abnormal Child Psychology, 2,* 193-207.

Kagan, J. & Lemkin, I. (1960). "The child's differential perception of parental attributes". *Journal of Abnormal and Social psychology, 61*, 440-447.

Karmiloff-Smith, A. (1990). Constrains in presentational change: evidence from children's drawing. *Cognition, 34,* 57-83.

Karniol, R., & Heiman, T. (1987). Situational antecedents of children's anger experiences and subsequent responses to adult versus peer provokers. *Aggressive Behavior, 13,* 109-118.

Kertesz, A. (1979). Recovery and treatment. In K. M. Heilman & E. Valenstein. (Eds.), *Clinical Neuropsychology*. New York: Oxford.

Kinick, M. (1976). *Malnutrition and Brain development*. New York: Oxford University.

Kirk, S. A. & Fallagher, J. J. (1989). *Educating exceptional children, Boston*: Houghton Mifflin

Klineberg, O. (1963). Nergro-white differences in intelligence test performance: a new look at an old problem. *Americal Psychologist, 18,* 198-203

Kohlberg, L. (1981). *The Philosophy of Moral Development*. San Francisco: Harper & Row.

Kohlberg, L., & Turiel, E. (1971). Moral development and moral education. In G. Lesser(Ed.). *Psychology and Educational Practice*. Chicago: Scott Foresman, 410-465.

Kopp, C. B. (1983). Risk factors in development. In M. M. Haith & J. J. Campos (Eds.), P. H. Mussen(Series

Ed.), *Handbook of child psychology: Infancy and developmental psychobiology* (Vol. 3). New York: Wiley.

Krementizer, J. P., Vaughan, H. G. Jr., Kurtzberg, D., & Dowling, K. (1979). Smooth-pursuit eye movements in the new-born infant. *Child Development, 50,* 442-448.

Landesman-Dewyer. S., & Emanuel, I. (1979). "Smoking during pregnancy", Teratology, 17, 119-126.

Leahy, R. L. (1981). Parental practices and the development of moral judgment and self-image disparity during adolescence. *Developmental Psychology, 5,* 580-594.

Leland, H. & Smith, D. E. (1972). Psychotherapeutic considerations with mentally retarded and developmentally disabled children, In I. Katz(ed.), *Mental health services for the mentally retarded,* Springfield IL: Charles C. Thomas.

Lerner, R. M. (1976) *Concepts and theories of human development.* Mass: Addison-Wesley.

Loehlin, J. C. & Nichols, R. C. (1976). Heredity, Environment and personality, Austin: *Univ. of Texas press.*

Lotter, V. (1967). Epidemiology of autistic conditions in young children II : Some characteristics of the parents and children, *Social Psychiatry, 1,* 163-173.

Lovitt, T. C. (1978). The Learning disabled, In N. G. Haring (ed.), *Behavior of Exceptional Children* (2nd ed.). Columbus, OH: Merril.

Luria, A. R. (1982). *Language and Cognition.* New York: Wiley.

Maccoby, E. (1980). *Social Development.* New York: Harcourt Brace Jovanvich.

MacFarlane, A., Harris, P. L., & Barnes, I. (1976). Central and peripheral vision in early infancy. *Jouranal of Experimental Child Psychology, 21,* 532-538.

MacMillan, D. L. (1982). *Mental retardation in school and society* (2nd ed). Boston: Little Brown

Manning, F., & Feyerabend, C. (1976). "Cigarette smoking and fetal breathing movements", *British Journal of obstetrics and Gynecology, 83.* 262-270.

Marland, S. P. Jr. (1972). *Education of the gifted and talented.* (Report to the congress of United States by the U. S. Commissioner of education). Washington DC: Government Printing Office.

Mccall, R. B., Apple Baum, M. l., & Hogarty, P. S. (1973). *Developmental changes in mental performance, Monographs of the society for research in child development, 38,* (No.150).

McConnell, F. (1973). *Children with hearing disabities,* In L.M. Dunn (Ed.), *Exceptional children in the schools*: Special Education in transition (2nd ed)., New York: Holt. Rinehart and Winston.

Mead, M. (1939). *Sex and temperament in three primitive societies.* New York : Morrow.

Meltzoff, A. N. (1988). Infant imitation after a 1-week delay: Long-term memory for novel acts nad multiple stimuli. *Developmental Psychology, 24,* 470-476.

Mercy, J. A. & Steelman, L. C. (1982). Familial influence on the intellectual attainment of children. *American*

Sociological Review, 47, 532-542.

Miliovich, L., & Van den Berg, B. J. (1974). "Effects of Prenatal Meprobamate and chlordi azyepoxide on embry onic and fetal development". *New England Journal of Medicine, 291*(24). 1268-1271.

Miller, L. C. (1974). Phobias of childhood in a prescientific era, In A. Davids (ed.), Child personality and psychopathology: *Current topics* (Vol. 1, 89-134), New York: Wiley.

Moore, M. T. (1985). The relationship between the originality of essays and variables in the problem-discovery process. *Research in the Teaching of English, 19,* 84-95.

Mowatt, M. H. (1970). Group therapy approach to emotional conflicts of the mentally retarded and their parents. In F.J. Menolascino (ed.), *Psychiatric approaches to mental retardation*. New York: Basic Books.

Muir, D., Abraham, W., Forbes, B., & Harris, L. (1979). The ontogenesis of an auditory localization response from birth to four months of age. *Canadian Journal of Psychology, 33,* 320-333.

Mull, M. M. (1966). "The tetracyclines". *American Journal of Diseases of children, 112.* 483-493.

Murray, A, D., Dolby, R. M., Nation, R. L., & Thomas, D. B. (1981). Effects of epidural anasthesia on newborns and their mothers. *Child development, 52,* 71-82.

Mussen, P. H. (1963). *Child Development and personality*. NY: Harper, 68.

Mussen, P. H., & Distler, L. (1959). " Masculinity identification and fatherson relationships". *Journal of Abnormal and Social Psychology,* 59. 350-356.

Mussen P. H. (1979). Conger J. J & Kagan J., *Child Development and personality., 5th* (ed). New York: Harper & Row.

"National Foundation / March of Dimes". Alcoholism and birth defects. Science News, August. 1973. Unpaged.

Naus, M. J., Ornstein, P., & Aivano, S. (1977). Developmental changes in memory: The effects of processing time and rehearsal instructions. *Journal of Experimental Child Psychology, 23,* 237-251.

Newman, H., Freeman, F. N., & Holzinger, K. J. (1937). *Twin*: A study of heredity and environment. Chicago: University of Chicago Press

Nichols, R. C. (1978). Heredity and environment: Major findings from twin studies of ability, personality and interests. *Homo, 29, 158-173.*

North, A. Mazumdar, S., & Logrillo, V. (1977). "Birth weight, gestational age, and perinatal deaths in 5, 471 infants of diabetic mothers". *Journal of pediatrics. 90(3),* 444-447.

Papalia, D. (1975). *A child' s world*. (3rd ed.). New York: Mcgraw-Hill.

Parke. R. D., & Slaby. R. G. (1983). "The Development of aggression". *Handbook of Child Psychology* (Mussen editor). New York. Wiley and Sons.

Patten, B. (1968). *Human embryology*. New York: Mc Graw Hill.

Patterson, G. R. (1976). The aggressive child: Victim and ardhitect of a coercive system. In E. J. Mash, L. A. Hamerlynck, & L. C. Handy (Eds.), Behavior modification and families. Vol.1: *Theory and research*. New York:

Brunner/Mazel.

Patterson, G. R. (1976). The aggressive child: Victism and architect of a coercive system. In L. A. Hamerlynck, L. C. Handy, & E. J. Mash (eds.), *Behavior Modification and Families*. NY: Bruner/mazel.

Peterson, G. H., Mehl, L. E., & Leiderman, P. H. (1979). The role of some birth-related variables in father attachment. *American Journal of Orthopsychiatry, 49,* 330-338.

Piaget, J. (1926). *The Language And Thought Of The Child*. New York: Harcourt, Brace & World.

Piaget, J. (1932). *The Moral Judgment of the Child*. New York: Free Press.

Piaget, J. (1950). *The psychology of intelligence*. SanDiego: Harcourt Brace Jovanovch.

Piaget, J. (1952). *The Child's Conception Of Number*. New York: Norton.

Piaget, J. (1967). *Six psychological studies*. New York: Vintage.

Pinter, R. (1931). *Intelligence testing*. NY: Henry Holt.

Renzulli, J. S. (1978). What makes giftedness?, Reexamining a definition, *Phi Delta Kappan, 60,* 180-184.

Rest, J. R. (1979). *Development in Judging Moral Issues*. Minneapolis: University of Minnesota Press.

Rest, J. R. (1983). Morality. In J. Flavell & E. Markman (Eds.), *Cognitive Development*. New York: Wiley.

Rosenthal, R., & Jacobson, L. (1968). *Pygmalion in the Classroom*. New York: Holt, Rinehart & Winston.

Rosner, B. S., & Doherty, N. E. (1979). The response of neonates to intra-uterine sounds. *Developmental Medicine and Child Neurology, 21,* 723-729.

Rule, B. G., Nesdale, A., & McAra, M. J. (1974). Children' s reactions to information about the intentions underlying an aggressive act. *Child Development, 45,* 794-798.

Rutherford, E., & Mussen, P.(1968). "Generosity in nursery school boy". *Child Development, 39,* 755-765.

Salapatek, P. (1975). Pattern perception in early infancy. In . B. Cohen & P. Salapatek(Eds.). *Infant perception: From sensation to cognition* (pp.133-248). New York: Academic Press.

Salk, L. (1960). The effects of the normal heartbeat sound on the behavior of the newborn infant: Implications for mental health. *World Mental Health, 12,* 168-175.

Sears, R. R., Maccoby, E. E., & Levin, H. (1957). *Patterns of Child Rearing*. Stanford, California: Stanford University Press.

Seidman, L. J. (1938). Schizophrenia and braindyfuntion: An intergration of recent neurodiagnostic findings. *Psychological Bulletin, 94,* No. 2, 195-238.

Selman, R. L. (1976) Social-cognitive understanding. In T. Lickona (Ed.), *Moral Development and Behavior*. New York: Holt, Rinehart & Winston.

Selman, R. L. (1981). The child as friendship philosopher. In S. R. Asher & T. M. Gottman (Eds.), The *Development of Children's Friendships*. Cambridge: Cambridge University Press.

Shaffer, L. F. (1936). *The psychology of Adjustment*. NY: McMillion.

Shatz, M., & Gelman, R. (1973). The development of communication skills:

Modifications in the speech of young children as a functionof listener. *Monographs of the Society for Research in Child Development, 38.*

Shaywitz. S., Cohen, D., & Shaywitz, B. (1980). " Behavior and learning difficulties in children of normal intelligence born alcoholic mothers". *Journal of peadiatrics. 96(6).* 978-982.

Silverman, L. K. (1986). An interview with Elizabeth Hagen: Giftedness, Intelligence and the new Stanford-Binet. *Roeper Review, 8(3),* 168-171.

Simonson, M., Stephan, J. K., Hanson, H. M., & Chow, B. F. (1971). Open field Studies in offspring of underfed mother rats. *Journal of Nutrition, 101,* 331-335.

Sisk, D. (1987). Creative thinking of the gifted. New York : McGraw-Hill.

Skeels, H. M. (1966). Adult status of children with constructing early life experience: A following-up study. *Monographs of society for Research in Child Development, 31* (No. 3).

Slaughter, D. T. (1983). Early intervention and its effects on maternal and child development. *Monographs of the society for research in child development,* (No. 2020).

Smatana, J. G., Schalagman, N., & Adams, P. W. (1993). Preschool children's judgments about hypothetical and Actual transgressions. *Child Development, 64,* 202-214.

Smetana, J. (1981). Preschool children's conceptions of moral and social rules. *Child Development, 52,* 1333-1336.

Smetana, J. G., & Braeges, J. (1990). The development of toddlers' moral and conventional judgments. *Merrill-Palmer Quarterly, 36,* 329-346.

Sosa, R., Kennell, J. H., Klaus, M. H., Robertsn, S., & Urrutia, J. (1980). The effect of a supportive companion on perinatal problems, length of labor and mother-infant interaction. New *England Journal of Medicine, 303,* 597-600.

Spearman, C. (1927). *The abilities of man,* New York : Macmillan

Sroufe, L. S. (1979). The coherence of individual development. *American Psychologist, 34.*

Starkweather, E. K. (1971). Creativity research instruments designed for use with preschool children. *The Journal of Creativity Behavior, 5, 4,* 245-255.

Steiner, J. E. (1979). Human facial expressions in response to taste and smell stimulation. In H. W. Reese & L. P. Lipsitt (Eds.), *Advances in child development behavior* (Vol. 13). New York: Academic Press.

Stermberg, R. J. (1984). Mechanisms of cognitive development: A componential approach, In R.J. Sternberg (Ed.), *Mechanism of Cognitive Development.* New York: W. H. Freeman and Company, 163-186.

Sternberg, R. J. (Ed.)(1990). Wisdom: *It's nature, origins and development.* New York: Combridge University Press.

Sternberg, R. T., & Lubart, T. I. (1995). *Defying the Crowd.* New York: Basic Books.

Suls, J., Gutkin, D., & Kalle, R. J. (1978). The role of intentions, damage, and social consequences in the moral judgments of children. *Child Development, 50,* 874-877.

Terman, L. M. (1921). In Symposium:

intelligence and its measurement. *Journal of Educational Psychology, 12,* 127-133.

Terman, L. M. (1921). *The measurement of intelligence*. Boston: Houghton.

Terman, L. M. (1941). The gifed child grow up : Twenty-five years follow up of a superior : *Genetic Studies of Genius 4,* Stanford University Press.

Thomas, A., Chess, S., & Birch, H. G. (1970). *The origin of personality, Scientific American.*

Thurstone, L. L. (1938). *Primary abilities, Psychometric Monograph.*

Tizand, J. (1964). Community services for the mentally handicapped. London: Oxford University Press.

Turiel, E. (1973). Stage transition in moral development. In R. M. Travers (Ed.), *Second Handbook of Research on Teaching*. Chicago: Rand McNally, 732-756.

Turiel, E., & Smetana, J. G. (1984). Social knowledge and action: The coordination of domains. In W. M. Kurtines & J. L. Gewirts (Eds.), *Morality, Moral Behavior and Development.* New York: Wiley. 261-282.

Turiel, E., Killen, M., & Helwig, C. C. (1987). Morality: Its structure, functions and vagaries. In J. Kagan & S. Lamb (Eds.). *The Emergence of Morality in Young Children*. Chicago: Chicago Press. 155-243.

Tuttle, F. B. (1983). *Characteristics and identification of G/T students Washington* DC: NEA.

Ugurel – semin, R. (1952). "Moral behavior and moral judgement of children". *Journal of Abnormal and Social Psychology,* 47, 463-474.

Van Biervliet, A., Spangler, P. E., & Marshall, A. M. (1981). An ecolebehavioral examination of a simple strategy for increasing mealtime language in residential facilities. *Journal of Applied Behavior Analysis, 14, 295-306.*

Vaughan, D. & Asbury, T. (1986). *General Ophthalmology* (11th ed.). Los Altos, CA : Appleton-Century-Crofts.

Voygotsky, L. S. (1978). Mind in society : *The development of higher psychological processes.* Cambridge, MA : Harvard University press.

Vygotsky, L. S. (1978). *Mind in Society.* Cambridge, MA: Harvard University Press.

Vygotsky, L. S. (1978). *Mind in society: The development of higher psychological processes*. Cambridge, MA: Harvard University.

Wahler, B. G. (1967). " Child-dhild interactions in free field settings : some experimental analyses". *Journal of Exerimental Child Psychology, 5,* 278-293.

Walker, L. J. (1984). Sex differences in the development of moral reasoning. *Child Development, 55,* 677-691.

Watson, J. B. (1919). " Watson on Fear " in wayne Dennis (Ed), *Historical Readings in Developmental Psychology.* Appleton Centry Crafts (1972).

Wechsler, D. (1942). *The measurement of adult intelligence.* Baltimore, MA:Williams & Wilkins.

Wellman, H. M. (1990). *The Child's Theory of Mind.* Cambridge, MA: MIT Press.

Werker, J. (1986). The development of cross-language speech perception. *Paper presented at a meeting of the*

Acoustical Society of America, Cleveland, OH.

Werry, J. S. (1986). Diagnosis and Assessment, In R. Gittelman(ed.), *Anxiety disorder of childhood,* 73-100, New York : Guilford Press

White, L. (1974). *Organic factors and psychophysiology in Childhood Schizophrenia Psychological Bulletin, 81,* 238-55.

Winick, M. (1981). "Food and the fetus", *Natural History. January. 90(1),* 76-81.

Wohlwill, J. F. (1973) 'The concept of experience: S or R?' *Human Development, 16,* 90-107.

Worts, W. (1963). "Social Class and Pernature". *Social Casework,* 540-543.

Yussen, S. R., & Levy, V. M. (1975). Developmental changes in predicting one' s own span of short-term memory. *Journal of Experimental Child Psychology, 19,* 502-508.

Ziegel, E., & Van Blarcom, C. (1964), *Obstetric nursing.* New York : Macmillan.

Zigler, E. (1973). The retarded child as a whole person, In D.K. Routh (ed.). *The experimental psychology of mental retardation.* Chicago: Aldine

찾아보기

인 명

내용

지은이

이현섭 진주산업대학교 아동복지학과 교수(교육학박사)
김상윤 고신대학교 아동학과 교수(교육학박사)
추정선 부산교육대학교 교육학과 교수(교육학박사)
조선희 진주전문대학 유아교육과 교수(교육학박사)

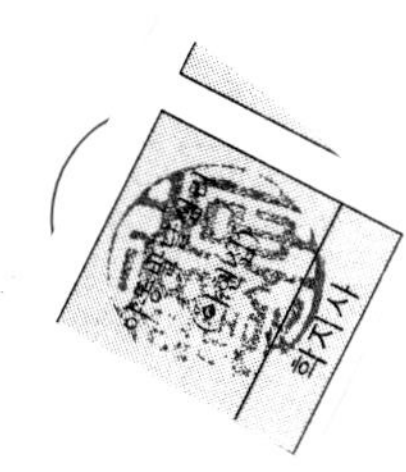

아동발달심리

1999년 2월 22일 1판 1쇄 발행
1999년 8월 20일 1판 2쇄 발행
2001년 3월 10일 1판 3쇄 발행
2002년 3월 20일 1판 4쇄 발행
2004년 3월 25일 1판 5쇄 발행
2005년 9월 20일 1판 6쇄 발행
2006년 1월 10일 1판 7쇄 발행
2006년 9월 20일 1판 8쇄 발행
2007년 9월 10일 1판 9쇄 발행

지은이 • 이현섭 김상윤 추정선 조선희
펴낸이 • 김 진 환
펴낸곳 • **학지사**

121-837 서울시 마포구 서교동 352-29 마인드월드빌딩 5층
전 화 • 326-1500(대) / 팩스 324-2345
등 록 • 1992년 2월 19일 제2-1329호

http://www.hakjisa.co.kr

ISBN 978-89-7548-320-2 93180

정가 15,000원

파본은 교환해 드립니다.